U0498875

中国现象学文库
现象学研究丛书

探基与启思

海德格尔对德国古典哲学的整体评判研究

张 柯 著

商务印书馆
创于1897　The Commercial Press

图书在版编目(CIP)数据

探基与启思：海德格尔对德国古典哲学的整体评判
研究 / 张柯著. — 北京：商务印书馆，2023
ISBN 978−7−100−22433−8

Ⅰ. ①探… Ⅱ. ①张… Ⅲ. ①海德格尔（Heidegger,
Martin 1889−1976）- 哲学思想 - 思想评论 Ⅳ.
① B516.54

中国国家版本馆 CIP 数据核字（2023）第 076635 号

权利保留，侵权必究。

中国现象学文库

现象学研究丛书

探基与启思

海德格尔对德国古典哲学的整体评判研究

张 柯 著

———————————————————

商 务 印 书 馆 出 版
（北京王府井大街36号 邮政编码100710）
商 务 印 书 馆 发 行
山东韵杰文化科技有限公司印刷
ISBN 978 − 7 − 100 − 22433 − 8

———————————————————

2023 年 12 月第 1 版　　开本 880×1230　1/32
2023 年 12 月第 1 次印刷　　印张 15½

定价：108.00 元

《中国现象学文库》编委会

（以姓氏笔画为序）

编　　委

丁　耘　　王庆节　　方向红　　邓晓芒　　朱　刚

刘国英　　关子尹　　孙周兴　　杜小真　　杨大春

李章印　　吴增定　　张　伟　　张　旭　　张再林

张廷国　　张庆熊　　张志扬　　张志伟　　张灿辉

张祥龙　　陈小文　　陈春文　　陈嘉映　　庞学铨

柯小刚　　倪梁康　　梁家荣　　靳希平　　熊　林

常　务　编　委

孙周兴　　陈小文　　倪梁康

贵州大学国慧人文学科发展基金资助

国家社会科学基金"海德格尔对德国古典哲学的整体评判研究"（14XZX014）结项成果

《中国现象学文库》总序

  自 20 世纪 80 年代以来，现象学在汉语学术界引发了广泛的兴趣，渐成一门显学。1994 年 10 月在南京成立中国现象学专业委员会，此后基本上保持着每年一会一刊的运作节奏。稍后香港的现象学学者们在香港独立成立学会，与设在大陆的中国现象学专业委员会常有友好合作，共同推进汉语现象学哲学事业的发展。

  中国现象学者这些年来对域外现象学著作的翻译、对现象学哲学的介绍和研究著述，无论在数量还是在质量上均值得称道，在我国当代西学研究中占据着重要地位。然而，我们也不能不看到，中国的现象学事业才刚刚起步，即便与东亚邻国日本和韩国相比，我们的译介和研究也还差了一大截。又由于缺乏统筹规划，此间出版的翻译和著述成果散见于多家出版社，选题杂乱，不成系统，致使我国现象学翻译和研究事业未显示整体推进的全部效应和影响。

  有鉴于此，中国现象学专业委员会与香港中文大学现象学与当代哲学资料中心合作，编辑出版《中国现象学文库》丛书。《文库》分为"现象学原典译丛"与"现象学研究丛书"两个系列，前者收译作，包括现象学经典与国外现象学研究著作的汉译；后者收中国学者的现象学著述。《文库》初期以整理旧译和旧作为主，逐步过渡到出版首版作品,希望汉语学术界现象学方面的主要成果能以《文库》统一格式集中推出。

我们期待着学界同人和广大读者的关心和支持,借《文库》这个园地,共同促进中国的现象学哲学事业的发展。

《中国现象学文库》编委会

2007 年 1 月 26 日

这些都是你所要完成的功课，

直至你明白自己心中的秘密，

成为生命之心的一瞬。

——改写自纪伯伦《先知》

目　　录

导论　整体评判的基础、维度与意义

　　海德格尔从其思想启程之际就开始了对德国古典哲学的阐释，而且这种阐释工作贯彻了海德格尔的整个思想道路，以至于对这种阐释工作的理解和对海德格尔思想的理解变得有机交融、密不可分。无论是对海德格尔思想之根本旨趣的考察而言，还是对德国古典哲学之当代意义的重新评估而言，海德格尔的"德国古典哲学阐释"都需要得到足够的重视。

第一节　海德格尔的"德国古典哲学阐释" 是一种整体评判

　　海德格尔对德国古典哲学的阐释留下了非常多的文本，除了大量散布着的小型研究和专题论文 ①，还集中出现了一些较大规模的成果，它们在《海德格尔全集》中占据了多达十七卷的篇幅，列举如下

---

　　①　这种小规模的成果事实上就已经具有相当数量而且具有重要意义，例如在全集第 1 卷《早期著作》、第 2 卷《存在与时间》、第 21 卷《逻辑学：追问真理》、第 24 卷《现象学基本问题》、第 27 卷《哲学导论》中散布的康德阐释和黑格尔阐释，以及第 5 卷《林中路》和第 9 卷《路标》分别收录的《黑格尔的经验概念》《最后一次马堡讲座节选》《论根据的本质》《黑格尔与希腊人》《康德的存在论题》等重要论文。

（排序按卷次，GA 意指德文版《海德格尔全集》，数字代表卷次）：

1.《康德与形而上学问题》（GA 3）；

2.《根据律》（GA 10）；

3.《同一与差异》（GA 11）；

4.《对康德〈纯粹理性批判〉的现象学阐释》（GA 25）；

5.《以莱布尼茨为起点的逻辑学的形而上学始基》（GA 26）；

6.《德国观念论（费希特、谢林、黑格尔）与当前哲学问题处境》（GA 28）；

7.《论人类自由的本质——哲学导论》（GA 31）；

8.《黑格尔的〈精神现象学〉》（GA 32）；

9.《存在与真理》（GA 36/37）；

10.《物的追问：对康德先验原理学说的探讨》（GA 41）；

11.《谢林：〈论人类自由的本质〉(1809)》（GA 42）；

12.《德国观念论的形而上学：对谢林〈对人类自由的本质以及相关对象的哲学研究〉的重新阐释》（GA 49）；

13.《黑格尔：1. 否定性；2. 对黑格尔〈精神现象学〉"导论"的阐释》（GA 68）；

14.《研讨班：莱布尼茨、康德以及席勒》（GA 84）；

15.《研讨班：论语言的本质。语言的形而上学和词语的本质显现。对赫尔德论著〈关于语言之起源〉的探讨》（GA 85）；

16.《研讨班：黑格尔与谢林》（GA 86）；

17.《研讨班：1. 西方思想的形而上学基本立场；2. 谙习哲思》（GA 88）。

这些成果，无论是就研究规模还是思想分量而言，都堪称重要成果，故一向备受瞩目。这些成果分别来看各有各的主题和领域，但它们事实上又归属于同一个有机整体，如何理解并阐明这一情形，是研究者所面临的艰巨工作。本研究的任务就在于对相关文本中的思路进行整体研究，揭示并阐明其整体依据和整体意义。这一任务的合理性说明存在于下述两个要素的统一性中：

一、主观要求：海德格尔的"德国古典哲学阐释"不仅内容复杂、义理深奥，而且篇幅浩大、成果繁多，对一般读者乃至专业学者的理解与研读都构成巨大挑战。若不努力应对这一挑战，对海德格尔思想就很难达成一种确切理解。从中因而就有了这样一种迫切需求，即我们有必要在这些繁复成果之上实施一种统观研究，唯有如此，我们才能勾勒这些阐释工作的整体轮廓，进而发现其宏观层面上的思想意义、思想走势和思想界限，否则我们就有可能沉陷在局部细节中而错失整体意义。但这一主观要求的合理性不能仅凭自身授予，还必须建立在研究对象的整体性这一客观依据上。

二、客观依据：任何一种严肃研究的"导论"都事实上已经以某种方式是一种"结论"，否则它就无法保证它作为"导论"的真正资格。通过预先进行的对海德格尔文本的解读工作，作者已经有足够充分的根据来指出（这些根据和相关论证将在正文中逐步呈现，对它们的呈现也是本研究的一个重要组成部分），海德格尔的"德国古典哲学阐释"本身就是整体性的，并非若干随机进行、偶然成型、彼此无关的工作，而是有着明确的问题意识和坚决的问题导向，具有一条贯彻始终的问题主脉。

正是基于这种"主观要求"和"客观依据"的统一，本研究的任务可以进一步分为这样两个基本环节：

第一环节：立足于文本分析，指出并论证海德格尔的"德国古典哲学阐释"是一种"整体评判"，分别阐述这种整体评判的思路形成与具体执行。

第二环节：立足于思想阐释，就海德格尔的这种"整体评判"给出本研究对其理论总结、思想旨趣、思想意义的综观评判。

对这两个环节工作的具体执行将在正文中展开，但也需要在导论中做出一些全局性的预先阐释，有鉴于此，本研究的基本立场可在此先行勾勒如下：

1.海德格尔对德国古典哲学的阐释并非随机出现、散乱无章的工作，而是一种整体性的、内在有机统一的、具有明确问题意识和问题导向的"整体评判"。这种"整体评判"的整体性植根于一个虽然内在分节但却贯彻始终的问题主脉，换言之，奠基在一个被称作"基础问题"（Grundproblem）的问题上。海德格尔对德国古典哲学的评判工作正是由于受到这一"基础问题"的贯彻支配才具有了深刻的整体性。

2."基础问题"有别于形而上学的"主导问题"，主导问题问的是"什么是存在者"或"什么是存在者之存在"①，基础问题所问的则是"什么是存在本身"或"存在本身如何显现"。唯有人能够实行

---

① 形而上学主导问题"什么是存在者"的追问必然通向对"什么是存在者之存在"的追问，必然会走向对作为一般根据的"存在者之存在性"和最高根据的"神"的回答，虽然形式上看来并非没有探讨存在，但实质上却始终只是以存在者为基准来为存在问题进行定调，仍然是固执于以存在者来规定存在的"存在之遗忘状态"中，因此迥异于基础问题所追问的"什么是存在本身"。参见海德格尔：《路标》，孙周兴译，北京：商务印书馆，2014年，第530—531页。

对存在的发问活动、担任对存在的发问者、自释地超出与存在者的
关联而追问这样的问题，着眼于这种唯一性，并且考虑到这一事实，
"对存在之领会的追问必定会以更源始的方式把我们引领到对人是
什么的追问上"①，因此对存在本身的追问必然反冲至对发问活动并
由此反冲至对发问者的追问②，基础问题之追问因而就变成发问者
（人）和所问者（存在）的生发性的关联活动，基础问题的实质含义
因而就成为"人与存在之关联"。③ 此问题不仅是"海德格尔思想的

---

① 海德格尔：《德国观念论与当前哲学的困境》，庄振华、李华译，西安：西北大
学出版社，2016 年，第 341 页。

② 对"基础问题"的这一反冲机制的阐释可参见海德格尔：《形而上学导论》，王
庆节译，北京：商务印书馆，2015 年，第 1—7 页；以及海德格尔：《德国观念论与当前
哲学的困境》，第 340—341 页。更早之前，海德格尔在《存在与时间》（陈嘉映、王庆节
译，北京：商务印书馆，2015 年，第 12 页）中就已经指出过"存在之意义问题"所具有的
这同一种反冲机制（这一点同时是一个明确的文本证据，可以表明"存在之意义问题"即
追问"人与存在之关联"的"基础问题"），而且该书第 490 页中的一种解释（此在对某种
东西的阐释性的谈及必然一道把自身表达出来了）也可视为对这种机制的一种阐明。

③ 在海德格尔语境中，"基础问题"的两种表述形式——"人与存在之关联"
(der Bezug des Menschen zum Sein) 和"存在与人之关联"(der Bezug des Seins zum
Menschen) ——有所差异，但这种差异是践行路径之切入点的差异，是海德格尔为规
避先验因素的纠缠而进行的调整。而着眼于"关联为本"在海德格尔前后期思想中的一
贯的支配性，**这两种表述之所思并没有原则性的区别。**就此可参见海德格尔在 20 世纪
50 年代讲座中的立场解释，"没有一条思想道路是从人之本质（Menschenwesen）出发，
并且从那里过渡到存在的，或者反过来，是从存在出发，然后回到人的。就连形而上学
思想的道路也不会是这个样子。毋宁说，任何一条思想道路都总已经行进于存在与人
之本质的整个关系范围之内，不然它就不是思想"（海德格尔：《什么叫思想》，孙周兴
译，北京：商务印书馆，2018 年，第 93 页。此外需指出的是，德文中的"Menschenwesen"
在字面上凸显了"人"的本质性存在，但在日常语用中，它近似于英文中的"human
being"，因而此词既可译为"人之本质"或"人之本质存在"，也可按实际含义直接译为
"人"。**本书在相关引文中对这两种译法不做区分。**）亦可参见海德格尔 1949 年在给雅
斯贝尔斯回信中的解释：雅斯贝尔斯认为海德格尔思想进程中发生了从"人与存在之关
联"到"存在与人之关联"的倒转，海德格尔指出这只是看上去如此，实质上（转下页）

基础问题"①，也是作为形而上学之隐秘根据的"形而上学的基础问题"。②海德格尔坚信，"基础问题"必已在西方形而上学中有所显示，但并未就其本身得到真正思考。③正是由于这种一体两面性，海德格尔对作为形而上学之完成的"德国古典哲学"的整体评判才具有了独一无二的、交融叠印的深远意义。

　　3."基础问题"具有双重面相，它既是海德格尔思想的基础问

───────────────

（接上页）并不存在这种倒转，他所思考的关联问题从开端处就秉持着"关联为本"的基调（参见 Heidegger/Jaspers, *Briefwechsel. 1920–1963*, Klostermann/Piper, 1990, S. 178, 182）。另可参见《关于人道主义的书信》对人的"绽入性实存"之重要性的再度强调，这意味着《存在与时间》之基本立场在后期海德格尔思想中并未被放弃，而是以另一种形式得到了重申（参见海德格尔：《路标》，第 388、390、399、400、407、410 页）。有鉴于此，本书在正文的某些具体环节会对这两种表述的差异进行阐释，但通常情况下并不严格区分这两种表述。

　　①　对此的详细论述参见本书第一章。

　　②　海德格尔对此的解释是："倘若'人是什么'这一问题必须被置于'存在是什么'这一问题之下，那么'存在是什么'这一问题就必然会变成对人之此在的一种解释，即将其解释为时间性。这样一来，一种此在之形而上学的问题就在我们面前得到了澄清。同时，对人是什么的追问和对存在之追问的内在关联也就显露了出来。并且这样一来，人类学的和形而上学的问题也就和存在与时间的最内在本质关联起来了。**现在我们才理解了，在形而上学的历史中发生了什么**。事实上，在存在者之为存在者这一问题的发展中，人始终并且必然地被追问了。但这并不是因为，除了植物和动物，人也是有趣的，而是因为，倘若不对人进行追问，就根本不能提出对存在者之存在的追问。对存在的追问和对人之理性的追问或对人之有限性的追问是共属一体的。"（海德格尔：《德国观念论与当前哲学的困境》，第 345 页，有改动）对此问题的详细论述参见本书第五章以下。

　　③　海德格尔："存在与人之本质的关联，作为人之本质与存在的关系，就其本质和本质来源来看是尚未得到思考的。因此，对于这一切，我们也还不能充分地和适恰地加以命名。但因为存在与人之本质的关系，就其既使存在之显现得以实现又使人之本质得到实现而言，是具有支撑一切的作用的，所以，这一关系必定已经在西方形而上学的开端处得到了表达，[而且在西方形而上学的终结处即尼采思想（相同者的永恒轮回学说和超人学说）中也得到了表达。]但这种关系并没有作为这样一种关系特别地得到思考。"（海德格尔：《什么叫思想》，第 121 页）

题，也是形而上学的基础问题。前者指向了对未来思想之任务的预备，后者则效力于对既有思想之根据的沉思。所谓"作为形而上学之隐秘根据的形而上学基础问题"是指，"人与存在之关联"构成了形而上学的基础，使得形而上学得以成其所是，但形而上学本身由于受制于"存在之遗忘状态"而很难探及它的这个基础，"人与存在之关联"因而成为形而上学的隐秘根据。尽管如此，与开端性的希腊哲学相呼应的德国古典哲学仍然对此基础问题有所预感、有所先思，臻于形而上学所能允许的极限地带，海德格尔对德国古典哲学的整体评判因而形成了一种复杂态势：一方面既着眼于德国古典哲学的这种对基础问题的超乎寻常的预感和先思而承认其独有的伟大，另一方面也要着眼于这种预感和先思的不充分性和不完全性而揭示其内在的限度。对德国古典哲学之"极限性"的定位于是就成为海德格尔的这种"整体评判"的关键，也正是这一定位工作促使海德格尔形成了对"第一开端"与"另一开端"的探问，启动了他的意义深远的"存在历史"之思。

4."整体评判"的运作路径源出于并且定向于对"基础问题"之追问。海德格尔自其踏上思想道路以来就已经走向这种追问，其整个思想道路都定调于这种追问，他对德国古典哲学的种种阐释也不例外，它们都源出于"基础问题"的语境并且效力于对"基础问题"的追问，特别值得注意的是，它们也反向激发了基础问题之追问进程的一次关键突破。在"基础问题"之追问进程中具有突破性意义的是"根据问题"（Problem des Grundes）的兴起。受海德格尔前期德国古典哲学阐释尤其是其"谢林阐释"（1927）和"莱布尼茨阐释"（1928）的反向激发，"根据问题"自1926年起开始兴起于海德格尔的思想道路并逐渐成熟,这使得海德格尔的基础问题之追问发生重大变化,海德格尔开始把其本己思想的基础问题(人与存在之关联)也理解为形而上学的"基础问题",并使之与形而上学的"主导问题"相区分,由此也决定性地推进和深化了其对德国古典哲学的整体评判。

5. 在"整体评判"的具体实行中,海德格尔认为,无论是康德哲学还是黑格尔哲学抑或谢林哲学,都以各自特有的方式先行沉思了一条转化之路(告别"人与存在者"的派生关联,转入"人与存在"的本源关联),因此都事实上触及或预示了形而上学的基础问题,尽管如此,它们之间的差异仍需得到彰显,海德格尔在此看到了"有限性"与"无限性"这一核心争辩。在对这一争辩的沉思中,海德格尔逐渐看出并确认了"自身意识"(先验统觉)的关键意义,作为最高根据的"自身意识"在德国古典哲学中的二重性运作激发了海德格尔对"根据律"(Der Satz vom Grund)之二重性的思考,在此意义上,它成为海德格尔这种"整体评判"工作的关键枢纽。

6. 着眼于以上阐释尤其是两种"基础问题"(海德格尔思想的基础问题与形而上学的基础问题)的交融叠印,可以看出海德格尔对德国古典哲学的阐释性争辩并非其思想道路上的"一种"争辩,而是"那种"独一无二的具有决定性意义的争辩,海德格尔思想的真正深度和真正幅度都可以通过这种"整体评判"而得到一种深切观照和确切理解。海德格尔对"整体评判"的理论总结呈现在他后期的"存在之终极学"思想中。

7. "探基与启思"是海德格尔的"德国古典哲学之整体评判"的旨趣与意义。整体评判的旨趣在于,通过与德国古典哲学的阐释性争辩,探讨形而上学内部对基础问题之预感先思的极限性,并通过对这种极限性的反思而通向对基础问题的真正追问，此所谓"探基"；整体评判的意义则在于，通过对基础问题的真切追问来实行从既往思想的"第一开端"向未来思想的"另一开端"的跳跃和转入，不再从存在者来思考存在，而致力于从存在本身来思考存在①，亦即，从派生性的"人与存在者之关联"转入本源性的"人与存在之关联"，此所谓"启思"。通过探基与启思，海德格尔对德国古典哲学的整体评判成为他对西方思想之来路与去向的一种根本阐释与沉思，具有历史性的深远意义。

对上述立场的阐述和论证将在正文的第一环节和第二环节中逐步呈现，为了使这些呈现工作的背景和基础得到真切理解，还有必要在导论中对相关问题尤其是"第一环节"中的若干问题做出先行阐明。

第二节　整体评判植根于基础问题

海德格尔对德国古典哲学的阐释成果是繁复的，但并非杂乱无章地呈现着，而是共同归属于一种整体评判，都是这种整体评判在某个阶段上或某个向度上的一种呈现。为了阐述并论证这一点，首先需要解释清楚，这种整体评判的"整体性"意味着什么，它是从何而来的，它的根据又是什么。

对这些问题做出充分的阐述与论证，是本书整体层面的任务，在导论中，只需对"第一环节"中的主要线索进行一番勾勒并对其中要

---

① 参见海德格尔：《哲学论稿（从本有而来）》，孙周兴译，北京：商务印书馆，2012年，第7页。

点做出说明。这一工作首先将会阐明，第一环节为何在形态上还要区分为两个部分："整体评判的思路形成"和"整体评判的具体执行"。

如前所述，以"人与存在之关联"为实质含义的"基础问题"具有二重性，它不仅是海德格尔思想的基础问题，也是海德格尔视野中德国古典哲学（乃至整个形而上学）的基础问题。二者并不等同，但却处在深刻的同一性中。也正因此，要阐明海德格尔对德国古典哲学的整体评判，就不仅需要追踪"基础问题"在海德格尔思想中的兴起与运作并由此阐明整体评判的思路形成，也需要揭示海德格尔是如何对德国古典哲学具体实施这一整体评判思路的。

海德格尔通过对本己思想之基础问题的深入探讨而逐渐发现了以基础问题为主脉重新阐释德国古典哲学的必要性。这种具有双重面相和双重职能的基础问题不仅贯彻支配着海德格尔思想使之具有一种独特的整体性，也贯彻支配着海德格尔的"德国古典哲学阐释"使之成为一种整体评判，最终使得这种整体评判与海德格尔思想有机交融，浑然为一，不可分离。对于这一情形，可从两方面做进一步解释：

一方面，海德格尔是从自身思想的任务而来展开对德国古典哲学之阐释的，他的思想启程与全程运作都与他对德国古典哲学的阐释工作密不可分，"基础问题"（人与存在之关联）在海德格尔思想中的贯彻性不仅造成了他本己思想的整体性也使得他的"德国古典哲学阐释"具有一种深刻的整体性。对"基础问题"在海德格尔思想进程中的追问本身就足以成为一个决定性的视域，足以借此来勘测"整体评判"的历史性源头。研究工作因而首先需要追踪"基础问题"在海德格尔思想中的兴起与运作，由此阐明"整体评判的思路形成"。

　　另一方面，海德格尔之所以对德国古典哲学进行整体评判，也是由于他认为后者本身就提供了这样一种整体观照的可能性。在海德格尔看来，德国古典哲学本身就是整体性的：由于莱布尼茨和康德的卓越的和支配性的奠基工作，德国古典哲学在思路和义理上内在地具有一种整体性机制。"整体评判的具体执行"因而并不是把一种整体性外在地强加给德国古典哲学，而是一种力图贯彻现象学之根本精神（"面向实事本身"）的考察，是一种从本己思想任务而来但又力求做到实事求是的现象学考察（至于这两种内在定位即"从本己思想任务而来"和"面向实事本身"是否能够协调一致，以及海德格尔的这种判断是否具有客观有效性，将是正文部分的"第二环节"所要讨论的问题）。

　　这两个方面共同造就了海德格尔对德国古典哲学的"整体评判"，同时也成为本研究在"第一环节"中追踪和阐明这种评判之"整体性"的主要线索，"第一环节"也正据此而划分为两个部分。这两个方面之间并非单纯外在的前后关系，而是彼此叠印、合作共生的关系，例如前述第四个基本立场就道说了这样一种关系（海德格尔正是在对德国古典哲学的整体评判中发现了"根据问题"的重要意义，由此获得了深化本己思想道路的一个关键契机，进而又持续推动了整体评判工作的深入展开）。要切实阐明整体评判的"具体之执行"，离不开对其"思路之形成"的义理阐述，而对"思路之形成"的义理阐述，若离开对"具体之执行"的细节分析，也将缺乏有力支撑。

　　一言概之，前一方面指向这一洞见：海德格尔是从本己思想的"基础问题"而来展开他对德国古典哲学的整体评判的。后一方面指向这一洞见：海德格尔在德国古典哲学自身中也发现了这种"基础问题"的一种显现和运作。这两个方面的顺序与共生之关系，就植根于"基础问题"这一问题主脉。在此意义上,可以说,"整体评判"的整体性就奠基于"基础问题",对"整体评判"的研究需要以"基础问题"为主脉来着手进行。

但如前所述,"基础问题"这条主脉又是内在分节的,因为基础问题不仅是海德格尔思想的基础问题,也是形而上学的基础问题,所以以"基础问题"为主脉来展开的对海德格尔之"整体评判"的研究,不能只关注其中的同一性(无论是海德格尔思想的基础问题还是形而上学的基础问题,其含义都是"人与存在之关联"),也还需要对其中的差异性予以关注,这种差异性表现在:

一、就形而上学而言,形而上学的基础问题是形而上学的隐秘根据,因为受制于"存在之遗忘状态"的形而上学难以对这个决定性的基础问题达成充分自觉,而只是对之形成了某种预感或先思,尽管它正是依据这个"基础问题"而成其所是;就海德格尔思想而言,海德格尔对具有同一含义的本己思想的基础问题却达成了较充分的自觉,基础问题在此取得了充分的支配性,不再是隐秘的根据,而是要求成为思想的显明根据。在从对同一问题的"预感先思"到"充分自觉"的转变中一定发生了某种历史性的事件,这种事件定然关乎着对过去的重新界定和对未来的预备筹划,要澄清这种有深远意义的历史性事件,就要求一种真正的批判性的沉思,因此可以说,正是基于充分自觉与预感先思的差异性,海德格尔才启动了他对德国古典哲学的整体评判,而且正是基于这种差异,海德格尔对德国古典哲学的整体评判才具有了一种复杂的同时性:对德国古典哲学之伟大的承认同时就是对德国古典哲学之限度的界定,"肯定"同时就是"批判","批判"也同时就是"肯定"。

二、基础问题在形而上学中和海德格尔思想中所处的整体形势（Konstellation）不同：与形而上学的基础问题相对的是形而上学的主导问题（"什么是存在者"或"什么是存在者之存在"），与海德格尔思想的基础问题相对的是海德格尔思想的主导问题（"存在论差异"或"存在与存在者之区分"）。这两对主导问题和基础问题的职能和使命不同（例如，虽然都是以不同方式效力于基础问题，但形而上学的主导问题本身并非批判性的，而海德格尔思想的主导问题本身就已经是批判性的，本身就已经是对传统哲学的批判），而且两对问题的内在关联也有待深究（例如，"存在论差异"与"人与存在之关联"的关系，和"什么是存在者之存在"与"人与存在之关联"的关系，是否构成对应？倘若构成对应，则应如何解释这种现象的生发根据？倘若并不构成对应，则又在何种意义上可以分别命名为主导问题与基础问题？）。无论如何，有鉴于问题的复杂性，对此的探讨应该分别展开，第一环节因此还需要区分为两个部分："整体评判的思路形成"和"整体评判的具体执行"。

若能把握以上要点，我们就能在对"整体评判"的研究中获得一个确切可靠的观察位置。一方面，海德格尔对德国古典哲学的激烈批评[1]并不意味着这种哲学在他眼中只具有纯然的消极意义，毋宁说，这种批评应被适宜地还原到其确切的语境中：这种批评仅仅是着眼于德国观念论对"基础问题"的"预感先思"的不充分性而提出的批评。另一方面，海德格尔对德国古典哲学的高度称赞（德国观念论关乎西方思想从第一开端向另一开端的转入）[2]也不意味着这

---

① 海德格尔：《哲学论稿（从本有而来）》，第 212 页。

② 参见海德格尔：《哲学论稿（从本有而来）》，第 64—65 页。

种称赞是一种盲目无视彼此立场之差异的、缺乏批判精神的判断，同样应被适宜地还原到其确切的语境中：这种称赞更多地是着眼于德国观念论对"基础问题"的"预感先思"的极限性努力而给予的称赞，因为形而上学一般而言沦陷在"存在之遗忘状态"中而无能于探问它的隐秘根据，但又有包括德国观念论在内的一些极少数的思想家以"预感先思"的方式做到了这一点，这些思想家乃是形而上学的极限性的思想家，他们的思想标志着形而上学的极限，因此必然关乎西方思想从"第一开端"向"另一开端"的"转入"或"跃入"。①

由此可见，虽然从宏观上和义理上已经可以指出，"整体评判"的整体性奠基于"基础问题"，但由于"基础问题"的二重面相以及其内在蕴含的颇为复杂的同一性和差异性，要真正阐明这一事态，哪怕只是在轮廓上真正做到清晰勾勒，也还需要更多的、更进一步的工作。首要任务就是，要对"整体评判"的维度、基准点以及运作机制做出揭示。

第三节　整体评判的维度、基准点及运作机制

从上述工作而来，我们还需要对海德格尔视野中的"德国古典哲学"的整体性做出深入阐述，特别是要揭示海德格尔的"德国古

---

①　这种"转入"（Einkehrung）并非向现成之物的按部就班的过渡，而是向一种不可对象化的、生发性的东西的跃入。在第一开端与另一开端之间并没有一个现成的通道可供推进，而必须是以"跳跃"（Sprung）的方式进行。对此的详细讨论参见本书第五章至第八章。

典哲学之整体评判"的维度、基准点以及运作机制，由此进一步阐明"整体评判"与"基础问题"的内在关联。

按通常的理解，"德国古典哲学"主要是指从康德批判哲学的兴起到德国观念论的繁盛这几十年内的德国哲学，更简略地说，德国古典哲学就是"康德哲学"和"德国观念论"（费希特、谢林、黑格尔）。

海德格尔对德国古典哲学的阐释也就是以"康德哲学"和"德国观念论"为两大维度展开探讨的。但在细节上与通常格局有所不同的是，海德格尔特别强调莱布尼茨哲学的重要意义，认为莱布尼茨哲学对康德哲学产生了决定性的作用，不仅和康德一道对整个德国古典哲学做出了奠基性的贡献，而且也在双重向度上分别对黑格尔哲学和谢林哲学产生了深远影响 [①]，因此也必须被纳入对德国古典哲学的整体评判工作中去。这五位思想家于是就成为海德格尔进行"整体评判"的五个基准点。这种"整体评判"因而就是在两大维度（康德哲学与德国观念论）上围绕着五个基准点展开的整体阐释工作。（但海德格尔对德国古典哲学的"整体评判"并不限于对这五位思想家的阐释，此外还包括对笛卡尔、斯宾诺莎、赫尔德、洛采 [②]、马克思、尼采、狄尔泰的探讨工作，这些探讨工作作为对思想

---

① 参见 Martin Heidegger, *Anmerkungen VI–IX (Schwarze Hefte 1948/1949–1951)*, GA 98, Frankfurt am Main 2018, S. 178–179。本书对《海德格尔全集》德文版的引用，首次引用时标注完整信息，再度引用时仅标注卷数和页码。

② 赫尔曼·洛采（Hermann Lotze, 1817—1881），德国哲学家，25 岁时成为哲学教授，长期执教于哥廷根大学，后在柏林大学任上病逝。洛采是 19 世纪中后期德国哲学的领军人物，对新康德主义、尼采、布伦塔诺、弗雷格、狄尔泰、胡塞尔、舍勒、海德格尔等人的思想均产生了深刻影响。对洛采之影响史的详尽分析可参见 Nikolay Milkov, "Hermann Lotzes philosophische Synthese", in: Hermann Lotze, *Mikrokosmos*, 3. Bände, Band 1, Hamburg 2017, xi–lxvii, hier xii–xv。

背景和问题语境的深化和拓展支持着对上述基准点的阐释工作。）

在对这五个基准点的阐释中，海德格尔对康德哲学和黑格尔哲学的探讨是用力最多、幅度最大的探讨，他对莱布尼茨哲学和谢林哲学的探讨是最具创造性和突破性意义的探讨，而其对费希特哲学的探讨是幅度最小但却"留白"最多的探讨。而就它们的内在联系而言，莱布尼茨与康德的思想关联问题（"根据律"问题）、康德与黑格尔的思想关联问题（"有限性与无限性"问题）、黑格尔与谢林的思想关联问题（"形而上学之极限"问题）成为贯彻这五个基准点的三组核心问题。"整体评判"正是建立在这样的格局之上的。

针对这种特有的"在差异中同一"并且"在同一中差异"的整体性关联，海德格尔曾有种种表述，其中呈现出的基本看法和基本思路，可以按照"康德哲学"与"德国观念论"这两大维度概括如下，而"整体评判"的运作机制也同时就呈现在这两个维度的复杂关系中：

一、就第一种维度而言，海德格尔视野中的康德哲学具有极为重要的地位和意义。这具体表现在康德哲学的"承前"与"启后"这两个向度中：就"承前"而言，海德格尔认为康德哲学构成了自亚里士多德哲学以来至为关键的一步，纵观整个哲学史，亚里士多德对存在问题的追问只是在康德这里才以新的方式被重新激活[1]；就"启后"而言，康德哲学又为德国观念论提供了深刻奠基，以至于德国观念论若离开康德哲学是不可想象的，海德格尔甚至坚持认为，德国观念论并未在真正意义上克服康德哲学[2]，而只是以另一种方

---

[1]　参见海德格尔：《根据律》，张柯译，北京：商务印书馆，2016年，第152、160页。

[2]　Martin Heidegger, *Die Frage nach dem Ding*, GA 41, Frankfurt am Main 1984, S. 58–59.

式证实了康德哲学在自由问题上的基本思路。①

此外还需注意，在海德格尔对康德哲学的阐释工作中，此前往往被轻视或忽视的那种思想关联，即莱布尼茨与康德的思想关联，具有非常重要的意义，海德格尔正是通过对这种思想关联的澄清才清晰道说了德国古典哲学的奠基之路，以及由此而得到奠定的德国古典哲学的整体性。

海德格尔认为，为康德哲学乃至整个德国古典哲学提供根本动力的是莱布尼茨的思想②，正是莱布尼茨和康德以不同形式展开的推动与奠基工作确立和保证了德国古典哲学的整体性。要达成对这种"整体性"的理解因而就需要对莱布尼茨和康德的思想关联做出更深观照。海德格尔断言，倘若不能真切理解康德与莱布尼茨的思想关联，就会在对《纯粹理性批判》的理解上根本走偏（例如像新康德主义马堡学派那样仅仅把《纯粹理性批判》看作一种认识论），以至于错失康德哲学的真意。③ 在海德格尔看来，莱布尼茨思想为康德哲学提供了生发根据，但康德令人感佩的功绩却在于，恰恰是康德才对贯彻其中却始终未得彻底显明的"问题机制"予以极端化、

① Martin Heidegger, *Schelling: Vom Wesen der menschlichen Freiheit (1809)*, GA 42, Frankfurt am Main 1988, S. 281.（GA 42 的中译本参见海德格尔：《谢林：论人类自由的本质》，王丁、李阳译，北京：商务印书馆，2018 年。）

② 海德格尔的这种看法并不意味着他忽视了笛卡尔与斯宾诺莎对德国古典哲学的影响，尤其是斯宾诺莎对德国观念论的影响，他只是强调指出，在实质层面上，莱布尼茨对康德哲学的影响与意义超过了包括笛卡尔、斯宾诺莎、休谟以及卢梭在内的其他所有哲学家，尽管康德本人的表述并未彰显这一点。

③ Martin Heidegger, *Metaphysische Anfangsgründe der Logik im Ausgang von Leibniz*, GA 26, Frankfurt am Main 1978, S. 81.（GA 26 的中译本参见海德格尔：《从莱布尼茨出发的逻辑学的形而上学始基》，赵卫国译，西安：西北大学出版社，2015 年。）

彻底化的造型，也就是说，进行了真正意义上的奠基①；正是"康德哲学才首次正式地提出了形而上学之疑难问题"②。

　　按照海德格尔在相应注释中的暗示③，他的上述表态可解读为，在亚里士多德之后的漫长历史中，康德首次正式提出了一个决定性的形而上学问题，这个（以"哥白尼式革命之必要性""先验统觉之中枢性"以及"实践理性之优先性"为表面形态的）形而上学问题的实质含义是：从批判哲学对"存在与存在者之区分"的某种领悟而来，告别派生性的"人与存在者之关联"，返归自身，并由此转入本源性的"人与存在之关联"。而且，也正是这种在实质意义上致力

---

　　①　GA 26, S. 83-84.

　　②　Martin Heidegger, *Der deutsche Idealismus (Fichte, Schelling, Hegel) und die philosophische Problemlage der Gegenwart*, GA 28, Frankfurt am Main 1997, S. 49.（GA 28 的中译本参见海德格尔：《德国观念论与当前哲学的困境》，2016 年。）

　　③　在对"康德哲学首次提出形而上学之疑难问题"的"形而上学之疑难问题"这一概念的进一步解释中，海德格尔写道："新的巨人们与诸神的战争（Neue Gigantomachie）。"（GA 28, S. 49, Anm. 1）这一措辞有极为深远的语境信息。"Gigantomachie"此词源自希腊神话，指"提坦之战"（提坦巨神与宙斯所领导神族的战争）后，另一批会死而非神的巨人与宙斯领导的奥林匹斯神族的战争，柏拉图在《智者篇》中运用了这一典故并且予以深化，他在那里写道，人们关于"存在"（ousia）的哲学争论就像是"巨人们和诸神的战争"，一方基于实在者来理解和定调存在，另一方则坚持真正的存在不是实在者，而是无形体的相。（参见 *Sophist* 245 e6-246 e1。）海德格尔在《存在与时间》开篇处沿用了柏拉图的上述措辞并对其中所蕴含的存在与存在者之区分的含义做了引申，使之指向了"人与存在之关联"（存在之意义）问题："存在之意义问题在今天已被遗忘，虽然我们的时代认为对'形而上学'的重新肯定乃是进步。尽管人们认为自己已无须致力于重新展开'巨人们与诸神关于存在的斗争'，但这里提出的问题却绝非什么随随便便的问题。"（Martin Heidegger, *Sein und Zeit*, GA 2, Frankfurt am Main 1977, S. 3.）基于这种语境信息，即《存在与时间》中的这几句话乃是 GA 28 之措辞的直接语境，后者所暗示的含义已经不言自明：康德从他对"存在与存在者之区分"的某种洞见而来走向了对存在之意义（人与存在之关联）问题的追问，亦即走向了对形而上学之基础问题的追问。

于"人与存在之关联"的哲学，**决定性地规定了德国观念论**[①]。就此而论，海德格尔已经不仅指出这些表面上彼此分歧的德国思想家们事实上是在按照同一个问题主脉进行着思考，而且也已暗示出了这一问题主脉——对"基础问题"的追问——与"整体评判"的内在关联："整体评判"之整体性奠基于"基础问题"。

二、就第二种维度而言，德国观念论虽然有赖于康德哲学（以及莱布尼茨哲学）的奠基工作，但德国观念论绝非单纯派生之物，而是仍然具有其独特的贡献和功绩，开创出了一种深邃远景。要阐明二者关系，就必须对这种依赖性和特殊性达成统一观照，亦即要认识到，尽管第一维度奠基了第二维度并且它们在根本处贯彻着同一问题主脉，但二者之间绝非简单的因果关系，它们之间的关系还应得到更为深切的观察。

为阐明这一点，海德格尔先是指出，德国观念论乃是"一种更高的思维方式，它通过莱布尼茨而得到了本质性的推动，并且是通过康德才得到了一个首度被真正奠定的基础"[②]。莱布尼茨所做的这种推动是指他对"表象"（认知）和"欲求"（意志）之统一性的沉思以及在这种统一性中对意志之优先性的界定。莱布尼茨以其"单子论"做出的对二者之统一性和意志之优先性的沉思对整个德国古典哲学产生了极为深远的影响。[③]

而关于康德所做出的真正意义上的"奠基"，海德格尔分析道："但康德在［莱布尼茨的］这条道路上经过了《纯粹理性批判》而

---

① GA 28, S. 49.

② GA 42, S. 156.

③ 对此问题的详细讨论参见本书第三章。

在《实践理性批判》中认识到，'我'的真正本质不是'**我思**'(*Ich denke*)，而是'**我行**'(Ich handle)，我从本质之根据而来给我自身以法则，我是自由的。在这种自由存在中我是真正地寓于自身，没有离开自身，而是真正地自**在**(*an* sich)。这个作为'我表象'的我，这个 idea，现在是从自由而来得到了理解。观念论，作为对存在的解释，现在把存在者的自在理解为自由存在；观念论本身乃是自由之观念论(Idealismus der Freiheit)。康德把哲学一路带向了这一要点，而他自己却未曾测出这一步骤的整个的影响范围。"①

康德所没有测出的"这一步骤的整个的影响范围"，恰恰是德国观念论的特有的和卓越的成就，这指的是，德国观念论成为"体系"的观念论，这种观念论试图以另一种方式来"完成"康德的道路："通过费希特的知识学，这种观念论得到了论证，通过谢林的自然哲学，它得到了本质性的补充，通过谢林的先验观念论体系，它被提高到了一个更高的阶段，通过谢林的同一性体系，它得到了完成，而通过黑格尔的《精神现象学》，它在一种自统性的进程中得到了特别的论证。"② 更确切地说，通过莱布尼茨与康德的开创与奠基，通过费希特、谢林、黑格尔的传承与发扬，德国观念论成为"自由之体系"，"因为体系构成的原则，效力于存在之基本适置的那种规定根据的原则，即'观念'(Idee)，乃是作为自由而被理解的"③。也正是在这种整体视野中，海德格尔指出，"黑格尔《逻辑学》的最后一部分，亦即德国观念

---

①　GA 42, S. 159.

②　GA 42, S. 156.

③　GA 42, S. 163.

论之普遍形而上学的最后一部分，以'观念'为标题，这绝非偶然"①。

通过对这种必然性——德国观念论形而上学的最终部分被冠以"观念"之名的必然性——的分析，整体评判的"第二维度"亦即德国观念论在海德格尔视域中的轮廓，也就得到了根本界定：

> 观念（Idee）现在早已不再是现成存在者的那种被看到的外观，而是——经由笛卡尔的"我思"——意指"存在者之被表象状态"被表象了；这说的是，这种对被表象状态的表象活动表象了自身。因此，在德国观念论中，"观念"始终意指存在者在绝对知识中的向自身的显现（das Sichselbsterscheinen des Seienden im absoluten Wissen）。因此，绝对的观念是："最高最尖的顶点……是**纯粹的人格**，纯粹的人格只有通过绝对辩证法（绝对辩证法乃是纯粹人格之本性）才在同样程度上**把一切都包含于自身中**并保持于自身中，因为纯粹的人格使自身成为最自由的东西，——成为单纯性，而这种单纯性乃是最初的直接性和普遍性。"（黑格尔：《逻辑学》，第二部分，WWV，第349页）绝对的存在，存在者的自在存在，叫作自由存在，而自由存在意味着基于特有本质之法则的自身规定。存在本身因而意味着：自**在**自**为**的、寓于自身的存在，意愿自身，绝对的意愿活动。谢林说："在最终的和最高的主管机制中，除了意愿活动之外根本没有其他什么存在。意愿活动是源始存在。"（谢林：《自由论文》，第350页）这意味着：源始的存在乃是意愿活动。意愿

---

① 　GA 42, S. 164.

活动首先是对某种东西的追求和渴求，但不是作为盲目的欲望和渴望，而是通过被意愿东西的表象而被引导和规定的。被表象者和表象活动，亦即 idea[观念/理念]，因而就是意愿活动中的真正意愿着的东西。① 把存在理解为意愿活动，这意味着，从 idea 而来理解存在，但并非只是将其理解为 idea，因而是指对存在作观念论的理解。对存在的这种观念论的概念理解，其开端是在莱布尼茨那里做出的。实体，自为地持存着的存在者，乃是作为表象和欲求而是其所是。表象和欲求不是属性，不是先有实体，再有这两种属性，而应看到，欲求在自身中是表象着的并且表象活动是欲求着的，并且这种表象着的欲求（意愿活动）乃是存在者之存在的基本方式，依据于这种基本方式并按照这种基本方式，才每每有一种在自身中统一的东西，即存在者。②

若以最扼要的方式来提炼海德格尔这段表态的要点，即是：**命名了"德国观念论"的"观念"概念在实质上意味着"人与存在之关联"**。但要看清这一要点，显然还需要对上述表态按其内在的四重结构做出进一步解释：

首先，"德国观念论"的"观念"不再是"现成存在者的那种被看到的外观"，而是"存在者在绝对知识中的向自身的显现"，亦即在对绝对者（存在）之认识中的向认知者自身（人）的返归，亦即所谓的

---

① 海德格尔在自用样书中针对这句话写下了这样一条边注："知性——亦即精神——乃是意愿活动中的意志。"（Der Verstand-Geist-ist der Wille im Wollen.）参见 GA 42, S. 164。——引按

② GA 42, S. 164.

"对被表象状态的表象活动表象了自身"。"观念"因而意指一种向外之拓展和向内之返归的统一，而只要康德以来的德国哲学家们受莱布尼茨之影响，"对存在作观念论的理解"，则这种向存在之拓展与向人自身之返回的统一，就在实质上道说着"人与存在之关联"①。（对此问题的义理阐释参见本书第二章对"解构性奠基"的讨论。）

　　其次，为进一步阐明上述立场，海德格尔首先引用了黑格尔《逻辑学》中的一段关键证词。但对于不熟悉《逻辑学》的读者来说，这段引文的语境还需要加以补充揭示，因为在这段引文之前，黑格尔还有一番界定语境的重要表述："……每一种［进一步的］规定都是入乎自身的反思。**向外行进**的每一个新的阶段，亦即**进一步规定**的每一个新的阶段，也都是一种入于自身，并且更大的**拓展**在同样程度上是**更高的密集**。最丰富者因而是最具体者和**最主观者**，并且，那种将自身回取到最简单之深度中去的东西，乃是最强有力的东西和最具决定性的东西。最高最尖的顶点是纯粹的人格……"②综合黑格尔的这两段表述，可以看出，纯粹的人格虽然"是""最高最尖的顶点"，但并不直接就等同于"最高最尖的顶点"，因为这种"顶点"，作为"最丰富者""最强有力的东西""最具决定性的东西"，乃是黑格尔意义上的"绝对者"或"现实"（Wirklichkeit），亦即通

----

　　① 事实上，仅就观念（理念）的同一性本质来看，对观念的设定，就是"对一个并不存在的东西的设定，也就是对在某个可发现的现成之物意义上并不存在的东西的设定"（海德格尔：《尼采》，孙周兴译，北京：商务印书馆，2015年，第625页）。理念（观念）问题因而本身就关乎"存在论差异"，而作为人对存在（而非存在者）的设定，理念（观念）问题本身就涉及"人与存在之关联"。

　　② G. W. F. Hegel, *Werke. Band 6. Wissenschaft der Logik II*, Suhrkamp Verlag, 1986, S. 569–570.

常所谓的"存在"（Sein）。^① 作为纯粹人格的"人"与作为最高最尖之顶点的"存在"并非等同关系，而是同一关系，而它们之所以达成同一性，是通过"绝对的辩证法"，即"拓展与返回之统一"的辩证法："绝对精神之概念是自身意识。"^② 按照这种绝对的辩证法，"最高最尖的顶点是纯粹的人格"，正如"最丰富者是最主观者"，它们都在道说着"人与存在之关联"。如此，命名着"德国观念论"的"观念"概念的实质含义即"人与存在之关联"。（对此问题的更多阐释亦参见本书第二章对"解构性奠基"的讨论。）

接着，海德格尔又引用了谢林《自由论文》中的一段关键话语来深化上述立场。通过揭示表象（认知）与欲求（意志）的统一性，"观念"不仅仅是"存在者在绝对知识中的向自身的显现"，而且也是"意愿活动中的真正意愿着的东西"，由此，"德国观念论"的"观念"所意谓的"人与存在之关联"就得到了更清晰的定位：这种关联不仅是认知性的，也是实践性的，且较之黑格尔，谢林更加明确地强调了实践（意志）的重要性：意愿活动是源始存在，换言之，"意愿活动是存在的源始本质"^③。这不仅是对康德立场的重申（"我"的真正本质不是"我思"，而是"我行"），更是对莱布尼茨之开端的深切回应。

最终，德国观念论之"观念"的实质意谓也就由此得到了界定。它意味着"人与存在之关联"，这种关联既是黑格尔意义上的认知

---

① 关于黑格尔意义上的"现实/实际性"（Wirklichkeit）与海德格尔意义上的"存在"（Sein）这两个概念的复杂关系，参见本书第八章的讨论。

② 参见 G. W. F. Hegel, *Werke. Band 3. Phänomenologie des Geistes*, Suhrkamp Verlag, 1970, S. 145。

③ GA 42, S. 165.

性的(自身意识是绝对精神之概念),也是谢林意义上的意志性的(意愿活动是源始存在),但这两层含义是统一的,这说的是,无论是黑格尔还是谢林都不是片面地强调"知识"或"意志"(在黑格尔那里,知识和意愿活动是一回事,在谢林那里,意志中的真正意愿者乃是理智①,二人在此问题上的差异应被视为侧重点的不同),更重要的是,二人都没有把这种关联看作现成性的关系(仿佛现成的关联项之间的一根纽带),而是都是基于"关联为本"来致力于各自限度内的沉思:关联活动才是根本,关联项("人""存在")只是基于关联活动才能各成其是。这也就是海德格尔上述表态最后一句话——"把存在理解为意愿活动,这意味着,从 idea 而来理解存在,但并非只是将其理解为 idea,因而是指对存在作观念论的理解"——的深远意味:无论是把存在理解为"绝对精神"(黑格尔)还是理解为"意愿活动"(谢林),都是从"观念"之关联内涵而来亦即基于"人与存在之关联"来理解存在,而不是把存在仅仅把握为一个单纯的"观念"。就此而论,黑格尔和谢林事实上是在认知与意志之统一性(这种统一性可以被概括为"知识意味着:向存在开放,而存在是一种意愿"②)的共同基础上以各自方式贯彻了"关联为本"(关联活动是生发性的、决定性的,关联项唯有基于关联活动才成其所是)的思路,并且是越过康德对莱布尼茨"单子论"所给出的那一开端的直接深化③:"实体,自为地持存着的存在者,乃是作

---

① 海德格尔:《尼采》,第 626 页。

② 海德格尔:《哲学论稿(从本有而来)》,第 81 页。

③ 德国观念论的这一特有的深化工作同时受益于其对斯宾诺莎哲学的重取和对基督教教义学的转化。

为表象和欲求而是其所是。表象和欲求不是属性，不是先有实体，再有这两种属性，而应看到，欲求在自身中是表象着的并且表象活动是欲求着的，并且这种表象着的欲求（意愿活动）乃是存在者之存在的基本方式，依据于这种基本方式并按照这种基本方式，才每每有一种在自身中统一的东西，即存在者。”“关联为本”，这就是德国观念论最为根本的洞见，也是德国观念论相对于康德哲学做出的最为卓越的成就，这种卓越性甚至使得这种通常被称作“绝对之思”的关联之思看上去就像是对康德立场的遗弃。①

　　如此，通过对上述四重结构的分析，德国观念论与康德哲学的关系（整体评判的第二维度与第一维度的关系）也就得到了轮廓上的界定。一方面，从命名了“德国观念论”的“观念”概念的实质含义（人与存在之关联）来看，德国观念论依赖于康德哲学的奠基工作，没有康德哲学的这一奠基工作，德国观念论是无可想象的。另一方面，从德国观念论对关联问题的深化（关联为本）来看，德国观念论又具有其非凡的特殊性，开创出了一种极为深远的景象。这两方面共同构成的整个幅度，就是“康德把哲学一路带向了这一要点，而他自己却未曾测出这一步骤的整个的影响范围”之所谓。

　　至此，无论是着眼于第一维度还是第二维度抑或其中的基准点，整体评判与基础问题的内在关联都已经变得触目，整体评判的运作机制也由此而得到显明：整体评判的整体性奠基于基础问题，整体评判的内在划分（“思路形成”和“具体执行”）也定向于基础问题的二重性（海德格尔思想的基础问题和形而上学的基础问题），而且

---

　　① 参见海德格尔：《哲学论稿（从本有而来）》，第188页。

对整体评判之旨趣和意义的追问也离不开对基础问题之内涵的探讨（基础问题为何会在海德格尔这里出现了指向未来的向度？），一言概之，对整体评判的研究需要以基础问题为主脉加以展开。

第四节　探基与启思：整体评判的路径与意义

依照这一主脉，并且着眼于基础问题的二重性，整体评判的旨趣也就得到了一种揭示：整体评判兼具重取传统和指向未来的双重向度，海德格尔对德国古典哲学的形而上学基础问题的追问可以谓之"探基"（探究形而上学的隐秘根基），而海德格尔通过"探基"而展开的对思想基础问题的追问则可以谓之"启思"（尝试着通过对第一开端之本性的穷尽而转入另一开端并由此为未来之思想的启动做好准备）。

就此而论，"探基与启思"不仅命名了"整体评判"的运作机制，也道说着"整体评判"的路径与意义。"探基"是对既有思想的重取，"启思"则指向思想未来的命运，在本真的时间性中（过去并非单纯的过去，未来也非单纯的尚未），二者之间是合作共生、交融为一的关系。

这一观察并非只是研究者之所见，海德格尔本人就已承认了这一点："另一开端必须完全从作为本有的存有和存有之真理的本现以及存有之真理的历史的本现中获得（例如可参见另一开端以及另一开端与德国观念论的关系）。开端性的思想把自己对存有之真理的追问远远地置回到作为哲学之本源的第一开端中。它由此为自己提供了这样一种保证，即在其另一开端中远远地到来，并且在被掌握的遗产中找到它最高的将来的持存状态，因此在一种转变了的

（相对于第一开端）必要性中返回它自身。"① 一言概之，"开端性的
思想乃是存有之真理的启思，因而是基础之探基"②。

　　本书的正文部分于是就将分为三个步骤展开：首先进行始基层
面的阐释并由此揭示整体评判的思路形成，然后着眼于整体评判来
考察海德格尔对康德与德国观念论具体思想家的定位工作，最后对
整体评判进行理论总结，指出其最终旨趣与意义。

　　特别要说明的是，第二个步骤（着眼于整体评判来考察海德格
尔对具体思想家的定位工作），将会深入具体的思想文本展开探讨，
但这种探讨在完备性上是有所克制的，即在有些地方将会点到为止
并不完全展开，因为它的首要使命是要紧扣"整体评判"并效力于
这种"整体评判"，这种探讨工作因而并不意味着它能够取代在具
体问题域中的更深入的研究，毕竟"海德格尔的莱布尼茨阐释""海
德格尔的康德阐释""海德格尔的费希特阐释""海德格尔的黑格
尔阐释""海德格尔的谢林阐释"等等问题域本就可以用几部专门
论著来展开更加深入的研究，对这些问题域分别进行的更加深入的
专题研究将是作者在完成本书的"整体评判"工作之后的后续任务。
本书和未来的这些专题论著将构成一个庞大的体系，它们将会构成
一个内在统一的有机整体，但这当中存在着严格的逻辑秩序：没有
本书所完成的对"整体评判"的研究，这些更加深入细致的专门论
著将缺乏考察的基准点和意义的生发之源与观照之源。

---

① 海德格尔：《哲学论稿（从本有而来）》，第 64 页。
② 海德格尔：《哲学论稿（从本有而来）》，第 62 页。

第一章　海德格尔思想的基础问题

1959年和1961年，青年学子奥托·珀格勒（Otto Pöggeler）为撰写他的海德格尔研究，曾两次来到弗莱堡向海德格尔当面请教。根据珀格勒后来的回忆，在其中一次谈话中，海德格尔谈到了流行的那种按发展观编排的历史考证版全集的种种弊端，"海德格尔也谈到了我对他的思想之路的表述，他说，他根本不能做出这样的东西来，因为他并不能以历史学的方式来看待自身。他是从任务而来看待自身的，并且，在后来的[本己道路的]那些开端那里，他也要把对这些任务的解决和其早期的那些动机结合起来"①。这次谈话显然改变了珀格勒的既有的论著撰写计划，珀格勒由此意识到，对于研究者而言，海德格尔的思想虽然是一条道路，但并不是一条可以用发生学、发展观的方式来进行历史学报道的道路，而只能是一条被任务所决定亦即被问题所支配的道路，要对这样的道路展开追

① 参见登克尔等编：《海德格尔与其思想的开端》，靳希平等译，北京：商务印书馆，2009年，第202页。引文据德文版有改动，这段话的原文为："Heidegger sagte denn auch von meiner Darstellung seines Denkweges, dass er so etwas überhaupt nicht könne, weil er sich selbst nicht historisch zu sehen vermöge. Er sah sich von den Aufgaben her, deren Lösung er auch bei späteren Ansätzen mit seinen früheren Motiven verbinden wollte."（*Heidegger und die Anfänge seines Denkens*, Heidegger-Jahrbuch 1, München 2004, S. 186.）

踪，首要之关键就在于来到那个决定一切的问题面前，追问支配着海德格尔思想之路的那个独一无二的问题。①

在德语哲学语境中，"任务"（Aufgabe）一词的确切意思是"被交付给思想的疑难问题"（dem Denken aufgegebenes Problem）。②我们要问，什么是海德格尔思想道路上的那个决定一切的任务？这个作为任务的独一无二的问题是什么问题？它是如何被"交付"的，被"谁"所交付？"后来的那些开端"指的是什么？海德格尔如何以及为何"在后来的那些开端那里，也要把对这些任务的解决和其早期的那些动机结合起来"③？

在对此所做的澄清工作中，我们将会逐步看到，这些追问直接关系于本研究的主题，对这些追问的解答将直接通向本研究的基本立场：这个决定一切的"任务"就是"基础问题"，而且是一个二重性的基础问题——"海德格尔思想的基础问题"与"形而上学的基础问题"——虽然表述和表现上有区别，但二者实质上彼此共通。正是凭借这种共通性，"基础问题"以贯彻始终的方式奠定了"整体评判"的整体性，基础问题与整体评判也因而在根本意义上是统一的，而且"整体评判"的运作路径也就是在对"基础问题"之二重性的觉察中逐渐形成的。

但要阐明上述复杂进程，要觉察和理解"基础问题"的二重性，

————————

①　参见 Otto Pöggeler, *Der Denkweg Martin Heideggers*, Pfullingen 1990, S. 7–15。对此问题的进一步研究参见本章后文。

②　参见《杜登综合词典》（*Duden-Deutsches Universalwörterbuch*, 6. Auflage, Mannheim 2007）"Aufgabe"词条的释义。

③　关于这种"结合"，可参见本书第十二章与第二章的呼应关系。

必须首先考察和揭示海德格尔思想"基础问题"的实质含义与生发根源,在这一工作完成后,我们才能进一步追问基础问题之二重性的内在依据,亦即基础问题与整体评判的统一根据。

第一节 海德格尔思想"基础问题" 的实质含义

所谓"基础问题"是指这样一种具有决定性意义的问题:它为问题域中的一切东西提供了基础(Grund),始终起着支配性作用,以至于对基础问题的理解支配了一切对问题域的理解。对基础问题的勘测、确定以及阐释因而具有至关重要的意义。

倘若我们把海德格尔思想的决定性问题命名为海德格尔思想的基础问题,则我们首先就有充分的依据来指出,海德格尔思想的"基础问题"(Grundfrage/Grundproblem)就是"存在问题"(Seinsfrage/Seinsproblem),更确切地说,是"存在之意义"(der Sinn des Seins)问题或"存在之真理"(die Wahrheit des Seins)问题。尽管海德格尔在思想转向之前多谈"存在之意义"问题,在转向之后多谈"存在之真理"问题,而且这两个问题的确有所差异("存在之真理"问题更坚决地思考了存在之自行置送与自行回隐的统一性),但从更高角度看,着眼于它们的实质含义(无论是"意义"还是"真理"都根本地意味着"关联活动")①,这两个问题仍是统一的:"'存

---

① 对于海德格尔而言,"存在之真理"绝非是认知意义上的关于存在的真理问题,它根本地是"存在的自行置送/自行回隐",是存在与人的关联活动本身。参见 Martin Heidegger, *Zum Ereignis-Denken*, GA 73.1, Frankfurt am Main 2013, S. 790。(转下页)

在之意义'与'存在之真理'说的是一回事情。"①换言之，"意义"就是本源性的关联活动或关联领域，未经转化的存在都要据之而成其所是②，存在之意义与存在之真理由此而是统一的。

　　"存在之意义/真理"问题乃是海德格尔思想的基础问题，几乎无人会质疑这一判断的合理性和自明性，它不仅是国内外学者的研究共识③，而且也可以在海德格尔思想中找到丰富的证词："'意义'之问题，按照《存在与时间》中的解说，也就是开抛领域的建基之问题，简言之就是存有之真理问题，此问题始终是**我的**问题，而且是我的**独一无二的问题**，因为它事实上适用于那个**最独特的东西**"④；"在主导问题中，关于存有之真理（意义）的问题依然是未经

（接上页）另参见海德格尔在《关于人道主义的书信》中的回顾："我在《存在与时间》第230页上也说过，唯从'意义'（Sinn），亦即从存在之真理，才能理解存在如何存在。存在在绽入性的筹划（开抛）中对人自行敞显。然而这种筹划并不创造出存在。此外，筹划（开抛）根本上却是一种被抛的筹划。在筹划中抛置者不是人，而是存在本身，是把人发送到作为其本质的此－在的绽入性实存中去的存在本身。"（海德格尔：《路标》，第400—401页）这一表态明确解释了，存在之意义（真理）乃是人与存在之关联。

　　① 海德格尔：《路标》，第448—449页。

　　② 未经深思的"存在"，通过"本有之思"的转化，经由"关联为本"的洞见，才谈得上"存在就是关联活动本身"，这种意义上的"存在"（Sein）被海德格尔命名为"存有"（Seyn）。详细讨论参见后文。

　　③ 国内学者的相关研究参见孙周兴《说不可说之神秘》（1994）、靳希平《海德格尔早期思想研究》（1995）、陈嘉映《海德格尔哲学概论》（1995）、倪梁康《现象学的始基》（2004）、张祥龙《海德格尔传》（2007）、张汝伦《〈存在与时间〉释义》（2012）等。国外学者的相关研究参见维尔纳《海德格尔与传统》（1961）、珀格勒《海德格尔的思想之路》（1963）、伽达默尔《新哲学：黑格尔、胡塞尔、海德格尔》（1987）、冯·海尔曼《此在的解释现象学》（1987）、提奥多·基西尔《海德格尔的〈存在与时间〉的起源》（1993）、特德·萨德勒《海德格尔与亚里士多德：存在问题》（1996）等。相关表述甚多，这里不做一一引用。

　　④ 海德格尔：《哲学论稿（从本有而来）》，第12页。

追问的……这个未经追问的问题乃是基础问题……《存在与时间》乃是向跳跃（对基础问题之发问）的**过渡**"①；"存在之意义问题是我思想的决定性的问题"②。

但就在这里，在这种自明性中隐藏着一种不易觉察的黑暗，隐藏着一种长期以来没有得到真正追问的问题，此即："存在之意义"问题究竟是什么问题，它何以是基础问题，何以能成为海德格尔的"独一无二的问题"。对此我们很难仅从字面上获得答案，显然这一问题本身还需要进一步解释。换言之，"存在之意义"问题可视为对海德格尔思想"基础问题"的一种命名，但我们还难以仅从这一命名形式上看出它的根本含义。仅仅在命名形式上知道海德格尔思想的基础问题是什么，还不足以克服海德格尔思想的理解困难，甚至满足和止步于这种知道，恰恰参与构成了理解上的困难。要弄清海德格尔思想的基础问题，我们还需对"存在之意义"问题的根本含义做出阐明。

就此问题，本研究的立场可以预先表述如下：在海德格尔的语境中，"意义"（Sinn）并非只是关乎理解的"意味"，更根本地，它意味着一种本源性的关联，"存在之意义"问题的根本含义是"存在之关联"亦即"人与存在之关联"问题，海德格尔思想的"基础问题"也因而应被更明确地界定为"人与存在之关联"。对此，本研究将通过对三种阐释与论证的考察予以阐明，分别是：开端处的阐释与论证（海

---

① 海德格尔：《哲学论稿（从本有而来）》，第 244 页。

② Martin Heidegger, *Reden und andere Zeugnisse eines Lebensweges*, GA 16, Frankfurt am Main 2000, S. 728.（GA 16 的中译本参见海德格尔：《讲话与生平证词》，孙周兴、张柯、王宏健译，北京：商务印书馆，2018 年。）

德格尔思想在启动阶段对"意义乃是关联"的关键洞见)、进程中的阐释与论证(海德格尔思想进程中对"人与存在之关联"之基础性的反复阐释)、研究者的阐释与论证(对相关研究成果的阐述和梳理)。

一、海德格尔思想开端处的阐释与论证

要追问"存在之意义"问题的实质含义,显然首先需要弄清何谓"意义"(Sinn),特别是要澄清,海德格尔语境中的"意义"究竟意味着什么。整体来看,虽然海德格尔在其早期著作如教授资格论文《邓·司各脱的范畴学说与意谓理论》中也曾分析了二者之间的大同小异 ①,但他通常是着眼于二者之大同而把"Bedeutung"与"Sinn"等同视之的,为了在汉语译名中勉强区分之,我们把前者译为"意谓",把后者译为"意义"。②

在海德格尔这里,被等同使用的"意义"(Sinn)和"意谓"(Bedeutung)都具有动态义(Sinn 的词源本义就是"进程,道路"③,

---

① 海德格尔:"'逻辑性的存在',亦即意义(Sinn),就像它的组成部分即意谓(Bedeutungen)那样,已经表明自身是与实在之存在相对的特有世界,并且这是就两个方面而言的:一方面是就'实存',或更确切地说,是就实际性方式(Daßheit[如此性])而言的;另一方面是就其内容性的本质(Washeit[什么性])而言的。这种构成物的一种特性迄今为止一直没有得到关注,这是特意为之的;这一事实意味着,意谓与意义密切关系于词语和词语复合物(语句)。意谓与意义是通过语言的构成物而是可表达的。这些语言形态作为有意谓的和有意义的构成物而成为语词的最广阔意义上的表达。"(海德格尔:《早期著作》,张柯、马小虎译,北京:商务印书馆,2015 年,第 337 页)

② 弗雷格和胡塞尔都对这两个概念的同异做了各自的分析,对海德格尔的思考产生了一定影响。

③ 参见《杜登综合词典》"Sinn"词条的词源分析。可以附带指出的是,《道德经》的某些德文译者(如卫礼贤)之所以决意用"Sinn"来翻译《道德经》的"道",事实上是着眼于"Sinn"的本源义而非语用义。

其中已暗含着关联活动之义。Bedeutung 的动态性的关联义则更为强烈），而并非只是表示语词的"含义"或"意味"。海德格尔正是通过这种等同使用而独辟蹊径地深思了"意义"（Sinn）的丰富性：意义不仅仅是意味，毋宁说，即便是意味也已指示着一种本源性的关联。而且海德格尔在 1915 年的教授资格论文中对此的思考更多地是借助了对"意谓"的分析，其原因主要有两点：

1. 为阐明"意义不仅是意味，更是本源关联"这一核心意旨，早期海德格尔所选择的一条重要路径是，通过对语言问题的思考来完成这一任务，而较之"意义"（Sinn），"意谓"（Bedeutung）呈现为更切近和更细致的语言现象，也就更适合这一任务。这也就是海德格尔在其大量讨论语言问题的教授资格论文《邓·司各脱的范畴学说与意谓理论》中的实际路径。

2. 较之本源义不易得到辨识的"Sinn"，"Bedeutung"（动词形式为 bedeuten）在字面上就已表现出很明显的关联义：它总是关联性的对某种东西的指向，甚至可以说，意谓构筑着关联，意谓不仅是意味，更是有效着的关联，"意谓复合体能够进入到有效着的意义本身的关联中去，它的这种秩序也自行保持在有效着的意义之领域中"[1]。因此，对于海德格尔而言，在对"意义"与"意谓"等同视之的基础上，通过阐明"意谓"乃是关联，就更易于实现阐明"意义乃是关联"这一任务（海德格尔在 1913 年的博士论文中就已经直接指出"意义是关联性的，意义的实际性方式是有效"[2]，但还缺乏深

---

① 海德格尔：《早期著作》，第 406 页。

② 参见海德格尔：《早期著作》，第 184 页。

入详细的论证）。

在 1972 年为《早期著作》单行本所作的序言中，海德格尔曾对包括教授资格论文在内的早期文本做了如下回顾："这些文本严格说来是一些无助的早期尝试，当时把它们写下来的时候，我还并不知道那种后来逼迫着我的思想的东西。尽管如此，这些尝试还是揭示了一种对于那时的我尚还锁闭着的道路开端：处于范畴问题之形态中的是存在问题，对语言的追问则是以意谓理论形式出现的。这两个问题的共属性当时是处于黑暗之中的。"[①]

海德格尔此时的工作不仅在摸索中进行，而且教授资格论文"意谓理论"部分对语言问题的考察也是以一种相当复杂的方式展开的：首先把"意谓问题"拔擢出单纯的语法现象之外，亦即要凸显意谓与语言之区分[②]，以指示意谓乃是不同于实在关联的本源关联，但在达成这一洞见后，再返回来行"和解之路"，即从意谓的根本定位而来返回指出意谓与语言的统一性[③]，以力求基于对意谓的洞见而将语言之本质阐明为一种本源关联。[④] 尽管海德格尔此时还不能真正实现对语言本质的这种阐明而只是指出了一种可能性，但"意谓理论"部分的真正旨趣仍是可以发见的，即它力求显示一种与实在关联有别的本源关联。

正是受到这一旨趣的引导，海德格尔在"意谓理论"部分的行文中首先指出，对"意谓理论"的讨论要区分"实存着的语法性东

---

① 海德格尔:《早期著作》，第 68 页。
② 参见海德格尔:《早期著作》，第 341 页。
③ 参见海德格尔:《早期著作》，第 355 页。
④ 参见海德格尔:《早期著作》，第 409—410 页。

西的领域"和"有效着的逻辑性东西的领域"①，并应在后一领域中来探讨意谓问题，"意谓并没有断言某种关于对象的东西，而仅仅是表象了它，仅仅是包含了一棵树之所是，而不是包含了它存在（实存）这一事实。意谓因而显得是与实在相脱离的，被意指的对象是否实存、变动还是消失，意谓始终不被这种变化所影响"，"对于意谓而言，实存完全是陌生的"，为此，海德格尔引用了司各脱在《论亚里士多德〈解释篇〉诸问题》中的一句话，"res ut intelligitur, cui extraneum est existere secundum quod significatur[对于被理解的东西而言，所指之物的实存是外在于它的]"，并称赞司各脱的这种思想具有"足够的本源性和重要性"，认为司各脱所教导的乃是"意谓领域之独立于现成存在的自由"。②由此可见，海德格尔视域中的意谓问题接近于逻辑学，因为"在意谓本身中必然已经存在着一种形式内容，正是它使得意谓之功用得以可能。如此，意谓就被置于逻辑之尊严的视角之下了"③。海德格尔因而断言："通过意谓范畴与判断意义之间的这种关系，意谓范畴也就获得了一种被提升了的重要性，一种认识论上的庄严。意谓理论因而就进入了一种与逻

---

① 参见海德格尔：《早期著作》，第345页。而且海德格尔的这一思路早在其1912年的论文《逻辑学的新研究》中就已呈现了出来："那种区分，对心理行为和逻辑内容的区分，对在时间中实在地进行着的'思维事件'（Denkgeschehen）和在时间之外理想地同一着的'意义'（Sinn）的区分，或者更简要地说，对'存在着'（ist）和'有效'（gilt）的区分，对于我们认识到心理学主义的荒谬性和其在理论上的无益性，始终是具有基础性作用的。这种纯粹的、自在地持存着的意义乃是逻辑学的对象，逻辑学也因此从一开始就被去掉了经验学科的特征。"（海德格尔：《早期著作》，第27页）

② 海德格尔：《早期著作》，第354页。

③ 海德格尔：《早期著作》，第360页。

辑学的最为切近的关系中。"①

按照这种切近关系，意谓和意义所道说的那种"关联"，就不是实在物之间的那种被时空范畴所确定的现成的关系，而是那种非现成的、使实在关联得以可能的"关联"："意谓自身必须成为与对象不同的另一种东西……意谓根本就不实在地实存"②，"意谓并非心理的实在，意谓并不属于一种实在的关联，并不是在这种关联中被造成的；意谓必须被理解为意向性内容"③，而意向性即有效性，是对有别于实在领域的逻辑领域"予以定性的要素"④，因此"意谓形式必须被目的论地理解，也就是说，它们的成效必须从结构的概念而来得到理解，意谓形式是结构为目的并将其作为它们之原则的"⑤，换言之，意谓以关联为目的并以关联为原则。

这样的分析实际上是更详细地论证了海德格尔在其博士论文《心理学主义中的判断理论》(1913)中的基本立场："意义体现着逻辑性的东西"⑥，"意义的现实性形式是有效"⑦，"因此，意义就是含有关系的"⑧。通过洛采逻辑学特别是其"有效性"(Geltung)思想的影响，海德格尔把"逻辑"的根本要义理解成作为有效性的"关联"，而且是有别于存在者之关联的存在之关联⑨，因此，在意谓问题上，

① 海德格尔：《早期著作》，第406页。
② 参见海德格尔：《早期著作》，第354—355页。
③ 参见海德格尔：《早期著作》，第362页。
④ 参见海德格尔：《早期著作》，第325页。
⑤ 参见海德格尔：《早期著作》，第387页。
⑥ 参见海德格尔：《早期著作》，第181页。
⑦ 参见海德格尔：《早期著作》，第337页。
⑧ 参见海德格尔：《早期著作》，第184页。
⑨ 对洛采之影响的详细分析参见本章第二节。

教授资格论文的基本立场就呈现为：意谓不仅是通常所理解的"意味"，更是本源性的"关联"，是有别于实在之关系的本源性的"关联"。这种关联行为的特点在于"有效"，"意谓之研究的主导价值因而就是作为有效着的意义的真理（die Wahrheit als geltender Sinn）"①。1915 年的海德格尔因此在邓·司各脱的文本②中看到了直接通向由洛采、胡塞尔等人所决定性地塑形的"当代"哲学问题处境的关键思考："意谓并非心理的实在，意谓也不属于一种实在的关联，并不是在这种关联中被造成的；意谓必须被理解为意向性内容，被理解为意向行为（通过灵魂所引发的意向）的成果。相对于被单纯感知的语词，被理解的有意义的表达是更多的，这种更多就存在于意谓行为中。"③这种意谓理论因而构成了对布伦塔诺博士论文在海德格尔思想道路上所激发起的那个开端问题——"倘若'存在'是在多重含义中被道说的，那么哪一种含义（Bedeutung）是那种主导性的基础含义（Grundbedeutung）呢？何谓存在？"——的一种初始回应：含义的多样性来自意谓（意义）行为的统一性，而这种统一性的根源在于，意谓（意义）行为乃是"关联活动"。但这种关联，既非心理现象，也非实在之关系，而是某种本源性的"关联"。

　　在洛采（以及深受洛采思想之规定的拉斯克）的影响下，海德

---

　　①　海德格尔：《早期著作》，第 360 页。

　　②　"Rationes significandi non inducuntur per motum, sed sunt intetiones inductae per animam."［意谓之形式不是由运动得来的，而是灵魂所引发的意向。］邓·司各脱：《论亚里士多德〈辩谬篇〉诸问题》，问题 8，11a。

　　③　海德格尔：《早期著作》，第 362—363 页。

格尔把这种本源性的"关联"思为"有效",而为了阐明这种与实在物之现成性有别的"有效着的真理",首先有必要在"范畴学说"中区分各种实际性领域,亦即,"对那些最普遍的对象规定性本身和那些具体的领域(逻辑的、数学的、物理的、心理的和形而上学的实际性)做出阐释性的特性规定",以便使意谓领域凸显出来,"'逻辑的存在',亦即意义,就像它的组成部分即意谓那样,已经表明自身是与实在之存在相对的特有世界"[①],这事实上构成了对"存在之区分"的思考,而且指向了对存在本身进行思考的远景。

因此,教授资格论文《邓·司各脱的范畴学说与意谓理论》事实上的主题乃是"存在"与"关联",是对这两个问题的分别探讨,或者说,是对"存在之意义"这一问题的分解式的探讨,而且从教授资格论文的"结论"部分[②]来看,这种分解式的探讨最终还要再度指向对"范畴问题"的沉思,亦即在达成"存在之区分"和"本源关联"的双重洞见后重新沉思"存在问题",以便在一种统合性的努力中对"存在之关联"问题做出一种展望。这一意图,按海德格尔自己的表述即"作为一种问题史研究,这一研究的真正目标在于,在对成果之要点进行探讨性的和评估性的返观与统观之外,它最终要求以体系的必然性来对范畴问题的那种体系性的结构进行一种展望"[③],亦即"去对范畴问题的结构做出有前导意义的规定,并指

---

① 参见海德格尔:《早期著作》,第 181 页。
② 参见海德格尔:《早期著作》,第 490—503 页。
③ 参见海德格尔:《早期著作》,第 490 页。

出那条有可能解答这一问题的道路"①。而且这条可以用来在源始意义上追问"存在之关联"（"范畴问题的体系性结构"）的道路，按海德格尔在教授资格论文"结论"部分的暗示，就是"历史"，亦即"时间"："历史和对历史所做的那种文化哲学的—目的论的阐释就必须成为一种规定着范畴问题之意谓的本原。"②那条通向《存在与时间》的道路在这里已经得到了启动，而"意谓"（意义）的根本指向就是：属于存在的本源关联。

由此而来，通过对"意谓"（意义）的澄清，教授资格论文的实质意义也得到了澄清，它乃是以追问"存在之意义"（人与存在之关联）为根本宗旨的《存在与时间》之道路的开端。确切而言，这指的是："范畴学说"提供了对"存在之区分"的洞见并由此彰显了对有别于实在领域的意谓领域展开追问的必要性③，"意谓理论"则在"范畴学说"的基础上亦即"存在之区分"的基础上提供了对"意义（意谓）是本源关联"的洞见；而教授资格论文的"结论"部分则综合上述考察成果重新转回探讨"范畴问题"，亦即，在达成"存在之区分"和"本源关联"的双重洞见之后，在对"存在之关联"语境的初步赢得中，重新去追问"存在问题"。

在这种追问进程中，海德格尔同时从司各脱的"个性/此性"（haecceitas）理论中获得重要启发，洞见到"个性东西是一种不可归因的终极东西"④"个性的形式给出了实在的实际性的源初规定

---

①　参见海德格尔：《早期著作》，第505页。
②　参见海德格尔：《早期著作》，第500页。
③　参见海德格尔：《早期著作》，第356页。
④　参见海德格尔：《早期著作》，第281页。

性"① 且"时间规定为个性东西做出特性刻画"②，由此打开了他对"实际性"（Faktizität）的追问途径（从"此在"出发追问存在问题，使得传统的、因主体之超越而处于不当之高度的存在论自行崩解到其真正的、隐秘的基础即"人与存在之关联"中去，由此使得存在者层面的奠基亦即此在的奠基实现为存在论的"解构"）③，因此，当海德格尔在教授资格论文中最终洞见到，"行为活动的独特性和个体性与那种普遍有效性即意义的自在之持存被统合到一种活生生的统一性中去了"④，那条指向未来的"人与存在之关联"的追问道路，就由此启动了。

1919 年，在发表教授资格论文的三年之后，海德格尔在那个被后世学者评价甚高的讲座课《哲学观念与世界观问题》中，更为明确地解释了他曾在教授资格论文中探讨过的"意谓"概念："意谓（Bedeutung）的本质中包含着对象性地意指某物，意谓之充实的

---

① 参见海德格尔：《早期著作》，第 282 页。

② 参见海德格尔：《早期著作》，第 281 页。

③ 参见海德格尔 1927 年的自我总结，他在 1927 年 8 月 20 日给弟子卡尔·洛维特的信中写道："我确信，存在论只应在存在者层面得到奠基，并且我相信，迄今为止在我之前还没有人清楚地看到并道出这一点。但是存在者层面的奠基并不意味着，任意地指向并返回到一种存在者中去，毋宁说，为存在论作出奠基的那个基础只是以这样的方式才被发现的，即我们知道存在论本身是什么，并且于是就让存在论作为这样一种东西而自行崩降趋于基础了（als solche sich zugrunde richten läßt）。如同在弗莱堡的开端时期一样，我面对的问题一直是实际性问题（die Probleme der Faktizität）——只不过更加彻底得多了，而且现在我也是以这样一些视角来面对实际性问题的，这些视角在弗莱堡时期就已经对我而言是主导性的了。我持续地致力于研究邓·司各脱和中世纪并接着返回去研究亚里士多德，这绝非偶然。"（Martin Heidegger/Karl Löwith, *Briefwechsel 1919–1973*, Freiburg/München 2016, S. 150–151.）

④ 参见海德格尔：《早期著作》，第 502 页。

本质中就包含着把一个对象当作对象"①；但"生命本身的内在的历史性构成解释学的直观。如果已经赢获了此类洞见，那就可以得出一点：语言的意谓性（Bedeutungsmäßige）未必是理论的。意谓性（Bedeutungshafte）本身极少是理论的，它本身就富含现象学直观的可能性，这种直观直面本质之物，而不是面向被总体化的东西。因为意谓性未必是理论的，所以，与意谓性的表达联系在一起的也并不是什么总体化。如果意谓性（Bedeutungsmäßige）的非理论特征得到了洞见，那么就产生了一种可沟通的（mitteilbaren）现象学科学的可能性。现象学的目标即对生命本身的研究"②。

　　所谓要洞见到"意谓性（Bedeutungsmäßige）的非理论特征"，就是要洞见到，意谓（Bedeutung）并非只是意味，毋宁说意味根本地是一种本源关联。从上述表态看，海德格尔对这一洞见有着非常高的定位，因为它关乎一种"可沟通的现象学科学"亦即一种"源始科学"的可能性。伽达默尔曾合理地指出，"青年海德格尔把克尔凯郭尔的'间接沟通'（indirekte Mitteilung）改铸成了'形式显示'（formale Anzeige）的措辞形式"③，因此上述引文中的"可沟通的现象学科学"指向了《存在与时间》道路上的以"形式显示"为标志的根本思想形态。这种"可沟通的现象学科学"所要沟通的不是克尔凯郭尔式的人与上帝之关系（人与那个显隐一体的上帝的关系

---

　　①　海德格尔：《形式显示的现象学：海德格尔早期弗莱堡文选》，孙周兴编译，上海：同济大学出版社，2004年，第16页。

　　②　海德格尔：《形式显示的现象学：海德格尔早期弗莱堡文选》，第19页。

　　③　Hans-Georg Gadamer, *Gesammelte Werke, Band 3, Neuere Philosophie I*, Tübingen 1987, S. 389.

只能是"间接沟通"），而是人与存在之关联（存在不是可对象化的东西，而是在自行显现中自行隐匿，或者说在自行隐匿中自行显现，人与存在的关联因而只能是"形式显示/形式指引"①），因而是一种"源始科学"。这种"源始科学"标志着对一种本源关联之领域的通达与保障，这种本源关联遂可明确为：与派生关联（"人与存在者之关联"）有别的"人与存在之关联"。1919 年讲座《哲学观念与世界观问题》的根本立场就是：自近代以来，人与存在者之关联被认知关系所烙印，呈现为理论性的东西，但理论之物是脱弃生命的东西，本身是派生的东西②，必定还有一门真正的"源始科学"，理论之物就是从这门科学中获得其起源的③，我们的任务就是超出和离开我们自己通常所处的理论之物，跃入本源领域中亦即"成功地跳入另一个世界"④，并且"必须在方法论上让自己留在这一领域中"⑤。源始科学就是这样的通达之路，而它的可能性却取决于对"意谓性的非理论特征"的洞见。由此可见，"意谓/意义乃是关联"根本地指向了对"人与存在之关联"的沉思。无论是在作为海德格尔思想道

---

① "形式显示"因而关乎在存在论语境中对"否定"之本质亦即"无"之本质的追问。教授资格论文的结尾处就指向了这一追问（参见《早期著作》第 498 页注释 1），海德格尔在后期多个文本中反复提示，这一追问乃是教授资格论文通向《存在与时间》的最关键点。参见 Martin Heidegger, *Besinnung*, GA 66, Frankfurt am Main 1997, S. 412；*Zu eigenen Veröffentlichungen*, GA 82, Frankfurt am Main 2018, S. 44, 364；*Anmerkungen I-V*, GA 97, Frankfurt am Main 2015, S. 287 以及《路标》（商务印书馆 2014 年版）第 388 页。

② 海德格尔：《论哲学的规定》，孙周兴、高松译，北京：商务印书馆，2015 年，第 108 页。

③ 海德格尔：《论哲学的规定》，第 109 页。

④ 海德格尔：《论哲学的规定》，第 71 页。

⑤ 海德格尔：《论哲学的规定》，第 3 页。

路开端的教授资格论文中，还是在被某些研究者视为《存在与时间》之发端地的 1919 年讲座《哲学观念与世界观问题》中，"意谓/意义"的关联性特征都得到了突出强调而且被提升到思想之根本任务的位置上了，这意味着，把"意义/意谓"理解为"本源关联"，无论是对于海德格尔思想基础问题的启动还是对其此后进程而言，都是决定性的一步。

　　因此，从上述阐释工作而来，特别是通过对"意义/意谓乃是本源关联"的解释，我们已经可以初步确认，海德格尔语境中的"存在之意义"问题的实质含义乃是"人与存在之关联"问题，而且基于对"意义"之内涵的分析，这种确认也具有逻辑形式上的说服力，海德格尔思想的基础问题因而应被更明确地界定为"人与存在之关联"问题。但此问题作为海德格尔思想的基础问题也绝非一蹴而就：虽然研究者在返观中受益于业已确定的事态进程可以看出它在教授资格论文中获得了决定性的启动，但对当事人的实际处境而言，一切都处在生发性的混沌中，对此的追问与深思必然经历了一番漫长的摸索。

二、海德格尔思想进程中的阐释与论证

　　"人与存在之关联"问题是"存在之意义"问题的实质含义，是海德格尔思想的基础问题。这一点不仅在早期海德格尔思想文本中得到先行见证和预先思考，而且也在此后的海德格尔思想文本中得到了反复论证和一再阐发，但由于相关文本甚多而且本书后文亦有深入分析，故在这里只做轮廓上的勾勒，并且从四个层面上分别展开。

1. "意义（意谓）根本上乃是关联"，这是教授资格论文最关键的洞见，此洞见亦可表述为："意义（意谓）不只是意味，更是关联。"伴随着这一洞见，海德格尔的"存在与时间之路"即那条通向《存在与时间》并被它所烙印的道路事实上已经启动了。①

《存在与时间》以对"存在之意义"问题的主题追问而著称于世，这凸显在该书著名的开篇辞中："'因为显然你们早就熟悉那种东西了，即当你们用**存在着**（seiend）这个措辞时你们真正所意指的东西，然而，我们虽然曾经以为理解它了，但现在，我们却陷入尴尬困窘中了。'我们用'存在着'这个词真正意指什么？我们今天对这个问题有了一个答案了吗？绝没有。那么现在就应重新提出**存在之意义**的问题。我们今天确实处在不理解'存在'这个措辞的尴尬困窘中么？绝没有。那么现在就应首先再度唤醒对这个问题之意义的领会。把'**存在**'之意义的问题具体地加工呈现出来，就是本书的意图。把**时间**解释为每一种存在领会本身的可能界域，则是本书暂先的目标。向着这种目标的对准、这种意图所包含的研究工作、其所要求的研究工作以及通向这种目的的道路，都需要一种导论式的阐明。"②

仅从形式上看，《存在与时间》所追问的"存在之意义问题"与教授资格论文所追问的"范畴学说"（存在问题）和"意谓理论"（意

---

① 在新近出版的具有"思想日记"性质的《黑皮笔记》中，可以看到，20 世纪 40 年代的海德格尔在对本己思想进行回顾时曾明确承认了这一点，相关引文和讨论参见本章第二节。此外，在作于 50 年代的《从一次关于语言的对话而来》中，海德格尔也以未曾明言的方式指出了教授资格论文与《存在与时间》所特有的亲缘关系，参见海德格尔：《在通向语言的途中》，孙周兴译，北京：商务印书馆，2005 年，第 91—93 页。

② 海德格尔：《存在与时间》，第 1 页。据德文版改动。

义问题）就有着密切关联。而且在内容上也是如此，因为教授资格论文的关键洞见"意义不只是意味，更是本源关联"以未曾明言的方式影响着《存在与时间》的构思布局，后者之构思布局深深地受益于前者之洞见但也做了重要的推进 [1]：在《存在与时间》中，"存在之意义"问题事实上构成了二阶式的显现。它一方面显现为归属于此在之基本建制的"存在之领会"（"意义"在此主要被思为"意味"，但也已经指向了本源关联），这是第一部第一篇"准备性的此在基础分析"的主题；另一方面显现为"存在本身之意义"（"意义"在此被根本地思为来自存在的"本源关联"，而且将以"存在的历史性"呈现出来），这是第一部第三篇"时间与存在"的主题（这一主题虽然由于第三篇的被撤回而未曾显现在公众面前 [2]，但在中介性的第二篇"此在与时间性"中，这一主题已经得到筹划，仍是有迹可循的）。这两种显现并非并列关系，也非对立关系，而是一种遵照"连续律"而构造起来的极为特殊的二阶关系（各个阶段都是全息性的，但前后阶段之间又是趋于源始性的关系）："存在之领会"绝非意指此在对存在的领会只是领会存在这个词的"意味"以增益自己的理论认识，而是指，此在对存在之意味的领会本身就是实践性的，此在的"存在之领会"本身就已经是"人与存在之关联"，但却是从

---

[1]　这种推进的关键因素就是对莱布尼茨"连续律"的运用，而且海德格尔的这种运用最早出现在 1919 年战时紧急学期讲座《哲学观念与世界观问题》并在那里大获成功，这也深刻地影响到了《存在与时间》的谋篇布局。相关讨论参见本书第二章。

[2]　虽然此后出现的《现象学基本问题》(1927)可以视为第三篇的一种改写，但它事实上也没有完成，而且它的那个不与《存在与时间》第一部第二篇直接衔接而是"借助于一个新的、被历史所引导的开始（讲座课第一部分）"来追问存在本身之意义的做法（参见海德格尔：《现象学之基本问题》，丁耘译，上海：上海译文出版社，2008 年，第 454 页），其真正意图（存在本身之意义乃是存在之历史）也不易被公众觉察。

人出发得到探讨的"人与存在之关联"，较之第三篇所要探讨的"存在本身之意义"亦即从存在本身出发探讨的"人与存在之关联"，还不够源始。因为，虽然人与存在都是被二者的"关联活动"所规定，但二者毕竟仍有源始性之分别：人作为存在者源出于存在。①

在这种趋于源始性的进程中，时间性成为关键，"时间性"就是对那种使人与存在各自成其所是的根据性的"关联活动"的一种尚不成熟的命名（时间性所先行思考的这种根据性的"关联活动"后来被海德格尔命名为"Ereignis"［本有］）②，换言之，时间性作为双重根据对第一篇之主题和第三篇之主题进行了双重论证，在此意义上，时间性构成了"此在"与"存在"的根据性的中介，或者说，构成了"此在"与"存在"之间的界域性的道路。虽然《存在与时间》的最终挫折（《存在与时间》的第一部第三篇被撤回而且从未再补上，且第二部也从未补作，以至于该书始终沦为残篇，且使得单独发表的部分看上去就像是一种生存哲学或新式的主体哲学），与时间性的这种特殊功用不无关系（遵循"连续律"而展现出的这种时间性可能导致了先验因素的纠缠不散，而且使得"存在"有被对象化的危险，以至于时间性之思的具体践行效果恰恰偏离了时间性之思的"关联为本"的初衷，最终使得《存在与时间》的道路成为一条突然断绝的"林中路"），但若我们能清醒地看到，一种思想的践行

① 海德格尔在《哲学论稿》中对这种"源始性之分别"做了后至的补充解释："只是在表面上，本有是由人来实行的，而实际上，人之存在作为历史性的存在乃是通过这样那样地要求着此－在的本－有过程而发生的。"参见海德格尔：《哲学论稿（从本有而来）》，第244页。

② 关于"时间性"与作为存有之真理的"本有"的这种统一性，可参见海德格尔：《哲学论稿（从本有而来）》，第196、244、247、456页。

效果和原本初衷需要被分别对待，则我们就会承认，按照时间性的这种"关联为本"的中介性定位或道路之功用的宏观指向来看，《存在与时间》的原有规划就是致力于对"人与存在之关联"的追问，这其实就是《存在与时间》的真正主旨。①

对于这一真正主旨，海德格尔此后也进行过反复解释。在非常重要、具有道路回顾性质的《论人道主义的书信》（1946）中，海德格尔明确指出，《存在与时间》真正要思考的，就是"**人与存在之真理的绽入性的关联**，这种关联因为**迄今仍对哲学遮蔽着**，故首先有待一思。但这种关联如其所是的那样，并非根据绽入性的生存，而倒是绽入性之生存的本质在生存论上—绽入状态上出自存在之真理的本质。在《存在与时间》中首次试图道出自身的那种思想要达到的唯一的东西，乃是某种简朴的东西。作为这种简朴的东西，存在始终是神秘的，是一种并不显眼的支配运作的质朴的切近"②。在更早之前的《哲学论稿》中，海德格尔也写道，"在主导问题中，关于存有之真理（意义）的问题依然是未经追问的……这个未经追问的问题乃是基础问题……《存在与时间》乃是向跳跃（基础问题之发问）的**过渡**。所以，只要人们把这种尝试编造为'生存哲学'，则一切都还是未被把握的"③；而且鉴于这一主旨始终遭遇误解，海德格尔也有过这样的表态："《存在与时间》是一种很不完善的尝试：它尝试着去进入此在之时间性中去，以便去对那个自巴门尼德以来的存在问题进行重新发问。对于这本书所遭遇的异议：我直到今天

---

① 对以上问题的深入阐述参见本书第二章。
② 海德格尔：《路标》，第 394—395 页。
③ 海德格尔：《哲学论稿（从本有而来）》，第 244 页。

也还没有足够的敌人——这本书没有为我带来一个伟大的敌人。"①
海德格尔一贯认为,巴门尼德命题"存在与思想是同一的"是西方
思想开端处对"人与存在之关联"的预先思考,他的上述表态因而
就意味着:《存在与时间》乃是试图依据时间性来重新追问"人与存
在之关联",这是此书真正的主旨,《存在与时间》的挫折只是其践
行路径的挫折而不是其真正主旨的挫折,就其主旨始终未被理解而
言,《存在与时间》始终在遭遇误解,也因而从未得到真正有洞见
力的"批评"。②此外,海德格尔在《存在与时间》1953 年第七版
序言中的交代——"然而,倘若存在之问题应驱动我们的此在上路
的话,即使在今天,《存在与时间》的道路也仍然是一条必要的道
路"——也正是对这一主旨的再度申明。综上所述,从对这一主旨
的理解而来,并且鉴于"存在与时间"道路的唯一性(这条致力于从
存在之区分而来追问存在之关联的道路乃是海德格尔思想的独一
无二的道路,所谓思想之"转向",所谓海德格尔后期思想,只是对
这条道路的深化而绝非对它的放弃)③,"人与存在之关联"问题在海
德格尔思想中的基础性定位也就得到了一种确认。

2. 从对存在问题的这种主旨理解而来,海德格尔在教授资格
论文中就已经启动的对语言问题的思考也获得了更为深远的运作
空间。如前所述,在教授资格论文《邓·司各脱的范畴学说与意谓

---

① Martin Heidegger, *Überlegungen II–VI (Schwarze Hefte 1931–1938)*, GA 94, Frankfurt
am Main 2014, S. 9.

② 在海德格尔看来一种富有洞见力的、对《存在与时间》的真正批评应是怎样的,
可参见海德格尔:《路标》,第 400 页。

③ 对此的详细阐述参见本书第二章。

理论》中，通过意谓之分析，把意义更根本地理解为关联，这构成
了海德格尔思想基础问题的关键启动。意谓不仅仅是意味，更是本
源关联，一旦达成这种洞见，对语言之真正本性的理解——因为这
关系着"意谓得以被理解为关联"的深层根据——也将成为思想之
任务。

虽然在教授资格论文的文本中就已经可以察觉这种趋向，但此
问题域上面所笼罩着的黑暗却使得相应的思考工作不可能一蹴而
就。为了实现这一任务，海德格尔事实上走过了一条漫长的道路。
在作于 1953—1954 年间的《从一次关于语言的对话而来》中，海
德格尔以既显又隐的话语对此道路历程进行了回顾①，这构成了又
一种值得重视的思想进程中的论证。

首先，《从一次关于语言的对话而来》这篇文章，并非对日本
学者手冢富雄与海德格尔在 1954 年 3 月底的一次对话的如实记录，
而是海德格尔在对话基础上以半实半虚的笔法加工出的文章②，因
此在这篇文章中，海德格尔的一些看法往往也会通过"日本人"的
立场表达出来。就其中的一句关键表态即"所以您就沉默了十二
年"这句话来看，无论这句话是"日本人"的实际话语还是海德格
尔在撰文时假借对方之立场的本己表态，一个无可置疑的事实是，
1915 年的教授资格论文和 1927 年的《存在与时间》的直接传承关

---

① 海德格尔：《在通向语言的途中》，第 91—93 页。

② 参见手冢富雄（Tomio Tezuka）为此而作的回忆文章（Tomio Tezuka, "Eine Stunde mit Heidegger. Drei Antworten", in: *Japan und Heidegger. Gedenkschrift der Stadt Messkirch zum hundertsten Geburtstag Martin Heideggers*, Hartmut Buchner [Hg.], Sigmaringen 1989, S. 173—180）；另可参见莱因哈德·梅伊：《海德格尔与东亚思想》，张志强译，北京：中国社会科学出版社，2003 年，第 109—118 页。

系得到了强调和承认，而这对于我们所追踪的问题意味着什么已经不言而喻。其次，正是由于1915年教授资格论文的实质意义是"存在之关联"问题的启动，所以海德格尔才紧接着提到，《存在与时间》（作为海德格尔致力于"存在之关联"问题的前期代表作）之所以题献给胡塞尔，是因为现象学提供了道路之可能性，更确切地说，提供了可进一步追问和深化"存在之关联"问题的道路之可能性。[①]再次，海德格尔一方面承认"对语言和存在的沉思老早就决定了我的思想道路"并且紧接着提及《存在与时间》并指出它的基本缺陷或许在于"过早地先行冒险"，另一方面也承认这种冒险不是指其中的语言思想，从这种上下文语境而来只能得出这样一种解释，即海德格尔的"存在与语言"之思乃是"存在之关联"之思，《存在与时间》的冒险是指其在存在之关联问题上的冒险前行，尽管其中并没有把语言问题放到中心位置进行探讨。最后，按引文最后一段话中的回顾，海德格尔是在1935年的讲座《形而上学导论》中才开始"大胆探讨语言问题"，此后又过了近十年，才能够"去道说我所思考的东西"。而正是这种东西，将返回照亮并指示出海德格尔一路走来的思想道路的本质规定：决定一切的乃是人与存在之关联问题。

　　在经过漫长的对语言之本质的追问历程后，1946年海德格尔发表《诗人何为》，第一次提出"语言是存在之家"[②]。同年完成的《关于人道主义的书信》重提此观点并使之得到广泛关注：语言乃

---

① 对此的深入阐述参见本书后文对海德格尔1919年讲座的分析工作。

② 海德格尔：《林中路》，第325页。

是"存在之切近"，亦即"存在之真理"①，换言之，语言即存在之关联，就存在与人的关系而言，"**存在本身就是这种关系**……存在就作为这种关系自行置送，同时人绽入性地忍受存在，也即关切着承受存在"②。

正是这些把语言之本质道说为"关联"而且是"人与存在之关联"的阐述使得海德格尔此前所有的追问获得了根本意义上的语境澄清，并使得前后期的思考互相贯通、连为一体。因此，当晚年的海德格尔回顾教授资格论文并做出"处于范畴问题之形态中的是存在问题，对语言的追问则是以意谓理论形式出现的"这一定位时，他在实质层面所要说的东西，其实就是他在1915年已经尝试思考的东西：存在问题乃是存在之关联问题，亦即人与存在之关联问题。因此，对于海德格尔思想而言，那个决定性的、唯一的问题就是"人与存在之关联"问题。

3."人与存在之关联"问题，由于从其决定性的开端以来就全程支配着海德格尔的思想，故我们称之为海德格尔思想的基础问题。至此，对于这一问题的基础性地位，我们已经通过"《存在与时间》之语境分析"和"语言问题之实质分析"这两个层面考察了海德格尔思想进程中的论证。而在义理层面上，海德格尔对此问题之基础性做出最深刻论证的是其20世纪50年代的一篇重要文章《论存在问题》，在其中，海德格尔详细阐述了"存在问题"为何必然是"人与存在之关联"问题：

---

① 海德格尔：《路标》，第 395 页。
② 海德格尔：《路标》，第 393—395 页。

即便我们足够重视存在之朝向和回避,这种朝向和回避也决不能得到表象,竟仿佛它们只是偶尔并且只在某些瞬间才切中人似的。毋宁说,人(Menschenwesen)倒是以下述事态为根据,即,人每每都这样或那样地持存于和居住在这种朝向和回避中。如果我们在言说"存在"时忽略了那种**向着**人之**本质**(*zum Menschwesen*)的当前本现(An-wesen),并且因此而未能看清,人这种本质存在本身就参与构成了"存在",那么,我们就始终对"存在本身"言说得**太少**。如果我们在言说"存在"(不是Menschsein[人之在])时把人设定为自为的,然后才把被如此设定的人带入一种与"存在"的关系中,那么,我们始终也对人言说得**太少**。但是,如果我们以为"存在"是包罗万象者,同时仅仅把人表象为其他存在者(植物、动物)中的一种特殊的存在者,并且把这两者置入这种[包罗万象的]关系之中,那么,我们对存在也就言说得**太多**了;因为,在人之中已经存在着与这样一种东西的关系:这种东西通过关联(Bezug)——在需用(Brauchen)意义上的关联活动(Beziehen)——而被规定为"存在",并且如此就被移离出了它的那种被臆想出的"自在性与自为性"。①

海德格尔的上述分析植根于他对有限性的理解:不仅人是有限的,存在也是有限的,所谓存在的"自在性与自为性"只是被臆想出的不合事实的性质;正是由于有限性,存在与人彼此需用,存在

---

① Ernst Jünger/Martin Heidegger, *Briefe 1949–1975*, Klett-Cotta/Vittorio Klostermann, 2008, S. 175–176.

在自身中就是与人的关联，人在自身中也是与存在的关联。① 最终可以看出，这一分析工作的实质意义就在于，通过阐释存在问题必然是人与存在之关联问题，后一问题的基础性地位就得到了一种义理层面的论证。

对"人与存在之关联"这一问题的基础性地位，海德格尔也曾着眼于基础问题所必然具有的"隐蔽性"而做过带有总结意味的论述，这也构成了一种义理层面的解释。例如在 1946 年的一个文本中，海德格尔写道："基于我自己的哲学发展——它的起点在于高中时就已开始并始终持续着的对亚里士多德的研究——可以说 τί τὸ ὄν［什么是存在（者）］这个问题对我而言始终是哲学上的主导问题。在那种愈发清楚的与整个古代哲学的争辩的语境中，有一天我认识到，虽然在西方哲学的开端中并因而也在整个后继的哲学中，'什么是存在者本身'这个问题是主导性的，但下述问题却从来没有被发问过，此即：什么是［区别于存在者的］存在本身，存在之敞开状态及'存在与人之关联'的敞开状态奠基于和持存于何处。"② 在 1951 年的"苏黎世研讨班"上，海德格尔也坦率地指出："人应进入一种新的与存在的关系，运思着预备对这种关系的转入（而不是在先知的意义上预告这种关系），**乃是我全部思想未曾明言的意义**。"③

作为海德格尔思想的基础问题，"人与存在之关联"之所以"从

---

① 海德格尔在后期对《存在与时间》的评注中曾写道："存有与人的关联是存有本身，这是在这种意义上而言的：存有本身让人之本质本现为被存有所需用的东西和被纳入需用的东西，本现为保持着需用的东西。人在本质上只有作为被存有需用到存有中去的东西，即作为被开启者，作为需用，才是人。"（GA 82, S. 364-365.）

② GA 16, S. 423.

③ Martin Heidegger, *Seminare (1951-1973)*, GA 15, Frankfurt am Main 1986, S. 429.

来没有被发问过"，之所以是海德格尔"全部思想未曾明言的意义"，不仅是因为它作为"存在之意义/真理"问题的实质含义而具有其隐蔽性，更是因为，为了真正施展基础性的支配作用，真正基础性的问题必然有其隐蔽的运作，而不可能完全昭显，毕竟唯有立于表面之上的东西才始终昭显。

以《存在与时间》为例，它对"存在之意义"的追问可以说非常触目，但《存在与时间》真正要思考的东西却并非一目了然，毋宁是那种隐蔽地运作着的"人与存在之关联"问题："**人与存在之真理的绽入性的关联**，这种关联因为**迄今仍对哲学遮蔽着**，故首先有待一思。"①

也正因此，这个基础性的"关联问题"如地下主河一般支配着地表河流的运作，但却罕被觉察。它曾被命名为"存在之意义""存在之真理"，也曾经在"形式显示""此–在""区分""四重一体""同一与差异"乃至"本有与分承"这样的思想标题下被反复道说，也因其实质意味的隐蔽性而常常遭遇各种误解。但反过来说，倘若基础问题没有这种隐蔽性的运作，它也无法证明其是基础性的问题。

4. 对于"基础问题"之隐蔽性的这种复杂意味，我们可以在海德格尔后期思想的主导词"本有"（Ereignis）那里取得一种观察，这种观察将同时给出对后期海德格尔思想之主旨的解释，由此完成思想进程中的最后一种论证。②

---

① 海德格尔：《路标》，第 394 页。

② 除了此处的讨论，本书后文还将通过对珀格勒与海德格尔 20 世纪 50 年代两封重要通信的阐释来佐证此处立论。海德格尔在信中通过对珀格勒论文《存在作为本有》和神学家海因里希·奥特（Heinrich Ott）著作《思想与存在》的点评而一再确认了，"人与存在之关联"乃是海德格尔思想的基础问题。

　　"Ereignis"的日常语用意是"发生事件"，但后期海德格尔之所以选择此词作为思想主导词，却是在试图完成《存在与时间》的"时间性"所先行冒险想要达成的那一任务，即从"关联为本"的洞见而来命名和深思"人与存在之关联"，亦即在基于双重有限性的"需用"（Brauchen）之语境中，思考人与存在之关联：存在需用着人，人需用着存在，存在和人都由于这种关联活动而成其所是，换言之，正是基于这种关联活动，人才成为"此－在"，存在才成为"作为本有的存有"，这就是人与存在之关联的本真态势，以至于"我们是否归属于存在的问题，本身也就是存有之本现的问题"①，甚至应看到，这个"与"（und），"存在之问题与人是谁之问题"的这个"与"，就意味着"Ereignis"②，并且"作为天命置送性的回隐（geschickhafter Entzug），**存在在其自身中就已然是对人的关联**（Bezug）。但存在并不是通过这种关联而被拟人化了，而是，人之本质通过这种关联始终定居在存在之地方中（in der Ortschaft des Seins）"③。按海德格尔的明确定位，"存在与人之关联"的根本意味就是："'存在'乃是对会死者之需用意义上的本有活动。"（"Sein" als das Er-eignen im Sinne des Brauchens der Sterblichen.）④

　　由此可见，后期海德格尔的"Ereignis"之思仍归属于其对"人与存在之关联"问题的持久思考，并且构成了对该问题之基础性地

---

　　①　海德格尔：《哲学论稿（从本有而来）》，第 49 页。
　　②　GA 73.1, S. 294.
　　③　海德格尔：《根据律》，第 197—198 页。
　　④　参见海德格尔：《尼采》，孙周兴译，北京：商务印书馆，2002 年，第 1134 页。（以下引用《尼采》中译本均为 2002 年版。）

位的最后的也是最强有力的一种证明。然而，一旦人们只在"发生事件"的意义上来理解"Ereignis"而不是从"人与存在之关联"来理解"Ereignis"，人们就还没有真正理解后期海德格尔思想乃至整个海德格尔思想的主旨，"人与存在之关联"作为基础问题也就还自行隐蔽着。

受制于这种隐蔽性，甚至当年许多谙熟于海德格尔思想的学者都只是在"发生（事件）"的意义上来理解"Ereignis"，例如伽达默尔在 1969 年解释海德格尔语境中的"Ereignis"时就写道："Zeit ist, daß Sein sich ereignet."［时间是：存在发生。］①针对伽达默尔的这种理解，1970 年 11 月 21 日，海德格尔在给他的这位高徒的信中提出了批评：

> 这里的这个"ist"［是］意指什么？这个"daß"是什么意思？它意指"damit"［因此］吗？或者说这个"ist"的意思乃是"heißt"［意味着］，如此则您的那句话就可以写成这样吗："Zeit heißt: Sein ereignet sich =. ist［？］Ereignis"［时间意味着：存在发生，亦即，是（？）Ereignis］？这种"Ereignis"乃是在独一无二的发生事件意义上被理解的……但是，那个"真正"有待去思的"Ereignis"完全说的是别的意思，它首先可以从现在已［在措辞上］变得陈旧的"存在之天命"（Geschick des Seins）而来得到规定、从"集置"（Gestelle）而来得到规定。存

---

① Hans-Georg Gadamer, *Gesammelte Werke, Band 4, Neuere Philosophie II*, Tübingen 1987, S. 143.

在并不发生（Sein ereignet sich nicht），而应说：存在以自行运作但又自行回隐着的方式把当前显现者的当前显现状态居有、给出、置送在它们的时代中了。在这种赋予中，作为被敞显的此 - 在（als das gelichtete Da-sein），时间乃是对那个等号（"=."）的预先规定。我自己有所觉察地但却足够笨拙地助长了对"ereignen"和"Ereignis"的那种通常含义的使用，因为我始终还没有为下述事情做好足够的准备，即，去把我所通报的那种东西即我在《关于人道主义的书信》的结尾处曾经写下的那句话——"思想通过下降而进入其暂先之本质的那种贫穷中去"① ——予以实现。"暂先的"（vorläufig）在这里是蓄意用作二重意谓的：不完善的和先行的……②

随着后期海德格尔文本的陆续出版以及学界研究和理解的深入，对后期海德格尔思想中"Ereignis"之含义的理解在今天当然已经大为改观，但对其中所呈现出的海德格尔思想之基础问题的理解却未必同时到位。作为海德格尔思想的基础问题，人与存在之关联问题必然有其不可取消的隐蔽性运作，而且这种隐蔽性也会影响到

---

① 为理解这句话，可参见海德格尔在《关于人道主义的书信》中的另一番话："当思想还更高升上去，超过形而上学并且把形而上学扬弃到无论何处的时候，思想并没有克服形而上学；不如说，当思想回降到最切近者之切近处时，思想才克服了形而上学。尤其是当人已经在攀登时误入主体性中时，这种下降就比那种上升更为困难、更加危险。这种下降引入 homo humanus［人道之人］的绽入性实存的贫穷（Armut）中。"（海德格尔：《路标》，第 418 页）

② Riccardo Dottori, *Die Reflexion des Wirklichen: Zwischen Hegels absoluter Dialektik und der Philosophie der Endlichkeit von M. Heidegger und H. G. Gadamer*, Tübingen 2006, S. 429.

对海德格尔思想的研究，以至于并非每一位研究者都能看到"人与存在之关联"在海德格尔思想中的基础性地位，更重要的是，基础问题的这种隐蔽性运作的更为深远的意味，也往往难以得到觉察。

　　基础问题之为基础问题，一方面必然有其支配性的呈送，另一方面也必然有其隐蔽性的运作，这事实上意味着，基础问题乃是一种自行置送同时自行回隐着的问题。而对思想者而言，一旦在思想道路的行进中对基础问题的这种本性达成深刻觉察①，亦即洞见到，显现出的东西并非就是全部消息，毋宁是，显现着的东西与隐蔽着的东西构成深刻的一体性，那么此前仅以显现出的形态而遭到评判的思想之传统就有必要被重新发问，而对基础问题的追问就会从对本己思想的勘测中转渡到对思想之传统的勘测中去。

　　如此，我们就从以上四个层面着手完成了对"思想进程中的论证"的考察，这种考察不仅进一步证明了"人与存在之关联"问题乃是海德格尔思想的基础问题，而且通过对基础问题之本性的追问也预先揭示了对"整体评判"至关重要的那一通道的可通达性："海德格尔思想的基础问题"当中本身就蕴含着通向"形而上学的基础问题"的可能性。但在走向这一通道并追问其可能性之前，我们还有必要完成本节的最后一步论证工作，因为无论隐蔽性运作是如何本质性地归属于基础问题，基础问题也必然有其呈现着的运作，因此也不可能完全隐匿在研究者的视域中，对研究者之考察工作的再考察，将使整个论证工作得到更为全面的呈现。

---

　　①　海德格尔在 1937/1938 年的一个重要文本中曾回顾了他在《存在与时间》之后对"人与存在之关联"之本性（此关联既是基础性的同时又是离基性的）的觉察以及这种觉察对于思想道路的推进作用。参见 GA 66, S. 414。

三、研究者的阐释与论证

将"存在之意义"问题或"存在之真理"问题视为海德格尔思想的基础问题，几乎没有研究者会对此有异议。但若说海德格尔思想的基础问题实质上是"人与存在之关联"问题，则并非任何一位研究者都会看到这一点。其中原因或许多种多样，但首要原因仍在于"人与存在之关联"问题作为真正的基础问题所必然具有的隐蔽性运作。

但只要我们深入追踪海德格尔思想的路径，认真分析海德格尔思想的文本，"关联问题"的这种隐蔽性仍然可以在一定程度上得到照亮，至少可以得到解释。而且对"人与存在之关联"在海德格尔思想中的基础性地位的认识，并非本研究之孤见，事实上，国际学界也早已有学者对此问题展开了深入研究。

珀格勒在其 1959 年论文《存在作为本有》（"Sein als Ereignis"）中就已经间接指出了"人与存在之关联"乃是海德格尔思想的基础问题 [①]，这篇论文赢得了海德格尔的高度肯定，海德格尔在 1960 年初给珀格勒的回信中称该文"对我（海德格尔）的思想道路做出了迄今为止最富洞见和最为清晰的道说"，并且"一下子就使得大多数'海德格尔研究文献'变得多余了"。[②] 但珀格勒却并未在形式上

[①]　参见 Otto Pöggeler, "Sein als Ereignis: Martin Heidegger zum 26. September 1959", in: *Zeitschrift für philosophische Forschung*, Bd. 13, H. 4, 1959, S. 597–632, hier 621–622。

[②]　K. Busch/C. Jamme (Hg.), "Auszug aus dem unveröffentlichten Briefwechsel zwischen Martin Heidegger und Otto Pöggeler", in: *Studia Phaenomenologica*, 2001, Vol. 3+4, S. 10–34, hier 24.

严格界定此问题。相比之下，京特·奈斯克（Günther Neske）和埃米尔·凯特林（Emil Kettering）则更加明确地界定了，什么是"海德格尔思想的基础问题"：

> 海德格尔终身都把思想理解为道路，理解为对一个基础问题进行发问的"在路上"状态，他的全部著述都是围绕着这个基础问题而展现的，此问题即"存在问题"，更确切地说，此问题乃是对存在和人之切近的追问（die Frage nach der Nähe zwischen Sein und Menschenwesen①），对存在和人的相互共**属**活动的追问，对它们从本有（Ereignis）而来的那种来源的追问。②

　　无论是"切近"，还是"之间"，都是"关联"的另一种命名，上述分析因而事实上是断定，海德格尔思想的基础问题就是"人与存在之关联"。埃米尔·凯特林在其以"切近"主题的代表作《切近：海德格尔之思》中也早已申明了这一立场，即海德格尔的整个思想都是围绕着"人与存在之关联"或"存在与人之关联"而展开的。③基于海德格尔自己的表态"存在之关联，亦即存在之真理，乃是切

---

① 　这里需要再次重申的是：德文中的"Menschenwesen"在字面上凸显了"人"的本质性存在，但在日常语用中，它近似于英文中的"human being"，因而此词既可译为"人之本质"或"人类本质存在"，也可按实际含义并着眼于汉语表达的丰富性将其直接译为"人"。本书在相关引文中对这两种译法不做区分。

② 　Günther Neske, Emil Kettering (Hg.), *Antwort: Martin Heidegger im Gespräch*, Pfullingen 1988, S. 9.

③ 　Emil Kettering, *Nähe. Das Denken Martin Heideggers*, Pfullingen 1987, S. 21.

近本身"①,凯特林合理地指出,这种关联可以被命名为"切近"②,"切近即存在与人之关联"③,这就是海德格尔思想的基础问题。此外值得关注的是琼·斯坦博(Joan Stambaugh)的研究。作为海德格尔的晚年学生以及海德格尔作品的著名英译者,琼·斯坦博对后期海德格尔思想有较为深刻的理解,她在其专著《存在之有限》中指出:后期海德格尔思想的核心术语"Ereignis"所命名的乃是关联,而不是存在④;存在是有限的,存在的有限性体现在它的隐蔽性、无根据性以及对人的需用;存在和人之间的这种关联是源始性的,它比存在和人都更为本源。⑤

近年来在这一领域中出现的重要成果是德国学者弗兰克·施莱格尔(Frank Schlegel)的专著《之间的现象学:马丁·海德格尔思想中的关联》(*Phänomenologie des Zwischen: Die Beziehung im Denken Martin Heideggers*)。此书是对海德格尔思想中的"关联问题"进行主题研究的著作,原系作者2010年在德国乌帕塔尔大学提交的博士论文,2011年在法兰克福出版。

此书的基本立场是:海德格尔的思想是一种关联之思。这种关联也被命名为"之间"(Zwischen),它乃是海德格尔思想的起点和中枢。"之间"也是海德格尔思想对"存在"的命名,"之间"之所谓和"关联"一样,都归属于存在自身的唯一性,以至可以说"存在

---

① 参见海德格尔:《路标》,第394—395页。

② Emil Kettering, *Nähe. Das Denken Martin Heideggers*, S. 21.

③ Emil Kettering, *Nähe. Das Denken Martin Heideggers*, S. 53.

④ Joan Stambaugh, *The Finitude of Being*, Sate University of New York Press, 1992, p. 64.

⑤ Joan Stambaugh, *The Finitude of Being*, p. 55.

本身就是关联"。[①] 施莱格尔认为，此前也有学者对海德格尔思想中的"关联问题"有所留意和论述，但都是"零零散散的"，而且在主流的海德格尔研究视野中，它们大都是"边缘化的"，施莱格尔此书的目标因而在于，对海德格尔思想的"关联问题"展开一种全面的研究，并由此构造出一种"之间的现象学"。

根据施莱格尔所做的文献综述可以看到，自 20 世纪 70 年代后期起，已经有学者开始关注这一主题，如德国神学家阿里弗里德·雅戈尔（Alfred Jäger）在其专著《上帝。再读海德格尔》（图宾根，1978）就已经认为"之间"（Zwischen）乃是海德格尔思想的"中心问题"；此后也有一些学者注意到这一问题，但大都只是针对"关联问题"在海德格尔思想中的某一个侧面或某一种效应来加以研究的，缺乏统合观照，例如 D. P. 古森（D. P. Goosen, 1990）、克里斯蒂安·路德维希·卢茨（Christian Ludwig Lutz, 1984）、威廉·德斯蒙德（William Desmond, 1995）、伯恩哈德·韦尔特（Bernhard Welte, 1980）、雷纳·马滕（Rainer Marten, 1989）、伊拉斯谟·舍费尔（Erasmus Schöfer, 1962）等人的研究。只是近些年来，情形才略有改善。例如马达利那·迪亚科努（Madalina Diaconu）在其专著《目光倒转：与海德格尔共同探讨一种关系美学》（法兰克福，2000）中就以一种值得注意的方式"把后期海德格尔思想中'关联'的形式结构"发掘出来了，迪亚科努进而把海德格尔的后期著作视为"一种关联思想之典范"。但在施莱格尔看来，迪亚科努的这一研究的

---

① 参见 Frank Schlegel, *Phänomenologie des Zwischen: Die Beziehung im Denken Martin Heideggers*, Frankfurt am Main 2011, S. 15–18。

缺陷在于，他过于关注海德格尔"关联"问题的逻辑学意义而忽略了其背后的那种现象学的问题提法。施莱格尔认为，海德格尔对关联问题的研究并非首先是来自逻辑学的兴趣，亦即，并非首先是以逻辑学的方式对关联问题进行反思然后再将这种反思应用到生活现象中去的。施莱格尔的立场是：海德格尔对关联问题的探讨的每一种形态都"始终源出于十分具体的人世间的冲动，正是这些冲动才使一种思想性的经验得以运作起来"①。

　　基于上述立场，施莱格尔对尤利乌斯·雅各布·沙夫（Julius Jakob Schaaf）、埃米尔·凯特林、杰伦·皮勒（Gereon Piller）等人的更为深入的研究展开了讨论和批评。尤利乌斯·雅各布·沙夫是德国"关系哲学"或"普遍关系理论"的奠基人，他在 1983 年的一篇论文《海德格尔论作为关联的"存在"》（"Das Sein Heideggers als Beziehung"）中指出，海德格尔在"关联之**分析**面前"产生了"退缩"，这表明海德格尔思想中有一种彻底的"关系之被遗忘状态"。施莱格尔对此批评道：海德格尔的确彻底拒绝了对关联问题的一种客观化的、分析化的观照，但这只是因为，海德格尔所关切的事情乃是，在其特有的思想中、在一种现象学方法的意义上去**实行**（*vollziehen*）存在之关联（Seinsbezug）。凭借着这一批评，施莱格尔进一步地阐明了他在此问题上的立场：海德格尔的关联问题源出于实事（Sache），因而只有从实事性的视角而来才能对海德格尔思想中的这一问题进行主题化探讨，更确切地说，这种主题化探讨要运

---

　　① 参见 Frank Schlegel, *Phänomenologie des Zwischen: Die Beziehung im Denken Martin Heideggers*, S. 19-20。

行在"之间"这种维度中，因为"关联问题的秘密就隐蔽在这一维度之中"，而且这种探讨还要始终着眼于关联问题的十分具体的生活世界的、文化的或伦理上的重要意义。施莱格尔认为，从这个基准点来看，埃米尔·凯特林和杰伦·皮勒两人的相关研究要更接近他所阐明的探讨策略。埃米尔·凯特林的专著《切近：海德格尔之思》（弗林根，1987）和杰伦·皮勒的专著《意识和此在：一种争论的存在论的关联含义，从胡塞尔和海德格尔而来论存在与思想的关系》（维尔茨堡，1996）都看到了"关联问题"在海德格尔思想中的基础性地位；但在施莱格尔看来，这些著作的限度在于，它们并没有把对海德格尔的一些重要文本的阐释纳入其分析工作中，例如1989年才首次出版的海德格尔后期重要作品——全集第65卷《哲学论稿（从本有而来）》——就没有在埃米尔·凯特林的专著中出现。[①]

对于本书而言，对于以上研究之优点和缺点的详细探讨和深入争辩[②]，并不是这里的任务，因为通过对既有研究成果的整体扫描，

---

①　参见 Frank Schlegel, *Phänomenologie des Zwischen: Die Beziehung im Denken Martin Heideggers*, S. 20–22。

②　例如，在笔者看来，施莱格尔的研究中存在着这样一些问题。首先，他拒绝或限制以逻辑学的方式来研究海德格尔思想的"关联问题"，但他的理由和做法都是值得商榷的。因为，倘若仅仅以"海德格尔的关联问题根本来自生活世界之冲动"这样一种断言作为理由来限制甚至拒斥对此问题的逻辑研究进路，那就显然把海德格尔的这一问题乃至海德格尔的思想本身给简单化和片面化了。海德格尔的思想特别是其后期思想或许会给人以某种"诗意的"或"神秘的"印象，但海德格尔思想本身却绝非某种灵感游戏，而是建立在思想的"严格性"之基础上的，无论海德格尔早期对逻辑学问题的着力探讨还是其后期对"根据律"与"同一律"的反复钻研都清楚地揭示了这一点。其次，施莱格尔所追求的这一"全面的研究"在材料选择上仍有局限性，他的文本分析工作所围绕的两个核心点是《存在与时间》和《哲学论稿（从本有而来）》，却缺少对海德格尔的早期文本如博士论文《心理学主义中的判断理论》、教授资格论文《邓·司各脱的范畴学说与意谓理论》以及此后的许多重要讲座如《哲学观念与世界观问题》（转下页）

我们已经足以看出，"存在之关联问题是海德格尔思想的基础问题"这一洞见并非某个研究者的孤零见解，而是在学界中有了越来越多的关注和研究。

至此，对本节之立论同时也是本书之关键立论——海德格尔思想的基础问题应被更明确地规定为"人与存在之关联"问题——的论证工作就已经完成，它不仅可以通过海德格尔思想的开端与这种思想的进程得到论证，而且也可以得到学界研究工作的有力支撑。而之所以要以如此篇幅来揭示并论证这一"基础问题"的实质含义，原因正如本书"导论"业已解释过的那样，海德格尔对德国古典哲学的"整体评判"是以"基础问题"为主脉展开的，若不揭示和澄清这一基础问题的实质含义，对"整体评判"的考察工作就将缺乏引导线索。

而一旦完成了这一揭示和论证工作，指向"整体评判"的那一核心追问就将启动，此即："人与存在之关联"如何既是海德格尔思想的基础问题又是形而上学的基础问题？基础问题的这种二重性是如何被当事人洞见到的？更明确地说，海德格尔是如何从对本己思想之基础问题的追问中走向对形而上学之基础问题的追问的？

要阐明这一转渡进程，必须首先分析海德格尔思想的开端机

（接上页）《宗教现象学导论》等文本的探讨，而且整个探讨工作是散点式的，不仅缺乏对进程整体的统贯把握，也缺乏有足够深度的哲学思辨。最后，施莱格尔不赞同对海德格尔的关联问题展开逻辑学的研究，也不赞同对此问题进行分析式的讨论，而是主张要从生活实事出发对其进行现象学的探讨。因此他的研究虽然把关联问题定位为海德格尔思想的基础问题，并且指出"关联"是存在之命名，但并未进一步阐明这种"关联"的实质含义，而是仅仅把海德格尔思想中的关联问题视为具有"生活世界的、文化的或伦理上的重要意义"，这当中可能存在着过于匆忙的实用化处理之嫌疑，不仅还没有完全彰显出关联问题的意义，甚至可能对其做了低估。

制，更明确地说，要分析洛采作为德国古典哲学的关键传承者对海德格尔思想的决定性影响，因为通过这一分析，我们将会看清，海德格尔思想的"基础问题"究竟是如何起源的，并且作为起源地的洛采思想如何起到了一种历史性的中介作用，使得海德格尔思想内在地就具有与德国古典哲学的深刻关联，由此预示了甚至支配着海德格尔后来对德国古典哲学的"整体评判"。

第二节　海德格尔思想"基础问题"
的生发根源

1959 年 9 月，迎来七十岁生日的海德格尔如此回望他的思想之路："思想的源始性并不在于对所谓'新'思想的发明。思想的真正的源始性在于这样一种力量：把已思之思想接受下来，把所接受的东西坚持下去，并且把在隐蔽者中如此得到坚持的东西展现出来。于是思想就从自身而来地臻于它所归属的地方，进入那种被我称作'开端性东西'的地方。于是就生长出了思想的真正激情，亦即对于'无用之物'的激情。于是就生长出了这样一种洞见：一种思想，唯当它不需要什么用处并且不需要与实用性进行比较，它才是一种真正的思想。一旦这样一种激情苏醒了，一时间，某个人或许就能成功地坚持在道路上，并且能够成为人们称作先行者的那种人。我现在指的是先行者，不是早先之人，而是这种人，他预先而行了，但却没有人注意到这一点。"①

---

① GA 16, S. 560.

从海德格尔思想的进程与细节来看，海德格尔的这番自我总结是切合实际的，海德格尔思想的兴起离不开它所源出的思想传统。同样地，海德格尔思想的基础问题也并非凭空而来，而是必然在其传统中有其生发根源。本节的考察工作将会揭示出：洛采，作为德国古典哲学的关键传承者，对海德格尔思想产生了决定性影响，海德格尔思想的基础问题正是来源于洛采思想的启发和激励，从洛采思想中，海德格尔解读出两个决定性的问题向度即"存在之区分"与"存在之关联"，并将其有所转化地运用于对亚里士多德疑难问题的回应，构成了本己思想的决定性开端和决定性道路。对此的研究不仅将使我们揭示海德格尔思想基础问题的来源，阐明海德格尔思想的开端进程和问题机制，更将使我们看清海德格尔思想与德国古典哲学的内在交通，进而获得对"基础问题"与"整体评判"之内在关联的初始洞见。

海德格尔自述其学术生涯深受弗莱堡大学教义学教授卡尔·布莱格（Carl Braig, 1853—1923）的影响[①]，布莱格本人非常推崇洛采且深受其影响[②]，认为洛采是德国古典哲学之传承的关键人物，正是在他的指引下，海德格尔从 1909/1910 年起开始研究洛采和胡塞尔，目的是为了"赢获一种超越哲学教科书的问题理解力"[③]。在 1912 年的一篇文章中，海德格尔写道，洛采的《逻辑学》"始终还应被视

---

① 参见海德格尔：《早期著作》，第 70—71 页。

② 详细讨论和相关文献可参见 Daniel Esch, *Apostolat der Dialektik: Leben und Werk des Freiburger Theologen und Philosophen Carl Braig (1853–1923)*, Rombach Druck- und Verlagshaus, 2004, S. 110, 113, 115, 136, 219, 221, 245, 248–250, 280, 283, 297, 316, 317, 319。

③ GA 16, S. 41.

为现代逻辑的基础著作"①。1913年的博士论文《心理学主义中的判断理论》和1915年的教授资格论文《邓·司各脱的范畴学说与意谓理论》是海德格尔学术生涯的起点，其中后者更是被众多学者看作海德格尔思想的正式起点；而这两部论文，按海德格尔后来的自我解释，都受到了洛采的决定性影响：博士论文"是对有效性的追问……是一种对洛采的偏爱，虽然这种偏爱本身并未变得清晰"②；教授资格论文的"范畴学说"（包括"与之一体"的追问语言问题的"意谓理论"）乃是"对一种通向'存在论'的历史性通道的尝试"③，这里所谓的"存在论"乃是"'存在问题'的过渡名称"④，而这一尝试恰恰是借助于洛采的区分之思（有效性问题）才得以实行。⑤

　　1919年海德格尔接连讲授了三个讲座（这些讲座被汇编为全集第56—57卷《论哲学的规定》），它们被许多学者视为海德格尔"存在与时间"道路的真正开端，意义极为深远。这批讲座深受胡塞尔现象学的影响，但就其思路之内在依据而言，仍要根本地归功于洛采在"存在之区分"与"存在之关联"上所启示出的东西：要区分人与存在者的派生关联和人与存在的本源关联，我们的任务在于超出我们通常所处的派生关联，"成功地跳入另一个世界"⑥，并且"必须在方法论上让自己留在后一领域中"⑦，而近代以来对"自然主义

　　① 海德格尔:《早期著作》，第28页注释①。
　　② GA 66, S. 411.
　　③ GA 66, S. 411–412.
　　④ GA 66, S. 406.
　　⑤ Martin Heidegger, *Logik. Die Frage nach der Wahrheit*, GA 21, Frankfurt am Main 1997, S. 64.
　　⑥ 海德格尔:《论哲学的规定》，第71页。
　　⑦ 海德格尔:《论哲学的规定》，第3页。

的错误"(把存在混同于存在者)做出原则性克服的思想家就是洛采 ①,而且洛采的形而上学"极富价值的东西"就是他的基本洞见"存在 = 处于关联中"。②

此外,对前期海德格尔思想道路有关键指引作用的《逻辑学:追问真理》(1925/1926)也奠基于海德格尔同洛采的深刻"争辩" ③。同样地,在极为重要的、对后期海德格尔思想有全局筹划之功的《哲学论稿》(1936—1938)中,海德格尔仍对洛采给出了极高评价,暗示洛采乃是向"存在问题"(存在与存在者之区分)迈出真正步伐的思想者,是 19 世纪(这一往往被人们轻易亵渎的、神圣的思想世纪)之思想传统的最地道的见证者 ④;是"对康德和德国观念论传统的保持"以及"对柏拉图思想的再度接纳"的历史性的实现者。⑤

德国学者皮希特(Georg Picht)在海德格尔去世后撰写了悼念文章 ⑥,他在其中回忆道:他十八岁(1931 年)就开始去听海德格尔的

---

① 参见海德格尔:《论哲学的规定》,第 153—154 页。

② 海德格尔:《论哲学的规定》,第 101—102 页。对洛采这种洞见之重要性的阐释亦可参见屈尔佩(Oswald Külpe, 1862—1915, 德国哲学家, 心理学家)在《当代德国哲学》中的论述(Oswald Külpe, *The Philosophy of the Present in Germany*, trans. M. L. Patrick and G. T. W. Patrick, London 1913, p. 166)。屈尔佩从关联问题角度对洛采"有效性"思想的理解影响了早期海德格尔,参见第二章的分析。

③ GA 21, S. 62–73.

④ 海德格尔:《哲学论稿(从本有而来)》,第 42、79—80 页。

⑤ 海德格尔:《哲学论稿(从本有而来)》,第 188 页。

⑥ 这篇文章先后以多种形式发表:Georg Picht, "Die Macht des Denkens", in: *Erinnerung an Martin Heidegger*, G. Neske (Hg.), Pfullingen 1977, S. 197–205;Georg Picht, "Die Macht des Denkens", in: *Antwort: Martin Heidegger im Gespräche*, G. Neske, E. Kettering (Hg.), S. 175–183;Georg Picht, "Gewitterlandschaft", in: *Merkur*, 31, 1977, H. 10, S. 960–965;Georg Picht, "*Erinnerungen an Martin Heidegger*", in: *Hier und Jetzt*, Bd. 1, Stuttgart 1980, S. 239–244。

讲座课，深受震撼；1940 年他成为海德格尔的入门弟子，经常应邀
去海德格尔家里讨论哲学，发现海德格尔在"私塾"中展现出的精湛
"手艺"和大师风范更加令人惊叹和折服。他问海德格尔，为了学习
哲学应读什么书。海德格尔指示他去读洛采的《逻辑学》[①]。皮希特
买来此书，却始终无法读懂这本书，更不明白如何从中学习哲学，遂
不得不再次请教海德格尔，海德格尔对此回复道："**我这样做是想让
您明白，我必须努力穿越什么才为我的一切打通了道路。**"[②]

　　与海德格尔私交深厚的皮希特所给出的这一证词早已引起了
学者们的重视，例如戈特弗里德·加布里尔（Gottfried Gabriel）就
将此理解为："在读海德格尔之前，首先应研究洛采的《逻辑学》，
或至少是，没有研究洛采就不要去读海德格尔！"[③] 米夏埃尔·施

---

　　① 这里指的是洛采的"大逻辑"即 1874 年版《逻辑学》。洛采的逻辑学虽然也存
在着"小逻辑"（1843）和"大逻辑"（1874）的区分，但这种区分更多只是表现形式上的
区分，并未像洛采前后两版"形而上学"（1841 年版《形而上学》和 1879 年版《形而上学》）
那样构成思想要义上的实质区分。海德格尔非常欣赏洛采的"小逻辑"，认为它比后来
的"大逻辑""更富激情、更加透彻"（GA 21, S. 28），但他同样非常重视洛采的"大逻
辑"。弗雷格和胡塞尔也都非常倚重洛采的"大逻辑"，分别从中受到重要启发。胡塞
尔曾指出，有关观念意义、观念的表象内容和判断内容中的"观念"的表达原本并非来
自博尔扎诺，而是来自洛采的逻辑学（Hua XXII, S. 156）。J. N. 莫汉蒂（J. N. Mohanty）
在其研究中也指出，是博尔扎诺和洛采，而非弗雷格对胡塞尔《逻辑研究》的逻辑理
论产生了主要影响（J. N. Mohanty, *The Philosophy of Edmund Husserl: A Historical
Development*, New Haven & London 2008, pp. 50, 59）。达拉·威拉德（Dallas Willard）
在其论文《逻辑心理学主义的悖谬》（"The Paradox of Logical Psychologism: Husserl's
Way Out", in: *Readings on Edmund Husserl's Logical Investigations*, ed. J. N. Mohanty,
The Hague 1977, pp. 22–32）中也讨论了洛采对胡塞尔的关键影响，值得重视。

　　② Georg Picht, *Hier und Jetzt*, Bd. 1, S. 239–242.

　　③ Gottfried Gabriel, "Frege, Lotze, and the Continental Roots of Early Analytic
Philosophy", in: *From Frege to Wittgenstein: Perspectives on Early Analytic Philosophy*,
ed. E. H. Reck, Oxford University Press, 2002, p. 44.

泰因曼（Michael Steinmann）则认为这一证词以反证的方式（ex negativo）指明了"洛采对于海德格尔的重要性"①。

然而，海德格尔究竟是如何通过洛采来为他的一切打通了道路，以及这条道路究竟是一条什么样的道路？

海德格尔曾经在一篇作于 20 世纪 30 年代的思想笔记中写道："从洛采那里，新康德主义仅仅传递了一种微薄的东西，却并没有对这位思想家的那种宁静的'实质'有任何更多的理解；在洛采的著作中，他那个世纪的所有界限都在一种更高的类型中变得清晰可见了。"② 这一表述阐明了海德格尔的立场：倘若仅仅把洛采思想定位为一种"价值哲学"，洛采思想的意义就还没有得到充分辨识。洛采之伟大首先在于他对 19 世纪思想之本质性东西的清晰道说。海德格尔向来坚持要在希腊人的意义上理解"界限"一词，"界限"并不意味着单纯的限制和截断，而是使事物得以成其自身、使本己光荣得以呈现的东西。"19 世纪的所有界限"因而首要地意指德国古典哲学的本质形态与本质成就，它们都在洛采的思想中变得更加清晰。

海德格尔的这一洞见事实上早已在洛采的嫡传弟子文德尔班③那里得到了某种阐述。在文德尔班看来，哲学最高问题乃是"规律领域与价值领域的关系是怎样的"，这也就是康德《判断力批判》的核心问题，即"自然与合目的性"或"必然与自由"的统一性问题，

---

① Michael Steinmann, *Die Offenheit des Sinns*, Tübingen: Mohr Siebeck, 2008, S. 26.
② GA 94, S. 481.
③ 文德尔班虽然通常被归类在新康德主义西南学派，但其深厚的哲学史素养使得他的哲学洞见有时也超越了这一学派的视域界限。

而在 19 世纪的思想家中，"没有人能够像洛采那样如此清晰地看到
这一问题并如此清楚地阐述这一问题"[①]；更确切地说，洛采乃是通
过其特有的"目的论的观念论"（teleologischer Idealismus）而做到
这一点的，"在这种目的论的观念论的实施中，出自德国哲学所有
伟大体系的主题共奏为一种新的和谐的形象：每一种个别的实际者
都只在活生生的关联——与其他实际者的关联——中拥有其本质，
正是这些关联构成了宇宙的关联，但唯当所有的存在者，作为实际
性（Wirklichkeit，此词在洛采语境中即一般所谓的'存在'——引按）
之部分的存在者，都奠基于一种根本的统一性中，并且唯当个别存
在物之间的一切发生事件都应被把握为一种共同生命内容的合目
的之实现，存在者之间的这些关联才是可能的"[②]。[③]

　　正是以这样一种"关联为本"的思想[④]，洛采极为深刻地道说了
德国观念论尤其是谢林与黑格尔的哲学宗旨，而且特别清晰地点明

---

① Wilhelm Windelband, *Präludien: Aufsätze und Reden zur Philosophie und ihrer Geschichte*, Bd. 1, Tübingen: J. C. B. Mohr, 1915, S. 162.

② Wilhelm Windelband, *Lehrbuch der Geschichte der Philosophie*, Tübingen: J. C. B. Mohr, 1910, S. 539–540.

③ 限于篇幅，这里仅引用了文德尔班对其师思想的高度凝练的表述，至于洛采本人的丰富阐述，读者可参见其专著《形而上学》（R. H. Lotze, *Metaphysik*, Leipzig: Weidmannsche Buchhandlung, 1841, 此书深受海德格尔推崇），亦可参见其论文《赫尔巴特的存在论》（"R. H. Lotze, Herbart's Ontologie", in: *Zeitschrift für Philosophie und speculative Theologie*, Band XI. Tübingen 1843, S. 203–234.）。

④ 洛采形而上学的这一根本立场，还可见于其他研究者的观察，例如 H. R. Mackintosh, "The Personality of God: Lotze", in: A. Caldecott / H. R. Mackintosh (ed.), *Selections from the Literature of Theism*, Edinburgh 1904, pp. 368–385；亦可从其批评者那里得到一种反向见证，例如 F. C. S. Schiller, "Lotze's Monism", in: *The Philosophical Review*, Vol. 5, No. 3, 1896, pp. 225–245（中译参见 F. C. S. 席勒：《洛采的一元论》，周竹莉译，载于《当代中国价值观研究》，2017 年第 3 期）。

了要点：虽然一切都在关联中，但存在者与存在者之间的关联（即"个别存在物之间的一切发生事件"）奠基于存在者与存在之关联（即"根本的统一性"或"共同生命内容的合目的之实现"）。另一方面，洛采的这种思考同时意味着，对存在者与存在之"关联"的体察又首先需要对存在与存在者之"区分"的洞见，否则对存在者之间的诸关联的"基础/根据"和"可能性条件"的谈论就没有意义，也无法保证其超出了单纯的存在者之间的关联，在此意义上，洛采又深邃地阐发了康德乃至亚里士多德的"区分之思"的深意。由此而来，通过文德尔班的先行阐释，我们亦可理解，海德格尔何以认为洛采实现了"对康德和德国观念论传统的保持"，并且何以说"在洛采的著作中，他那个世纪的所有界限都在一种更高的类型中变得清晰可见了"。

在根本意义上，洛采之所以能以一种"更高的类型"来聚集呈现 19 世纪思想的本质性东西，关键就在于他独特而深刻的位置：植根于传统并转化传统。正是因为洛采"把这种传统转化为新的东西"（通过对康德哲学与德国观念论的"和解"，致力于对"存在之关联"与"存在之区分"的统一沉思），他才保持了"德国哲学至为丰富的传统"。甚至可说，单纯的传递无济于事，唯有转化才是真正的传承。受此激发，且随着本己道路的一再拓展，海德格尔也会慢慢领悟到，他本人的位置，他所努力寻求的那个本源位置，也正是这样一种位置。①

因此，对海德格尔而言，洛采并非在其思想开端处混迹杂陈着

①　参见本书第四章对此问题的阐述。

的某个思想家，而是那个独一无二的思想家。海德格尔因而在思想笔记中接着写道："洛采乃是这样一位思想家：我从我的大学时代起就一直热爱着他，并且，尽管有不断增加的对立，我却始终愈发地热爱着他；因为**伟大的思想家们**是不能被热爱的，那种冰冷的孤独，那种必然环绕着他们的孤独——只有那种与他们展开的发问着的斗争才能侵入这种孤独——拒绝了每一种休养性的和受保护的关联。"①

洞悉了这一立场，我们再去观察海德格尔在其文本中对洛采的批判与争辩，就能领悟到其中事情之微妙。但更为微妙的事情却显现在这样一种领会中：海德格尔在其公开作品中对其与洛采思想之根本关联的少言寡语，并非对此的否认，而仅仅是一种与"伟大思者之孤独"相适相宜之事。

至此我们已经可以看清，海德格尔视野中的"洛采影响"事实上运作在双重向度中：其一是洛采在思想历史中的影响，其二是洛采对于海德格尔个人的影响。这两种影响当然是密切关联的，因为倘若洛采没有显示出其在思想史中的关键的"中间位置"，洛采也就难以对海德格尔个人构成决定性影响。

海德格尔上述表态已经是对洛采之决定性影响足够明确的承认。但我们可能还会有这样的疑问，即洛采对海德格尔的这种决定性的影响究竟是怎样实际运作的？倘若不能澄清这一点，我们所追问的那个主导问题——海德格尔是如何通过洛采而为他的一切打通了道路——就还不能说得到了彻底解答。我们因而还需要通过一个样本来做出更多阐释，这个样本就是海德格尔的教授资格论

---

① 　GA 94, S. 481.

文《邓·司各脱的范畴学说与意谓理论》(在笔者看来, 备受重视
的海德格尔1919年讲座的深层意义还必须溯源至此才能得到真正
理解)。

　　1915年的教授资格论文由"范畴学说"和"意谓理论"两部分
构成, 前者是在探讨"存在"问题, 后者则是在追问"语言"问题。
"范畴学说"是根据洛采的"有效性"思想(现成性和有效性的区分)
来追问存在之区分, 它首先意味着对各种实际性领域的区分, 并在
这种区分中趋向"与存在者有别的存在"。① "意谓理论"对语言本
质的追问则奠基于"范畴学说"对存在问题的沉思, 亦即是以存在
之区分为前提的, 因为对"意谓理论"的讨论就是要区分"实存着
的语法性东西的领域"和"有效着的逻辑性东西的领域"②, 并应在
后一领域中来探讨意谓问题。意谓问题因而并非仅是语法问题, 它
事实上更接近逻辑学③, 处于"一种与逻辑学最为切近的关系中"④。
海德格尔在博士论文《心理学主义中的判断理论》(1913)中就已经
尝试从关联问题角度来理解逻辑之本质, 理解为意义的关联之敞开
性, 并且指出"**意义(Sinn)因而是含有关系的(relationshaltig)……
意义的实际性方式在于它的有效**"⑤。博士论文的这一深受洛采影
响的基本立场在教授资格论文中得到进一步深化, "意谓/意义"
(Bedeutung/Sinn)遂在后者中被明确解释为"关联"。本真意义上

---

①　参见海德格尔:《早期著作》, 第216—300页。

②　参见海德格尔:《早期著作》, 第345页。

③　参见海德格尔:《早期著作》, 第361页。

④　参见海德格尔:《早期著作》, 第407页。

⑤　参见海德格尔:《早期著作》, 第184页。

的"逻辑"（逻各斯）乃是"关联"（Beziehung），意谓问题在根本意义上乃是关联问题，是有别于实在之关系的本源性的"关联"。[①] 同样是在洛采的影响下，海德格尔把这种作为语言之本质的本源"关联"命名为"有效"，"意谓之研究的主导价值因而就是作为有效着的意义的真理"[②]。

因此，在教授资格论文中，海德格尔事实上是对洛采的"有效性"思想进行了两种向度的阐释，即作为存在之区分标准的"有效性"和作为存在之关联的"有效性"，并由此而来对司各脱哲学的近似立场进行了分析[③]，从原理上讲，正是因为有效性被定性为本源关联，它才能成为存在之区分（区分本源关联与派生关联）的标准。正是凭借这两种向度，海德格尔对"范畴学说"和"意谓理论"的实质意义分别进行了转化：前者所追问的"存在之本质"，实质上乃是"存在之区分"，亦即在存在者领域的区分中趋向一种本源性的区分，即存在与存在者的区分；后者所追问的"语言之本质"，实质上乃是"存在之关联"，亦即作为存在之意义、存在之真理的关联。而且对后者的理解应以前者为引导，因为对本源关联的追问显然需要一种根本性的区分为前提，这也就是整部论文的关键脉络，"先来探讨范畴学说并使之成为意谓理论的理解基础"[④]。

---

① 参见海德格尔：《早期著作》，第 325、327 页。

② 海德格尔：《早期著作》，第 360 页。

③ 海德格尔用还带有学院哲学烙印的术语写道，"实际性方式的最主要的区分是意识与实在性之间的区分，更确切地说，是意识与那种不是有效性类型的实际性方式（这种实际性方式始终只是通过一种有效性类型的意义关联并在这种意义关联中被给予的）的区分"，并且"只有通过活在有效着的东西中，我才知道实存着的东西"（海德格尔：《早期著作》，第 321 页）。

④ 海德格尔：《早期著作》，第 221 页。

从整体上看，海德格尔在这部论文中实施了极为独特的研究思路：要在"当前化"中实现"历史性思想"的彼此切近。通过洛采在思想史上的关键位置，**海德格尔看到了以洛采思想来贯通阐释黑格尔逻辑学与经院哲学乃至亚里士多德形而上学的可能性**，具体实施方略则是以洛采"有效性"问题为主导路径，力求把司各脱的经院哲学（以及其背后的亚里士多德形而上学）带到黑格尔逻辑学的"近处"，亦即将它们聚集在同一道路上，通过不同思想家对同一事情的反复道说来见证这一事情的关键性和历史性，最终凭借着对"同一与差异"的沉思把这一事情的两个向度——传统的"范畴问题"和"意谓理论"——转化为"存在之区分"与"存在之关联"这两个内在相关的问题向度，由此而确定了海德格尔思想道路的根本走向。

关于这两个问题向度的决定性意义，后期海德格尔在思想回顾中多次予以确认。例如，在1946年的一个文本中，海德格尔写道："基于我自己的哲学发展——它的起点在于高中时就已开始并一再持续的对亚里士多德的研究——可以说 τί τò ὄv［什么是存在（者）］这个问题对我而言始终是哲学上的主导问题。在那种愈发清楚的与整个古代哲学的争辩的语境中，有一天我认识到，虽然在西方哲学的开端中并因而也在整个后继的哲学中，'什么是存在者本身'这个问题乃是主导性的，但下述问题却从来没有被发问过，此即什么是［有别于存在者的］存在本身，存在之敞开性、存在与人之关联的那种敞开性奠基于和持存于何处。"[1] 这已经指明了上述两种问题向度的决定性意义。此外，在1972年致法国学者亨利·蒙吉（Henri Mongis）

---

[1]　GA 16, S. 423.

的信中，海德格尔也指出："对价值难题［有效性问题］——它与存在问题极为紧密地关联在一起——的严格探讨必然通过其起源和其发展之历史的全部三个阶段（柏拉图，康德，尼采）而引向重要和艰难的问题，'存在论差异'［存在之区分］与去蔽意义上的'真理'［存在之关联］之现象就伫立于这些问题的中心处。"①

　　正是在这一意义上，海德格尔在《黑皮笔记》（GA 97）中对教授资格论文做出了极高评价②（对洛采之决定性影响的明确承认和对教授资格论文的高度评价同时出现在 GA 97 中并非巧合，"评价"事实上构成了对"承认"的一种阐释），认为教授资格论文所开启的道路正是《存在与时间》的那条道路："意谓理论"指向了语言之本质，"范畴学说"则指向了存在之本质，"此二者作为扰动人的东西伫立在视野中，这一点才是决定性的。存在之道说已经作为本真之幽暗降临在我思想的最初经验之上，并且从此不再离开，这一点乃是那还未被辨识出来的恩典；因为很快就从所有这一切中生长出了对存在之遗忘状态的经验，对《存在与时间》的思考正是由此而被带到道路上的"③。

　　更确切地说，教授资格论文的意义在于下述两种问题向度的启程："'范畴理论'寻求的存在者之存在，即这样一种经验：存在本

----

① GA 16, S. 727-728.

② 研究者当然会注意到海德格尔在 1937—1938 年的《道路回顾》中对早期文本之意义的有所克制的表述（GA 66, S. 411-412），但需要提醒的是，海德格尔在《道路回顾》开篇处的总题词——"这里的阐释是从形而上学视域和形而上学之克服的视域而来做的阐释，还不是从存有本身而来做的阐释"（GA 66, S. 409）——已经给相关阐释做了一种定位，因而与《黑皮笔记》从"存有之思"（本有之思）而来对教授资格论文所做的阐释并不冲突。

③ GA 97, S. 287.

身始终是未被思的。'意谓理论'寻求的是语言之本质，即这样一种经验：语言威临盛行而不是'表达'，语言乃是存在之威临和存在之真理。"① 对"存在本身始终未被思"的经验乃是对存在之遗忘状态的经验，"范畴理论"因而指向了"存在论差异"。对"语言乃是存在之威临和存在之真理"的经验乃是对"存在之关联"的经验，"意谓理论"因而指向了"存在与人之关联"。

正是这两个问题成了海德格尔思想的"主导问题"（存在论差异）与"基础问题"（人与存在之关联），主导问题引发、激励、效力于基础问题，基础问题则深化、推动、成就着主导问题。教授资格论文的意义由此已不言而喻，此外海德格尔还特意指出，归属于教授资格论文的教职资格试讲《历史科学中的时间概念》的主旨就在于揭示"时间具有与自然之时间不同的另一种本质"②，这事实上已经是通向《存在与时间》之核心洞见——时间乃是理解存在之意义的界域——的关键一步。由此而论，洛采对海德格尔思想的决定性影响已经在教授资格论文中根本地呈现出来，它构成了决定一切的开端之"风"。

海德格尔因而写道：**"我的思想可以始终就着这种风而前行并且胡塞尔的思想方式成了这种前行的辅助，正是这一点促进和庇护了此后所有的东西。至于意谓理论所源出的那部《思辨语法》是邓·司各脱的作品还是另一位作者的作品**③，**以及是否其**

---

①　GA 97, S. 288.

②　GA 97, S. 288.

③　在长达数百年的时间中，人们普遍认为《思辨语法》是司各脱的作品，直到1922年德国学者马丁·格拉布曼发现原作，才逐渐考证出该书乃是由中世纪另一位不知名的学者 Thomas von Erfurt 所作。参见海德格尔：《早期著作》，"译后记"。

中还有很多东西被我所忽略了或没有得到足够的探讨，相较于那条道路——在教授资格论文背后延伸拓展着的那条道路——之本性而言，始终是无关紧要之事；因为同时在这部论文背后运作着的——尽管几乎没有被提及——是一种经年累月的对亚里士多德形而上学的致力并且是对希腊形而上学的致力，也就是说，致力于以中世纪哲学来衬托希腊形而上学。"①

正是洛采的决定性影响"促进和庇护了此后所有的东西"②，备

――――――――

① GA 97, S. 288.

② 指出洛采对海德格尔思想的决定性影响并不意味着对下述事实的否认：海德格尔在其思想道路上也从其他思想家那里获得了巨大的推动作用，例如他先后从屈尔佩的"批判实在论"、拉斯克的"范畴理论"、胡塞尔的"范畴直观"、狄尔泰的"历史思想"乃至舍勒的"阻力思想"中获得问题的深化与激励。但从根本意义来讲，这些深化和激励作用都应视为海德格尔对他从洛采那里领会到的"基础问题"的持续深化，因为海德格尔对这一"基础问题"的理解绝不是一蹴而就的，而是经历了漫长的摸索而且从处于同一问题域中的诸多同行的研究成果中受益甚多。以李凯尔特的学生拉斯克为例，虽然早期海德格尔对其评价非常高，但只要我们看到其运思的核心概念乃是"有效性"（屈尔佩同样如此，二人的区别在于，屈尔佩侧重阐发"有效活动"的"关联性"，而拉斯克侧重阐发"有效活动"的"区分性"，参见第二章），我们就不难理解拉斯克的思想成就为何会被海德格尔定性为对洛采思想的"决定性的实施"（海德格尔：《早期著作》，第404页）。海德格尔的整体立场事实上早已呈现在他的下述断言中：洛采是被柏拉图理念之现实性方式的疑难问题引向对有效活动的探讨工作中去的，洛采因而在德语中为实在者之真理与实在性之真理的区分"找到了一种决定性的刻划：在'这存在着'之外，还有'这有效'"（同上书，第179页）；因此"洛采的《逻辑学》虽然在某些方面——判断理论、伦理学化的倾向——上被超过了，但始终还应被看作是现代逻辑学的地权书"（同上书，第28页）；在此意义上，近代以来对"自然主义的错误"（把存在混同于存在者）做出"原则性克服"的思想家就是洛采（海德格尔：《论哲学的规定》，第153—154页）。倘若我们不能看清这一点，我们对海德格尔思想开端进程的理解就可能仍然没有到位。例如提奥多·基谢尔（Theodore Kisiel）就认为拉斯克对"反思性范畴"与"建构性范畴"的区分决定性地影响了海德格尔"形式显示"思想的形成（参见 Claudius Strube [Hg.], *Heidegger und der Neukantianismus*, Würzburg 2009, S. 115）。但事实上，按照海德格尔在《早期著作》（第404页）和《论哲学的规定》（第175页）的明确交代，（转下页）

受重视的 1919 年讲座事实上已经是这种"风"的吹拂。[①] 这也就

（接上页）"反思性范畴"与"建构性范畴"的概念界定、它们之区分的明确划定以及相关研究向度都是由洛采在其《逻辑学》(1847) 中首次启动并连同文德尔班"作出巨大推动"的，拉斯克的贡献在于对之进行了"决定性的实施"（而且这种实施工作仍然根本地奠基于洛采的有效性思想，参见《早期著作》，第 30—31 页）。因此，在"形式显示"问题上，我们虽然的确要重视拉斯克工作的重要意义（而且也不应忽视胡塞尔的重要影响），但还不能径直将其称作"形式显示"思想的决定性源头，毋宁说，此源头仍应追溯至洛采那里；而且无论从何种意义上来看，无论是从海德格尔对洛采《逻辑学》的"现代逻辑学的地权书"的定位来看，还是从海德格尔一再指明的洛采在"有效性"问题上的决定性贡献来看（"'是'被解释为'有效性'和'有效'，在此向度上洛采发展了判断理论，文德尔班、李凯尔特、拉斯克皆其追随者。"参见 GA 29/30, S. 482)，抑或从海德格尔就洛采所说的那句话"我必须努力穿越什么才为我的一切打通了道路"和那种觉察"李凯尔特和胡塞尔这些教师都是以完全不同的方式被洛采所规定"来看，并且考虑到一个基本事实，海德格尔对洛采的高度推崇贯彻了海德格尔整整一生，而海德格尔在后来则极少提及拉斯克甚至在 1922 年就已经严厉批评了拉斯克的逻辑学，指出其根本没有在本源层面工作，"就连拉斯克的逻辑学也根本上是空洞的；这种逻辑学也根本上是事后的/节日之后的 (post festum)，而且根本就没有过'节日'(Fest)。是真正的困境 (Kalamität)。它没有任何结果"(GA 62, S. 337)，洛采所给出的这种源头的影响都应视为决定性的影响。当然，对这种决定性影响的承认也并不意味着我们就忽视了拉斯克和胡塞尔等人曾经给出的重要推动作用，这也就是我们业已指出的那种观照立场：海德格尔对洛采所启示出的"基础问题"的理解并非一蹴而就，而是经过漫长摸索，带着业已启动的问题意识，在不同阶段向处于同一问题域的不同学者学习，从他们对洛采思想的详细阐发或深入推进中受益甚多，最终使得海德格尔对"基础问题"的理解得到持续深化。早期海德格尔的"学习之路"，从最初的向屈尔佩的学习，到向拉斯克的学习，再到向胡塞尔的学习，以及向狄尔泰乃至舍勒的学习，就是对这条持续深化之路径的明证，参见后文讨论。此外，对拉斯克与海德格尔之关系的一种中肯评价，可参见米夏埃尔·施泰因曼：《早期海德格尔与新康德主义的关系》，载于《海德格尔与其思想的开端》，第 287—321 页，特别是第 320—321 页。

① 海德格尔本人在思想日记中对其教授资格论文评价极高，但对于备受研究者重视的 1919 年战时紧急学期讲座《哲学观念与世界观问题》，迄今尚未看到海德格尔对之有同等规格的评价，甚至，按照珀格勒和伽达默尔的报道，海德格尔在生前规划《全集》出版目录时，本想把包括 1919 年讲座在内的早期弗莱堡讲座给排除出去。参见 Hans-Georg Gadamer, "Erinnerungen an Heideggers Anfänge", in: *Dilthey-Jahrbuch* 4 (1986/87), S. 20。

是他对皮希特所说的"**我必须努力穿越什么才为我的一切打通了道
路**"的根本意蕴。但正如洛采是通过对传统的转化才真正地继承了
传统，海德格尔对洛采之影响的承受也绝非简单的延续和复制，同
样是通过创造性的转化来予以本质性的继承。这种转化工作的根
本领域在于，海德格尔将洛采思想之启示运用于对亚里士多德思想
的重新阐释。对于海德格尔而言，布伦塔诺博士论文的意义更多地
在于它"唤醒"了那个决定性的疑难问题即"如何理解存在之多重
含义中的统一性"亦即"存在之意义"问题。但对于这一问题的真
切展开和追问，海德格尔却是通过对洛采问题模式的领会与转化而
实现的 ①，也正是在这一工作中，海德格尔带着他自己的问题意识
先后从屈尔佩、拉斯克、狄尔泰、胡塞尔 ② 以及舍勒 ③ 那里受益甚多。

　　这个决定性的疑难问题早就隐藏在亚里士多德的经典命题中：
"τὸ ὂν πολλαχῶς λέγεται." 人们通常把这个命题解读为"存在者被
多种多样地言说"，但海德格尔却指出，λέγειν 的本意并非"言说"，

---

　　① 对"洛采问题模式"的进一步阐释和界定，参见本书后文所讨论的"海德格尔
对'神学—哲学'的转化机制"。

　　② 胡塞尔的"范畴直观"理论对海德格尔的"基础问题"之追问产生了重要推动
作用，尤其体现在海德格尔对"存在本身"的追问上，但海德格尔对此理论的吸收与消
化仍然是以本己的问题意识来进行的。相关讨论可参见《道路之思：海德格尔的"存在
论差异"思想》，南京：江苏人民出版社，2012 年，第 54—94 页。海德格尔本人也曾在
1946 年的一个文本中回顾道："只是通过与胡塞尔的相遇（他的著作我当然以前早就知
道了，但仅仅是读过，就像读其他哲学著作一样），我才进入与现象学的发问和描述之
实际实行的一种生动而富有成效的关系中。这样我才有可能在哲学上去发展那个真
正推动着我的、对存在本身进行发问的基础问题。尽管如此，我从一开始就处在并且始
终处在胡塞尔的那种先验意识哲学意义上的哲学立场之外。"（GA 16, S. 423.）

　　③ 舍勒的实在论思想受益于屈尔佩并间接受益于洛采，这是海德格尔与舍勒之
思想出现共振的关键因素之一。

而是 δηλοῦν［使……明显］和 φαίνεσθαι［自行显示］，并且这里的
"区分"也不是存在者之间的区分。他晚年时曾为此回顾道："布
伦塔诺在其博士论文扉页上引用了亚里士多德的一句话：'τὸ ὃν
λέγεται πολλαχῶς.' 我把它译为：'存在者（亦即鉴于其存在）以多
重方式变得明显.' 在这个句子中，**隐藏着那个规定我的思想道路
的问题**：那个支配着所有多重含义的、素朴的、统一的存在之规定
是哪一个？这个问题唤起了下面的问题：存在究竟意味着什么？"①
人们通常将其解读为"存在者被多种多样地言说"，并认为它是对
存在者领域之区分的表达；但海德格尔却认为它道说着存在与存在
者的区分与关联，它所问的并不是多种多样的存在者之含义中哪一
种是主导含义，而是在 ὃν 的二重含义（存在与存在者）中何者是根
本性的并起支配作用。这一命题因而首先是通过"存在之区分"而
指向了对"存在之关联"的致思。所以当他确认"存在"具有基础
含义（这种确认工作源自洛采"有效性"思想的启发也受益于胡塞
尔"范畴直观"思想的启示），并追问"那个支配着所有多重含义的、
素朴的、统一的存在之规定是哪一个"之际，亦即当他追问"存在
究竟意味着什么"也即追问"存在之意义"（存在之关联）之际，这
一发问已经运作在一种"存在之区分"中了。

　　海德格尔对亚里士多德命题的这种极为独特的解读思路，最早
是以未曾明言但已成竹在胸的方式出现在 1920/1921 年讲座《宗
教现象学导论》中（参见本书后文对此讲座的分析），而通过此前分

---

　　①　海德格尔：《同一与差异》，孙周兴、陈小文、余明锋译，北京：商务印书馆，
2014 年，第 139—140 页。

析已经可以清楚看出，这种思路与海德格尔教授资格论文的思路有着深刻关联，就根本渊源而言，它正是源出于海德格尔对洛采"有效性"思想的解读与转化：作为存在之区分的"有效性"和作为存在之关联的"有效性"。"存在之区分"构成了"存在之关联"的理解基础与观照界域。这也正是教授资格论文"范畴学说"和"意谓理论"的布局关键。在此意义上，没有洛采对古典哲学传统的转化和指引，没有在这种指引下的对洛采问题模式的领会与转化（这种转化工作的突出成果首先是海德格尔对"神学—哲学"的转化机制，其次就是海德格尔的"形式显示"思想①，参见后文），就极难有"海德格尔的亚里士多德"，也就极难有海德格尔追问"存在之意义"问题的本己道路。

　　当我们看出，洛采哲学的基本立场乃在于"关联为本"（生发性的关联活动比关联项更根本，关联项只有从关联活动中才能获得其本质规定）前提下的一元论与多元论的统一，换言之，在"关联为本"的前提下，普遍者应在具体的特殊之物中得到理解；我们就能理解，为何海德格尔认为教授资格论文背后"同时运作着一种经年累月的对亚里士多德形而上学的致力钻研"，并且为何着眼于这种"致力钻研"自 1907 年的启程而指出"对存在之多样性的单一性的追问，经过许多次的倾翻、迷途、无措，**始终是二十年后的《存在与时间》的独一无二的持续不断的动机**"②。《存在与时间》的道路，是教授资

---

　　① "形式显示"思想的形成根本地归功于洛采问题模式的奠基性贡献，但海德格尔对洛采问题模式的领会和转化并非一蹴而就，而是参考了大量思想资源才得以逐渐深化，因此这一思想的形成也受益于拉斯克在"反思性范畴"问题上的深化和胡塞尔"范畴直观"思想以及克尔凯郭尔"间接沟通"思想所带来的启示。

　　② 海德格尔：《早期著作》，第 70 页。

格论文所开启的道路，同时也是亚里士多德疑难问题被实际追问的道路。也正是在这条道路的实际拓展中，同时借助于对胡塞尔现象学的深度学习，海德格尔将"存在之关联"与"存在之区分"创造性地统合转化为他所特有的、"足以解释海德格尔整个思想"（伽达默尔语）的"形式显示"之思 ①，由此使得洛采的影响以另一种不易觉察的形式贯彻于海德格尔整个思想道路。

1941/1942 年冬季学期，海德格尔在弗莱堡大学专门开设了名为"谙习哲思"（Einübung in das philosophische Denken）的练习课，课程目标是引导初学者练习思想、学会思想，但初学者乃是开端者，"哲学练习课始终是'开端者之练习'"②，而海德格尔为此指定的基础文本就是洛采的《逻辑学》。但要真正进入洛采的问题语境并非易事，还要做先行准备，海德格尔要求首先思考两位关键思想家——西方思想之开端处的赫拉克利特和西方形而上学之终结处的尼采，要借助于对他们的两句箴言（道说"存在之区分"和"存在之关联"的箴言）的思考来进入洛采之思想。③ 而洛采之思想的意义就在于，海德格尔解释道，研究洛采的著作乃是"一个很好的机会，有助于我们转入伟大思想家的本质性思想中去，并在沉思这些思想之际尝试一种进入哲学思想中去的导引"④。这一解释不仅仅是教师向学生的交代，更应被视为这位教师本人对其思想开端进程

---

① 参见 Hans-Georg Gadamer, *Gesammelte Werke, Band 3, Neuere Philosophie I*, S. 429。

② Martin Heidegger, *Seminare*, GA 88, Frankfurt am Main: Vittorio Klostermann, 2008, S. 154.

③ GA 88, S. 290.

④ GA 88, S. 155.

和洛采之中间位置的深刻总结。

至此，通过上述考察，我们不仅看清了洛采对于海德格尔而言的那种"中间位置"的关键性以及其对海德格尔思想的决定性影响，而且看清了这种决定性影响是如何实际运作的：受布伦塔诺博士论文的激发，海德格尔发现了那个决定他一生思想道路的疑难问题；从洛采思想中，海德格尔解读出两个决定性的问题向度（存在之区分/存在之关联），并将其有所转化地运用于对亚里士多德疑难问题的回应中，构成了本己思想的决定性开端和决定性道路。

洛采因而对于海德格尔绝非是过去的"某个"思想家，而始终是"那个"沟通着过去与将来的思想家；而通过对洛采（作为德国古典哲学的关键传承者）对海德格尔思想的这种决定性影响的深思，通过海德格尔思想之开端进程与问题机制的沉思，我们就能更加深刻地洞见到海德格尔思想与德国古典哲学的内在交通，进而洞见到"基础问题"与"整体评判"的统一性：海德格尔思想的基础问题受到了洛采的决定性影响，并通过洛采所特有的"中间位置"而与德国古典哲学有着内在关联，就此而论，"基础问题"的二重性（"人与存在之关联"不仅是海德格尔思想的基础问题，而且还被海德格尔领会为形而上学的基础问题），以及海德格尔以"基础问题"为主脉来对德国古典哲学展开"整体评判"的实际思路，都非偶然，而是出于一种历史性的必然。由此而来，海德格尔长达一生的"德国古典哲学阐释"也就能够获得一个深切可靠的观照视域和理解基础。

第二章 基础问题与整体评判的统一根据

在阐明了海德格尔思想之基础问题的"实质含义"（人与存在之关联）和"生发根源"（海德格尔思想的基础问题受到洛采的决定性影响，并以洛采为中介而密切关联于德国古典哲学）之后，我们还需围绕"基础问题与历史性"这一主题展开考察，因为这一主题不仅含有对海德格尔思想道路做出整体阐释的关键要素，也关系着海德格尔思想的神学背景和神学立场，进而关乎海德格尔对"神学—哲学"的转化机制，由此最终指示了基础问题与整体评判的统一根据：基础问题的二重性就蕴藏在海德格尔思想的开端机制中（即海德格尔以"解构性奠基"为标志的对神学—哲学的转化机制），受益于这种"解构性奠基"的始基作用，海德格尔思想的基础问题**本身就是**形而上学的基础问题，只不过这个"本身就是"的充分实现还需一条道路而已。

在珀格勒与海德格尔1960年初的两封重要通信中，二人曾关注并讨论了这一主题，而且海德格尔为此给出了相当清晰的、有深远意义的提示，这为我们的考察工作提供了非常重要的切入点。

第一节　基础问题与历史性的内在关联

　　1959 年底，珀格勒发表了重要论文《存在作为本有》，并在此基础上开始构思日后成为其代表作的《海德格尔思想之路》。[①]1960 年 1 月 11 日，珀格勒致信海德格尔[②]，请教了一些关于海德格尔思想的疑难问题，其中最核心的问题可概括为：能否以及如何以体系性的方式理解并阐述海德格尔思想整体？在这封信中，珀格勒首先表明了自己的立场："我想对您的思想之路做出一种更大规模的阐述，对于这种阐述的构造，此间我也渐渐看清了。我想把重点放在'体系性的'一面上（倘若我可以再使用一次这个不合宜的词语的话）。当然并没有什么与历史相分离的哲学的体系机制，并且历史性沉思之目标始终在于'体系性的'问题，或者说，位置学/地志学（Topologie）乃是且始终是历史性的沉思，这样一来，思想就是思想之路了。但或许，您的'学生们'已经在如此剧烈的程度上一味地推动了'解构'，以至于今天在有些人看来，根本就不再有另一

---

　　① 按珀格勒自己的讲法，《存在作为本有》乃是《海德格尔思想之路》这部著作的"胚细胞"（Keimzelle）。参见 K. Busch/C. Jamme (Hg.), "Auszug aus dem unveröffentlichten Briefwechsel zwischen Martin Heidegger und Otto Pöggeler", in: *Studia Phaenomenologica*, 2001, Vol. 3+4, S. 10–34, hier 14。

　　② 从 1957 年 7 月起直至海德格尔去世，珀格勒与海德格尔开始了长达十八年不曾有较大中断的通信，今天所见共 91 封，珀格勒写了逾 50 封，大部分为机打，海德格尔的回信则多为手写。珀格勒往往写得更长一些，最长的一封达 17 页，在这些信中他向海德格尔详细汇报着自己的研究，也表述着他对海德格尔思想的阐释。参见 K. Busch/C. Jamme (Hg.), "Auszug aus dem unveröffentlichten Briefwechsel zwischen Martin Heidegger und Otto Pöggeler", in: *Studia Phaenomenologica*, 2001, Vol. 3+4, S. 10–34, hier 30。

面了——而在这另一面中，我们是可以把重点放在'体系性东西'
上的。"① 珀格勒也意识到了这种做法的危险并做了进一步的解释：
"倘若我们把重点放在'体系性的'一面，则危险也是巨大的，即您
的思想之路就此会被挤压到一种构造中，而这种构造对您而言是完
全陌生的。但事实上，我所关切的事情并不在于，从您的思想之路
中做出一种'体系'来——这会是一种荒谬的开始。毋宁说，我想
显示出，您所有的思想步伐都是被一条思想之路所规定的，并且是
从一个中心而来接受了哲学的本源问题。我感到自己是被驱迫到
这种尝试中去了，因为我自己想要根本地弄清这样的问题，即思想
在今天如何能够帮助我们经受住'时间'。或许我由此而太过冒险
了；或许我即便如此也还根本没有到达您的思想之路上——这一点
必然显示出来了。"②

　　在 1960 年 1 月 29 日给珀格勒的回信中，海德格尔通过一种双
重表态间接地回应了珀格勒的上述问题：他一方面高度称赞了珀格
勒的既有工作，认为珀格勒刚刚发表的《存在作为本有》"对我的
思想道路做出了迄今为止最富洞见和最为清晰的道说"，并且"一
下子就使得大多数'海德格尔研究文献'变得多余了"③；另一方面

---

　　① K. Busch/C. Jamme (Hg.), "Auszug aus dem unveröffentlichten Briefwechsel
zwischen Martin Heidegger und Otto Pöggeler", in: *Studia Phaenomenologica*, 2001,
Vol. 3+4, S. 10–34, hier 20.

　　② K. Busch/C. Jamme (Hg.), "Auszug aus dem unveröffentlichten Briefwechsel
zwischen Martin Heidegger und Otto Pöggeler", in: *Studia Phaenomenologica*, 2001,
Vol. 3+4, S. 10–34, hier 22.

　　③ K. Busch/C. Jamme (Hg.), "Auszug aus dem unveröffentlichten Briefwechsel
zwischen Martin Heidegger und Otto Pöggeler", in: *Studia Phaenomenologica*, 2001,
Vol. 3+4, S. 10–34, hier 24.

也特意向珀格勒推荐新教神学家海因里希·奥特的著作《思想与存在：海德格尔之路与神学之路》，认为此书写得"非常努力且切合实际"，而且指出，奥特是巴特和布尔特曼的学生，"在学生时代就常常求教于我"。海德格尔的这种双重表态具有复杂意味，而且并未直接明示（海德格尔自己说他的这封信"只是一个暂先的回复"①），还需要进一步分析。

珀格勒之所以能够一举使得大多数海德格尔研究文献"变得多余"，除了他本人的哲学天赋，也有其独到的先发优势：他在海德格尔的特许下提前读到了《哲学论稿（从本有而来）》②（这部海德格尔后期思想的代表作只是在 1989 年才作为全集第 65 卷出版）。珀格勒看出了海德格尔思想最根本的问题乃是"人与存在之关联"并且这种关联才是根本性的。也正是这种洞见构成了《存在作为本

---

① K. Busch/C. Jamme (Hg.), "Auszug aus dem unveröffentlichten Briefwechsel zwischen Martin Heidegger und Otto Pöggeler", in: *Studia Phaenomenologica*, 2001, Vol. 3+4, S. 10–34, hier 28.

② 珀格勒并非海德格尔的学生，但却获得了海德格尔的学生们都难以享受到的特别礼遇。按照珀格勒自己的报道，他在 1959 年就从海德格尔那里读到了这部长期以来秘而不宣的作品。参见 K. Busch/C. Jamme (Hg.), "Auszug aus dem unveröffentlichten Briefwechsel zwischen Martin Heidegger und Otto Pöggeler", in: *Studia Phaenomenologica*, 2001, Vol. 3+4, S. 10–34, hier 14。在另一文献中，珀格勒自述，当他在 1960 年左右能够有机会研读海德格尔的诸多手稿时，他从《哲学论稿》（后编为全集第 65 卷）中学到了最多。由于他此前在研读《本有》（后编为全集第 71 卷）手稿时是完全摸不着头绪的，因此在读《哲学论稿》的手稿时（海德格尔当时用《黑格尔全集》的封套来保存这部他视之为"代表作"的作品手稿，并且告诉珀格勒，他曾经差一点就把这部书稿给出版了），珀格勒就不再询此书询问什么了，他并不希求自己在短时间内就能对此理清头绪。在当时，他只是深感惊骇地想到，如此艰难的思想进程竟可以以如此艰难的语言被窃如其来地转交给公众。参见 Otto Pöggeler, *Heidegger und die hermeneutische Philosophie*, Freiburger/München 1983, S. 407。

有》的主旨提示："存在，作为不可支配的、每每总是历史性的存在之天命，在其意义或在其敞开性与真理中显示为本有（Ereignis）。Ereignis 在这里并不（像它在《存在与时间》的术语学中尚还具有的那种含义）意味着某种发生或事件，而是意味着此在之适用（Vereignung）到存在中去以及存在之致用（Zueignung）于此在之本真性。本有（Ereignis）这个词不可以被置入复数形式。它规定了存在本身之意义。它作为一种如此独一无二的东西乃是思想的一个主导词，就像希腊词语'逻各斯'和中文词语'道'一样。存在作为本有：伴随着对存在之意义的这样一种规定，海德格尔的思想就抵达了它的目标。在本有中，时间——存在始终以一种隐蔽的方式在时间的光泽中被理解了——被特意地一道思考了。当海德格尔的思想道说了那种离基性的基础即形而上学的未被思者，海德格尔的思想就转入它自身的基础中去了。这条思想之路因而就达到了它始终围绕而行的那个中心。这种思想思考着它那唯一的思想，由此它摇荡而入其适置构造中。"[1] 我们因此也就可以理解**海德格尔的第一重表态**，即他为何高度称赞珀格勒的这篇论文：珀格勒洞见到了"人与存在之关联"乃是海德格尔思想的基础问题，并且看出海德格尔的思想之路就是基础问题的道路，从基础问题而来并走向基础问题。

而要理解**海德格尔的另一重表态**，弄清他何以称赞奥特著作"切合实际"并进而揭示这种称赞的实质意味（即他为何要向珀格勒

---

[1] Otto Pöggeler, "Sein als Ereignis: Martin Heidegger zum 26. September 1959", in: *Zeitschrift für philosophische Forschung*, Bd. 13, H. 4, 1959, S. 597–632, hier 621–622.

推荐此书），我们显然需要首先考察一下奥特著作的基本立论与核心洞见。新教神学家奥特的这部著作出版于 1959 年 ①，今天已被公认为是基督教神学视域中的海德格尔研究的代表作。其基本立论可概括为两点。第一，神学根本上面临着与哲学相同的问题，亦即真理问题，面临着人类此在和世界之存在的问题。说到底也只有一个真理。哲学与神学应进行本质性的对话，而海德格尔思想文本就是见证这种本质性对话的一个关键场所。第二，神学与海德格尔思想的切近表现在：海德格尔乃是"思想之思想者"，海德格尔思想是一种先验的"对思想的思想"，这种思想之所思是存在之意义，具有语言、时间和世界三重视域；神学之所思则是上帝之启示，亦具有语言、时间和世界三重维度。

奥特第二个基本立论事实上是认为存在之意义（人与存在之关联）还不是海德格尔思想的基础问题，还是隶属于"思想之思想"之下的问题，也正因此，这一基本立论并没有得到海德格尔的首肯。在与珀格勒的通信中，海德格尔对此点评道："奥特的'海德格尔乃是思想之思想者'这一措辞是否到位，始终是有疑问的。它适合于黑格尔[而不适合我]；但是奥特后来从'**什么叫/什么命令[我们去]**思想'（*Was heißt* Denken）而来做的解释却是确切中肯的。另一个困难是，奥特是在追问'可能性条件'的'先验问题'中看到了我的道路的'思想形象'。因此这首先看上去关涉的是我在《存在与时

①　Heinrich Ott, *Denken und Sein: Der Weg Martin Heideggers und der Weg der Theologie*, Zollikon 1959. 此书导论部分已经由孙周兴教授译出，参见奥特：《从神学与哲学相遇的背景看海德格尔思想的基本特征》，孙周兴译，载于《海德格尔式的现代神学》，刘小枫编，北京：华夏出版社，2008 年，第 68—99 页。

间》中直至 1930 年的思想，但事实上，即便那个阶段中的思想，也已经是以不同于表面所见的形式而被思考的。"①

从整体上看，奥特后来从"**什么叫 / 什么命令**思想"而来做的补充解释只是该书在临近收尾时的一个变化②，这个变化中所达成

---

① K. Busch/C. Jamme (Hg.), "Auszug aus dem unveröffentlichten Briefwechsel zwischen Martin Heidegger und Otto Pöggeler", in: *Studia Phaenomenologica*, 2001, Vol. 3+4, S. 10-34, hier 28.

② 参见 Heinrich Ott, *Denken und Sein: Der Weg Martin Heideggers und der Weg der Theologie*, S. 162-164。奥特在这里摘选引用了海德格尔 20 世纪 50 年代讲座《什么叫思想》单行本中的几段话（这几段话现可参见海德格尔：《什么叫思想》，第 184—196 页）并做了解读。这种解读尊重了海德格尔的原义，奥特就此指出，"海德格尔在一种有所变化的意义上把'什么叫思想'（was heißt denken）这一问题理解为：什么命令/吩咐我们思想。他预设了，有某种东西存在，这种东西'命令/吩咐'我们思想。只是因为这种东西命令/吩咐我们，我们才去思想。我们的思想在本质上是一种被命令/被吩咐的东西。没有命令就没有思想——至少没有什么本质性的、开端性的思想——与之相反，形而上学的和科学的思想之本质却恰恰在于，它没有命令地、从本己的动力而来发生运作着"（Heinrich Ott, *Denken und Sein: Der Weg Martin Heideggers und der Weg der Theologie*, S. 164），奥特因而就是间接承认了，思想问题的决定性意义乃是"什么吩咐/命令我们思想"，思想乃是人与存在之关联问题，"这样我们就处在思想之天命性的中心事态中了，换言之，处在对主体主义始终不渝之克服的中心事态中了。海德格尔自己曾谈到过存在之天命置送于思想（Geschick des Seins an das Denken）。对'命令'（Geheiß）的言说是以另一个词语道说了同一者。这里可能存在着一个中枢，可据以理解海德格尔全部作品并理解海德格尔思想对于神学的全部重要性！谁若在这里理解了，他就可能已经理解了全部；谁若在这里没有理解，他就可能是在徒劳地致力于对整体的理解"（Ibid.）。奥特这里的解读（人与存在之关联问题乃是海德格尔思想的基础问题）相比于他此前对海德格尔思想的解读（海德格尔的"存在之意义"问题还不是最根本的问题，而是隶属于"思想之思想"之下的问题）就发生了变化。海德格尔也正是在这一意义上批评了奥特的第二个基本立论即奥特把"思想之思想"定位为海德格尔思想基础问题的做法，并指出"奥特后来从'**什么叫 / 什么命令**思想'而来做的解释却是确切中肯的"。从另一角度来看，海德格尔的这个点评也恰恰表明，他把本己思想的基础问题始终理解为"存在之意义"问题亦即"人与存在之关联"问题，这一事实构成了对本章第一节考察工作的一个佐证。

的理解之深化并没有反向贯彻全书思路，第二个基本立论事实上还是得到了从头到尾的坚持，即坚持认为海德格尔乃是先验问题意义上的从事思想传统之阐释的"思想之思想者"①，而没有在上述变化的意义上贯彻阐明"思想"的本源关联义。海德格尔对奥特的第二个基本立论因而在根本上是持批评态度的，这意味着，**海德格尔在致珀格勒的信中对奥特著作的称赞和推荐（写得"非常努力且切合实际"），显然不是针对该书第二个基本立论而言的，而只能是就其第一个基本立论而言的。**②而这第一个基本立论又意味着什么呢？其中包含着什么样的核心洞见？对此的阐明将有助于我们最终澄清海德格尔对珀格勒问题之"双重表态"的根本意味。

在对第一个基本立论的具体解释中，奥特先是以间接方式指出，"……恰恰通过其对上帝概念的消除，海德格尔对神学做出了一种不可估量的贡献——因为他反对一个不合实情的上帝概念，思考了这个概念的完结，因此为一种更为源始、更为本质性的（神学的而且其实或许也是哲学的）对活生生的上帝的思想创造了空间。因此，尽管海德格尔哲学具有一种准'无神论的'特征，或者也许恰恰是由于具有这种特征，这种哲学却有望为一种神学的卓有成效

---

①　参见 Heinrich Ott, *Denken und Sein: Der Weg Martin Heideggers und der Weg der Theologie*, S. 11, 12, 22, 69, 108, 158。

②　从海德格尔对奥特著作的点评之语的内在结构亦可看出这一点。海德格尔在信中先是称赞奥特著作"非常努力且切合实际"，紧接着又着眼于"两个困难"从两个层面批评其限度（而在对第一个层面的批评中也实事求是地指出奥特在著作的后半部分中也有一种值得称道的变化，虽然这种变化并没有改变著作的整体思路）。这种批评无疑是针对奥特第二个基本立论做出的，而"非常努力且切合实际"的称赞则显然是就奥特第一个基本立论而给出的。

的对照提供特别多的东西"①。接着又以直接的方式点明要旨:"恰恰因为在海德格尔思想表面上的无神论中,显示出形而上学道路的终结和一条全新道路的可能开端,也就是说,恰恰因为我们必然在海德格尔那里认识到哲学史的一个转折点,故海德格尔的思想对神学家来说就变得重要了,海德格尔就成为神学的一个卓越的哲学上的对话伙伴。"②

　　而奥特之所以有这样的解读动力,关键在于,"有一个更为深刻的实际原因推动着我们,促使我们恰恰选择了海德格尔的思想,以之作为探讨神学与哲学之遭遇的范例。海德格尔彻底地思考了历史性这个概念,而且,这一事实自发地要求与神学的遭遇,这种神学认识到它的思想的视域不是别的,而就是与世界相随的上帝的历史以及在上帝面前的世界的历史性"③。按照这样的具体解释,奥特的第一个基本立论事实上意味着这样的洞见:对海德格尔思想的研究必须重视这种思想的神学背景和神学立场(反对一个不合实情的上帝概念并为一种更为源始的上帝之思打开空间),而且历史性乃是这种研究的关键指向。

　　这也就是海德格尔对奥特著作之称赞的真正落实点。因此,海德格尔向珀格勒推荐奥特著作并称赞其"切合实际",并非泛泛之论,而是意在指示出一种关键性的、切合海德格尔思想之实情的洞

　　① 奥特:《从神学与哲学相遇的背景看海德格尔思想的基本特征》,载于《海德格尔式的现代神学》,第75页。

　　② 奥特:《从神学与哲学相遇的背景看海德格尔思想的基本特征》,载于《海德格尔式的现代神学》,第77—78页。

　　③ 奥特:《从神学与哲学相遇的背景看海德格尔思想的基本特征》,载于《海德格尔式的现代神学》,第79页。

见，由此完成对珀格勒问题的双重表态。

珀格勒在信中所提的核心问题是：能否以及如何以体系性的方式理解并阐述海德格尔思想整体？海德格尔在回信中的双重表态则意味着：1. 从《存在作为本有》来看，珀格勒已经洞见到了海德格尔思想的基础问题（人与存在之关联），这已经是至为关键的洞见，但这一洞见本身尚不足以保证达成对海德格尔思想的整体阐述。2. 对海德格尔思想做整体把握和整体阐述需要深思"基础问题与历史性"的关系问题，体系性问题还是派生的，它应根本地溯源于历史性问题，因此必须重视奥特在其研究中给出的关键提示——不能忽视海德格尔思想的神学背景和神学立场，**要着眼于海德格尔思想与神学的关联来研究海德格尔的"历史性"概念**。只有通过两方面的努力，从对"基础问题"的洞见而来同时对"历史性"做出深入解读，才有可能对海德格尔思想达成合乎事宜的整体阐述。

海德格尔通过双重表态对珀格勒问题的答复遂可概括为：从对基础问题的洞见而来，通过对海德格尔思想之神学背景和神学立场的深究而达成对历史性问题的领会，对海德格尔思想的整体阐述才是可能的和可行的。

在前述那封信即 1960 年 1 月 11 日给海德格尔的信中，珀格勒当然也注意到了历史性问题，认为历史性与体系性密切相关，但却认为历史性沉思以体系性问题为目标（见前文）。有鉴于此，海德格尔对奥特著作的推荐就显然是对珀格勒看法的一种纠正：历史性是本源性的，体系性已经是派生之物，整体阐述的努力不宜对准派生之物，而应去观照一条生发性的道路，对海德格尔思想整体的阐述因而需要真正重视历史性问题，并且需要从海德格尔思想的神学背景和神学立场入手。

为征询海德格尔的具体意见，珀格勒在上述来信中呈报了未来那部著作的框架筹划，亦即《海德格尔思想之路》的最早雏形："我想把这部著作划分为四个部分。若以传统标题来讲的话，第一部分带来历史定向，第二部分探讨存在论问题或一般形而上学问题，第三部分探讨逻各斯问题，第四部分探讨特殊形而上学问题。"[1] 无论是从这个最早的整体框架来看，还是从他同时呈报的详细的具体章节内容来看[2]，珀格勒都没有把海德格尔思想的神学背景和神学立

---

[1] K. Busch/C. Jamme (Hg.), "Auszug aus dem unveröffentlichten Briefwechsel zwischen Martin Heidegger und Otto Pöggeler", in: *Studia Phaenomenologica*, 2001, Vol. 3+4, S. 10–34, hier 20.

[2] 珀格勒在这封信中详细地写道，他所要撰写的这部论著的"第一部分"意在"对海德格尔的思想之路给出一种暂先的概览"，具体又分为以下五章。第一章名为"形而上学与历史"，具体内容是，"探讨您(海德格尔)向西方思想的跃入，形而上学的提问与解释学的—历史的提问的结合"；第二章名为"解释学的现象学"，具体内容是，"揭示您如何转变了现象学思想。现象学思想，例如舍勒或胡塞尔的现象学思想，以一种未被进一步质疑的方式，始终还是'形而上学'"；也正因此，第三章将探讨海德格尔对本质上乃是先验哲学的近现代形而上学的沉思；并且由于近现代形而上学指引我们去关注形而上学本身，故第四章名为"形而上学—科学—技术"，具体探讨海德格尔对形而上学的解构；第五章"诗性之思"所要揭示的是，海德格尔如何试图转入一种不再具有形而上学特性的思想中去。第二部分研究的是"作为本有的存在"，下面又细分为四章。第一章"存在与运动"：1)存在与存在之意义；2)存在与时间；3)时间与空间；4)作为时间—游戏—空间的世界。第二章"存在与此在"：1)此在的突出角色；2)解释学的关联或需用；3)转向。第三章"存在与存在者"：1)存在与无；2)差异；3)同一性；4)根据；5)分承。第四章"存在作为本有"：1)本有；2)天命与理念。第三部分的具体内容是对真理问题和逻各斯问题以及逻辑与语言之问题机制的探讨。第四部分所拟定的具体章节是：第一章"基础存在论与人类学"，第二章"作为大地的自然"，第三章"作为语言的历史"，第四章"神性的东西与上帝"。参见 K. Busch/C. Jamme (Hg.), "Auszug aus dem unveröffentlichten Briefwechsel zwischen Martin Heidegger und Otto Pöggeler", in: *Studia Phaenomenologica*, 2001, Vol. 3+4, S. 10–34, hier 20–22。

场问题作为主题来加以探讨, 更没有由此出发来解读海德格尔的
"历史性"问题, 着眼于这一事实, 海德格尔在回信中对奥特著作之
推荐的用意所在就变得更清晰了。

1961 年, 珀格勒开始正式撰写《海德格尔思想之路》①, 并于
1963 年出版该书。② 今天我们回头来看, 一个可以确认的事实是,
海德格尔 1960 年的回复意见对珀格勒这部论著的撰写产生了向度
上的重要指引作用, 因为从《海德格尔思想之路》的正式文本来看,
珀格勒最初所规划的整体框架、具体章节乃至中心旨趣都已发生显
著变化, 珀格勒显然领会了海德格尔上述回复的用意, 并据之做出
了自己的尝试性努力: 诸多证据中的一个非常触目的证据是, 在此
书正式文本中, 先前曾被珀格勒所忽视的海德格尔思想的神学背景
和神学立场问题已成为重要论题, 并以专题探讨的形式被置为"形
而上学与历史"问题的基础语境。③

在 1963 年 7 月 8 日给珀格勒的信中, 已阅读该书的海德格尔
对它做出了肯定评价:"我所看到的您的这部著作的杰出之处在于,
它显示出了道路之为道路, 显示出了持续的危险, 显示出了诸多阻

① K. Busch/C. Jamme (Hg.), "Auszug aus dem unveröffentlichten Briefwechsel
zwischen Martin Heidegger und Otto Pöggeler", in: *Studia Phaenomenologica*, 2001,
Vol. 3+4, S. 10–34, hier 16.

② 当代学者 K. 布施(K. Busch)和 C. 雅姆(C. Jamme)认为, 珀格勒《海德格尔
思想之路》的创见首要地在于: 1. 它把《存在与时间》的发表部分理解为片段, 理解为
"在一条继续拓展着的道路上的步伐"; 2. 这里首次指出了海德格尔早期弗莱堡讲座的
重要性, 同时也首次指出了海德格尔第二部代表作(即《哲学论稿》, 但众所周知, 此书
只是在很久之后才得以出版)的重要性。参见 K. Busch/C. Jamme (Hg.), "Auszug aus
dem unveröffentlichten Briefwechsel zwischen Martin Heidegger und Otto Pöggeler", in:
Studia Phaenomenologica, 2001, Vol. 3+4, S. 10–34, hier 18。

③ 参见 Otto Pöggeler, *Der Denkweg Martin Heideggers*, S. 13, 23, 36–45。

碍。"① 换言之,海德格尔肯定该书做到了对一条生发性道路的呈现,而非对一种发展观式的道路的人为构造。这是基础问题与历史性的有机结合所应达到的效果之一。

但只有知晓上述来龙去脉的读者才会明白,从珀格勒的最初构思到正式形成的《海德格尔思想之路》,这本书的思路框架和具体执行已经是根据海德格尔 1960 年回信中的提示而发生了重要变化;这本书的形成史因而恰恰在客观上证明了海德格尔 1960 年回信的深意所在:从对基础问题的洞见而来,通过对海德格尔思想与神学之关联的深究并由此臻于对历史性的真切理解,对海德格尔思想的整体阐述才是可能的和可行的。

就问题之意义而言,珀格勒在 1960 年来信中所提问题的分量是不言而喻的,它关系着对海德格尔思想道路的整体理解和适宜阐述,而海德格尔在 1960 年对于珀格勒问题的回复,作为当事人高度凝练的自我总结与关键提示,对于所有试图在整体上阐述海德格尔思想的工作都有重要意义,本书作为"整体评判"研究亦不例外。但为了彻底澄清这种重要意义,海德格尔的这一回复本身还需要进一步得到追问。

再重述一遍,珀格勒的问题是:能否以及如何在整体上适宜地呈现海德格尔思想之路? 海德格尔的回复则意味着:通过把"基础问题"与"历史性"有机地结合起来,才有可能做到这一点,而且历史性应从海德格尔思想的神学背景和神学立场来去解读。我们对

---

① K. Busch/C. Jamme (Hg.), "Auszug aus dem unveröffentlichten Briefwechsel zwischen Martin Heidegger und Otto Pöggeler", in: *Studia Phaenomenologica*, 2001, Vol. 3+4, S. 10–34, hier 18.

此的进一步追问因而包含两个问题：

1. 海德格尔为何认为历史性与其思想的神学背景和神学立场密切相关？

2. 海德格尔为何如此强调历史性，为何认为只有把"基础问题"和"历史性"有机地结合起来才能做到对思想道路整体的适宜阐述？

要解答这两个问题，显然需要首先考察海德格尔思想的神学背景和神学立场并深究其中的疑难问题，对此的追问将通向一个对"基础问题"乃至"整体评判"都至关重要的问题，即海德格尔对"神学—哲学"的转化机制。对这一转化机制的阐明将使我们获得一个足够深刻的理解基础，我们可据此转回到珀格勒与海德格尔的1960 年通信中去，澄清海德格尔之指示的根本意义，并就此做出对本章问题的最终总结：这一转化机制事实上乃是基础问题与整体评判的统一根据。

第二节 "神学—哲学"的转化机制：解构性奠基

海德格尔思想具有深邃而复杂的神学烙印和神学背景，这可以从海德格尔的成长道路中得到确切观察：这条道路经历了在天主教家庭中生长、在天主教资助下求学、在与神学的关联中确立哲学志向和本己思想任务、与"天主教体系"决裂、实行本己思想任务等阶段；而且"实行本己思想任务"又可细分为构思"存在与时间"、转入"本有之思"、沉思"最后之神"、归结"存在之终极学"等环节，其中某些环节仍然以某种方式留存着神学烙印（参见本书后文对"最后之神"和"存在之终极学"的探讨）。就此而论，这条道路的神学烙印和神学背景是无可置疑且不容忽视的。

这种烙印与背景的深邃性和复杂性尤其体现在下述四种具有代表性的事实中：其一，在 1920 年给弟子卡尔·洛维特的信中，海德格尔指出，胡塞尔那时已经根本不再将他（海德格尔）视为哲学家，而认为他"事实上还是神学家"，海德格尔为此感到不满①；而在 1927 年给洛维特的信中，海德格尔却写道："简而言之，我乃是'基督教的神学家'，这属于我的这种实际性。这当中存在着某种极端的自身忧虑，某种极端的科学性——在实际性中有严格的对象性，当中存在着'精神史'意义上的历史意识——并且我是在大学的生命关联中如此而是的。"② 其二，虽然海德格尔在 1919 年正式宣布告别"天主教体系"，并且在此前和此后都对天主教体系和天主教哲学提出严厉批评，但海德格尔终生都没有退出罗马天主教教会③，反倒一如既往地常常去拜访博伊隆大修道院（die Erzabtei Beuron）并遵行天主教仪式④，去世前还为自己指定安排了天主教葬礼。⑤ 其三，在 1919 年给弗莱堡同事克雷布斯（Engelbert Krebs）

---

① Martin Heidegger/Karl Löwith, *Briefwechsel 1919–1973*, S. 24.

② Martin Heidegger/Karl Löwith, *Briefwechsel 1919–1973*, S. 53.

③ 参见登克尔等编：《海德格尔与其思想的开端》，第 165 页。

④ 参见 Alfred Denker, "'Ein Samenkorn für etwas Wesentliches'. Martin Heidegger und die Erzabtei Beuron", in: *Erbe und Auftrag*, Vol. 79, 2003, S. 91–106。另参见 Otto Pöggeler, *Heidegger in seiner Zeit*, München 1999, S. 127–128。

⑤ 参见萨弗兰斯基：《来自德国的大师：海德格尔和他的时代》，靳希平译，北京：商务印书馆，2007 年，第 540—541 页。

的信中，海德格尔正式宣布了与天主教体系的决裂，他写道："认识论上的洞见（并且这些洞见蔓延到历史认识之理论上去了）使得天主教体系对我成了问题，成了不可接受的东西——但并不是基督教和形而上学（当然指的是一种新的意义上的基督教和形而上学）变得不可接受了。"①而在1937/1938年的《道路回顾》中，海德格尔却如此指出了天主教渊源在其思想道路上的重要性："有谁想要错认这一点呢：在这整个迄今为止的道路上，与基督教的争辩沉默地一道同行着，这种争辩过去不是，现在也不是什么被随便捡起的'问题'，而是对最本己来源的保持，即对家庭、故乡和青春的保持，而且也**一体地**是那种痛苦的与最本己来源的剥离。只有曾如此扎根于一种被切实活过的天主教世界中的人，才会对这样一些必要性有所预感，这些必要性在我迄今为止的追问道路上如同隐秘的地壳震动一样发挥着作用。马堡时期为此还带来了对新教的更切近的经验——但一切都已经是那种东西了，它必须从根本上被克服，但不是被摧毁掉。"②在20世纪50年代的一次谈话中，海德格尔再次强调指出："倘若没有我的神学来源，我就绝不会踏上思想的道路。而来源始终是将来。"③其四，根据艾宾豪斯（Julius Ebbinghaus）④1950年11月写给海德格尔的一封信（尚未公开发

---

① 登克尔等编：《海德格尔与其思想的开端》，第69页。

② GA 66, S. 415.

③ 海德格尔：《在通向语言的途中》，第95页。

④ J. 艾宾豪斯（1885—1981），德国哲学家，著名心理学家赫尔曼·艾宾豪斯之子。在文德尔班指导下完成博士论文（1909），在胡塞尔那里完成教授资格论文（1921），与海德格尔交好。艾宾豪斯的学术道路经历了从黑格尔哲学到康德哲学的转向，一般被视为新康德主义者，但其思想旨趣却在于摆脱新康德主义的误解而通向康德哲学本身。长期执教于马堡大学。

表，珀格勒在其研究中予以摘录转引)，海德格尔在 1920 年左右在
弗莱堡与艾宾豪斯的私下交谈中曾表示，只要他是在某个领域中考
虑哲学产物的，这个领域就会是宗教问题的领域。艾宾豪斯在这封
1950 年的信中感慨道，回头来看，海德格尔的确是这样做的。[①] 这
些事实，这些不易理解甚至看似彼此冲突的表态共同显示出，在海
德格尔思想与神学之关系问题上存在着一些非常复杂的现象，要澄
清海德格尔思想的神学背景和神学立场，就必须对这些复杂现象做
出根本阐明。

　　由于这些复杂现象密切关系于海德格尔的成长道路并在海德
格尔与天主教体系的决裂中得到了聚焦，因此我们接下来的工作就
是，考察海德格尔的成长道路并分析海德格尔为何以及如何走向了
与天主教体系的决裂，进而通过对这种"决裂"之实质意义——它
事实上乃是海德格尔对"神学—哲学"的转化机制的形成标志和直
接体现——的揭示而最终走向海德格尔思想中的这一极为重要的
转化机制之思。

一、海德格尔的神学背景与道路决断

　　海德格尔 1889 年出生在德国小镇梅斯基尔希的一个天主教家
庭中，父母都是虔诚的罗马天主教教徒，父亲还担任着当地教堂司
事，家庭的这种宗教氛围对海德格尔影响深远 [②]，家乡附近的博伊隆

---

　　① 参见登克尔等编：《海德格尔与其思想的开端》，第 212 页。
　　② 参见海德格尔：《从思想的经验而来》，孙周兴、杨光、余明锋译，北京：商务
印书馆，2018 年，第 123—125 页。

大修道院也深深地影响了海德格尔一生。^①由于家境贫寒，从 1903
年起，在长达十三年的时间里海德格尔一直需要通过天主教资助来
进修学业（这种资助是有条件的，即受资助者必须接受天主教教育
并在未来作为神职人员效力于天主教事业），攻读神学是他上大学
的唯一途径。^②海德格尔先是在家乡的公立小学和市立中学读书，
后在天主教奖学金资助下，在 1903—1906 年以天主教寄宿生身份
就读于康斯坦茨文科中学，而按照此后获得的另一项天主教奖学金
的要求，受资助人必须在弗莱堡读高中和大学神学院，海德格尔遂
在 1906 年夏天以天主教寄宿生身份转学到弗莱堡伯特霍尔德文科
高中，1909 年完成高中学业，接着进入弗莱堡大学神学院深造。^③

由于天主教资助的条件限定，海德格尔最初的职业规划就是且
只能是神职系统中的天主教神父。他 1909 年的高中毕业鉴定书就
包含着这样的评语："他（海德格尔）坚定地选择神学作为职业，并
有意于修士生活，因此可能会申请加入耶稣会。"^④但这一规划很快
就遭受了不利因素：1909 年 10 月，由于过度的体育锻炼，海德格

---

① 参见登克尔等编：《海德格尔与其思想的开端》，第 141、149、194、196 页。
博伊隆大修道院属于天主教本笃会，距离梅斯基尔希只有 17 公里。海德格尔从小就在
那里结识的修道士们"作为一个整体，多少个世纪以来保存了初始的基督教对于耶稣
基督再度降临的生命经验，并且由此保持了同世界的距离"（同上书，第 194 页），这影
响了早期海德格尔的"实际性"之思（同上书，第 196 页）。即便是宣布告别"天主教体
系"之后，海德格尔也还是经常去拜访这个天主教修道院并在那里小住。（参见 Alfred
Denker, "'Ein Samenkorn für etwas Wesentliches'. Martin Heidegger und die Erzabtei
Beuron", in: *Erbe und Auftrag*, Vol. 79, 2003, S. 91-106。）

② 参见萨弗兰斯基：《来自德国的大师：海德格尔和他的时代》，第 18—19 页。

③ 参见 GA 16, S. 32, 另参见萨弗兰斯基：《来自德国的大师：海德格尔和他的时
代》，第 18 页。

④ 登克尔等编：《海德格尔与其思想的开端》，第 107—108 页。

尔在一次登山活动中心脏病发作，而且他刚刚在奥地利加入的一家
耶稣会见习修士院也在不久之后将他除名。① 1910/1911 年冬季
学期，已是弗莱堡大学神学院二年级学生的海德格尔再次心脏病发
作，这使得他的神职前景变得黯淡，按他自己的说法即："我今后从
事神职工作的那一前景在人们眼中变得极为可疑。"② 参照医生的建
议，神学院要求海德格尔提前中止冬季学期的学习（冬季学期的结
束时间是 2 月下旬），返回家乡休养一直到康复为止。③ 海德格尔
在 3 月初回到家乡休养④，同时在思考着今后的出路，神学职业的
大门并未自动对他关闭，但他却不得不思考退出的可能性。从拉斯
洛夫斯基⑤1911 年 4 月 20 日的信件所反映出的海德格尔方面的信

---

① 由于这次"除名"并没有正式的原因说明，学界在此问题上还存在一定争议。
胡戈·奥特认为"除名"之举就是海德格尔的健康问题导致的，登克尔并不否认这一因
素，但认为"除名"也可能有海德格尔主观退出的因素，因为"海德格尔学习神学的本
来目的就是哲学，至关重要的是，耶稣会的见习修士们两个星期之后就要做出无法更改
的选择了"。参见登克尔等编：《海德格尔与其思想的开端》，第 109—110 页。

② GA 16, S. 38.

③ 参见 Hugo Ott, *Martin Heidegger. Unterwegs zu seiner Biographie*, Frankfurt/
New York 1992, S. 68.

④ 登克尔等编：《海德格尔与其思想的开端》，第 114 页。

⑤ 拉斯洛夫斯基（Ernst Laslowski, 1889—1961），天主教教会史学者，教会史
权威海因里希·芬克（Heinrich Finke）的学生，后任弗莱堡天主教博爱档案馆负责人
（参见 GA 16, S. 806）。海德格尔在 1910 年夏天与拉斯洛夫斯基结识（参见 GA 16, S.
440），二人从此开始了维持一生的友谊。海德格尔早年写给拉斯洛夫斯基的信件今已
佚失，但海德格尔在给父母的信中曾多次提及拉斯洛夫斯基。海德格尔与天主教体系
的决裂显然并未影响这段友谊，"二战"后拉斯洛夫斯基和其夫人曾在海德格尔的弗
莱堡家中住过一段时间（参见 Jörg Heidegger/Alfred Denker [Hg.], *Martin Heidegger.
Briefwechsel mit seinen Eltern [1907-1927] und Briefe an seine Schwester [1921-1967]*,
Freiburg/München 2013, S. 164。另参见《讲话与生平证词》，第 972—973 页：二人是
作为西里西亚的难民在战后住在海德格尔家里），海德格尔在 1949 年 9 月还写信祝贺
拉斯洛夫斯基的六十岁生日并回顾了二人的经久友谊（参见 GA 16, S. 440-441）。

息来看 ①，海德格尔此时深感焦虑的是，他应该如何做出决断。三条道路呈现在他面前，一是从事哲学，二是从事数学，三是继续从事神学。

从事哲学的想法并非一时冲动，而是海德格尔求学道路上一直存在的动力，或者说，哲学与神学之间的张力一直以一种超乎常人想象的方式影响着海德格尔的道路。海德格尔在 1915 年 12 月给当时的女友（后来成为其夫人的）艾尔弗莉德 ② 的信中回顾道，**他从中学时代起就对哲学产生了兴趣并有了成为学者的隐秘渴望**，而他虔诚的母亲却希望他成为神父，两种渴望的差异导致了冲突，"这曾经是一场斗争"，海德格尔写道，只是随着时间推移，他才能够说服母亲使其相信，哲学也大有可为。③ 海德格尔的这一说法也获得了另一类文献的支持：按照这些文献，海德格尔在康斯坦茨中学（初中生阶段）就已经开始阅读《纯粹理性批判》④，在转学来到弗莱堡读文科高中的第二年（1907 年），海德格尔通过布伦塔诺的博士论文《论"存在"在亚里士多德那里的多重含义》而遭遇了本己思想的决定性问题（参见本章前文），为追问这一问题，海德格尔

---

① 参见登克尔等编：《海德格尔与其思想的开端》，第 22 页。

② 海德格尔与艾尔弗莉德于 1916 年 8 月订婚，翌年完婚。

③ 葛尔特鲁特·海德格尔编：《海德格尔与妻书》，常暄、祁沁雯译，南京：南京大学出版社，2016 年，第 8 页。

④ 伽达默尔："人们说，海德格尔的那种开端性的思者生涯，在他还是康斯坦茨中学学生的时候，就已经被发现了。有一天，他在桌子下面读一本书时被逮了个现行，这显然是在一个不那么有趣的课上发生的事情。他所读的那本消遣读物竟是康德的《纯粹理性批判》！这无疑堪称学生书包里的一种元帅权杖，我们这个世纪的中学生当中罕有人会像他那样拥有这种元帅权杖。"（Hans-Georg Gadamer, *Gesammelte Werke, Band 3, Neuere Philosophie I*, S. 402-403.）

在 1908 年开始阅读希腊文的亚里士多德著作集①，在弗莱堡高中的最后一年，海德格尔不仅阅读了当时尚为弗莱堡大学副教授的卡尔·布莱格的《论存在：存在论纲要》②，而且"主要听的是关于柏拉图的课……高中教师韦德尔当时讲授了这些课程，它们更加清晰地——虽说还不是凭借理论上的严格——把我引入了哲学的疑难问题中"③，在 1909 年秋天进入弗莱堡大学神学院后，海德格尔立即展开了对"本来就属于学习计划的"哲学的学习，甚至可以说是"首要地致力于哲学"④。

打算从事数学的想法也有其根由。海德格尔从中学时代起就对数学深感兴趣，在 1915 年简历中，海德格尔曾回顾道："当我在中学第七年级的数学课上从单纯的答题解题转入理论性的路径时，我对数学这一学科的纯然偏好就变成了一种实际的、实事性的兴趣，而这种兴趣也延伸到物理学上面去了。"⑤这种兴趣一直延伸到大学时代，在 1913 年博士论文的前言中，海德格尔也写道："我也要感谢我那些尊敬的数学老师和物理老师，他们教给我的东西容我在以后的研究中呈现。"⑥按海德格尔的讲法，"对数学的偏爱"甚至曾经滋生了他"对历史的反感"⑦。

第三条出路就是继续从事神学，走神职之路，或者至少可以做

---

① 参见海德格尔：《早期著作》，第 70 页。

② 海德格尔：《面向思的事情》，陈小文、孙周兴译，北京：商务印书馆，2014 年，第 106—107 页。

③ GA 16, S. 37.

④ 参见 GA 16, S. 41, 350。

⑤ 参见 GA 16, S. 37。

⑥ 海德格尔：《早期著作》，第 74 页。

⑦ GA 16, S. 39.

一个民众传教士或自由宗教作家（参见当代德国天主教学者沙伯对此的分析）①。虽然有健康方面的问题，但从种种文献来看，健康因素并非海德格尔告别神学学业和神职事业的充足理由，换言之，神学这条道路并没有因海德格尔的健康问题就自动对其封闭起来。一个非常重要的证据是，拉斯洛夫斯基在 1911 年 4 月 20 日的回信中就还劝勉海德格尔继续走神学之路，认为这可能是海德格尔眼下最适宜的一个选择，因为哲学之路存在着非常棘手的、经济上的困难，数学之路则可能会耽误海德格尔真正的天赋。②

经过深思熟虑，海德格尔在 1911 年春天决定放弃神学学业（尽管他在 1911 年夏季学期③还报名参加了四门神学课程④，但整个夏季学期他基本上都在家乡休养⑤），并在冬季学期开始的时候到刚

---

① 登克尔等编：《海德格尔与其思想的开端》，第 178 页。

② 参见登克尔等编：《海德格尔与其思想的开端》，第 22—23 页。

③ 德国大学冬季学期的正式开始日期是 10 月 15 日，一直持续到次年 2 月下旬，夏季学期的正式开始日期是 4 月 15 日，一直持续到 7 月中旬或 7 月底。课程讲授的开始时间则通常比学期的正式开始日期晚一周或两周。参见 Thomas Sheehan, "Heidegger's Lehrjahre", in: *The Collegium Phaenomenologicum*, J. C. Sallis, G. Moneta and J. Taminiaux eds., Kluwer, 1988, p. 90。

④ 参见登克尔等编：《海德格尔与其思想的开端》，第 5 页。

⑤ 珀格勒和胡戈·奥特的研究都指出了这一点，分别参见登克尔等编：《海德格尔与其思想的开端》，第 211 页；Hugo Ott, *Martin Heidegger. Unterwegs zu seiner Biographie*, S. 68。法里亚斯在未提供依据的情况下指出，海德格尔因病在 2 月中旬离开天主教神学院回家休养，此后又回到弗莱堡，但因为疾病再次发作而最终离开神学院。（参见 Victor Farias, *Heidegger und der Nationalsozialismus*, übersetzt von Klaus Laermann, Frankfurt am Main 1989, S. 59。）谢翰在其研究中引用了法里亚斯的这一讲法，并且添加了新的确定表述，即指出海德格尔在 1911 年 4 月曾短暂地回到弗莱堡，因疾病再次发作而最终离开了天主教神学院，"海德格尔在 1911 年的这个春天、夏天以及秋天的大部分时间都在梅斯基尔希休养"。（参见 Thomas Sheehan, "Heidegger's Lehrjahre", in: *The Collegium Phaenomenologicum*, pp. 77-137, here 95。）（转下页）

从哲学系分出的自然科学—数学系注册。① 但对数学的学习并未影响海德格尔对哲学的学习，毋宁说，海德格尔正是由此才逐渐将学习重心彻底转移到哲学学习上。② 选择在自然科学—数学系注册，一方面是其对数学的一贯兴趣使然，而且受胡塞尔《算术哲学》的影响，海德格尔当时也看到了把数学和哲学结合起来研究的前景 ③，另一方面是因为海德格尔也有较为现实的考虑，即倘若哲学学业果真因为经济困难无以为继，在数学系注册至少还保留了去做中学数学教师的可能性。④ 总而言之，这一选择是海德格尔以哲学为进取方向但又留有退路的一种折中选择。

关于这一"道路决断"，亦即放弃神职前景而倾力于哲学学业，海德格尔此后通过两份个人简历给出了两种原因的解释。

在 1915 年的简历中，海德格尔解释道："在完成本职学习任务之外，我还从事着对哲学疑难问题的深入钻研，三个学期之后，这导致了一场严重的劳累过度。我的心脏病，先前由于过多的体育运动而形成的心脏病，剧烈地发作了，以至于我今后从事神父工作的那一前景在人们眼中变得极为可疑。因此我就在 1911/1912 年的

（接上页）并且按照海德格尔在 1922 年简历中的表述即"我在 1911 年春天走出了神学院，而且放弃了神学学习"（GA 16, S. 41）来看，他指的这个时间点应该是 1911 年 4 月而不是尚处在冬季的 2 月中旬。这也可以解释海德格尔为何会在 1911 年夏季学期注册报名了四门课程但又整个学期都是在家休养。

① GA 16, S. 38.

② 海德格尔："我的哲学兴趣并没有通过数学学习而被减少，相反，因为我不再需要去坚持上哲学的那些指定必修的讲座课，我就能够去听更大规模的哲学的讲座课。"（GA 16, S. 38）另参见海德格尔：《面向思的事情》，第 107 页。

③ 参见 GA 16, S. 38, 42。

④ 参见萨弗兰斯基：《来自德国的大师：海德格尔和他的时代》，第 60—61 页。

冬季学期到自然科学—数学系注册了。"①

　　在 1922 年的简历中，海德格尔则提供了这样的解释："自 1909/1910 年冬季学期以来，我作为神学院的学生在弗莱堡大学攻读天主教神学。在这里我首要地致力于哲学，更确切地说，从一开始，我就根本地致力于从那些源泉（亚里士多德、奥古斯丁、伯纳文图拉、托马斯·阿奎那）而来的哲学。为了超出教科书的哲学而赢获一种问题的理解力，我在当时的教义学教师布莱格的指导下去对洛采和胡塞尔展开了研究。我在神学上的工作集中在《新约》诠释和教父学上。去超出所提供之物而进行观看的那种努力，把我引导到了奥弗贝克（Franz Overbeck）的那些批判性的研究上面，并且根本地使我熟悉了新教教义史的研究。对我变得有决定性意义的是下述事情：衮克尔（Hermann Gunkel）、布塞特（Wilhelm Bousset）、文特兰特（Paul Wendland）以及莱岑斯坦因（Richard Reitzenstein）的那些现代的宗教史研究和施崴策（Albert Schweitzer）的那些批判性工作都来到了我的视野中。**在第一学期中，我的神学—哲学的学习采取了这样一种向度，以至于我在 1911 年春天走出了天主教寄宿学校，并且放弃了神学学习，因为我不能把那种在那时以明确要求而提出的 '反现代主义者誓词'（Mordernisteneid）加诸自身。**由此我就变得一贫如洗了，但我却下定了决心，要去尝试着把自身奉献给科学研究。"②

　　根据我们此前结合拉斯洛夫斯基信件所做的分析可以大致看出，海德格尔的这两种自我解释虽不一致，但并不冲突，而是从两

---

　　①　GA 16, S. 38.
　　②　GA 16, S. 41.

个层面解释了"放弃"的原因。1915 年简历所指出的身体因素只是海德格尔放弃神学学业乃至神父职业的外在诱因，1922 年简历所指出的则是导致这一决断的内在动机。换言之，身体健康因素所导致的神职前景的可疑性并非海德格尔放弃神学学业的充足根据，1922 年简历的解释才交代了一个决定性的根据。

1922 年简历之解释的重要性也在海德格尔的私人通信中得到了确认。与 1915 年简历不同（此简历是海德格尔为提交教授资格论文而撰写的），1922 年简历是海德格尔应邀寄给哥廷根大学哲学系教授米什（Georg Misch）的求职简历。1922 年 6 月，在随同这份简历一道被寄给米什的一封信中，海德格尔指出，这份求职简历超出了对生平日期的单纯记录，而是意在就海德格尔的学业进程和当下的研究与教学向度给出充分的信息，因此这份求职简历就比通常简历阐述了更为深刻的东西，道出了"更多的私人细节"。[①] 更具体地说，这两份简历在原因解释上的差异并不意味着内在之冲突，毋宁说，从以下两方面来看，这两种原因解释都是统一的：

一方面，考虑到 1922 年简历的特殊性（作为求职简历），海德格尔在此不谈 1915 年简历曾经提及的心脏病这一外在因素，情有可原，而且也与他给米什信中的表态相合，即 1922 年简历力求道出更深刻的东西。另一方面，我们也必须考虑到，当海德格尔 1915 年提交教授资格论文时，由于弗莱堡大学哲学院的教会史权威芬克教授

---

① 参见 Theodore Kisiel, Thomas Sheehan (ed.), *Becoming Heidegger. On the Trail of His Early Occasional Writings, 1910–1927*, 2nd edition, Seattle 2010, p. 111. 受益于 T. 基谢尔教授的工作，这封重要信件已经以英译形式先行发表，原信件存于米什档案中，尚未发表。

此前开出的空头支票①（海德格尔在 1911 年告别神学院之后，本已规划了此后的哲学研究路线，且其博士论文就是在洛采之启示下的对逻辑学的研究，但由于芬克的前景允诺，海德格尔才会改变既定路线，转而选择以一部经院哲学研究作为教授资格论文来谋求哲学院中的天主教哲学教席）②，海德格尔自认为他还处在天主教哲学教席竞争者的行列中，所以他在此时提交的简历中，可以用外在因素解释他为何放弃了神职系统中的神父职业（这一点并不影响他对哲学院天主教哲学教席的申请），但却不能提及那个更为重要的内在因

---

① 弗莱堡大学教授海因里希·芬克是天主教教会史权威，担任过弗莱堡大学哲学院院长。他曾经非常看好海德格尔在天主教哲学中的前景，1913 年海德格尔获得哲学博士学位后，芬克就鼓励海德格尔立即撰写天主教哲学史方面的教授资格论文，以便去取得弗莱堡大学哲学院当时空缺下来的天主教哲学教席（Hugo Ott, *Martin Heidegger. Unterwegs zu seiner Biographie*, S. 81）。但是当海德格尔完成教授资格论文后，芬克却改变了主意，撤回了对海德格尔的支持。1915 年 3 月这一苗头就已经出现，此后形势对海德格尔愈发不利，1916 年初海德格尔已经完全不被考虑，最后是外来的盖瑟尔得到芬克的支持接任了教席（参见萨弗兰斯基：《来自德国的大师：海德格尔和他的时代》，第 89 页）。芬克之食言，很可能是由于考虑到海德格尔太过年轻且在天主教学者眼中缺乏作为经院学者的可靠性。

② 在 1916 年 9 月 27 日给未婚妻艾尔弗莉德的信中，海德格尔曾如此评价他即将出版的教授资格论文："诚然我做出了'一些跳跃'，但根本意义上只是返回我自身了。我再度拥有了那一定位，这个定位在我读大学的最初几个学期就曾向我浮现出来——但我当时却压制了它，因为我当时所拥有的一切还太过模糊并且还没有非常敏锐地掌握概念性的手段——并且为了准备好这种概念性的手段，我或许还要费尽心力地花很长时间并且要在伟大的事物面前克制自身。现在，通过你以及我教学活动的最初两个学期，我已经为此找到了勇气。——你肯定会预感到这一点的：我几乎抑制不住地期待着冬季（学期），那时，我将能够如此全然地把自身投入到问题中去。洛采研讨班同时也是为了纪念其百岁诞辰。"（G. Heidegger [Hg.], *Mein liebes Seelchen. Briefe Martin Heideggers an seine Frau Elfride 1915–1970*, München 2005, S. 48.）这里明显可以看出，海德格尔自认他的教授资格论文是对既有研究路线的一种偏离，但这种偏离也仍有其深刻意义，即他由此而"再度拥有了那一定位"。

素，即他对天主教教义的批判性立场以及力求返回到天主教之源始基础中去的努力（否则这必然会影响他对天主教哲学教席的申请）。

这种内在因素就是促使海德格尔 1911 年做出"道路决断"的决定性因素，而且这种因素早就影响着海德格尔，并非仅仅始于 1911 年。事实上，正是因为这种内在因素，年轻的海德格尔在神学院时就不关心天主教的教条理论和形式规范所带来的限制，这表现在，他甚至在弗莱堡天主教神学院中就已研读了路德的著作（当他晚年偶然提及此事时，曾令珀格勒大为震惊 ①），而且海德格尔在天主教神学院第一学期就开始研读并深受其影响的舍尔 ②、奥弗贝克、衮克尔等人都是新教神学家。

而在 1922 年，由于天主教哲学教席竞争的失败特别是由于他 1919 年已公开宣布了与天主教体系的决裂 ③，海德格尔在寄往哥廷

---

① 参见登克尔等编：《海德格尔与其思想的开端》，第 200 页。

② 赫尔曼·舍尔（Hermann Schell, 1850—1906），德国天主教神学家、哲学家。其早期重要作品是《三位一体之上帝的影响》（*Das Wirken des dreieinigen Gottes*），1883 年被图宾根大学接纳为博士论文。舍尔此后的两部宗教改革论著《作为进步之原则的天主教》（*Der Katholicismus als Prinzip des Fortschritts*, 1897）和《新时代与旧信仰》（*Die neue Zeit und der alte Glaube*, 1898）使其国际闻名，但也长期被罗马天主教廷列为禁书。

③ 海德格尔在 1919 年给同事克雷布斯的信中宣布了他与天主教体系的决裂，这一决裂有多重因素，除了 1911 年的"道路决断"之因素，也还有其他一些因素不容忽视，例如：海德格尔长期被迫接受天主教资助所带来的屈辱感（参见萨弗兰斯基：《来自德国的大师：海德格尔和他的时代》，第 66—67 页）、无法忍受天主教"反现代主义者誓词"对学术自由的破坏、妻子艾尔弗莉德是新教教徒（海德格尔与艾尔弗莉德于 1917 年 3 月结婚，妻子的新教教徒身份使得这项婚姻遭受了很大压力，而且他们在 1919 年还面临着是否让其子接受天主教洗礼的迫切问题）、教会史权威芬克教授的食言等等。但就实质而言，1919 年的决裂之宣布并不意味着海德格尔对神学的根本放弃，而只是意味着，海德格尔公开宣布了他对派生性的天主教体系的放弃；我们在后文中会指出，恰恰出于对"哲学—神学之转化机制"的理解，亦即，恰恰由于对一个源始基础（转下页）

根的求职简历中指出那种决定性的、支配着他的"道路决断"的内在因素，已经没有什么忌讳了。就此而论，对于离开神学院的原因，1915 年简历的解释和 1922 年简历的解释是完全可以并存的，二者并不构成冲突，前者解释了现实层面的作为诱因的外在因素，后者则解释了精神层面的支配性的内在动机。

　　较之诱因性的外在因素，这一精神层面的内在动机更值得关注，对它的深入解读不仅可以阐明海德格尔告别天主教体系的深刻动机，更有助于我们解答上节考察工作所提出的第一个问题即"海德格尔为何认为历史性与其思想的神学背景密切相关"。

　　根据 1922 年简历的解释，海德格尔之"道路决断"（告别神学之路走上哲学之路）的内在动机就是两点因素的统一体：其一是海德格尔对神学—哲学的学习所采取的特殊向度，其二是对天主教"反现代主义者誓词"的抗拒。在这两种因素的统一性之阐明中，布莱格对海德格尔的影响乃是关键 ①，因为布莱格的影响既关乎海德格尔对神学—哲学的学习所采取的特殊向度，也关乎海德格尔对天主教"反现代主义者誓词"的抗拒。若不对此进行阐明，我们就

（接上页）的领会，海德格尔始终对源始的天主教/基督教保持着开放。**因此 1919 年的决裂之宣布只是对 1911 年"道路决断"的一个迟到的补充宣布**。参见海德格尔 1919 年给克雷布斯信中的表态："认识论上的洞见（并且这些洞见蔓延到历史认识之理论上去了）使得天主教体系对我成了问题，成了不可接受的东西——但并不是基督教和形而上学（当然指的是一种新的意义上的基督教和形而上学）变得不可接受了。"（登克尔等编：《海德格尔与其思想的开端》，第 69 页）

　　① 德国天主教学者沙伯（J. Schaber）在他的一项令人称赞的研究中也指出：海德格尔与天主教体系之决裂有两个主要原因，一是和罗马教皇的教廷体系的决裂，二是海德格尔在布莱格影响下对神学人类学的看法。参见登克尔等编：《海德格尔与其思想的开端》，第 196—198 页。

无法解释海德格尔在此特意提到的布莱格之指引（指引海德格尔去研究洛采和胡塞尔）意味着什么，也无法解释海德格尔这里提到的他对新教神学的阅读意味着什么，更无法解释他最后提到的对天主教"反现代主义者誓词"的抗拒究竟意味着什么。

总之，为真切理解海德格尔"道路决断"的内在动机，进而由此看清海德格尔对"神学—哲学"之共同源始基础的特别寻求以及他对历史性的独特理解，对布莱格之影响的澄清工作乃是关键。

二、布莱格对海德格尔的向度指引

海德格尔1911年的"道路决断"和1919年追补宣布的"决裂"，实质上是对派生性的天主教神学体系的放弃，同时是对一种历史性的源始基础的领会和趋向，此基础不仅是传统神学的源始基础，也是传统哲学的源始基础，而且正是这一共同的源始基础使得历史性得以被洞见。

海德格尔之所以会尝试寻求哲学和神学的共同源始基础并由此来转化哲学与神学，具有多方面因素。我们此前业已指出的、在海德格尔生命道路上一直贯彻支配着的那种**哲学与神学的张力**是不容忽视的一种重要因素：一个从小就在神学中生长并且从未真正放弃神学的人[①]，一个同时也接受了哲学甚至对哲学产生更强烈渴

---

① 海德格尔与天主教体系的决裂并不意味着他对神学的放弃，而只是对派生性的天主教体系的放弃。参见海德格尔1919年给克雷布斯信中的表态："认识论上的洞见（并且这些洞见蔓延到历史认识之理论上去了）使得天主教体系对我成了问题，成了不可接受的东西——但并不是基督教和形而上学（当然指的是一种新的意义上的基督教和形而上学）变得不可接受了。"（登克尔等编：《海德格尔与其思想的开端》，第69页）

望的人，走向对**神学和哲学之共同基础**的追问，是一个合理的而且可能的走势。但要使这种合理性和可能性真正实现出来，海德格尔还应特别感谢布莱格提供的极为重要的向度指引。

海德格尔在高中时代就在阅读布莱格的《论存在：存在论纲要》(1896)，此书成为他当时思考（受布伦塔诺博士论文所激发的）亚里士多德疑难问题的重要参考文献。① 在入读弗莱堡大学神学院的第一学期(1909/1910 年冬季学期)，海德格尔就得到了布莱格的私下指引，开始研究洛采和胡塞尔的哲学著作。在 1922 年的简历中，海德格尔写道，他通过布莱格之指引而展开的对洛采和胡塞尔的研究，是在神学院第一学期就已采取的、具有深远意义的学习向度。② 海德格尔在 1963 年《我进入现象学之路》中的回顾（海德格尔自述他从第一学期就开始研读胡塞尔的《逻辑研究》）③ 亦可佐证上述说法。而且就此来看，海德格尔在第一学期(1909/1910 年冬季学期)研读的洛采著作很可能是洛采的《逻辑学》。海德格尔《黑皮笔记》(GA 97)中的另一回顾——海德格尔自述他在神学院第三学期(1910/1911 年冬季学期)受到布莱格的指引开始去阅读洛采的《形而上学》④——并不与上述事实冲突。

一言概之，海德格尔自进入神学院以来就在布莱格指引下展开了对洛采和胡塞尔的研究学习，这是布莱格对海德格尔的第一种向度指引，可命名为"**资源向度的指引**"，海德格尔从这一资源中所汲

---

① 参见海德格尔：《面向思的事情》，第 106—107 页。

② 参见 GA 16, S. 41。

③ 参见海德格尔：《面向思的事情》，第 106 页。

④ 参见 GA 97, S. 470。

取的东西，如本章第二节的考察工作业已揭示的那样，对海德格尔
此后的思想道路产生了决定性的影响。

布莱格对海德格尔的指引之功还体现在另一种"**追问向度的指
引**"中。1910—1914年间，海德格尔"对黑格尔和谢林的兴趣日益
增长"①，这一兴趣也受益于布莱格的指引。在海德格尔眼中，"布
莱格是来自图宾根思辨学派传统的最后一人，这一学派通过与黑格
尔和谢林的争辩而赋予了天主教神学以重要地位和开阔远景"②。布
莱格对海德格尔的影响，甚至被海德格尔表述为："对我［1914年］
之后本己的大学教学活动而言，**那种对之有决定性作用并因而无法
言传的东西**，乃源出于两位先生，在此我要特意道出他们的名字，
以示纪念和感谢：一位是系统神学教授卡尔·布莱格……另一位是
艺术史学家威廉·弗戈。这两位教师的每一节讲座课都会从始至
终地激荡着我的那些漫长的学期假，受之影响，在这样的假期中，
在故乡梅斯基尔希的父母家中，我总是持续不断地工作着。"③

海德格尔在1910/1911年冬季学期和1911年夏季学期都正
式上过布莱格的教义学课程，即便在1911年退出神学院之后，海
德格尔在此后数年间仍然坚持去听布莱格的教义学讲座课。④"驱

① 海德格尔：《早期著作》，第70页。
② 海德格尔：《早期著作》，第71页。
③ 海德格尔：《早期著作》，第71页。
④ 海德格尔："四个学期之后，我放弃了神学的学习，完全致力于哲学了。但在
1911年以后的几年里，我仍然听了一门神学讲座课，这就是卡尔·布莱格讲授的教义学
课程。"（海德格尔：《面向思的事情》，第108页）根据学习档案记载，海德格尔听过的布
莱格课程包括1910/1911年冬季学期的《教义学导论（天主教信仰学说）和一般上帝理
论》和1911年夏季学期的《神学宇宙论/创世论（世界的起源、维持、治理）》。（参见登
克尔等编：《海德格尔与其思想的开端》，第4—5页。另参见 Bernhard Casper,（转下页）

使我这样做的原因是我对思辨神学的兴趣，"海德格尔后来解释道，
"尤其是这位教师在每节课中都使之当前化的那种透彻的思想风
格。他允许我陪他做过几次散步，从他那里，我第一次了解到谢林
和黑格尔对于思辨神学（这种神学有别于经院哲学的教义体系）的
重要性。就这样，存在论与思辨神学之间的那种张力便作为形而上
学的构造进入了我探求活动的视野中。"①

　　布莱格在其代表作《论存在：存在论纲要》的开篇处曾如此阐
明他的核心洞见：形而上学既是神学，又是存在论。②高中时代就
将此书作为重要参考文献的海德格尔，不可能不注意到这一核心表
述。而按照上述引文中的回顾，通过神学院期间的私下指导，布莱
格再次向海德格尔指示了存在论与神学的统一性；海德格尔于此明
确承认，正是通过布莱格，"存在论与思辨神学之间的那种张力便
作为形而上学的构造进入了我探求活动的视野中"③。这里已经可以

（接上页）"Martin Heidegger und die theologische Falkultät Freiburg 1909-1925", in:
Freiburger Dioezesan Archiv, Band 100, 1980, S. 534-541, hier 536。）但按照海德格尔
上述回顾，他所听过的布莱格课程显然不限于此（虽然并没有相应的档案记录）。J. 沙伯
通过考证指出，教义学教授布莱格的讲座课常常是以横跨两个学期的周期形式重复讲
授的：冬季学期讲授四课时的《教义学导论（天主教信仰学说）和一般上帝理论》和两课
时的《神学人类学》，夏季学期讲授四课时的《神学宇宙论/创世论（世界的起源、维持、
治理）》和两课时的《罪论和一般宽宥论》。海德格尔听过的布莱格课程，除了上述有明
确记载的两门课程，还有 1911/1912 年冬季学期的《神学人类学》、1912 年夏季学期
的《神学宇宙论/创世论（世界的起源、维持、治理）》和《罪论和一般宽宥论》等三门课程。
（参见 Johannes Schaber, "Der Theologe Martin Heidegger und sein Dogmatikprofessor
Carl Braig", in: *Freiburger Dioezesan Archiv*, Band 125, 2005, S. 329-347, hier 337。）
事实上，海德格尔的"在 1911 年以后的几年里我仍然听了布莱特的一门神学讲座课"
这一措辞也可证明 J. 沙伯的考证结论。
　①　海德格尔：《面向思的事情》，第 108 页。有改动。
　②　Carl Braig, *Vom Sein: Abriß der Ontologie*, Freiburg: Herder, 1896, S. 5.
　③　海德格尔：《面向思的事情》，第 108 页。有改动。

看到海德格尔后来才明确表述的那一重要思想即"形而上学的存在学—神学机制"的苗头。

因此，按照这些回顾，布莱格对海德格尔的影响，除了"资源向度的指引"，还存在着一种"追问向度的指引"，即对神学和存在论之统一性的指引，更具体地说，对天主教神学与德国观念论之调和可能性的指引。这两种指引并非孤立运行，而是潜在统一的，因为布莱格对神学和存在论之统一性或天主教神学与德国观念论之调和可能性的指引并非一种泛泛而论，而是有一种深层的学理根据（正是这一学理根据与"资源向度"指引中的洛采哲学有着莫大关联）。但要阐明这一复杂情形，就需要对布莱格的学术背景和学术立场加以考察。

布莱格出身于"天主教图宾根学派"（die Katholische Tübinger Schule），是该学派最后也是最重要代表人物库恩（Johannes Kuhn）的高足[①]，堪称这一学派传统的最后传人（这也正是海德格尔对布莱格的定位）[②]。

天主教图宾根学派隶属于广义上的基督教神学图宾根学派。广义上的基督教神学图宾根学派长期受新教神学影响，并且从一开始就受到德国古典哲学的深刻影响，从其内部来看又可以分为三个派别：**老图宾根学派**（属新教，18 世纪后半叶由 G. C. 施托尔［G. C. Storr］创立，受康德影响，提倡一种超自然主义神学立场，即虽然承认人对上帝的理性断言是不可能的，但仍然坚持可以把超自然的神启当作神学知识的来源），**新图宾根学派**（属新教，1826 年由 F. C. 博尔［F. C.

---

① 参见登克尔等编：《海德格尔与其思想的开端》，第 185 页。
② 参见海德格尔：《早期著作》，第 71 页。

Baur] 创立, 受黑格尔影响, 提倡一种没有教条假设的历史批判神学, 着力追问《圣经》、教义和教理的历史发展特征), 以及这里要重点考察的**天主教图宾根学派**(1819 年由 J. S. 德雷 [J. S. Drey] 创立)。

天主教图宾根学派的主要思想家包括德雷(1777—1853)、默勒 (J. A. Möhler, 1796—1838)、希舍尔(J. B. Hirscher, 1788—1865)、施陶登迈尔(F. A. Staudenmaier, 1800—1856)、库恩 ① (1806—1887)等。天主教图宾根学派和新图宾根学派虽然立场不同并彼此展开了争辩, 但仍然处于一种切近中: 一是它们在研究方式上有近似之处, 即都对《圣经》、教会史和教义史采取了一种历史的—批判的研究方式; 二是都受到了德国古典哲学尤其是德国观念论的深刻影响。但天主教图宾根学派的决定性的特质在于: 它对德国观念论给予了超乎寻常的重视, 新图宾根学派只是把黑格尔辩证法运用于对《新约》的诠释, 天主教图宾根学派则是试图在整体层面对天主教神学和德国观念论进行调和, 为此它发展了一种新的历史意识, 并且把历史的—批判的认识方法和思辨性的认识方法结合起来了。受黑格尔哲学的激发, 天主教图宾根学派致力于探讨 "神圣启示与人类理性" 的这一对照领域, 力求达到历史神学和思辨神学的统一, 也正因此, 天主教图宾根学派有时也被称作 "图宾根思辨神学学派" 或 "图宾根历史神学学派"。当海德格尔以 "图宾根思辨神学学派" 来称呼它时, 他显然是着眼于上述特质而如此称谓的。②

---

① 布莱格之师库恩虽系晚出, 却被公认为天主教图宾根学派的最重要代表。

② 本段文字的部分表述参考了德文维基百科 "图宾根学派" 词条(https://de.wikipedia.org/wiki/Tuebinger_Schule) 和德国图宾根大学图书馆提供的 "图宾根学派" 文献综述(https://uni-tuebingen.de/einrichtungen/universitaetsbibliothek/ueber-uns/bibliotheksbestand/fachgebiete/christliche-theologie/theologie-in-tuebingen/schulen/#c7119)。

　　由于其所源出的基督教神学图宾根学派长期贯彻着新教传统，并且由于其特立独行的立场（试图调和天主教神学和以德国观念论为代表的现代哲学），天主教图宾根学派显得相当激进，堪称天主教神学学派中的异类，常常被视为天主教"现代主义"在德国的一种代表，它与新教神学的接近程度也迥异于一般的天主教神学。

　　天主教图宾根学派的这一特殊位置也对布莱格的学术生涯产生了明显影响：布莱格对天主教教义学教职的申请，总是因为他的天主教图宾根学派的出身而遭到拒绝和抵制，即便他最终得以入职弗莱堡大学，当地的天主教大主教还对他颇为反感。① 弗莱堡时期的布莱格因其职责之要求，撰写了一些反现代主义的文章，逐渐在公众视野中成为现代主义的激烈反对者和教皇教谕的鉴定捍卫者 ②，但其真正的立足点，从他对亲近学生的私下指示和私下表态来看（参见前引海德格尔的回忆文字），仍是天主教图宾根学派的扎根之处。

　　海德格尔对整个天主教图宾根学派都报以高度尊重，这表现在，他不仅非常推崇布莱格，对该学派的其他几位思想家也非常重视。③ 自从接受和领会了海德格尔 1960 年回信中的指示后（参见

----

　　①　参见登克尔等编：《海德格尔与其思想的开端》，第 185 页。

　　②　参见登克尔等编：《海德格尔与其思想的开端》，第 184 页。

　　③　默勒的神学人类学著作《信理神学》和施陶登迈尔的黑格尔论著《对黑格尔体系的阐述与批判》都受到海德格尔的高度重视（参见登克尔等编：《海德格尔与其思想的开端》，第 197—198、206 页）。按沙伯的研究，布莱格在弗莱堡周期性讲授的教义学课程所贯彻的就是默勒和库恩的问题机制，即默勒的"信理神学（神学人类学）"和库恩的"天主教教义学"和"一般宽宥论"。（参见 Johannes Schaber, "Der Theologe Martin Heidegger und sein Dogmatikprofessor Carl Braig", in: *Freiburger Dioezesan Archiv*, Band 125, 2005, S. 329–347, hier 337。）

本章第一节），珀格勒就在其此后的研究中反复强调指出天主教图宾根学派对于海德格尔思想的重要性。例如，在 1963 年首版的《海德格尔思想之路》中，珀格勒在西方学界首次指出了天主教图宾根学派对海德格尔思想的重要影响："海德格尔教授资格论文的结论指向了黑格尔：'那活生生之精神的、积极行动之热爱的、崇敬着的神之热忱的哲学（它的那些最普遍的基准点只能得到暗示），特别是一种受它的基本倾向之引导的范畴理论，伫立在一种原则性争辩的伟大任务面前了，而其所要与之争辩的，乃是在幅度、深度、体验之丰富性以及概念塑形上都至为强大的一种历史性的世界观体系（这一体系把此前所有基本的哲学问题主旨都扬弃于自身中了），也就是说，要同黑格尔展开一场原则性的争辩。'年轻的海德格尔走向黑格尔，并不是从当时兴起的新黑格尔主义及其方法论—认识论的问题提法出发的，而毋宁是从图宾根天主教神学学派（默勒、库恩、施陶登迈尔）的思辨神学出发的。"[1] 在 2009 年出版的专著《哲学与解释学神学》中，珀格勒再次指出："海德格尔事实上是把他早期通向黑格尔的道路与图宾根天主教神学学派结连起来了。在这个问题上，他所与之关联的不只是布莱格。1964 年他访问波恩的'黑格尔档案馆'时，他询问了施陶登迈尔的论著《对黑格尔体系的阐述与批判》（1844）。当我们费劲找到此书并将其摆放到他面前时，他显得极为重视这份档案。"[2]

　　类似的表述也出现在珀格勒 2004 年发表的论文《海德格尔在

---

[1]　参见 Otto Pöggeler, *Der Denkweg Martin Heideggers*, S. 23。

[2]　Otto Pöggeler, *Philosophie und hermeneutische Theologie: Heidegger, Bultmann und die Folgen*, München 2009, S. 62.

弗莱堡神学院的路德阅读》中："在出版其教授资格论文时，海德格尔附加了一节'结论'，此'结论'要求一种'活生生之精神的、积极行动之热爱的、崇敬着的神之热忱的哲学'去展开与黑格尔的争辩。以亚里士多德开始的东西，应在黑格尔的那种结合（把体系与历史结合起来）中得以完成。[海德格尔]通向黑格尔的通道是通过图宾根天主教神学学派而运行的。海德格尔也特别看重弗兰茨·安通·施陶登迈尔于1844年出版的《对黑格尔体系的阐述与批判》。（当海德格尔有一次造访波恩的'黑格尔档案馆'时，他立即就询问了这本书。）施陶登迈尔求学于图宾根，执教于吉森，后来到弗莱堡执教。他在1840年就已经发表了一篇论文，名为《基督教之哲学或〈圣经〉（作为关于神圣理念及其在自然、精神、历史中的发展的学说）之形而上学》。这篇论文在《旧约》的《智慧书》中、在《新约》中尤其是在《约翰福音》中发现了一种内含的哲学，正是这种哲学使得天启成为可理解的。在海德格尔弗莱堡—策林根家中的门楣上还镌刻着来自《圣经》所罗门箴言中的一句话：'要倾尽全力照护你的心，因为生命由之而出。'[①]海德格尔绝对是有导师的（这些导师的工作使得海德格尔能够在走其本己的道路时依赖于它们），除了19世纪的施陶登迈尔，也许还有卡尔·布莱格，而且海德格尔本人就可以听布莱格的课。"[②]

　　然而布莱格以及其身后的天主教图宾根学派究竟向海德格尔

---

　　①　和合本《圣经》译作："你要保守你心，胜过保守一切，因为一生的果效是由心发出。"（《箴言》4章23节）——引按

　　②　登克尔等编：《海德格尔与其思想的开端》，第206—207页。引文据德文版有改动。

指引了什么？珀格勒所谓的"通向黑格尔的通道"又意味着什么？珀格勒并未对这些问题展开进一步的探讨，但这些问题显然必须得到更深入的解答。

在1960年通信中，海德格尔为珀格勒提供了一个具有深远意义的向度指示，即应从海德格尔的神学背景出发去追问海德格尔的"历史性"问题之起源。当珀格勒在此后研究中紧扣天主教图宾根学派并由此指出海德格尔通向黑格尔哲学（实即"历史性"问题）的源始通道，他的确抓住了关键，逼近了事情的核心地带。但珀格勒还缺乏对此的进一步阐明，其解答从整体来看仍然过于简略。这主要是因为，珀格勒对布莱格之影响还缺乏深究（关于这一点，从珀格勒的多种相关研究以及上述引文中的"也许还有卡尔·布莱格"这句话都可见其证明）。而从海德格尔自己的回顾以及多种互证文献来看，一个非常明晰的事实是，海德格尔并非是受到天主教图宾根学派的吸引而去关注布莱格，而是受布莱格的吸引而去关注其身后的天主教图宾根学派。这意味着，海德格尔通过天主教图宾根学派而找到通向黑格尔的道路，这乃是海德格尔所受布莱格之影响的一种效果，而非其原因。我们的研究焦点因而应在于，海德格尔所受布莱格之影响（指引）究竟意味着什么，海德格尔从中领会和把握住了什么，以至于他能够通过天主教图宾根学派而找到通向黑格尔（实即"历史性"）的道路。

考虑到海德格尔自己的明确交代——布莱格的指引**同时**是两种向度上的指引，即资源向度上的指引（指引海德格尔去展开对洛采和胡塞尔的研究学习）和追问向度上的指引（指引海德格尔去关注天主教图宾根学派的致力方向，即对神学与存在论之统一性的沉思，更具体地说，对天主教神学与德国观念论的调和可能性的沉思）——那么要从根本上阐明布莱格对海德格尔之指引的意义，关键就在于弄清这两种向度指引之间的关系是怎样的，为此就需要阐明洛采（作为资源向度的关键思想家）与布莱格（以及他身后的天主教图宾根学派）的思想关联。

在美国学者卡普陀（J. D. Caputo）看来，天主教图宾根学派对天主教神学（经院哲学）和德国观念论的调和，是对超验的有神论与内在论（泛神论）的调和，这种调和的目标在于克服双方的片面性而达成一种根本的揭示，即上帝如何既是内在的又是超验的，如何既是造物主又内在于其造物中。[①] 这一分析虽然还未完全到位，但已经有助于我们的考察，因为从近代哲学史来看，在同样向度做出卓绝思考的关键思想家就是洛采。

德国哲学家屈尔佩[②]曾对洛采哲学做出了这样的总结：洛采哲学的核心意旨是关联问题，因此洛采和斯宾诺莎虽然看上去都是一元论者，但区别甚大，较之斯宾诺莎，洛采以有所转化的方式统合了多元论和一元论，在此意义上他的立场更接近于莱布尼茨而非斯宾诺莎，甚至考虑到莱布尼茨仍是一个坚定的多元论者、决定论者和理智论者，洛采的方案更显示出其独特性，"洛采通过下述方式把一元论和多元论统一起来，即他召来了一种包含一切的实体（Substanz），以解释在这个实体之下的独立的个别存在者之间的交

---

① 参见 John D. Caputo, *Heidegger and Aquinas: An Essay on Overcoming Metaphysics*, Fordham University Press, 1982, p. 47。

② 屈尔佩深受洛采哲学影响，并且屈尔佩的"批判实在论"思想也对海德格尔思想产生了重要影响，参见本书后文。

互作用"，换言之，洛采以一种特有的"关联思想"做到了对一元论和多元论的统一，"洛采把存在概念定义为处于诸关联中，或者是，能够作用和能够忍受的能力。但诸关联只有在一种统一性的前提下才显现为是可思的，正是这种统一性统合了一切存在者。因此洛采就把个别物看作是绝对者或实体的变式"。①

洛采哲学的基本立场可概括为：基于有效性思想来思考"关联为本"之前提下的一元论与多元论的统一，换言之，在"关联为本"的前提下并且为了"关联为本"②，普遍者应在具体的特殊之物中得到理解。也就是说，普遍者（整体原则）应在它先行予以奠基的特殊事物中得到奠基，由此真正成就一种与派生关联有别的本源关联。若我们把视野放得足够深远，可以看出，洛采的这一思想实质上乃是传统的（始于赫拉克利特、阿那克萨戈拉、亚里士多德并历经阿奎那与司各脱直至莱布尼茨的）"个体化原则"之思的复兴，更确切地说，是对它的转化与深化，也正因此，洛采时代的许多学者都认为洛采哲学与莱布尼茨哲学极为接近。

洛采的这种"个体化原则"思想对布莱格影响至为深远。布莱格因而处在一个特殊的位置上，一方面，布莱格的神学思想植根于天主教图宾根学派，具有这一学派所固有的对天主教神学和德国观念论予以"调和"的诉求；另一方面，布莱格虽然是教义学者，但却具有与其身份"不相称的思辨禀赋"，在哲学上深受洛采和莱布尼

---

① 参见 Oswald Külpe, *Einleitung in die Philosophie*, 2. Aufl., Leipzig 1898, S. 113, 120, 135。

② 关于洛采"关联为本"的思想，参见本书第一章第二节的阐释。

茨的影响 ①，甚至可以说受到了洛采的决定性影响（例如丹尼尔·埃施［Daniel Esch］在其布莱格研究专著中就将洛采称作布莱格哲学的"保证人"）②。但布莱格的特别之处又在于，诚如 M. 格洛斯纳（M. Glossner）所指出的那样，布莱格不会让他思想中的不同种类的影响要素仅仅构成一种外在的结合 ③，而毋宁是要使之有机地、内在地结合。对于我们所追踪的主题而言，正是这两方面的合力使得布莱格看到了一种可能性，即依据于洛采哲学切实推进和深化上述"调和"工作的可能性。

在目前可见的诸多文本中，布莱格都表现出他对洛采的高度推崇，例如在 1883 年的一篇名为《赫尔曼·洛采》的论文中，布莱格指出："在近来的哲学家中，没有人比赫尔曼·洛采更普遍和更频繁地被诸多权威专家本人所提及，而这是合理的。" ④ 在1884年的演

---

① 参见 M. Glossner, "Die Tübinger katholisch-theologische Schule vom spekulativen Standpunkt kritisch beleuchtet", in: *Jahrbuch für Philosophie und spekulative Theologie*, Bd. 17, 1903, S. 2–42, hier 4。

② Daniel Esch, *Apostolat der Dialektik: Leben und Werk des Freiburger Theologen und Philosophen Carl Braig (1853–1923)*, S. 249. 对二人思想关联的讨论另可参见 M. Glossner, "Die Tübinger katholisch-theologische Schule vom spekulativen Standpunkt kritisch beleuchtet", in: *Jahrbuch für Philosophie und spekulative Theologie*, Bd. 17, 1903, S. 2–42, 以及 Elmar Fastenrath, "Christologie im Zeitalter des Modernismus: die Analyse der Problematik in den Schriften des Freiburger Dogmatikers Carl Braig", in: *Münchener theologische Zeitschrift*, Bd. 34, Heft 2, 1983, S. 81–117。

③ 参见 M. Glossner, "Die Tübinger katholisch-theologische Schule vom spekulativen Standpunkt kritisch beleuchtet", in: *Jahrbuch für Philosophie und spekulative Theologie*, Bd. 17, 1903, S. 2–42, hier 4；另参见 Daniel Esch, *Apostolat der Dialektik: Leben und Werk des Freiburger Theologen und Philosophen Carl Braig (1853–1923)*, S. 245。

④ Carl Braig, "Hermann Lotze", in: *Literarische Rundschau für das katholische Deutschland*, Jahrgang 9, Heft 23 (1883), S. 703–708, hier 703.

讲《论洛采的哲学体系》中，布莱格写道："在［洛采的］这样一种观念中可以找到一种深刻的意义，此观念即：只有实际着的东西是实际的；在死的东西、空洞的东西和一般东西中根本就没有任何东西实存；就连物质也只有按照与精神东西的类比才是可思的。"[①] 对布莱格而言，洛采的这一观念意味着，自我乃是原型，依照这个原型，一切存在者才得到思考并且可以被思考。[②] 在同年发表的论文《现代哲学之学习对我们有何价值?》中，布莱格再次表述了他对洛采哲学的基本判断：他视洛采为"最深思熟虑的现代哲学家之一"，并且赞同洛采的这一观点，即"没有理念性意义的东西，并不实存，因为没有东西只是为了去是一种僵硬的、无理念的法则的例子而现成存在着"。[③] 布莱格对洛采哲学的这一理解，在他十五年后出版的专著《论存在：存在论纲要》(1896)中得到了重申并被其转用为本己立场的表态："存在之根据并不能够在可感的存在者中找到，但它却是通过可感的存在者而显现，穿透它们并使之得以可能。"[④]

　　由于看到洛采的个体化原则之思与施莱尔马赫的个体化原则

① Carl Braig, "Das philosophische System von Lotze", in: *Jahresbericht der Sektion für Philosophie der Görresgesellschaft für 1884*, Freiburg 1885, S. 23–40, hier 34. 转引自 M. Glossner, "Die Tübinger katholisch-theologische Schule vom spekulativen Standpunkt kritisch beleuchtet", in: *Jahrbuch für Philosophie und spekulative Theologie*, Bd. 17, 1903, S. 2–42, hier 18–19。

② M. Glossner, "Die Tübinger katholisch-theologische Schule vom spekulativen Standpunkt kritisch beleuchtet", in: *Jahrbuch für Philosophie und spekulative Theologie*, Bd. 17, 1903, S. 2–42, hier 19.

③ Carl Braig, "Welchen Werth hat für uns das Studium der neueren Philosophie?", in: *Studien und Mitteilungen aus dem Benediktiner- und dem Zisterzienserorden*, Band 5, Heft 3, 1884, S. 149–162, hier 153.

④ Carl Braig, *Vom Sein: Abriß der Ontologie*, S. 5.

之思的共振（以及后者对于黑格尔哲学的重要影响），布莱格洞见到了洛采哲学对德国观念论尤其是对黑格尔哲学的深刻传承。考虑到时代背景，这一洞见是颇具穿透力的，因为洛采哲学自兴起以来就长期被人们视为"反黑格尔主义"的代表性思想。

另一方面，布莱格也看到了洛采哲学与经院哲学的"那些最深刻观念"的相似性 ①，同时也发见了洛采本人的宗教哲学与存在论的同构性（布莱格认为，洛采的宗教哲学受到施莱尔马赫的以人之经验为主的神学的影响，同样深思了个体精神在与上帝之关联中的根本作用 ②，洛采基于美感来证明神性的那种做法遂被布莱格转借用来证明人格上帝的存在 ③）。

对布莱格而言，洛采思想因而就给出了这样一种可能性，即可以据之来实行对天主教神学与德国观念论的一种更为深刻的调和，

---

① 参见 M. Glossner, "Die Tübinger katholisch-theologische Schule vom spekulativen Standpunkt kritisch beleuchtet", in: *Jahrbuch für Philosophie und spekulative Theologie*, Bd. 17, 1903, S. 2-42, hier 20。

② 参见 Elmar Fastenrath, "Christologie im Zeitalter des Modernismus: die Analyse der Problematik in den Schriften des Freiburger Dogmatikers Carl Braig", in: *Münchener theologische Zeitschrift*, Bd. 34, Heft 2, 1983, S. 81-117, hier 89。当代学者马丁·弗里茨（Martin Fritz）同样指出了洛采与施莱尔马赫的思想关联，参见 Martin Fritz, "Realisierung des eigenen Selbst. Schleiermachers Ethik der Individualität und ihre Rezeption bei Lotze, Dilthey und Hermann", in: *Reformation und Moderne: Pluralität-Subjektivität-Kritik. Akten des Internationalen Kongresses der Schleiermacher-Gesellschaft in Halle (Saale)*, März 2017。伍德沃德（Woodward）在其研究中则认为洛采哲学虽与施莱尔马赫哲学有相似性，但却并非是受到后者的影响才形成自己立场的。参见 W. R. Woodward, *Hermann Lotze: An Intellectual Biography*, Cambridge University Press, 2015, pp. 195-196。

③ 参见 Carl Braig. "Rezension zu Hermann Lotze: Grundzüge der Ästhetik", in: *Literarische Rundschau*, Band 11, 1885, S. 172-173。

或者说，可以据之来探究神学与存在论的共同的源始基础。① 而且这种探究的践行路径或者说方法原则就是洛采哲学所秉持的"个体化原则"之思：整体原则需要通过（它已先行为之奠基的）个体的实现之路来实现整体原则的充分本性，而且个体的实现之路就显示为个体对整体原则的奠基。

布莱格在洛采思想中看到的可能性，遂是这样一条道路的可能性：这条道路通过对"个体化原则"的深思与转化，将得以探究神学与存在论之"共同源始基础"。且无论布莱格本人是否实现了这种可能性，下述事实都是无可否认的：当布莱格向青年海德格尔给出了两种内在统一的向度之指引（I. 指引海德格尔去研究洛采和胡塞尔；II. 指引海德格尔去追问神学与存在论的统一性之可能），他就是在指示这条道路的可能性。而且从海德格尔思想的实际开端进程和海德格尔事后对布莱格之双重指引的明确承认来看，这种可能性已在海德格尔这里以某种方式实现：海德格尔辨识出和领会了洛采哲学的关键意义（洛采通过其"有效性"之思［存在之区分／存在之关联］而完成的对"个体化原则"的重新沉思，实际指向了"人与存在之关联"的基础问题），由此深入两种指引的核心要素并进行创造性的转化，形成了一个对海德格尔思想道路具有决定性意义的问题模式——基于对存在者与存在之区分的洞见，并且从人与存在之关联的要求而来，由人对存在论（研究存在者之存在的最一

---

① 当我们在海德格尔的教授资格论文中看到洛采哲学的基本立场与司各脱哲学的标志性理论（个性学说）的内在关联，当我们看到海德格尔的教授资格论文是如何以洛采哲学和司各脱哲学的对照为着力点的，我们就不难看清布莱格对海德格尔之指引的深远意义。

般的存在者理论）和神学（研究存在者之存在的最高的存在者理论）
进行解构性奠基，使存在论和神学所蕴含的存在问题降解到其源
始基础中去，使存在真正作为存在，由此使得人与存在的关联得到
成全。

这个源始基础就是"人与存在之关联"，它是海德格尔所理解
的天主教神学与德国观念论的共同源始基础，亦是神学与哲学（存
在论）的共同源始基础。一言概之，当海德格尔通过布莱格之指引
而在洛采哲学那里看到了以"人与存在之关联"为实质含义的"基
础问题"，他已经同时看到了天主教图宾根学派之"调和"诉求的真
正指向，即神学与哲学（存在论）的共同源始基础。

正是对这一源始基础的洞见，才使得海德格尔并不自限于天主
教神学与新教神学乃至哲学思辨的形式差异（他在弗莱堡天主教神
学院从一开始就在研读路德以及其他新教神学家的著作，这种离经
叛道之举非同小可，以至于珀格勒在 20 世纪 60 年代听闻此事时仍
深感不可思议）①。从布莱格的双重向度指引而来，通过对洛采之资
源的汲取转化，并且借助于天主教图宾根学派而通达黑格尔哲学之
深意，海德格尔很早就看到了对传统神学和传统哲学予以转化的必
要性及其深远意义，即应通过一种奠基活动使得传统神学和传统哲
学从不当的高位降解，复归于原本的"本源关联"，即复归于共同
的源始基础，进而从这种源始基础的本性而来形成"历史性"之洞
见，并从这种源始基础的共通性而来形成一种"历史性切近"之洞
见（参见本书第三章）。这种为了复归于源始基础的奠基活动，海德

---

① 参见登克尔等编：《海德格尔与其思想的开端》，第 200、210—211 页。

格尔将其命名为"解构"（Destruktion）[①]，这一术语的选择可能受到了路德的影响[②]（但术语之来源并非判定某种思想之来源的决定性根据[③]，尤其考虑到路德对哲学尤其是亚里士多德哲学的激烈批评。

[①] 参见伽达默尔对海德格尔语境中的"解构"一词的解释："解构（Destruktion）对于［海德格尔］那些年的德语语感而言并不意味着摧毁（Zerstörung），而是意味着对叠加之层面的拆解，以便人们可以从统治性的术语学那里返回到源始的思想经验中去。但这些源始的思想经验只有在被实际说出的语言中才能遇到，其他任何地方都找不到。海德格尔因而看到自己被回引到开端和希腊语中去了，希腊语通过古典时期的拉丁语、基督教中世纪的拉丁语以及作为现代思想之塑形的在理性语言中继续存在的拉丁语而一直继续生效着。因此就应该回溯到源始的思想经验中去，正如海德格尔试图在希腊哲学中辨识出它们来一样。面对着一切对本己的概念上的可把握性的要求，海德格尔那时特别喜欢使用'形式显示'这个表达。由此他追随着克尔凯郭尔的那一自我理解，即要去是一个没有权威的宗教性的作家。当后期海德格尔说着尼采的语言或荷尔德林的语言时，人们也应在这种标志下来阅读后期海德格尔。否则人们就会沉陷在存在之神秘学中了。"（Hans-Georg Gadamer, *Hermeneutik im Rückblick*, GW 10, Tübingen 1995, S. 57.）

[②] 本亚明·D. 克洛维（Benjamin D. Crowe）在其研究中认为，Destruktion 是拉丁文 destructio 的德文表达，马丁·路德在其早期著作中非常频繁地使用了 destructio，正是受路德的影响，海德格尔才将这个拉丁文词语转化为德文表达 Destruktion，并用此德文表达来命名他的关键之思。克洛维指出，在路德那里，destructio 有两种内在关联的含义，一是神学含义，此时它意味着上帝之异化作品（opus alienum）的合理化，即对人性之堕落的清除；二是方法论含义，此时它代表着路德所认为的从事神学的正确方式，而路德所反对的错误方式就是亚里士多德主义经院哲学和天主教教会的过于强调人类理智的做法，因为它们只会愈发助长人的朝向虚荣自负和假仁假义的自然倾向。参见 Benjamin D. Crowe, *Heidegger's Religious Origins: Destruction and Authenticity*, Indiana University Press, 2006, pp. 2, 7–8, 45, 48, 249。另参见 *Encyclopedia of Martin Luther and the Reformation*, Vol. 2, edited by Mark A. Lamport, Rowman & Littlefield, 2017, pp. 628–629。另参见 Santiago Zabala, *The Remains of Being. Hermeneutic Ontology After Metaphysics*, Columbia University Press, 2009, p. 26。此外应指出的是，某些研究者如本亚明·D. 克洛维和克里斯托弗·C. 齐托（Christopher C. Zito）认为海德格尔通过对路德措辞"destructio"的德文转写而首次使用了"Destruktion"一词，这一说法并不准确，因为洛采在其《医学心理学》（*Medizinische Psychologie*）一书中就已经使用了"Destruktion"一词（参见该书第 475 节）。

[③] 正如海德格尔的"形式显示"一词是对克尔凯郭尔"间接沟通"之措辞的化用，但这种思想本身却另有起源。

毋宁说，从术语所指称的思想之义理来看，海德格尔的"解构/解构性奠基"之思更接近于洛采的"个体化原则"之思，无论是从对"源始基础"［人与存在之关联］的凸显还是对个体之奠基的强调以及对神学/哲学之共同基础的探问来看，莫不如此）。仅从 Destruktion 的字面来看，海德格尔选用此词很可能是考虑到其字面含义的思辨性——拆解性的建构和建构性的拆解——它恰好足以命名海德格尔的这一思想的实质内容。着眼于其整个幅度的实质含义，此术语亦可称作"解构性奠基"。这种"解构性奠基"之思脱胎于传统的尤其是洛采的"个体化原则"之思，但也做了重要转化；正是在为此进行的探寻式的转化历程中，海德格尔以一种取其深意的内在而又超然的姿态汲取了多方面的甚至彼此冲突的思想资源，"在我的探寻活动中，陪伴者是青年路德，榜样却是青年路德所憎恨的亚里士多德。克尔凯郭尔给予了推动，胡塞尔则使我具备眼光"[1]（这也佐证了海德格尔在《黑皮笔记》中对洛采著作的定位，即洛采《形而上学》和布伦塔诺博士论文乃是指引海德格尔"通向伟大作品的第一路标"[2]），以至于"解构/解构性奠基"之思最终可以被视为海德格尔特有意义上的"个体化原则"之思。

关于这种"解构"之思，虽然海德格尔以明确术语形态来使用它是始于1919/1920年的讲座《现象学基础问题》[3] 和 1919/1921年

---

① 　GA 63, S. 5. 中译本参见海德格尔：《存在论（实际性的解释学）》，何卫平译，北京：商务印书馆，2016 年，第5—6 页。

② 　GA 97, S. 469-470.

③ 　参见 GA 58, S. 139, 150, 153, 162, 164, 240, 248, 255, 257。相关研究参见 Benjamin. D. Crowe, *Heidegger's Religious Origins: Destruction and Authenticity*, p. 232。

的书评文章《评雅斯贝尔斯〈世界观的心理学〉》[①]，但绝不应因此认为海德格尔只是在那时才产生了该思想（关于这一点，可作参照的是"存在论差异"思想）[②]。我们毋宁应看出的是，海德格尔对"解构性奠基"的实质性思考开端极早。不仅海德格尔自己对此有明确交代（在 1927 年给弟子洛维特的信中，海德格尔自述他的解构性奠基之思在 1910 年代初期就已开端，参见后文）[③]，而且伽达默尔在其晚年的一篇文章中也合理地指出，我们不能局限在早期海德格尔文本的表面形态，而必须看出其早期思想尝试中的更为深邃的根本主题，年轻的海德格尔在其思想尝试中就已经看到自己被摆置到其终生任务面前了，但面临着这一"终生任务"，"海德格尔本身是如何能够着手展开工作的呢？海德格尔的回答是：'解构'"[④]。换言之，在伽达默尔看来，海德格尔的"解构/解构性奠基"之思乃是海德格尔执行其思想之终生任务的根本路径，绝不应低估它的兴起时机和根本意义。圣地亚哥·萨瓦拉（Santiago Zabala）在其研究中亦指出："我坚信，'解构'这个术语处于海德格尔哲学的核心处，他所有的思想都应被理解为对形而上学的一种解构，因为正是通过这种解构，海德格尔才发现，'存在被时间规定为当前显现/在场了'。"[⑤]

---

① 参见海德格尔：《路标》，第 6、7、9、40 页。其中第 40 页的论述尤其阐明了海德格尔语境中的"解构"之意味：从传统的"个体化原则"思想中转化而来的"解构性奠基"之思。

② 海德格尔在 1927 年夏季学期讲座《现象学基础问题》中首次正式论述了"存在论差异"，但若有人据此认为海德格尔只是在那时才形成了对存在与存在者之区分的思考，则明显违背实情。

③ Martin Heidegger/Karl Löwith, *Briefwechsel 1919–1973*, S. 150–151.

④ Hans-Georg Gadamer, *Hermeneutik im Rückblick*, GW 10, S. 57.

⑤ Santiago Zabala, *The Remains of Being. Hermeneutic Ontology After Metaphysics*, Columbia University Press, 2009, p. 26.

"解构/解构性奠基"之思标志着海德格尔形成了其极具特色的对神学与哲学之转化机制的理解。反过来说,这一转化机制的实质意味就是"解构性奠基",而且唯有实行这种解构性奠基的个体化的"实际生命"才是历史性的。这是海德格尔从布莱格之指引而来并通过洛采哲学而努力求得的根本洞见。也正是这种思想和洞见深刻地规定着海德格尔此后的"此在之实际性的解释学""此在的存在论"乃至整个"存在与时间"的道路。

三、转化机制的实质意味:解构性奠基与历史性

布莱格重视对神学和哲学之统一可能性的追问,同时也坚信"历史"对于神学和哲学具有特别重要的意义,因为人们可以从它们的"成绩和错误中学到很多"[1],而且"伟大思想者的错误,较之真理命题的呆滞重复,常常是一所更卓越的学校"[2]。与珀格勒的洞见("海德格尔通向黑格尔的通道是通过图宾根天主教神学学派而运行的"[3])相类似,德国天主教学者沙伯也在其研究中指出:"通过布莱格,海德格尔获得了一条通达哲学与神学的历史和历史性的崭新路径,他随后又在李凯尔特和海因里希·芬克那里深化了这一通道。以至于他必得让他此前'由于对数学的偏爱而滋生出的对历史

---

[1]　Carl Braig, "Welchen Werth hat für uns das Studium der neueren Philosophie?", in: *Studien und Mitteilungen aus dem Benediktiner- und dem Zisterzienserorden*, Band 5, Heft 3, 1884, S. 149–162, hier 150.

[2]　Carl Braig, "Welchen Werth hat für uns das Studium der neueren Philosophie?", in: *Studien und Mitteilungen aus dem Benediktiner- und dem Zisterzienserorden*, Band 5, Heft 3, 1884, S. 149–162, hier 160.

[3]　登克尔等编:《海德格尔与其思想的开端》,第 206 页。引文据德文版有改动。

的反感被彻底摧毁掉'。"[①] 但布莱格的这种指引之功究竟是怎么运作和生效的，沙伯并未彻底予以澄清。[②] 我们的上述考察可视为对沙伯之论断的进一步论证，即通过深入分析布莱格的双重指引而具体阐明这一实情。这一阐明工作同时已经可以初步解释海德格尔在 1960 年对珀格勒问题之回复[③] 的依据所在。

海德格尔受布莱格的双重指引而形成的这个问题模式，着眼于洛采哲学在其中的关键意义（在"关联为本"之前提下的一元论与多元论之统一），也可以被称为"海德格尔的洛采问题模式"，其中包含着海德格尔从"个体化原则"而来对"存在之区分"和"存在之关联"的综合洞见，凝练着海德格尔对"神学—哲学"的转化机制。这个问题模式很快就被海德格尔运用于他对神学和哲学的研究中（他与天主教体系的决裂只是这种运用所导致的诸多效果中的一个效果），海德格尔对历史性的洞见乃至"存在与时间"的道路都归属于这个问题模式的影响域。

但海德格尔对这个问题模式的理解绝非一蹴而就，而是经历了逐渐深化的历程：为理解和深化这一问题模式，海德格尔向多种思想资源进行汲取（"在我的探寻活动中，陪伴者是青年路德，榜样则是为青年路德所憎恨的亚里士多德。克尔凯郭尔给予了推动，胡塞

---

① 沙伯：《19 世纪和 20 世纪初神学史和教会史中所反映出的马丁·海德格尔的"本源"》，载于登克尔等编：《海德格尔与其思想的开端》，第 186 页。据德文版有改动。

② 沙伯围绕此主题的另一研究，参见 Johannes Schaber, "Der Theologe Martin Heidegger und sein Dogmatikprofessor Carl Braig", in: *Freiburger Dioezesan Archiv*, Band 125, 2005, S. 329–347。

③ 珀格勒的问题是：能否以及如何在整体上适宜地呈现海德格尔思想之路？海德格尔的回复则意味着：通过把"基础问题"与"历史性"有机地结合起来，才有可能做到这一点，而且历史性应从海德格尔思想的神学背景和神学立场来进行解读。

尔则使我具备眼光”①），尤其是向那些同处在洛采影响域中的哲学
家（如胡塞尔、狄尔泰、拉斯克、屈尔佩、李凯尔特、舍勒等）和神
学家（如布莱格、舍尔、奥弗贝克等）学习。在这种学习过程中，洛
采哲学中的“个体性／个体化原则”问题——海德格尔在教授资格
论文对邓·司各脱的研究中也发现了它在经院哲学乃至亚里士多
德哲学中的渊源②——逐渐被转变为“实际性”问题③，进而通向了

---

　　①　GA 63, S. 5. 中译本参见海德格尔：《存在论（实际性的解释学）》，第5—6页。

　　②　海德格尔后来又在莱布尼茨的“单子论”和“个体化原则”中发现了其在近代
哲学中的渊源。

　　③　海德格尔自己曾解释道：“实际性（Faktizität）用以标志‘我们的’‘本己的’
此在的存在特征。更确切地说，这个术语意味着，当时各自地这一如此存在（jeweilig
dieses Dasein）（当时各自性［Jeweiligkeit］之现象；参见逗留［Verweilen］，不离开
［nichtweglaufen］，如此寓于，如此存在），只要它合乎存在地在其存在特征中‘如此’
存在。合乎存在地如此存在，意味着，不是且绝不首要地是直观和直观性规定的对象和
对对象之单纯认识的对象，毋宁说，它意味着，此在在其自身中如此存在于其最本己的
存在之如何／方式（Wie）中。存在之如何／方式开启并界定了当时各自地可能的‘此’。
存在——及物地：是实际的生命！存在本身绝不是一种拥有的可能对象，只要它取决于
它自身即存在。此在作为向来本己的东西并不意味着对外在地被看到的个别东西的孤
立的相对化，因而并不意味着是对个体（单独自我）的孤立的相对化，毋宁说，‘本己性’
（Eigenheit）乃是存在的一种如何／方式（Wie），是可能之觉醒（Wachsein）的道路的显示。
但不是在一种孤立化的对设意义上的一种区域化的界定。‘实际的’（faktisch）因而意
味着这样一种东西，它依据于如此存在着的存在特征从其自身而来被明确表达并如此
这般地‘存在’。倘若人们把‘生命’当作‘存在’的一种方式（Weise），则‘实际生命’
就意味着：我们本己的此在乃是在其存在特征的某种合乎存在的可表达性中的‘此’。”
（GA 63, S. 7.）**由此明显可见，海德格尔语境中的“实际性”概念实乃“解构性奠基”问
题或海德格尔意义上的“个体化原则”问题。**另可参见学者们的相关研究：“海德格尔
在谈论‘实际性’（Faktizität）时，所用到的这个概念是自19世纪以来哲学话语中频繁
使用的一个术语，尤其是在新康德主义的语境中作为‘逻辑性’（Logizität）的对立概念
被使用：相对于纯逻辑性的普遍和超时间的逻辑性，实际性意味着偶然的、个体的、实
事的、具体的，它们同时又是一次性的、不可重复的，是历史地被确定了的。”（登克尔
等编：《海德格尔与其思想的开端》，第357页）

海德格尔式的"此在"问题,亦即"此在之实际性的解释学"①,最终构成了《存在与时间》的决定性的方案:"此在的存在论"。

对于这个具有决定性意义的问题模式②,海德格尔本人曾做过多次解说。③最应注意的是他在 1927 年 8 月 20 日给弟子洛维特信中的解释,因为它是所有解说中最直接和最明确的解释。在这封信中,海德格尔如此交代了他思想道路的"秘诀"亦即那个决定性的问题模式:"我确信,存在论只应在存在者层面得到奠基,并且我相信,迄今为止在我之前还没有人清楚地看到并道出这一点。但是存在者层面的奠基并不意味着任意地指向并返回到一种存在者中去,毋宁说,为存在论做出奠基的那个基础只是以这样的方式才被发现的,即我们知道存在论本身是什么,并且于是就让存在论作为这样一种东西而自行崩降趋于基础了(als solche sich zugrunde richten

---

① 参见海德格尔:《存在与时间》,第 95 页注①。另参见图恩赫尔:《实际性解释学的先兆》,载于登克尔等编:《海德格尔与其思想的开端》,第 354—380 页。

② 以海德格尔的教授资格论文为例,关于该文是如何贯彻对个体化原则(解构性奠基)之追问的,法国学者登克尔有非常精彩的阐析。参见登克尔等编:《海德格尔与其思想的开端》,第 127—129 页。

③ 作为海德格尔马堡时代的学生之一,布根哈根(Arnold von Buggenhagen)在其自传中曾指出海德格尔的个体性(个体化原则)之思的基础性和隐秘性,根据他的回忆,海德格尔在课堂中常常未曾明言地谈到个体化原则并把它当作基础性的东西,"基础不在能够普遍化的东西之中,而是在个体性的东西之中。海德格尔尽管没有明言,但实际上他总是把个体性的东西当作某种基础性的东西来加以论述,但又几乎从来不为此提供清晰的轮廓"。参见萨弗兰斯基:《来自德国的大师:海德格尔和他的时代》,第 171 页。布根哈根之报道的原始出处见:Arnold von Buggenhagen, *Philosophische Autobiographie*, Meisenheim 1975, S. 11。这一材料亦可见证海德格尔在与洛维特通信中提到的解构性奠基(个体化原则)思想的隐秘的关键性。海德格尔更早之前的解说可参见他在 1919/1921 年的"雅斯贝尔斯书评"中的一段解释(参见海德格尔:《路标》,第 40 页)以及他在 1922 年"那托普报告"即《对亚里士多德的现象学阐释》中的解释(参见海德格尔:《形式显示的现象学:海德格尔早期弗莱堡文选》,第 94 页)。

läßt）。如同在弗莱堡的开端时期一样，我面对的问题一直是实际性问题（die Probleme der Faktizität）——只不过更加彻底得多了，而且现在我也是以这样一些视角来面对实际性问题的，这些视角在弗莱堡时期就已经对我而言是主导性的了。我持续地致力于研究邓·司各脱和中世纪并接着返回去研究亚里士多德，这绝非偶然。"① 与此构成呼应的是海德格尔在十年后的重要文本《道路回顾》（1937/1938）中的解释：对于《存在与时间》之道路具有决定性意义的是，"在 1920—1923 年间，我直到那时所有摸索着触及的追问，对真理的追问，对范畴的追问，对语言的追问，对时间和历史的追问，都聚集到一种'人之此在的存在论'方案中了。但这个方案并不是被思为对人之问题的'区域性'论述，而是被思为对存在（者）本身之问题的奠基——同时被思为与古希腊那里的西方形而上学之开端的争辩"②。此外，在20世纪40年代的《关于人道主义的书信》中，海德格尔也通过对"绽入性实存"之基础性意义的论述而再次重申了上述问题模式的关键性。③

　　更具体地说，海德格尔基于他对洛采哲学的解读，把神学与哲学（存在论）的统一可能性理解为这样一种问题：从人与存在之关联的根本性而来（亦即从本源关联的先行奠基而来），通过人的奠基，使神学和存在论都降解返归到一个源始基础中去，换言之，在关联

---

①　Martin Heidegger/Karl Löwith, *Briefwechsel 1919–1973*, S. 150–151.

②　GA 66, S. 413.

③　海德格尔："这种根据存在者本身之敞显对存在之本质所作的回顾性规定，对存在之真理问题的有所预思的开端来说，依然是必要的。"（海德格尔：《路标》，第 400 页）另参见该书第 402、407、432 页的相关论述。

为本的前提下，从人出发，对存在论或神学进行这样一种奠基，存在论或神学由于经受这种奠基而释离原本就不适当的高位（存在论脱离于主体性之高筑，神学摆脱其悬置的理论外壳），自行降解到一个源始基础中去，而由于人作为解构性奠基的发动者已经在这个源始基础中居有本己的位置（人之所以进行这种解构性奠基，本身就是本源关联的内在要求），而经受解构性奠基的存在论和神学都通向了一种本源性的存在（不再是作为纯语法现象、系词、形式逻辑意义上的"存在"，也不再是单纯超验的"上帝"），即一种真正起基础作用的存在，故这个源始基础就是由双重奠基构成的"人与存在之关联"。

　　这个源始基础（人与存在之关联）无疑是这种解构性奠基的开端和归宿所在，而且这种解构性奠基的动机和指向都来自海德格尔对洛采哲学的创造性解读：表面上以"多元论和一元论之统一"或"个体性与原则性之统一"著称的洛采哲学，通过海德格尔的创造性解读，被转化为由"存在之区分"和"存在之关联"构成的"基础问题"，而且由于洛采的"个体化原则"之思对于个体性的高度强调（例如洛采在《小宇宙》中所表达的这一核心洞见：唯有具体之人得到了把握，对"一切存在和运作之意义"的追问才能成为活生生的 ①），在海德格尔的相应转化工作中也仍然保留着对个体性的高度重视，解构性奠基的启动端因而被置于个体之位置上。但这种启动端的确定首先是着眼于源始基础（区分于"人与存在者之关联"的"人与存在之关联"）才得以定位的，它因而虽然乍看上去仍像是一种主体哲学或一种新式的主体哲学，但实质上却因其对"存在之

_____

① R. H. Lotze, *Mikrokosmos*, 3. Bd. Leipzig 1864, S. 243f.

区分"和"存在之关联"的统一把握而与主体哲学保持着根本区别。

同时，也正是从这种解构性奠基而来，海德格尔对人的历史性和存在论的历史性达成了一种深刻洞见。1919 年 1 月，海德格尔夫妇面临着是否应让儿子接受天主教洗礼的迫切问题（按原定计划，海德格尔的大学同事兼朋友克雷布斯将是为海德格尔之子进行洗礼的教父），海德格尔最终在 1 月 9 日给克雷布斯的信中公开宣布了他与天主教体系的决裂，但正如我们此前业已揭示的那样，这种宣布事实上是对他 1911 年"道路决断"（告别神学院选择哲学事业）之内在动机的后至声明。在这封信中，海德格尔如此回顾并阐释他的心路历程："认识论上的洞见（并且这些洞见蔓延到历史认识之理论上去了）使得天主教体系对我成了问题，成了不可接受的东西——但并不是基督教和形而上学（当然指的是一种新的意义上的基督教和形而上学）变得不可接受了。"①

可以预先指出的是，所谓"认识论上的洞见"，乃是海德格尔对批判实在论和先验观念论之统一可能性的洞见，是以认识论形态显现的但却旨在存在论的洞见，是海德格尔对神学与哲学之共同源始基础的洞见，亦即对本源性的、实践性的人与存在之关联的洞见（这

---

① 登克尔等编：《海德格尔与其思想的开端》，第 69 页，有改动。海德格尔在 1947 年与马克斯·穆勒的私人谈话中指出："如果教会的教义学没有以耶稣会的方式被糟糕地哲学化，而是仅仅说出其真正的教义性的—宗教性的话语的话，他很可以一直就是天主教徒。要让他在教会中的立场依赖于那些衰退的神学教义学形式，这对他而言肯定是一种自我蒙骗。对他自身而言，一种确切的分析将使他看到，或许不只教义学（Dogmatik），就连教义（Dogma）本身都是他和教会之间的巨大的障碍。"Anton Boesl (Hg.), Heideggers philosophische Entwicklung der letzten Jahre. Ein Brief Max Müllers aus dem Jahr 1947, in: *Philosophisches Jahrbuch* 105. Jahrgang II, 1998, S. 363–370, hier 366. 另参见登克尔等编：《海德格尔与其思想的开端》，第 193 页。

一点将在接下来的行文中得到充分论证)。并且按照海德格尔1911
年3月发表的《论大学生的哲学定向》和1912年发表的《现代哲学
中的实在性问题》中的表述,此洞见就是他曾经受益于屈尔佩的"批
判实在论"而达成的对"认识论应成为基础科学"[1]和"远离正道而
陷入迷途的认识论应被重新置立到其真正的任务面前去"[2]的洞见
(由于事关海德格尔"康德阐释"的肇始,对此的详细讨论将在本书
第三章中展开);换言之,从对神学与哲学(存在论)的解构性奠基
而来,海德格尔看到了一种源始神学和源始哲学(存在论)的可能
性,亦即一种效力于本源关联的"基础科学"的可能性。

正是对这种基础科学之源始性的洞见使得海德格尔的天主教
立场和哲学立场在1909/1910—1914年间发生了某种变化(海德
格尔在晚年回顾其思想道路时多次强调指出,1909/1910—1914
这段岁月乃是具有深远意义的"激动人心的岁月"[3])。反过来说,
对这一变化的阐明将可以揭示出海德格尔所谓的"认识论上的洞
见"究竟意指什么。

海德格尔早年的这种变化不仅凸显在他1911年春天所做出的
"道路决断"中,而且也反映在他神学院期间研究对象的选择和所
发表文章的表态中。[4]

根据学者们的研究,海德格尔在1909—1913时发表的一些护

---

[1] GA 16, S. 14.

[2] 参见海德格尔:《早期著作》,第19页。

[3] 参见海德格尔:《早期著作》,第70—71页。另参见 GA 16, S. 440-441.

[4] 由于海德格尔此间哲学立场的变化密切关乎他的"康德阐释"和"黑格尔阐释"
之肇始,故相关考察将推延至本书第三章进行,这里仅对其文本中呈现的天主教立场之
变化做简略分析。

教性的文章和其在家乡做的一些讲座还在激烈地反对"现代主义"
的若干表现 ①，但海德格尔又并非对"现代主义"之实质做彻底否
定，因为现代主义作为一种哲学思潮（而非单纯作为文化运动）的
实质乃是以现代的思想财富来重新诠释基督教之传统 ②，这恰恰是
天主教图宾根学派的诉求所在。因此，并非偶然的是，自从在 1909
年进入神学院并接受布莱格之指引以来，海德格尔对现代主义的看
法就交织着一种双重立场：他事实上并不反对现代主义作为一种哲
学思潮所指示出的研究向度（以当代哲学来解释基督教传统），他
只是反对现代主义作为一种泥沙俱下的文化运动所导致的负面现
象（对教义进行不克制的概念化处理、都市虚荣的生活方式、文化
堕落等）。由此而来我们才能看清海德格尔在此期间的立场变化：
1909—1913 年间，海德格尔在其发表的作品中往往只是含蓄地表
示他对现代主义学术立场所启示的那一研究向度的肯定（虽然他私

---

　　① 　海德格尔批评的是现代文化的自主主义（个人主义），"在他早期的文章中，海
德格尔反对的就是这种'肆无忌惮的自主主义'，并试图以基督教的信仰取而代之"，他
的表态中"贯彻了一个日益强烈的对当代精神和文化堕落的批评，以及对异化了的和异
化着的大城市生活的批评"。参见登克尔等编：《海德格尔与其思想的开端》，第 152—
156、178—179 页。

　　② 　沙伯在其研究中指出，天主教语境中的"现代主义"概念来源于梵蒂冈教皇
1907 年 9 月 8 日颁布的通谕。这一通谕把天主教信仰在现代所面临的敌对思潮统称为
"现代主义"，具体而言，这一通谕反对"方法论上的不可知论"（将世俗科学的方法用于
神学），反对"活跃的内在论"（宗教是经历和经验的事情），反对"象征论"（教义只是所
想的信仰的象征），反对"进化论"（在教义和官方的事物上有一个历史的发展）。在天
主教教廷看来，康德就是这一现代主义的鼻祖。为对抗现代主义，天主教推出"新经院
哲学"亦即"新托马斯主义"以作规范，以至于"一个神学家是否被看作是一个现代主义
者，决定性的判准就是看他同新经院哲学的关系。教会公开批评现代主义者，说他们将
历史、历史性和神学的发展凸显出来，并且为了信仰的来源的研究和破解而追随近代科
学的方法"。参见登克尔等编：《海德格尔与其思想的开端》，第 175—176 页。

下里已经对此做出明确肯定），1913 年之后，他开始毫不忌讳地表述他对此的肯定。这一变化与他 1911 年做出的"道路决断"是共属一体的（从私人通信来看，海德格尔在 1912 年初就已如此筹划他的哲学职业前景：在获得哲学博士学位后，进一步撰写教授资格论文以谋求哲学教职 ①），这尤其表现在，在其 1913 年取得哲学博士学位后，海德格尔对哲学职业前景的决心愈发强化，此后不再撰写护教性的文章，而是加强了对天主教体系的批判（这种批判与此前护教论文对现代主义的批判看似对立，其实同一，因为它们都是源出于对神学之源始基础的洞见），其所思所言日益转向了现代主义之实质所指示出的向度——"历史性切近"。

上述情形首先体现在海德格尔在神学院期间对其研究对象的选择上。海德格尔在 1915 年简历中写道："我在 1909 年冬季学期进入弗莱堡大学读书，在这里我一直读到 1913 年，未曾中断。我首先学的是神学。在那时，那些指定必修的哲学讲座课很少让我感到满意，我便转而尝试去对经院哲学的那些教科书展开自学。它们使我获得了某种形式逻辑的训练，但在哲学方面并没有把我所寻求的那种东西给予我，而这种东西乃是我此前在辩护学领域通过赫尔曼·舍尔的著作发现其痕迹的。"② 赫尔曼·舍尔主张对信仰学说做出理性的和伦理的深化和内在的哲学式的理解，其整体思想精神非常接近现代主义立场 ③，而且也可将其归列到天主教图宾根学派

---

① 参见登克尔等编：《海德格尔与其思想的开端》，第 28、30 页。

② GA 16, S. 37.

③ 参见登克尔等编：《海德格尔与其思想的开端》，第 179—181 页。

中。① 海德格尔的这一回顾尤其是他对舍尔的推崇显示出，他在神学院期间事实上就已肯定了现代主义作为一种哲学思潮所指示出的研究向度，因此他在同一简历中写道，"随着时间推移，我渐渐看出，在亚里士多德—经院主义哲学中沉落着的那种思想财富，必定允许有并且要求有对它的一种更富勃勃生机的运用和利用"②。

在 1922 年简历中，海德格尔的回顾也显示了同一事实："自1909/1910 年冬季学期以来，我作为神学院的学生在弗莱堡大学攻读天主教神学。在这里我首要地致力于哲学，更确切地说，从一开始，我就根本地致力于从那些源泉（亚里士多德、奥古斯丁、伯纳文图拉、托马斯·阿奎那）而来的哲学。为了超出教科书的哲学而赢获一种问题的理解力，我在当时的教义学教师布莱格的指导下去对洛采和胡塞尔展开了研究。我在神学上的工作集中在《新约》诠释和教父学上。去超出所提供之物而进行观看的那种努力，把我引导到了奥弗贝克的那些批判性的研究上面，并且根本地使我熟悉了新教教义史的研究。对我变得有决定性意义的是下述事情：衮克尔、布塞特、文特兰特以及莱岑斯坦因的那些现代的宗教史研究和施崴策的那些批判性工作都来到了我的视野中。在第一学期中，我的神学—哲学的学习采取了这样一种向度，以至于我在 1911 年春天走出了天主教寄宿学

---

① M. 格洛斯纳在其对天主教图宾根学派的专题研究中指出，赫尔曼·舍尔也可算作天主教图宾根学派，至少是立足于该学派之思想的，他同样试图调和经院哲学与现代哲学。参见 M. Glossner, "Die Tübinger katholisch-theologische Schule vom spekulativen Standpunkt kritisch beleuchtet", in: *Jahrbuch für Philosophie und spekulative Theologie*, Bd. 17, 1903, S. 2–42, hier 4。而且 M. Glossner 同时指出，**舍尔也受到了洛采思想的影响**，参见 Ibid., S. 30, 36。

② GA 16, S. 38.

校，并且放弃了神学学习，因为我不能把那种在那时以明确要求而提出的'反现代主义者誓词'（Mordernisteneid）① 加诸自身。由此我就变得一贫如洗了，但我却下定了决心，要去尝试着把自身奉献给科学研究。"② 这里提到的奥弗贝克、衮克尔、布塞特、文特兰特、莱岑斯坦因以及施崴策全都是新教神学家，在天主教神学院阅读新教神学家论著，这种离经叛道的研究对象之选择同样显示出，海德格尔自进入神学院以来（在布莱格的指引下）对现代主义持有一种双重的但又内在相关的立场：他的护教文章只是在批判现代主义作为一种文化运动所导致的负面现象，但对于现代主义的学术立场亦即其作为一种哲学思潮所给出的积极启示，他恰恰是深刻赞同并深受其影响。

这一双重立场的内在相关性可以如此解释：正是接受了现代主义学术立场的积极启示并由之而来着眼于"源始基础"而洞见到基督教的一种源始可能性（对此的洞见同时也受到了马丁·路德的影响），海德格尔才会在其护教文章中展开对现代主义之诸多消极成果的批判。也就是说，从对源始基督教的领悟而来，海德格尔看到，倘若那些外层化的现代主义（例如把天主教教义予以单纯的哲学概念化、无度的个体主义、现代文化的堕落现象等）阻碍了使天主教返璞归真的解构性奠基努力 ③，它们就应该经受批判。弗莱堡教义

---

① 此词字面义是"[关于]现代主义者的誓词"，实质含义是"反现代主义者誓词"。——引按

② GA 16, S. 41.

③ 海德格尔正是因为从布莱格之双重指引中（尤其是通过洛采哲学）获取并坚持了定向于本源关联的"个体化原则"（解构性奠基）之思，他才会在其早期护教文章中坚决地反对现代主义运动中的"无限制的自主主义"即无度的个人主义（参见 GA 16, S. 7）。另参见法国学者登克尔的相关分析："海德格尔提醒神学学生警惕'无限制的自主主义'的危险。现代的个人主义无力解决宗教—伦理生活中的深层问题。因此，教会将（转下页）

学教授布莱格就曾经以己身实践为海德格尔指出了这种相融的可能性：布莱格的哲学思想植根于持现代主义学术立场的天主教图宾根学派，但他却又完全可以据此撰写护教文章对现代主义（作为文化运动）所衍生的消极后果进行批判。

正是因为这种内在相关性，海德格尔对现代主义学术立场之积极启示的接受并非只是始于1913年，而是在他1909—1913年的护教论文中就已运作了（只不过不如1913年以后那么明显而已）。因此才会出现这一奇特情形：海德格尔1909—1913年间的作品既贯彻着"历史性切近"之洞见（对现代主义学术立场的接受），又有其护教倾向（对现代主义之后果的批判）。这一点，除了突出体现在前已提及的《论大学生的哲学定向》（1911）和《现代哲学中的实在性问题》（1912），还鲜明地呈现在他1911年4月发表的一篇名为《对〈边界报〉哲学家的回答》的文章中。在这篇明确批判现代主义的护教论文中，海德格尔也如此表述其对现代主义之学术立场的深刻接受："研究自由指的是，在研究科学（特别是哲学—历史的）问题时，不带任何先置性看法和未经证明的前提。**这一问题要由哲学—神学的认识理论来解决。**"[①]德国学者沙伯对此的分析是，"海德格尔对认识理论的洞见使得他于1919年找到了通往'源始科学'（GA 56/57）、'本源科学'（GA 58）的现象学之路。……这也解释

（接上页）'正确地阻止现代主义的破坏性影响，后者并未自觉到，它的现代的人生观与基督教传统的古老智慧之间有着最为尖锐的对立'（GA 16, S. 7），现代生活的琐碎和平面化摧毁着人类生存的深层维度，由此也失去了超验的可能性。失去了超验性，则无法与上帝和真理有所交通。只有天主教传统才能确保超验性。"（登克尔等编：《海德格尔与其思想的开端》，第112页）

① 登克尔等编：《海德格尔与其思想的开端》，第179—180页。

了，为什么海德格尔在 1922 年简历中声称他当年(1911 年)是因为无法接受天主教反现代主义誓词才终止了他对神学专业的学习：这是因为，他在弗莱堡大学 1910/1911 年的矛盾中看到，自由的研究受到阻碍并且学术自由受到威胁"。

　　最终，从上述分析可以看出，海德格尔 1919 年与克雷布斯信中所谓的"认识论上的洞见"，是指海德格尔受现代主义学术立场(如天主教图宾根学派之立场)的积极启示而达成的对哲学和神学之统一可能性的洞见，亦即，这种"认识论"实乃"哲学—神学的认识理论"[①]，其实质含义是海德格尔通过其特有的"解构性奠基"之思而达成的对哲学与神学之源始基础的认识。进而言之，海德格尔对历史和历史性的理解，是在对基础问题的洞见中形成的，是在解构性奠基中被定调的，亦即定调于"人与存在之关联"。最终这就使得僵化固执的天主教体系对他成了问题，"成了不可接受的东西"，而且海德格尔还特意强调，他仍对"一种新的意义上的基督教和形而上学"亦即一种着眼于本源关联的源始神学和源始存在论保持开放。一言概之，对海德格尔而言，正是在通过实际生命之奠基而使存在论和神学崩解到源始基础中去的过程中，形而上学和基督教神学的源始的历史性被洞见到了，一种定向于"基础科学"的对基督教和形而上学之共同源始基础的探寻也由此得以可能。

　　从对这种"基础科学"的探寻而来，从实际生命的解构性奠基而来，海德格尔不仅发现了哲学在其源始根基处的历史性，而且发见了基督教尤其是早期基督教的历史性，由此形成了非常特别的对

---

　　① 登克尔等编:《海德格尔与其思想的开端》，第 179—180 页。

"历史"的理解。就后一点而论，海德格尔在神学院期间对路德、天主教图宾根学派、奥弗贝克以及新教宗教史学派的阅读和重视都非偶然，海德格尔在此期间所获取的对神学之历史性的理解乃至对神学与哲学之共同源始基础的理解，在其后来的思路进程中得到了深化和总结。① 通过这样一种探基，海德格尔得以从"源始基础"来启思"历史"，并把"历史"理解为"人与存在之关联"。海德格尔后来又把对"历史"的这种理解拓展到对"时间"的理解上去，由此通向了一条"存在与时间"的道路。②

　　正是在这种解构性奠基中，着眼于对本源关联的根本归属，可以看出人作为实际生命的历史性，存在论应溯源到其历史性中，神学亦应如此。对神学和哲学之共同源始基础的这一洞见贯彻支配着海德格尔此后的诸多文本。例如，在 1917—1921 年间，海德格尔接连以几个"宗教现象学"讲座（现编为全集第 60 卷《宗教性生命的现象学》）来深化和阐述上述洞见；在 1922 年与米什的信中，海德格尔亦有如此表态："**实际生命在其根本意义上是历史性的**。"③ 在 1922 年的"那托普报告"（伽达默尔认为海德格尔的这部

---

　　① 参见沙伯的相关研究。参见登克尔等编：《海德格尔与其思想的开端》，第 189—196 页。

　　② 海德格尔后来对此有明确的解释，例如他在 1929 年的德国观念论讲座中写道："**朝着存在问题之源始根源而对存在问题进行的解构，通向了此在的时间性**，以至于形而上学的基础问题可以被表述为存在与时间的问题。"（海德格尔：《德国观念论与当前哲学的困境》，第 169—170 页）这事实上是重申了海德格尔在 1927 年与洛维特通信中表达的基本立场：此在发动的对存在论的解构性奠基乃是对本源关联的致力，而且是被"关联为本"所贯彻规定的对本源关联的一种实行，在此意义上，形而上学的基础问题就是"存在与时间"的问题，亦即如何通过解构性奠基使得存在归属于本源关联的问题。

　　③ Theodore Kisiel, Thomas Sheehan (ed.), *Becoming Heidegger. On the Trail of His Early Occasional Writings, 1910–1927*, p. 112.

哲学手稿实质上是一部神学作品)中,也可看到海德格尔对神学与哲学之统一可能性的思考以及对解构性奠基与历史性之关系的类似阐释:"解释学只有通过解构的途径才能完成它的任务。只要哲学研究理解了它课题上的何所向(即生命之实际性)的对象方式和存在方式,那么,它就是一种彻底意义上的'历史的'认识。对于哲学研究来说,对哲学历史的解构性争辩(Auseinandersetzung)决不只是一个以图解过去之物为目标的附属物……毋宁说,解构乃是一条真正的道路。"① 在 1927 年的《现象学与神学》中,海德格尔再次未曾明言地从"解构性奠基"而来沉思了神学的源始基础以及神学与哲学的统一可能性。② 这种沉思一直通向了海德格尔此后对"形而上学之存在学—神学机制"的思考以及其晚年的"存在之终极学"思想(参见本书第十、十一、十二章)。

对"哲学—神学"的转化机制,不仅使得海德格尔得以展望一种源始的存在论和源始的神学,更使得他逐渐深化了对形而上学的"存在论—神学"机制的洞见。思想道路上的这些洞见使得海德格尔愈发深刻地理解了"基础问题"的二重性:通过解构性奠基而成全的人与存在之关联,不仅是海德格尔思想和他所理解的未来思想的基础问题,也是传统形而上学的基础问题(作为形而上学之隐秘

---

① 海德格尔:《形式显示的现象学:海德格尔早期弗莱堡文选》,第 94 页。德文版参见 GA 62, S. 368。

② 参见《路标》中译本第 70—73 页,尤其参见这一表述:"一切神学的基本概念,按其完整的宗教关系来看,自身中总是包含着某种前基督教的、因而纯粹合理地可把捉的内容,这种内容虽然在实存状态上是无力的,亦即在存在者状态上被扬弃了的,但恰恰因此在存在论上规定着一切神学的基本概念。一切神学的概念必然于自身中蕴含着这种存在领悟,而人类此在本身,只要它终究实存着,就从自身而来具有这种存在领悟。"(海德格尔:《路标》,第 70 页)

根据的问题）。海德格尔在 1929 年讲座中对此也有明确强调："**朝着存在问题之源始根源而对存在问题进行的解构，通向了此在的时间性，以至于形而上学的基础问题可以被表述为存在与时间的问题。**"[①] 这事实上是重申了海德格尔在 1927 年与洛维特通信中披露的问题模式。着眼于"存在与时间"问题的决定性，可以说，对存在论和神学的解构性奠基以及由此形成的历史性（时间性）洞见，正是海德格尔思想之路的秘密。

受益于洛采哲学的启示，海德格尔很早就遇到了他的基础问题（人与存在之关联），但如何追问这一问题、在何种适宜路径上追问这一问题，始终是海德格尔面临的难题。他最初试图通过逻辑学的"判断理论"来追问基础问题，这一努力贯彻了他的早期论文（包括博士论文在内的 1910—1913 年论文），1915 年的教授资格论文则标志着海德格尔对历史性道路的踏入。历史性并非等同于时间性，但却最为密切地指示着时间性，只是在 1919 年之后，通过时间问题之洞见的日趋成熟，海德格尔才正式启动了《存在与时间》的道路。

当海德格尔在 1926 年决定把他的基本著作命名为《存在与时间》而非《存在与人》，他就已经暗示了他的思想之路的秘密：这部著作致力于重新追问"人与存在之关联"亦即存在之意义问题，但这一基础问题必须在一种道路域中才能真正运作起来，这个道路域，或者说"界域"（Horizont），就是作为存在之真理之先名的"时间"。并且考虑到海德格尔后来提出的"本有"（Ereignis）概念也仍是意指这样的"关联为本"的道路域，则可以说，《存在与时间》的命名早

---

① 海德格尔：《德国观念论与当前哲学的困境》，第 169—170 页。

就扣留着海德格尔在 1960 年回复珀格勒问题时所要道说的关键。

至此，海德格尔对"神学—哲学"的转化机制可总结为：存在论应通过人之生存（实际生命）得到奠基，但这种奠基并非随意之奠基，而是定向于人与存在之关联，应使得存在论崩解到作为源始基础的人与存在之关联中去。神学也需如此转化，要认识到人与上帝的关系还不是源始的关联，还需被解释到真正的本源关联（人与存在之关联）中去，并以之为源始基础。"神学—哲学"的转化机制不仅使得海德格尔得以展望一种源始的存在论和源始的神学，更使得他逐渐形成了对形而上学的"存在论—神学"机制的批判性洞见。如前所述，受天主教图宾根学派之根本任务（致力于对德国观念论和天主教神学的深层调解）的影响，海德格尔的这一洞见，本身就构成了海德格尔对德国古典哲学之阐释的启动。

海德格尔对"神学—哲学"的转化工作意味着，他通过对源始基础（人与存在之关联）的洞见而认识到，传统神学和传统哲学都还没有对这个源始基础达成自觉，都还有必要被转化到这个源始基础中去，为此就应实行一种解构性的奠基工作。就此而论，基础问题的二重性本身就蕴含在作为海德格尔思想之开端机制的"神学—哲学"之转化机制中，通过对思辨神学和存在论的解构性奠基，形而上学的基础问题根本上就是海德格尔思想的基础问题。这就是"基础问题"与"整体评判"得以统一的真正根据。

如此我们也就解释了，海德格尔为何在 1960 年给珀格勒的回信中指出基础问题与历史性是统一的，而且为何提示此问题与海德格尔思想的神学背景和神学立场密不可分。海德格尔通过双重表态对珀格勒问题的答复可总结为：从对基础问题的洞见而来，通过对海德格尔思想"神学—哲学"问题的深究而达成对历史性问题的领会,对海德格尔思想的整体阐述才是可能的和可行的。

我们本章的考察工作最终就提供了这样的双重洞见:

一方面,当早期海德格尔受布莱格之指引和洛采之影响,从基础问题而来深思了"神学—哲学"(其直接形态即思辨神学和德国观念论)的转化机制,并达成了对历史性问题的深刻洞见(把历史理解为本源关联,并通过对这种本源关联之作的观察而形成了"历史性切近"的洞见)①,海德格尔对德国古典哲学的"整体评判"就已经肇始了。基础问题与整体评判的密切关联将在接下来的考察中得到进一步揭示。

另一方面,海德格尔对"历史性"的独特理解源出于他对"哲学—神学"的转化机制,亦即源出于"解构性奠基"。有鉴于"解构性奠基"乃是对既有思想之可疑可问性的致力,海德格尔对珀格勒问题的回应,因而就不仅是意在指出"历史性"(时间)问题在海德格尔思想整体阐释中的关键意义,更是为了指明一种思想整体阐释的真正目标:在探问基础问题的路径上,阐释者不应把所探问的思想当作历史学研究的对象,而应在生发性道路上使得所探问的思想变成未来思想,亦即要在"探基"的同时加以"启思"。只有通过探基与启思,通过致力于对既有思想之可疑可问性的追问(正如"解构性奠基"对哲学和神学的转化工作),后至的阐释者才能以自己的方式真正上路,也才能在对同一态势的领受中领悟到思想之路的秘密生机。

---

① 对"历史性切近"洞见的详细的、基于文本的讨论参见本书第三章。

第三章　整体评判的最初萌芽

通过此前的考察工作，教授资格论文在海德格尔思想进程中的意义已经得到揭示和解释，它乃是海德格尔思想"基础问题"的启动之所，也是"存在与时间"道路的开端之处。而按照此前考察工作的结论，"基础问题"与"整体评判"具有深刻的统一性，因此，从原理上讲，作为海德格尔思想基础问题的启动之所，教授资格论文也应呈现出海德格尔"德国古典哲学阐释"的一种深远规划。这也的确就是事实，从海德格尔《早期著作》(1912—1916)所收录的包括论文、书评、博士论文、教授资格论文、教职资格试讲在内的早期文本来看，并且从青年海德格尔在弗莱堡大学的最早一批授课名称①(1915—1918)来看，海德格尔在其思想

---

①　根据约翰·范比朗(John Van Buren)的考察，海德格尔所讲授的(以及业已规划但未实施的)最早一批课程目录如下：

1. 1915/1916年冬季学期讲座：《古代哲学和经院哲学纲要》。未出版。(根据海德格尔在《黑皮笔记》中的说明，此讲座是他生涯中的第一个讲座课，探讨的是巴门尼德和赫拉克利特的思想，意在"开端性地、历史性地寻求存在问题"，但依然受限。参见GA 97, S. 288。该卷编者称此讲座文本未保留下来。以下几个讲座文本或也类此。另按海德格尔与友人拉斯洛夫斯基的通信，海德格尔在1915年首次授课时就赢得了大量听众。拉斯洛夫斯基在1915年12月6日给海德格尔的信中写道："我打心底里感到高兴，你有这么多听众。当然，我也知道，人们必然会来听你的课。因为否则的话，谈什么学术人格就很愚蠢了，教席上的那些'干实事的家伙们'也就会(转下页)

道路启动之际就已经开始了对德国古典哲学的阐释（而且主要阐释的是康德哲学和黑格尔哲学），虽然还远未成熟，还远未成为严格意义上的对德国古典哲学的"整体评判"，但一些关键因素也已经萌发了，它们对此后的阐释工作乃至成熟期的"整体评判"具有深远意义。对这一复杂情形的描述、分析以及定位，就是本章的主要任务。

（接上页）赢得比赛了。"参见登克尔等编：《海德格尔与其思想的开端》，第51页，据德文版有改动。——引按）

2. 1915/1916 年冬季学期研讨班：《论康德〈未来形而上学导论〉》。未出版。

3. 1916 年夏季学期讲座：《德国观念论》。未出版。

4. 1916 年夏季学期研讨班：《亚里士多德逻辑学作品文本研究训练》（与 E. 克雷布斯合作）。未出版。

5. 1916/1917 年冬季学期讲座：《逻辑学基础问题》。未出版。

6. 1916/1917 年冬季学期讲座：《洛采的〈形而上学〉》。学术小圈子内讲授，未出版。（参见 Martin Heidegger/ Heinrich Rickert, *Briefe 1912–1933 und andere Dokumente*, Alfred Denker [Hg.], Frankfurt am Main 2002, S. 34。）

7. 1917 年夏季学期至 1918/1919 年冬季学期：因服役占用时间超出预期，除了一个关于施莱尔马赫宗教问题的报告（作于 1917 年 8 月，收入 GA 60，日期考证参见《海德格尔与其思想的开端》中译本第 519 页），海德格尔此间所规划的课程都未实行。海德格尔原计划在 1917 年夏季学期讲授《黑格尔》，1917/1918 年冬季学期讲授《柏拉图》，1918 年夏季学期讲授《洛采和现代逻辑的发展》。（参见 John Van Buren, *The Young Heidegger: Rumor of the Hidden King*, Indiana University Press, 1994, p. 144。）此外还需指出，在海德格尔 1915 年独立授课之前，从 1913/1914 年冬季学期开始，海德格尔曾与克雷布斯连续交替讲授了一门名为"哲学与逻辑学以及认识论导论"的课程。参见登克尔等编：《海德格尔与其思想的开端》，第 223 页。

以上（除特别标注者外）均参见 John Van Buren (ed.), *Martin Heidegger: Supplements From the Earliest Essays to "Being and Time" and Beyond*, State University of New York, 2002, pp. 25–27。

第一节 海德格尔"康德阐释"的肇始与变化

我们此前的考察工作已揭示出，洛采哲学对海德格尔思想产生了决定性影响，而洛采哲学本身则受到了德国古典哲学尤其是后期费希特哲学的深刻影响（早期海德格尔也非常清楚这一点）[①]；受其导师魏瑟（Christion Hermann Weisse）[②] 的影响，洛采对黑格尔"绝对观念论"的批判也与谢林后期哲学保持着相同立场，哲学史专家们也向来认为洛采哲学与莱布尼茨哲学具有深刻的同构性；此外，与主流看法不同，海德格尔在洛采思想中也看到了洛采与黑格尔的深刻一致性。

所有这些因素，以及布莱格对思辨神学与德国观念论之关联的指示 [③]，都使得海德格尔思想在启动之际就开始了对德国古典哲学的研究。[④] 但在德国古典哲学领域，早期海德格尔对莱布尼茨、费希特以及谢林的论述都相对较少（而且海德格尔最早期的一批关于德国古典哲学的讲座稿也没有保存下来）[⑤]，仅就现存文本来

[①] 参见海德格尔：《论哲学的规定》，第 157—158 页。

[②] 魏瑟（1801—1866），德国新教哲学家，洛采之师，早年是黑格尔主义者，后来转向谢林哲学的立场。

[③] 参见本书第二章。

[④] 海德格尔在 1915 年的简历中写道，他很早就开始了对黑格尔和费希特的研究，这种研究和其他研究一道使他走向了历史问题："我的下述工作，对费希特和黑格尔的研究，对李凯尔特《自然科学的概念构成之界限》一书的深入钻研，对狄尔泰的种种研究，尤其是我所听过的枢密顾问芬克先生的讲座课和研讨练习课，共同导致了这一后果：我身上的那种对历史的反感——它是由于我对数学的偏爱而滋生的——被彻底地摧毁了。"（GA 16, S. 39.）

[⑤] 海德格尔对莱布尼茨哲学之意义的"发现"和对费希特哲学之深度的"重估"以及对谢林哲学之核心的"深究"都是在此后的思想道路中才逐渐成形的。

看，他此时主要探讨的是康德与黑格尔的哲学，尤其对康德哲学表现出浓厚兴趣（根据伽达默尔的报道，海德格尔甚至在初中生阶段就在阅读《纯粹理性批判》）①，《海德格尔全集》第一卷《早期著作》所包含的十一篇文本中有九篇都涉及了康德哲学，其中堪称海德格尔"康德阐释"之开端性文本的是1912年的《现代哲学中的实在性问题》。②

1912年的这篇论文是海德格尔第一篇正式的学术论文③，在此文中，海德格尔首先开门见山地申明了全文主旨，他批评了对外在世界之实在性予以质疑的哲学立场，而主张应对实在性进行"科学的、由方法所引导的、思想性的设定和规定"④，也就是说，应基于作为思想者的人与实在性的关联来处理实在性问题，这也就是一种"批判的实在论"（Kritischer Realismus）的任务。批判的实在论不同于"稚真的实在论"，后者虽然也是实在论，但却认为"对于实在

---

① 伽达默尔："人们说，海德格尔的那种开端性的思者生涯，在他还是康斯坦茨中学学生的时候，就已经被发现了。有一天，他在桌子下面读一本书时被逮了个现行，这显然是在一个不那么有趣的课上发生的事情。他所读的那本消遣读物竟是康德的《纯粹理性批判》！这无疑堪称学生书包里的一种元帅权杖，我们这个世纪的中学生当中罕有人会像他那样拥有这种元帅权杖。但海德格尔显然也有一个特别通情达理的教师，他对海德格尔有非常大的促进。这位教师（指神学博士康拉德·格约伯［Conrad Gröber］，时任康斯坦茨中学天主教寄宿舍负责人——引按）并没有处分海德格尔，而是就此给了他某种东西去阅读——或许是作为针对康德的'解毒剂'——此即弗兰茨·布伦塔诺的《论"存在"在亚里士多德那里的多重含义》。"（Hans-Georg Gadamer, *Gesammelte Werke, Band 3, Neuere Philosophie I*, S. 402-403.）

② 参见海德格尔：《早期著作》，第1—19页。

③ 海德格尔1912年3月发表的《宗教心理学与下意识》（载于《海德格尔全集》第16卷）是一种成果汇评，还不是严格意义上的学术论文。

④ 参见海德格尔：《早期著作》，第2页。

之物的切中乃是一蹴而就之事"①，并且是把"感知内容如其向我们所呈现的那样设定为主观的实在性"，因而是一种"匆忙草率的做法"②。与之相比，批判的实在论则认为实在性问题需要得到批判性的考察，这种考察在对实在性问题做出肯定回复之前"必须要先有一种批判性的奠基，这种奠基所要决定的是，一种对意识之现实的超出，一种对实在性的采纳和特性规定，究竟是不是被允许的，以及它是不是一种最终会走向与意识主义和现象主义展开争辩的研究"③，整体而论，批判的实在论承认外部世界的实在性，而且承认对事物本身达成认识的可能性。

按照这样的内在要求，为了获得对实在性问题展开批判性考察的历史基础，海德格尔对思想史进行了一番回顾：哲学史上的主流思想虽然彼此分歧，但整体上看都还是实在论立场，例如"希腊哲学的思想方式定向于一种批判的实在论，新柏拉图主义者以及中世纪和近代的哲学家们也都是以实在的方式进行思考"④。直至贝克莱才出现一个拐点，因为对实在论的动摇正是通过贝克莱而开始的，"伴随着他的'存在—被感知'理论，伴随着他对存在和被感知的等同设定，贝克莱断言了物理性东西和心理性东西的同一性，一个

---

① 海德格尔：《早期著作》，第 2 页。
② 海德格尔：《早期著作》，第 15 页。
③ 海德格尔：《早期著作》，第 6 页。
④ 海德格尔：《早期著作》，第 2 页。另可参见海德格尔在 20 世纪 50 年代讲座中对此问题的重提："亚里士多德乃是一位实在论者。实在论者就是肯定外部世界的实存和可认识性的人。实际上，亚里士多德从来没有想到过要去否定外部世界的实存。柏拉图也决不会想到，赫拉克利特和巴门尼德亦然。诚然，这些思想家也从来没有特别地肯定，甚至证明'外部世界'的在场。"（海德格尔：《什么叫思想》，第 54 页）

独立的物体世界的那种超越意识的实存被废除掉了"①。紧接着,作为贝克莱的后继者,休谟通过其感觉论而成为反实在论的关键思想家,"实体和因果性这些基本概念被剥去了它们的客观的、实在的特征,前者消解为一束感觉,后者则被还原为一种主观的强制感"②。再接下来就是康德,海德格尔写道:"康德想要把英国经验论的那些构成威胁的片面性都克服掉,并且想要为人类确保一种对于所有人都有效的、必然的知识,但这种知识本身又是只在某些界限内才是有效的;但当康德达到神秘的'物自身'之设定时,他却再也不能前行了。康德最终只是把他的先验方法应用于形式科学之中,那么人们也就可以理解,在康德的认识论中,实在性问题是不能找到任何位置的。尽管康德直到其生命终结时还在努力尝试去铺设从形而上学到物理学的桥梁;但他却不再可能找到解决方案了。"③这一表述清楚地表明了早期海德格尔对康德哲学的定位:虽然试图克服经验论的片面性,但康德哲学根本上仍是一种非实在论哲学,倘若还谈不上是一种反实在论哲学的话。

但对海德格尔思想而言,此时他对康德哲学的这种定位究竟意味着什么?要彻底澄清此问题,还必须对《现代哲学中的实在性问题》的思路进行一番分析。

从整体上看,《现代哲学中的实在性问题》为申明其主旨而采取了这样的执行思路:对反实在论哲学或非实在论哲学进行批判,指出其根本错误,由此证明一种"批判实在论"的必要性与合理性。

---

① 海德格尔:《早期著作》,第3页。
② 海德格尔:《早期著作》,第3页。
③ 海德格尔:《早期著作》,第3—4页。

借助于屈尔佩 ① 的先行工作，海德格尔也把非实在论的哲学分为两类，即"意识主义"和"现象主义"。"现象主义"认为我们只能依照对象如何向我们显现的方式来认识对象，而不能依照它自身如何存在的方式来认识它，感觉或经验的对象只是一种不可知的"物自身"的显现方式。"意识主义"也唤作"内在主义"，这种理论认为，认识的对象是仅仅作为意识的内容而实际存在的，也就是说，现实性被限定为在意识中所给予的东西。这种理论的错误比较容易看出，因为无论意识主义（内在主义）以何种论据反驳实在论，对这些论据的径直运用都存在着一个逻辑错误，即它们奠基在一个未加论证的根据上，其所依据的"那种内在性原则本身恰恰是应首先得到论证的" ②，而且无论是采取先验论的论证、经验性的论证还是方法论的论证，其错误都无法得到根除。③ 相对而言，现象主义在实在性问题上的错误却不像意识主义表现得那么明显，需要加以批判的分析。现象主义一方面认为，实在之物的设定是可能的和必要的，"但也仅仅如此而已" ④，因为现象主义另一方面又禁止对实在之物做出规定。"现象主义的经典代表人物就是康德" ⑤，海德格尔把康

---

①　屈尔佩是维尔茨堡心理学学派的奠基人，在哲学上倡导一种特有的"批判实在论"（不同于此后英美世界的"批判实在论"），主张认识具有客观性和实在的有效性。虽然在心理学上卓有建树，但屈尔佩仍然认为哲学有本己意义。他对心理学主义持批判态度，认为概念和判断的有效性（Geltung）具有重要意义。屈尔佩的心理学和哲学思想都深受洛采影响，并且在其长期教学生涯中，屈尔佩都使他的学生们对胡塞尔现象学持开放态度。

②　海德格尔：《早期著作》，第 8 页。

③　参见海德格尔：《早期著作》，第 8—11 页。

④　海德格尔：《早期著作》，第 11 页。

⑤　海德格尔：《早期著作》，第 11—12 页。

德的哲学立场表述为"一个未知的 X，那个谜一般的物自身，是作为基础而运作着的，它所支撑的乃是主体中的那些由外而来被刺激的感官感觉。……直观知识和知性知识的先验条件事实上具有发生学意义上的先天的、主观的特征，这正如康德在其'先验要素论'中所试图揭示的那样。我们对事物的认识，一如事物向我们所显现的那样，因而只是在主观的遮掩中发生的"①。海德格尔由此对康德哲学的相关错误进行了更细致的分析：

　　首先，"从直观与知性形式的先天性和主体性推论出现象主义的看法，这种做法是不正确的，无论表面上看来这个问题会表现成什么样，那种断言，认为这些形式在主观意义上具有某种调整行为的那种断言，都始终是一种纯粹**独断的看法**。要为这样的成见提供证明，始终都是不可能之事"②；其次，"当康德把纯粹知性概念和它们的演绎弄成他的研究对象时，康德本人就放弃了他的那一论题——只有直观的东西才是能够被思想的，知性因而就没有什么特殊的对象"③，这事实上意味着，"非直观的东西，'纯粹概念'，也是能够被思想的"，并且"没有范畴也是可以思考的"，"康德的那种经验主义的看法，那种关于一切思想对象的直观性的本性的看法，因而就站不住脚了"④；不仅如此，海德格尔也赞同屈尔佩的一个判断，即"康德虽然对'界限之逾越'有如此剧烈的警告，但他并不忠实于自己，恰恰是他使得一种'科学**本身**'（Wissenschaft

---

①　海德格尔：《早期著作》，第 11—12 页。
②　海德格尔：《早期著作》，第 12 页。
③　海德格尔：《早期著作》，第 12 页。
④　参见海德格尔：《早期著作》，第 12—13 页。

überhaupt)的理论从形式科学的理论中产生了"①;最后也是最重要的是,"康德通过知性而对经验材料的那种加工是在一种与实在化恰恰相对立的意义上进行的,而不是消除了那些主观的附属物,这就导致了,认识对象通过诸范畴所经受的仅仅还只是一种加强了的主观化而已;认识活动愈发地远离了它真正的对象"②。在康德哲学那里,认识活动远离了它真正的对象,这就是康德哲学作为一种非实在论哲学最根本的错误。

而认识活动"真正的对象"是什么?这当然就是"批判的实在论"所要解答的问题。海德格尔就此指出:"或许正是被给予的东西,被发现的东西,才造就了我们的那种思想活动——对自行在被给予者中显示的那种实在性的思考——的物质性的基础。并且,科学的目标正是对这种思想活动的规定,而不仅仅是对实在性之显现的规定。"③也就是说,科学的目标是对人通过对实在性(存在)的思考而进行的那种关联活动的规定,而不仅仅是对实在性(存在)之显现的规定。在七年之后的弗莱堡讲座《哲学观念与世界观问题》(1919)中,海德格尔重申了"批判实在论"的这一旨意而且讲得更加明确:"一切存在唯有在思想中并且通过思想才存在,一切思想乃存在之思想。"④由之返观,可以看出,《现代哲学中的实在性问题》所谓的"认识活动的真正对象",在实质意义上指向了"人与存在之关联",若着眼于此,"批判实在论"就具有十足的深意。海德

---

① 海德格尔:《早期著作》,第 3 页。
② 海德格尔:《早期著作》,第 13 页。
③ 海德格尔:《早期著作》,第 13 页。
④ 海德格尔:《论哲学的规定》,第 93 页。

格尔在论文中也特意引用了屈尔佩的一句话"实在性问题位于……
未来那种哲学的临界处",并称赞道:"屈尔佩胜于其他一切人的地
方看起来就在于,他把他特别的研究工作奉献给了这一工作。"①

　　这里所谓的"科学"因而也不是一般意义上的科学,受屈尔佩
的影响,1912 年的海德格尔已经在追寻一种科学(关于这种"科学"
的哲学意义,参见本书第二章对海德格尔 1919 年与克雷布斯信中
所说的"认识论上的洞见"之实质含义的分析),这种科学致力于
"对被设定的实在性做出一种完全有效的和适宜的规定"②,或者说,
"通过去除掉认知主体的那些调整性的理解方式和其所附加的东
西,去在被给予的东西、被发现的东西自身当中来规定这种东西"③。
此时,遵循着屈尔佩的术语,这种科学还被命名为"实在科学",而
在 1919 年的《哲学观念与世界观问题》中,通过海德格尔向胡塞尔
现象学的深度学习所达成的种种深化(其中也包括对屈尔佩"批判
实在论"的扬弃),所追寻的这种科学将被命名为"源始科学",但
它所致力的仍是同一向度,即对"本源关联"亦即"人与存在之关联"
做出规定,因为 1919 年的这个讲座的使命就是:寻求一条道路,告
别派生性的理论之物,有方法地进入本源关联领域。④ 这意味着,
1912 年论文《现代哲学中的实在性问题》与 1919 年讲座《哲学观
念与世界观问题》有着深邃的内在关联,倘若我们承认后者的深刻
意义(参见后文),就不难看出前者的深远指向。

---

① 　海德格尔:《早期著作》,第 5 页。
② 　海德格尔:《早期著作》,第 13 页。
③ 　海德格尔:《早期著作》,第 15 页。
④ 　参见海德格尔:《论哲学的规定》,第 3、71 页。

屈尔佩的哲学思想受到洛采的深刻影响，构成了对洛采思想的一种深化理解。这可见于他自己的思想表述，也是研究者的确切观察，因为不仅屈尔佩自己的哲学是如此[1]，就连他的两位导师即冯特（Wilhelm Wundt）与穆勒（Georg Elias Müller）的学术思想也都根本地有赖于洛采。[2] 从哲学史层面来看，洛采首次提出了对现代哲学影响深远的"有效性"思想，这种思想乃是对古典哲学传统的一种深刻转化，本身就蕴含着"存在之区分"和"存在之关联"这两种向度（参见本书第一章第二节），以此奠定了包括新康德主义者、布伦塔诺、弗雷格、胡塞尔、狄尔泰乃至屈尔佩与拉斯克等诸多学者的问题格局。[3] 在早期海德格尔的视野中也同样如此：洛采凭借其有效性思想对自然主义的错误（混同存在与存在者）做出了原则性的克服[4]，同时强调"存在＝处于关联中"[5]，由此为追问"存在之

----

① 斯特凡·比特（Stephan Bitter）指出，洛采对个体与普遍者之关系的思考决定性地影响了屈尔佩的哲学格局，参见 Stephan Bitter, "Oswald Külpe (1862-1915) und die Dorpater religionspsychologische Schule", in: *Geisteswissenschaften und Publizistik im Baltikum des 19. und frühen 20. Jahrhunderts*, N. Angermann, W. Lenz, K. Maier (Hg.), Berlin 2011, S. 483-512, hier 488；屈尔佩自己也指出洛采哲学的核心意旨是关联问题，"洛采和斯宾诺莎一样，都是一元论者，但却有所变化"，"洛采在某种程度上成功地做到了把一元论和多元论的立场结合为一体，他假定了独立的、个体的实在物的实存，并且通过对一种包罗万象的实体的假设而解释了它们的相互作用"。参见 Oswald Külpe, *Introduction to Philosophy*, trans. W. B. Pillsbury and E. B. Titchener, London 1910, pp. 109, 115。

② 参见 W. R. Woodward, *Hermann Lotze: An Intellectual Biography*, pp. 209, 349。

③ 对洛采影响的讨论亦可参见 Nikolay Milkov, "Hermann Lotzes philosophische Synthese", in: Hermann Lotze, *Mikrokosmos*, 3. Bände, Band 1, Hamburg 2017, xi-lxvii, hier xii-xv。

④ 参见海德格尔：《论哲学的规定》，第153—154页。

⑤ 参见海德格尔：《论哲学的规定》，第101—102页。

意义"问题提供了基础性的问题模式。但海德格尔同时也看到, 洛采本人并没有在认识论上予以详细阐发 [1], 对此的理解因而还需要借助对更多资源的汲取。从洛采而来, 拉斯克的"范畴理论"侧重于阐发"存在之区分"向度即"作为区分的有效性"或者说"有效活动的区分性" [2], 屈尔佩的"批判实在论"则侧重于阐发"存在之关联"向度即"作为关联的有效性"或者说"有效活动的关联性", 而且不是人与实在物的关联, 而是人与实在性的关联。早期海德格尔有意识地同时向屈尔佩和拉斯克分别学习 [3], 而且也深刻地觉察到这两位思想家的统一性 [4], 并且始终坚持洛采著作的基础性 [5], 这一现象

---

[1]　参见海德格尔:《论哲学的规定》, 第 154 页。

[2]　对海德格尔视野中的拉斯克和洛采之关系的讨论已经在前文中给出, 参见本书第 69 页注释 [1]。

[3]　海德格尔在 1912 年同时发表了两篇论文, 即《现代哲学中的实在性问题》和《逻辑学的新研究》。前者研讨的是屈尔佩在"存在之关联"问题上的启示, 后者则以对拉斯克在"存在之区分"问题上的启示为研究核心 (参见海德格尔:《早期著作》, 第 28—31 页)。海德格尔对这两位思想家之思想的分别汲取, 以及这两篇论文的核心洞见, 以不同方式持续拓展到海德格尔博士论文(1913)和教授资格论文(1915)的构思中。

[4]　海德格尔:"可惜的是, 就连屈尔佩——但就他对'客观逻辑'的一贯偏爱而言, 这也是可以理解的——在这个问题上也从未深入研究过拉斯克的《判断理论》(1912), 我必须指出, 较之对'哲学之逻辑'的研究, 对这种判断理论的研究要具有**更为**深远的意义。这部探讨判断问题的著作具有非比寻常的丰富远景, 但我们也因而会更加为此感到惋惜:屈尔佩虽然拥有一种典范性的、重要的阐释方式, 但他却不再能够做到, 让专业圈子了解, 在那个(在我看来)决定着一切的判断问题上, 他是如何看待拉斯克的思想的。屈尔佩在其对拉斯克思想有所评论的最后作品中曾写下了一句话, 在今天看来, 这话也同样适用于屈尔佩本人:'毫无疑问, 这位拥有超高天赋的研究者, 倘若他不是由于一种令人无法忍受的命运而过早离开我们的话, 他必然会因他那深邃通透的思路(关于形式差异化问题——海德格尔注)而取得成功。'"(参见海德格尔:《早期著作》, 第 499 页)

[5]　海德格尔:"洛采的《逻辑学》虽然在某些方面——判断理论、伦理学化的倾向——上被超过了, 但始终还被应被看作是现代逻辑学的地权书/基础著作 (Grundbuch)。"(海德格尔:《早期著作》, 第 28 页注释 [1])

绝非偶然，而是应视为海德格尔对"洛采问题模式"① 的深化努力：借助于同一影响域中的同行学者从不同向度做出的对洛采"有效性"思想的深入阐发来深化既有理解，使得布伦塔诺博士论文所激发的"存在之意义"问题在洛采的问题模式中得到真正展开。② 也正因此，虽然屈尔佩哲学也有明显的不合海德格尔意图之处，比如海德格尔对于屈尔佩的那种过强的自然科学倾向持保留态度，而且在 1912 年就不赞同屈尔佩的"归纳形而上学"③，但基于对更高旨趣的领会，海德格尔对屈尔佩的工作"取其深意"④，看出了"批判实在论"的一种深邃可能：鉴于有效性乃是存在之区分与存在之关联的统一⑤，并且通过一种转化式的解读，屈尔佩从有效性思想中所阐发出的关联问题就可以不是单纯的"人与存在者之关联"，而

---

① 关于"洛采问题模式"，参见本书第一章尤其是第一章第三节。

② 参见海德格尔在《黑皮笔记》中的回顾："我很早就遇到了两本书，正是借助于它们，我才能够在学术上自为地学习，此即布伦塔诺的博士论文《论"存在"在亚里士多德那里的多重含义》和洛采的《形而上学》(1841)。……这么多年来我一直热爱着这两本书，并且在今天我还喜欢钻研它们。它们乃是指引我通向伟大思想家之作品的第一路标；除此之外再没有其他任何人给我指示过这样的道路。只是在后来我才觉察到，李凯尔特和胡塞尔这些教师都是以完全不同的方式被洛采所规定，就连布伦塔诺也处在洛采的'影响'之下。"(GA 97, S. 469–470.) 相关讨论参见第一章第二节。

③ 海德格尔：《早期著作》，第 19 页。海德格尔在 1919 年讲座中进一步澄清了他为何不赞同屈尔佩的"归纳形而上学"，参见海德格尔：《论哲学的规定》，第 28—32 页。

④ 海德格尔在 1914 年给李凯尔特的信中写道，"实在性问题应该重新得到思考"，表明了他对传统资源的汲取态度和致力方向。参见 Martin Heidegger/Heinrich Rickert, *Briefe 1912–1933 und andere Dokumente*, S. 17–18。

⑤ 海德格尔为此指出，屈尔佩虽然侧重阐发关联问题，但这种关联问题也是以他对区分问题的洞见为前提的，"屈尔佩也强调了'范畴之有效性领域的多样性'，参见其《论范畴理论》第 46 页以下。只是当屈尔佩结束了上述研究之后，他最后的、极具价值的工作才显现出来"(海德格尔：《早期著作》，第 492 页)。

是有可能指向了一种本源性的"人与存在之关联"。[①]（海德格尔对拉斯克的学习也同样如此，也仍是"取其深意"，拉斯克在"存在之关联"向度上的阐发明显弱于屈尔佩[②]，海德格尔因而更侧重于学习拉斯克对"存在之区分"的阐发。[③]）

　　"实在性"当然还并不直接就是海德格尔后来所思考的"存在本身"，从对整体进程的返观角度来看，这还需要经历对屈尔佩思想的扬弃工作以及一系列的思路深化（例如通过胡塞尔"范畴直观"之启示以及谢林"非根据"概念之启发而达成的深化），但若我们注意到海德格尔持续实施的对他者思想"取其深意"的本己居有式的学习[④]，这种呼应关系和指向关系就是清晰可辨的。

---

　　①　就屈尔佩"批判实在论"对海德格尔思想的深远影响，海德格尔学界的一批重要研究者如 T. 基谢尔、C. 施特鲁贝（C. Strube）、M. 施泰因曼等人都予以确认并从不同角度做了分析，参见 Claudius Strube, *Zur Vorgeschichte der hermeneutischen Phaenomenologie*, Würzburg 1993, S. 65 ff.；登克尔等编：《海德格尔与其思想的开端》，第 293—294 页；Theodore Kisiel, Thomas Sheehan (ed.), *Becoming Heidegger. On the Trail of His Early Occasional Writings, 1910-1927*, pp. 21-22。

　　②　拉斯克把作为关联的意义理解为形式（范畴）与质料的紧密结合，亦即用范畴来包围质料（参见海德格尔：《早期著作》，第 29、39—40 页），海德格尔对此的间接批评是："在今天，这种形式—质料的二重性已经是一种决定性的探讨认识论问题的手段，以至于对这种二重性之价值和界限展开一种本原性的研究已经变得不可避免了。……在我看来，拉斯克的那种必要的、只是在形而上学上才可贯彻的最后论证应从活生生的精神的那种得到预示的概念而来予以实现。倘若可以在某处实现之，那么就必须在范畴之应用问题那里予以实现，只要人们承认这一问题本身乃是一种可能的问题，而且，范畴问题的那些所谓唯独仅有的客观的—逻辑的探讨方式能被看出其片面性。"（参见同上书，第 497—499 页）

　　③　参见海德格尔：《早期著作》，第 28—29 页。

　　④　他后来向狄尔泰、胡塞尔、舍勒等人的学习也仍是这一方式，至于海德格尔采用这种学习方式的深层根据，参见后文对"历史性切近"问题的分析。

案语：这里必须指出，这种清晰可辨乃是就思想道路之进程的实际效果而言的，而绝非意指海德格尔从思想启动之际就预先看到了一条现成的道路并依序行进。返回观照受益于整体事实的确定性才有可能看到一种实际呈现的线索，但对于当事人在行进中的每一个当下视角而言，情形要复杂得多，也晦暗得多，毋宁说，行进者的道路是在摸索中生成的，甚至是被迷途参与构成的。为确切阐明问题，我们在此必须对返观视角和当下视角的关系做出深刻分析。由于 1912 年的两篇论文《现代哲学中的实在性问题》和《逻辑学中的新研究》直接通向了博士论文（1913）和教授资格论文（1915），并且深刻影响了后二者的构思与布局 ①，故以下的论述将把这四篇文本作为代表海德格尔最早期思想的整体来加以看待，并以此为出发点来分析上述两种视角的关系。

一方面，相比于后来的成熟思考，海德格尔最初的这些尝

---

① 《现代哲学中的实在性问题》是以这样的语句结束的："屈尔佩把远离正道而陷入迷途的认识论给重新置立于它真正的任务面前了。亚里士多德—经院主义哲学一向就是以实在论的方式思考的，新的认识论运动将不会让这种哲学消失于视域之外；我们必须对这种哲学展开积极的促进性的研究工作。"（海德格尔：《早期著作》，第 19 页）按照此前对"批判实在论"和"范畴理论"之深意的解释，以及海德格尔在 1915 年简历中对博士论文和教授资格论文的定性（"我渐渐看出，在亚里士多德—经院主义哲学中沉落着的那种思想财富，必定允许有并且要求有对它的一种更富勃勃生机的运用和利用。因此，在我的博士论文《心理学主义中的判断理论》中，我就试图着眼于逻辑学和认识论的中心问题，在对现代逻辑学和亚里士多德—经院主义的基础判断的同时定向中，为更进一步的研究寻求一种基础"，然后"凭借现代哲学的手段而对中世纪思想家们的理论内容做出一种阐释性的理解，如此就形成了我对邓·司各脱的范畴学说和意谓理论的研究"。参见 GA 16, S. 38-39），我们就能洞见到这几个文本的一体性。

试的确只是"一些无助的早期尝试"①，甚至"完全被当时那些
支配性的观照立场所规定"②，可能还要"经历许多次的倾翻、
迷途、无措"③，以至于海德格尔后来也承认，严格说来，"当
时把它们写下来的时候，我还并不知道那种后来逼迫着我的思
想"④，"这些尝试作为公开发表的东西只是按照义务而进行的
通告，并且就那种东西，那种未被掌握且缺乏真正引导而挤向
混乱的东西，也只是显示了少许"⑤；但另一方面，在道出限度
之后，海德格尔也总是立即就指出了同一事情的另一视角：尽
管如此，"在这些尝试之后，一种缓慢的澄清朝着两个向度开
始了，一个是向亚里士多德的历史性回溯……一个是对胡塞
尔现象学方法的真正谙熟"⑥，而之所以有如此的时间秩序，实
是因为"这些尝试"的意义绝非仅限于外在的"按照义务而进
行的通告"，而是在深层意义上构成了一个决定性的开端，所
以海德格尔在不同时期反复声明，在这些早期尝试中，"所有
[本质性的]东西都在这里了！"⑦虽然有其限度，但"这些尝试
还是揭示了一种对那时的我尚还锁闭着的道路开端：处于范畴
问题之形态中的是存在问题，以意谓理论形式出现的是语言问
题。这两个问题的共属性当时是处于黑暗之中的"⑧。海德格尔

① 海德格尔：《早期著作》，第 68 页。
② GA 66, S. 411.
③ 海德格尔：《早期著作》，第 70 页。
④ 海德格尔：《早期著作》，第 68 页。
⑤ GA 66, S. 412.
⑥ GA 66, S. 412.
⑦ GA 82, S. 44.
⑧ 海德格尔：《早期著作》，第 68 页。

在公开作品中的这一表态与思想日记中对同一文本的表态①并不冲突。因为，按此前的分析，语言问题的实质是关联问题，因此就"基础问题"的构成要素而言，基础问题的"道路开端"已经被给出了，只是那时它还处在一种二分性的形态中，因此所谓"尚还锁闭"，不是指这一开端还不存在，也不是指海德格尔当时完全未意识到这一开端的存在，而是指这个处于环节划分形态中的开端尚未实现其本性。他当时还不知这个开端究竟该如何适宜地运作，因此他接着写道，"这两个问题的共属性当时是处于黑暗之中的"，他当时所能依赖的只是"判断理论对于一切存在—逻辑学（Onto-Logik）的那种统治性的指示，这种依赖性甚至连对那种'黑暗'的预感都不允许"②。换言之，从环节划分而来得到思考的"存在"与"关联"如何统合为真正的本源关联（人与存在之关联），海德格尔当时还不甚清楚。③但这种不甚清楚又并非毫无预感④，无论如何，着眼于"人与存

---

① 海德格尔在 20 世纪 40 年代的《黑皮笔记》中指出，教授资格论文所开启的道路正是《存在与时间》的那条道路："意谓理论"指向了语言之本质，"范畴学说"则指向了存在之本质，"此二者作为扰动人的东西伫立在视野中，这一点才是决定性的。存在之道说已经作为本真之幽暗降临在我思想的最初经验之上，并且从此不再离开，这一点乃是那还未被辨识出来的恩典；因为很快就从所有这一切中生长出了对存在之遗忘状态的经验，对《存在与时间》的思考正是由此而被带到道路上的"（GA 97, S. 287）。

② 参见海德格尔：《早期著作》，第 68 页。

③ 这一问题要等到"形式显示"思想的兴起才能得到澄清，最终构成"人之此在的存在论"方案，由此真正塑形《存在与时间》的筹划。参见本书第二章以及 GA 66, S. 413。

④ "形式显示"之实质含义的构成要素（"存在论差异"和"人与存在之关联"）要追溯到教授资格论文，而且其在形式上所依赖的"反思性范畴"思想也要追溯至教授资格论文中的探讨工作。更重要的是，教授资格论文的"结论"部分和"试讲"部分已经展望了对"否定性"和"时间之本质"的追问，这将对此后的"基础问题"之追问产生深远影响。

在之关联"在海德格尔思想中的基础性地位(参见第一章第一节),教授资格论文构成了一条决定性道路的开端,这一点是无可置疑的,海德格尔在后期多个文本中也反复提示,教授资格论文"结论"部分对"无"和"否定"问题之追问的启动 ① 就是通向《存在与时间》的最关键点。②

　　由此我们可以看出,正是海德格尔本人给出了对于思想进程的两种观照视角(当下视角和返观视角)的统一性解释,也正是当事人的这种统一性解释使得研究者的解读策略得到一种合理说明。对于这种统一性,海德格尔自己在1937/1938年的一篇名为《我迄今为止的道路》的札记中更有一番深刻解说:"《我迄今为止的道路》即便只是被当作新的沉思之手段和对道路的观照与阐释,也向来都是依赖于业已被达到的沉思之阶段的。这条道路从未被预先知晓,而是始终摇摆不定,被挫折和迷途所包围。但寻索却一再地被逼迫走到那条唯一的道路上,并且被迫趋于日益增长的清晰性。事实上,沉思的任何一个阶段都不知道究竟发生着什么。被经验的东西和被尝试的东西始终只是对于那个完全不同的东西的效力,这种东西有朝一日或许甚至必须成为一个'不言自明者'。"③

　　这番表态若予以转释性的解释即是,当下的观照总是有其限度,"即便只是被当作新的沉思之手段和对道路的观照与阐释,也向来都是依赖于业已被达到的沉思之阶段的"。真正

① 参见海德格尔:《早期著作》,第498页。
② 参见 GA 66, S. 412；GA 82, S. 44, 364；GA 97, S. 287 以及《路标》,第388页。
③ GA 66, S. 411.

的思想道路绝非现成的、可供遵循的道路，而是一种生发性的道路，且这种生发性道路的内在节奏与整体形势非人所能预测和规划，因此"这条道路从未被预先知晓，而是始终摇摆不定，被挫折和迷途所包围"。但思想绝非思想者之规划产物与制作产品，毋宁是，思想者适用于亦即效力于思想，且只要思想者始终从事于这种适用，征用着的思想在历程之返观中终会显示出它自己的深意，思想者终归会领悟到"用"之统一亦即适用与征用的统一：虽然这条道路从未在现成的意义上被预先知晓，且始终摇摆不定，被挫折和迷途所包围，但"寻索却一再地被逼迫到那条唯一的道路上，并且被迫趋于日益增长的清晰性"，"适用"的种种阶段性的局限都被"征用"转化为整体性的参赞之功①，哪怕是挫折倒退和误入歧途也仍是正道而行。因此，当下视角与返观视角事实上共同归属于一种源始的关联活动，这种关联活动是适用与征用的统一之"用"，正是这种"用"使得当下阶段的局限与整体返观的深意融为一体："沉思的任何一个阶段都不知道究竟发生着什么。但被经验的东西和被尝试的东西却始终只是对于那个完全不同的东西的效力，这种东西有朝一日或许甚至必须成为一个'不言自明者'。"②

---

① 这种转化不仅为思想者对本己道路的返观视角打开了空间，而且为解读者的返观视角打开了历史性传承的空间。参见海德格尔：《路标》，第1页。所谓的"思想之实事"乃是"同一者"或者说"同一者之同一性"，其实质含义则是"人与存在之关联"（参见本书第一章第二节对海德格尔语境中的"同一者"之特定含义的注释），这种解说因而也可以视为对"基础问题"之二重性（"人与存在之关联"既是海德格尔思想的基础问题也是形而上学的基础问题）的一种解释。

② GA 66, S. 411.

按同一文本的解释,这个"完全不同的东西"就是"存在之意义"问题①,亦即"人与存在之关联"问题。

　　一言概之,在海德格尔这里发生的事情是,这个思想者在得到思想传统的预先指引下有所寻求地走上了思想道路,但由于这种启动本身乃是对思想传统的一种转化②,因而这种道路行进就不是对一种现成之路的预先知晓和程序遵循,而是在转化之冒险和歧途之摸索中被思想征用着走出了一条生发性的道路。但也只有这个思想者从启动之际,通过思想传统的指引和对思想传统的转化而致力于追问人与存在之关联问题,并且始终致力于之,才会达成阶段性观照与整体性返观的那种不可思议的深刻统一,反过来说,"也正是在对基础问题的历史性的和原则性的沉思的统一性中,整个发问活动的过渡位置才会变得清晰"③。因此,由于海德格尔(式)的这种追问活动的特殊性(以本源关联为追问方向并且以追问参与这种关联,以至于追问者虽然身处阶段处境中不知晓整体事态,但仍然会使本己的有限性成就为对本源关联的参赞),考察海德格尔思想时所需用的那两种视角——阶段性的当下视角和整体性的返观视角——就

　　①　GA 66, S. 414.

　　②　深层原因在于,这种启动所遵循的传统典范本身就是对古典传统的转化,换言之,洛采思想,作为海德格尔思想之启动所遵循的"第一路标",本身就是对德国古典哲学乃至希腊古典哲学传统的深切转化。这一点从一开始就决定了海德格尔的思想道路。对洛采之"中间位置"的辨识使得海德格尔深知,所有真正的传统,所有需要继承的传统都是创造的成果,都是创造活动的记录,谨小慎微、单纯守成式的延承复制根本无济于事,只有通过创造才能对接创造,只有以创造性的转化才能真正继承传统。参见第一章第二节。

　　③　参见 GA 66, S. 415。

并不构成冲突和对立，毋宁说，它们不仅各成其是，而且相互成就。① 基于这一实事，并着眼于研究者的使命（彰显问题实质并揭示问题脉络），我们的考察工作因而就采用了以返观视角为主以当下视角为辅的策略，此外，在主旨分析时也往往会采用具有通约性的术语，例如，早期海德格尔受洛采影响往往采用"Wirklichkeit"来表示他后来所思考的"Sein"，由于实质含义相通且为表述方便，我们在相关探讨中就通常予以直接通约。

如此，从整体性的返观视角来看，以"人与存在之关联"为基础问题的海德格尔思想从一开始就关注"实在性"问题绝非偶然，这种关注将贯穿海德格尔此后的追问历程（参见海德格尔在《哲学观念与世界观问题》《时间概念史导论》《存在与时间》等关键作品中对"实在性"问题的持续讨论以及他与舍勒的争辩），在"批判实在论"的一种得到转化的意义上（亦即并非仅限于屈尔佩所定位的实在论而是予以扬弃的意义上②），可以说，致力于追问"存在之意义"亦

---

① 海德格尔在 1929 年弗莱堡讲座《大学学习导论》中曾就其思想之理解问题对学生说过这样一番话："你们必须明白，本质性的东西常常并不在于我在此向你们言说的东西中，而是在于我缄默不言的东西中。但也只有当我向你们言说的时候，我才能对你们缄默某种东西。"（GA 28, S. 354.）当代学者盖伯瑞尔·塞塞尔（Cabriel Cercel）认为，海德格尔的这番表态给予"海德格尔研究"一个重要的暗示，即我们在研究海德格尔作品时不要始终坚持那种各自分立的、拘泥于字面的、有严重后果的静态研究策略，而应该始终坚持那种冒险的和挑战性的动态研究策略。参见 Cabriel Cercel, "Zur Entstehung einer phänomenologischen Hermeneutik der Geschichte", in: *Heidegger Studies*, Vol. 27, Berlin 2011, S. 119-136, hier 119。

② 海德格尔后来对屈尔佩"批判实在论"的"扬弃"工作，可参见海德格尔：《论哲学的规定》，第 9、32、87—106 页。这种"扬弃"工作的真正向度在于对"无之本质"亦即"存在之真理"（自行显现/自行隐匿）的沉思，而以往任何一种实在论，（转下页）

即"人与存在之关联"并且坚信"存在是一个及物动词"的海德格尔，从一开始就是并且始终是一个特定意义上的"批判实在论者"。[①]

最终，无论是从《现代哲学中的实在性问题》的主旨还是其执行思路来看，海德格尔视野中的"实在性"问题都在实质意义上指向了"人与存在之关联"（虽说在术语和义理层面都还远未抵达目标），换言之，这篇论文已经是海德格尔思想"基础问题"的一种呈现。德国学者施泰因曼也基于他的观察得出了相近的结论："如果以历史发生学的方式来理解，认为海德格尔的独特思想（比如生存分析和存在问题）是慢慢地逐渐成熟起来，他的早年无非是一种潜伏的状态，这是不准确的。毋宁说，海德格尔一开始就怀有基础哲学的兴趣，这个兴趣不是慢慢形成的，而是他的思想发展的条件。海德格尔早期的各种文本都证明了这一点。就公开发表的东西而言，这个兴趣首先表现在他的一篇评论屈尔佩的'批判实在论'的文章中。"[②] 亦可参见伽达默尔的类似表态，即我们不能局限在文本

（接上页）若不予以转化，都无法胜任这种沉思。海德格尔在教授资格论文的结尾处就曾宣称他将对"否定"之本质展开进一步的研究（参见《早期著作》中译本第 498 页注释①），这事实上通向了对自送自隐的存在之真理的沉思（参见 GA 66, S. 412；GA 82, S. 44, 364；GA 97, S. 287）。伽达默尔在晚年回忆道，海德格尔对自行显示与自行隐匿之一体性的思考启动得非常早，至少在其 1920/1921 年的"亚里士多德阐释"（GA 61）中就已经出现了。这位见证者的报道可以佐证海德格尔的自我注释。（参见 Hans-Georg Gadamer, *Gesammelte Werke, Band 3, Neuere Philosophie I*, S. 386–388。）

① 海德格尔对其转化了的"批判实在论"思想的最具代表性的论述可参见《形而上学导论》中对"存在之意义"的分析。此外可顺便指出的是，欧洲新近兴起的"思辨实在论"（新实在论）之所以令人感到其对"关联问题"的思考与海德格尔思想有近似之处，事实上有深层根据，也就是说，若我们考虑到海德格尔思想与"批判实在论"的特有关系，并且洞见到"思辨实在论"与"批判实在论"的关联性，我们就可看出，这一现象绝非偶然。

② 登克尔等编：《海德格尔与其思想的开端》，第 293 页。

表述的表面形态，而必须看出海德格尔早期思想尝试中的更为深邃的根本主题："对于当时的天主教神学的批判和对于新康德主义先验哲学的虚弱的形式主义的批判，这真的不是年轻的海德格尔在其思想尝试中看到自己已被摆置到其面前的那一终生任务。"① 此外还可参见图恩赫尔（Rainer Thurnher）的观察结论："海德格尔的哲学努力的特点在于，这种努力从一开始就具有它的彻底性、它的本源之姿态、它为赢得一种奠基着的本源基础的竭力奋斗。"②

如此，在《现代哲学中的实在性问题》之主旨和思路得到揭示后，海德格尔此时对康德哲学的那一定位——康德哲学根本上是一种非实在论哲学——的实质意义也就得到澄清了：在 1912 年的海德格尔看来，康德哲学还根本没有触及"人与存在之关联"问题。③ 若对照于海德格尔后来著作例如 1929 年《康德与形而上学问题》对康德哲学的定位（康德哲学实质上是在形而上学中追问了人与存在之关联问题），海德格尔最初的这种定位显得非常触目，与后来的定位构成一种尖锐的对立。海德格尔整个的"康德阐释"就运作在这样一种对立面的转化中，最初的定位将被转变为后来的定位，倘若我们看出，这种转变并不意味着海德格尔放弃了他对之有特殊理解的"批判实

---

① Hans-Georg Gadamer, *Hermeneutik im Rückblick*, GW 10, S. 57.

② 登克尔等编：《海德格尔与其思想的开端》，第 354 页。有改动。

③ 在 1912 年的另一篇论文《逻辑学的新研究》中，海德格尔表达了对拉斯克的这样一种"康德观"的赞同：康德把范畴问题仅仅局限在"感性的—存在着的东西"中而没有通过对范畴理论的拓展来深思一种对"存在着的东西和有效着的东西"的区分（参见海德格尔：《早期著作》，第 29 页）。这种借助拉斯克对康德哲学未思及"存在之区分"的批判和借助屈尔佩对康德哲学未触及"存在之关联"的批判显然是共属一体的，而且构成了相互论证。

在论"立场（海德格尔 1919 年对屈尔佩"批判实在论"的扬弃并非对海德格尔特有的"批判实在论"立场的放弃），那么这种转变就只能意味着这样一种变化：海德格尔对本己思想的基础问题（人与存在之关联）有了愈发深刻的理解，并最终在一种本质性的理解 ① 中将其同时承认为形而上学的基础问题，康德哲学也因而得到了重新阐释。

　　虽然这一转变进程相当复杂且耗时甚久（更多讨论需在后文展开），但恰恰就在《早期著作》（1912—1916）所标识的这一阶段，已经有关键因素萌发了。

　　因为从《早期著作》的文本进程来看，海德格尔对康德哲学这个最初定位就没有持续多久，而是很快就遭遇了改变的契机。② 这个最初定位主要是受到了屈尔佩的强烈影响，它本身是不是确切可靠的，年轻的海德格尔还需进一步深思。虽然海德格尔在 1913 年10 月给李凯尔特的信里以"整个天主教哲学迄今没有一部书或一篇

---

　　① 这种本质性理解是指，海德格尔通过对无之本质（存在之遗忘状态）的追问把人与存在之关联这种"关联"活动的本性理解为自行显现/自行隐匿的一体性，由此也深化了对存在之本性的理解。存在，作为根据，既是自行置送着的，也是自行回隐着的。着眼于这种一体性，不仅可以看出，本源关联不必拘泥于狭隘的批判实在论所理解的那种实际性路径，更可以洞见到，隐匿也是一种真理，本源关联未在其中得到彰显的形而上学的历史，也是存在之真理（自行回隐/自行置送）的历史，而海德格尔本己思想的基础问题（即指向未来思想之任务的基础问题），也就由此而被承认为形而上学之基础问题。

　　② 德国天主教学者沙伯在其研究中也注意到了早期海德格尔学术道路的一种重要转变，他指出："1913/1914 年左右在海德格尔那里发生了一个态度的转变，这一转变将导致他 1919 年同天主教体系的决裂。……当海德格尔于 1911/1912 年还在批评康德和黑格尔的时候，距他摆脱因宗教信仰而产生的对康德和黑格尔的保留态度已经不远了。"参见登克尔等编：《海德格尔与其思想的开端》，第 179、183 页。但从更多文本证据（参见本书第二章第二节）来看，海德格尔的这一态度转变还要更早，否则无法解释其自进入神学院以来就开始阅读路德和一批新教神学家著作的内在动机，更无法解释其 1911 年的"道路决断"。

文章哪怕只是接近于正确地理解了康德"① 间接表达了他对自己的
"康德理解"的自信,但从学理上来看,这种理解还是有几个疑难问
题不可回避:首先,海德格尔深知洛采哲学受到后期费希特的强烈
影响 ②,洛采对有效性与实在物之区分的洞见受益于费希特把作为
"感觉着价值的理性"的实践理性置于首位的做法 ③,而康德对实践
理性的推崇以及费希特与康德哲学的关系又是众所周知的,那么,
在何种意义上可以认为,在屈尔佩和洛采乃至费希特那里得到不同
程度思考的本源关联问题,竟然不存在于康德哲学中?其次,所谓
"现象主义"的处理,"物自体"的设定,是否就意味着康德哲学没
有触及本源关联问题?对本源关联的致思是否必须以狭隘意义上
的批判实在论的方式进行?最后,倘若海德格尔对屈尔佩的研究也
只是为了"取其深意",也只是在做一种对传统资源的转化工作,那
么,与屈尔佩为友是否必然就意味着与康德为敌?康德哲学如何就
不能提供一种被深切转化的可能性?

　　海德格尔此后的历程显然走向了对上述可能性的艰苦探索。
最早的同时也相当重要的一个转变契机出现在海德格尔 1914 年发
表的长篇书评《论森托尔的〈亚里士多德与康德〉》④ 中。森托尔
(Charles Sentroul)是法国学者,1905 年出版了其在鲁汶大学完成

---

① Martin Heidegger/Heinrich Rickert, *Briefe 1912–1933 und andere Dokumente*,
S. 12.

② 洛采和他的老师魏瑟一样,思想上都深受费希特后期哲学的影响,这是当时学
者都能看出的脉络,而且海德格尔在 1915 年的简历中也指出,他很早就开始了对费希
特的研究(GA 16, S. 39),这一研究的内在动力也是不言而喻的。

③ 参见海德格尔:《论哲学的规定》,第 154、157 页。

④ 海德格尔:《早期著作》,第 60—66 页。

的教授资格论文《康德与亚里士多德论形而上学之对象》(*L'objet de la métaphysique selon Kant et selon Aristote*)。次年，在"未做本质性改动"[①]的情况下，该书参加了德国"康德协会"的大奖征文活动（征文主题为"论康德的认识概念并与亚里士多德相对比"）并获得嘉奖。1911 年，此书以有所扩充的形式出版了德译本，更名为《康德与亚里士多德》(*Kant und Aristoteles*)。海德格尔的书评即是针对此书的德译本而作。

　　森托尔此书（以下皆指德译本）的框架如下：导论"对康德和亚里士多德的认识论的简要概览"；第一章"亚里士多德的实在论的教条主义"；第二章"康德所理解的真理"；第三章"康德所理解的感性现实"；第四章"康德所理解的先天概念以及经验之综合"；第五章"康德所理解的形而上学的理念"；第六章"亚里士多德所理解的形而上学的科学"；附录"康德的宗教哲学"。其中尤其值得注意的是第三章，此章又划分为四节：第一节"康德所理解的真理与实在论"，第二节"康德对观念论的反驳"，第三节"感性现实对于认识的参与"，第四节"对亚里士多德感官知觉理论的总结"。由此已然可见海德格尔关注此书的内在动力，森托尔的这部著作恰恰含有海德格尔从《现代哲学中的实在性问题》所启动的那一关键问题：如何理解实在论问题上康德立场与亚里士多德式立场的不同？如何理解康德与实在论的关系？海德格尔为此书撰写的长篇书评因而需要认真分析，他的"康德阐释"的一种转变契机就隐藏在其中。

[①]　Charles Sentroul, *Kant und Aristoteles*, übersetzt von Ludwig Heinrichs, Kempten und München 1911, V.

　　森托尔在为德译本撰写的"作者序"中点明此书的主旨是"让亚里士多德相对于康德的那种优越性清楚地彰显于光明中"①，亦即要把康德与亚里士多德对置起来并阐明亚里士多德的优越性，"但并不呈现出一种明确的和形式上的对康德主义的否定。我不辩护，我只阐释"②。他对康德哲学因而持有一种复杂的批判立场："康德的实在论只是暂时的主观主义的"③，"对外在世界之现实性的信念是自我意识的一种必要的要素。然而这种信念并不是教条主义者所理解的那种逻辑的必然性，亦即按有效的方式从可靠的前提中推出的一种可靠的结论，毋宁说，它必然归属于认识的内在关联"④。他的康德阐释工作的结论是，"康德的认识论体系由于那种二元论的对立（现象和本体的对立，思辨知识和实践秩序之定律的对立，简而言之，科学和形而上学的对立）而蒸发了，瓦解了。康德取走了前者的锐利并提升了后者的可靠性，这样他就毁灭了前者并把后者从它的等级上给压制下来了，以便最终让二者在其内在的无依无靠中分裂瓦解"⑤。相比之下，森托尔称赞亚里士多德，"一方面在科学的名义下呈现了一种认识秩序，这种认识秩序抵达了感性现象的彼岸，另一方面在形而上学的名义下建立了一种更高的体系，这种体系把握住了比一种空洞的本体形象之阴影更好的东西，由此同时解决了科学的和形而上学的难题"，一言概之，不像康德的二元论对立所

---

①　Charles Sentroul, *Kant und Aristoteles*, V.
②　Charles Sentroul, *Kant und Aristoteles*, V.
③　Charles Sentroul, *Kant und Aristoteles*, S. 178.
④　Charles Sentroul, *Kant und Aristoteles*, S. 179.
⑤　Charles Sentroul, *Kant und Aristoteles*, VI.

导致的困境，"亚里士多德的认识论具有内在的关联，由此它能够同时提供一种有效的和基础性的对认识之客观性的阐明"。①

森托尔的这种对康德的批评，以及把亚里士多德与康德相对置的做法，看上去有点类似于屈尔佩的做法，但海德格尔在书评中对森托尔的批评却显示出了相较于《现代哲学中的实在性问题》的几点变化：

1. 海德格尔指出，"首先值得注意的是，森托尔把整个康德对置于亚里士多德，而不仅仅是把那个写了《纯粹理性批判》的康德对置于亚里士多德。就这点而言，第五章和附录是有价值的"②。这一点评，虽未点名，却间接地是对屈尔佩做法的一种反思，即《现代哲学中的实在性问题》所讨论过的屈尔佩对康德的批评并不适用于整个康德，而只适用于那个写了《纯粹理性批判》的康德。在此意义上，海德格尔此时的康德观显然已经出现了一种变化，这种变化的深远意义（对康德哲学中的关联问题予以承认）倘若还不能立即得到证明，也至少意味着对康德之位置的一种重估之要求。海德格尔因而紧接着写道，"但是，在把这两位思想家对置起来之前，人们还是可以先来问一下，这种对置究竟是否可能。无论如何，森托尔对这两位哲学家分别所处的思想史上的不同的处境氛围关注得太少了。这导致了这样一种后果，即康德式的那种问题提法的特性并没有得到足够犀利的突显"③，而且"通常流行的那种做法，通过那种剥离生存

---

① Charles Sentroul, *Kant und Aristoteles*, VI-VII.
② 海德格尔：《早期著作》，第61页。
③ 海德格尔：《早期著作》，第61页。

基础的历史观来'反驳'康德的那种做法,事实上应该永远地消失"①。

2. 对康德哲学之特性的强调,并非只是为了凸显康德哲学与亚里士多德哲学的差异,毋宁说是为了达成一种真正的"历史性的切近",因为唯有这种切近才使得一种对照得以可能。按照这一内在的要求,康德阐释就应该进入新的境界,海德格尔因而指出,森托尔的那种"合理的、有价值的对亚里士多德思想的更为自由的阐释",亦即森托尔的那种对"亚里士多德阐释"予以更多可能性的做法——"亚里士多德虽然没有直接探讨第一种矛盾(这种矛盾包含了真理的概念),但是从他的理论而来,倘若人们无偏见地阅读这种理论,是可以引出这样一些要素的,人们能够把这些要素统合成一种令人满意的、对这种意义上的真理问题的回答"——"也应更坚决地应用于康德思想"。② 换言之,康德阐释也应得到一种更为开阔、更为自由的解读可能。

3. 这种可能性无疑会让人联想起海德格尔后来对康德哲学之阐释原则的类似表态③,但在这里,在这份书评中,它只是通过海德格尔对森托尔"判断理论"的点评而有所显露。森托尔在其著作中是结合亚里士多德的思想而发展出其判断理论的。按照海德格尔

---

① 海德格尔:《早期著作》,第62页。

② 海德格尔:《早期著作》,第63页。

③ 海德格尔:"当然,为了从词语所说出的东西那里获取它想要说的东西,任何的解释都一定必然地要使用强制。但这样的强制不能是浮游无羁的任意,一定有某种在先照耀着的理念的力量,推动和导引着阐释活动。惟有在这种理念的力量之下,一种解释才可能敢于冒险放肆,将自己委身于一部作品中隐藏着的内在激情,从而可以由此被置入那未曾说出的东西,被挤迫进入未曾说出的东西的道说之中。但这是一条道路,在这条道路上,引导着的理念自身以其光芒四射的力量显露出来。"(海德格尔:《康德与形而上学疑难》,王庆节译,上海:上海译文出版社,2011年,第192—193页)

的观察，判断理论的实质乃是关联问题，但森托尔的方案——通过
引入所谓的"存在论的真理"来解决真理问题中的二律背反——表
明他并没有看到这一实质。① 海德格尔遂通过对此的批评表明了自
己的立场："对于'那些具有实际秩序的判断的真理问题'而言（森
托尔只想为这一问题的解决指出道路），仅就我所看到的而言，一
种对实在科学之逻辑特征的彻底遵循是不可避免的。并且，如同我
认为结构概念在数学的理想事物的领域中是建构性的，我认为关联
概念对于自然科学和文化科学而言也是建构性的。"② 这一表态延续
了《现代哲学中的实在性问题》在关联问题上的基本立场，故云"一
种对实在科学之逻辑特征的彻底遵循是不可避免的"，而且强调了
"关联为本"的全然的适用范围。但是，"直到今天，亚里士多德—
经院式的哲学仍缺乏这种科学理论的态度。森托尔因而也就没有
达成对最终的认识目标的明确规定"③，换言之，海德格尔的这一表
态意味着：不仅亚里士多德哲学的"关联问题"需要得到阐明，与
之虽有区分但仍然处于历史性切近中的康德哲学的"关联问题"，
也需要得到阐明。

但对此时的海德格尔而言，他对亚里士多德哲学和康德哲学
的理解都还相当简略，甚至还有浅薄偏颇之处，上述要求还仅仅是
一种向度指明，其实现还需要漫长历程。返回亚里士多德并阐明亚
里士多德式的存在之意义问题，是他自高中时代起（受布伦塔诺博
士论文的激发）就一直在朝之而行的道路方向，而且是通过"洛采

---

① 参见海德格尔：《早期著作》，第64页。
② 海德格尔：《早期著作》，第65页。
③ 海德格尔：《早期著作》，第65页。

问题模式"而得到深化的道路方向（参见第一章第二节）[①]，与之相应的一种具体路径在海德格尔对"批判实在论"的阐释中就已然显现出来："屈尔佩把远离正道而陷入迷途的认识论给重新置立于它真正的任务面前了。亚里士多德—经院主义哲学一向就是以实在论的方式思考的，新的认识论运动将不会让这种哲学消失于视域之外；我们必须对这种哲学展开积极的促进性的研究工作。"[②] 对这一路径的实现努力（通过"洛采问题模式"并借助相关思想资源来阐释亚里士多德式的存在之意义问题）贯彻支配了此后的博士论文乃至教授资格论文的思路。[③] 而就康德哲学这方面而言，基于对本质性思想（例如亚里士多德哲学与康德哲学）之"历史性切近"的领悟，

---

① 参见海德格尔在《早期著作》1972 年单行本序言中的解释："这些早期文本的问题领域当然处处都是要回指到亚里士多德那里去的，在撰写当前呈现出的这些早期著述之前，我已经在亚里士多德的文本中，足够笨拙地，尝试着去学习思想了。但要把中世纪思想与亚里士多德思想之间的那种历史性的回指关系恰如其分地给一并呈现出来，那时的我还不能够去做出这样的冒险。"（海德格尔：《早期著作》，第 68 页）

② 海德格尔：《早期著作》，第 19 页。

③ 海德格尔在 1915 年的简历中曾如此总结了博士论文和教授资格论文的来龙去脉——"我渐渐看出，在亚里士多德—经院主义哲学中沉落着的那种思想财富，必定允许有并且要求有对它的一种更富勃勃生机的运用和利用。因此，在我的博士论文《心理学主义中的判断理论》中，我就试图着眼于逻辑学和认识论的中心问题，在对现代逻辑学和亚里士多德—经院主义的基础判断的同时定向中，为更进一步的研究寻求一种基础"，然后"凭借现代哲学的手段而对中世纪思想家们的理论内容做出一种阐释性的理解，如此就形成了我对邓·司各脱的范畴学说和意谓理论的研究"。（参见 GA 16, S. 38-39。）此外，按照一个当事人的日记记载，海德格尔在 1913 年完成博士论文之后不久，就按照海因里希·芬克的指示开始着手准备教授资格论文（参见 Hugo Ott, *Martin Heidegger. Unterwegs zu seiner Biographie*, S. 81），而按照海德格尔与李凯尔特通信中的表述，教授资格论文的构思最迟在 1914 年春天就已经大致成形了，而且根本上也是受到了"历史性切近"之洞见的激励与影响。（参见 Martin Heidegger/Heinrich Rickert, *Briefe 1912-1933 und andere Dokumente*, S. 17。）

1914 年的海德格尔也觉察到了康德阐释的深远前景 [①]，但此时他只是指出了一种向度的可能性（从思想可能性而来更自由地阐释康德哲学中的关联问题），对于康德哲学本身他还缺乏深刻把握，他自身还无法直接去实现这种可能性。尽管如此，从文本来看，此时他也承认，这种可能性已经被马堡学派的新康德主义多少实现了一些，因为"马堡学派的'本源逻辑'事实上已为对康德的正确理解所需要的那种开路工作做出了持久的贡献" [②]。海德格尔因而在此后数年多次强调，"我们不可以把先验观念论的当今形态（即马堡学派的新康德主义——引按）与康德的知识论和康德知识论的表述等同起来，恰恰是先验观念论从一开始就强调了，一切思想和认识都始终是对对象的思想和认识" [③]，换言之，马堡学派的"批判的、先验的观念论"以其特有的方式看到了一定限度内的康德哲学的关联问题。[④] 但马堡学派的解释更多是认识论层面的深化，距离上述向度之可能性，还有相当距离，即便补充上新康德主义西南学派（价值哲学）的康德阐释，恐怕仍然不足以实现那种向度之可能性。到了 1919 年，通过向胡塞尔现象学的学习，海德格尔已经深知并不能以新康德主义为实现上述向度的根本途径（对它们的扬弃工作构成了 1919 年诸讲座的一个值得深思的出发点，1919 年战时紧急学期讲座《哲学观念与世界观问题》的最初规划就是对康德哲学的讲

[①]　与这份书评的同一年中，海德格尔在与李凯尔特的信中写道："实在论必须本质性地改变思想方式。"参见 Martin Heidegger/Heinrich Rickert, *Briefe 1912–1933 und andere Dokumente*, S. 17。

[②]　海德格尔：《早期著作》，第 63 页。

[③]　海德格尔：《早期著作》，第 495 页。

[④]　参见海德格尔：《论哲学的规定》，第 93 页。

授），他虽然提出了一种"源始科学"的道路规划，但仍然需要长期的艰苦摸索，只是在《存在与时间》的写作进程中，海德格尔才为通向他的"康德阐释"之丰富远景找到了真正确切的本己道路。

通过这一简略的回顾与前瞻，可以说，相较于海德格尔 1912 年的"康德阐释"，我们已经在其 1914 年的"康德阐释"中看到了一种具有深远意义的转变契机。[①] 这种转变契机的深远意义，除了上述分析所指出的影响进程，还将在海德格尔此后所谓的"亚里士多德—康德"通道中表现出来：对这一通道的勘测和贯通将对海德格尔成熟时期的"康德阐释"产生深远影响（参见后文）。

尽管 1914 年的这个转变契机如此重要，但我们还不能把它径直称作海德格尔"康德阐释"的真正开端，而还是应把 1912 年的《现代哲学中的实在性问题》视为海德格尔"康德阐释"的开端。原因在于，只有通过对最初思想中的这种转变的对比，早期海德格尔"康德阐释"中的一些关键问题才会得到注意，也就是说，倘若只从 1914 年的长篇书评出发而对 1912 年的论文视若无睹，我们就很难注意到一些关键问题及其深远意义。

所说的关键问题是：1. 从 1912 年到 1914 年，海德格尔的"康德阐释"发生前述变化的深层根据是什么？ 2. 要承认这种变化的可行性，海德格尔还需要解决什么样的难题？

关于第一个关键问题，我们此前已经把它细化为几个学理层面

---

① 海德格尔在 1914 年给李凯尔特的信中也间接表达了这样一种立场：通过由历史性切近之观照而来的研究，先验哲学（实即康德哲学）将获得一种新的契机，在这一契机中，"实在论必须本质性地转变思想方式"。参见 Martin Heidegger/Heinrich Rickert, *Briefe 1912–1933 und andere Dokumente*, S. 17。

的疑难问题加以分析（参见前文），这里要予以总结的是，这些疑难问题最终都指向了海德格尔的一种根本洞见：本质性的思想处于历史性的切近中。换言之，历史上的本质性的思想，它们之间的关系不是一种对抗过程或发展进程，而是历史性的独一无二之问题（人与存在之关联问题）通过不同阶段的不同形式而达成的实质意义上的"一再重现"。此前的考察工作（参见"基础问题与历史性"）已经揭示出，海德格尔思想在启动之际（受布莱格的向度指引）就取得了这一洞见并且不断成熟，也正是这一洞见的日趋成熟促使海德格尔的"康德阐释"发生了上述变化：倘若亚里士多德、经院哲学、费希特、洛采、屈尔佩的思想都处在历史性的切近中，都以各自特有的形式在不同程度上思考了或指向了本源关联问题，何以康德思想就被认定未曾触及此问题？而一旦承认康德思想也应得到更自由、更开阔的阐释空间，早期海德格尔的"黑格尔阐释"的特性也将变得触目起来——在1912年的"实在性论文"中，海德格尔对黑格尔哲学的批评与他的"康德阐释"构成了一种非常奇特的呼应关系①，对此的探讨将在本章第三节展开。

　　第二个关键问题与前述海德格尔对"批判实在论"的解读密切

---

① 海德格尔："在康德的认识论中，实在性问题是不能找到任何位置的。尽管康德直到其生命终结时还在努力尝试去铺设从形而上学到物理学的桥梁；但他却不再可能找到解决方案了。在康德之后紧接着出现的哲学——它伴随着黑格尔的过度夸张的观念论而登峰造极——愈发远离了实在性，远离了对实在性之设定和规定的理解，这一事实是相当清楚了。伴随着黑格尔哲学的衰落，具体科学都坚决地从这种哲学的监护中摆脱了出来，并且威胁着要把这种哲学完全给镇压掉（人们只需关注一下在实证主义中哲学的那种尴尬处境和不自主的任务），这时，人们就在'回到康德去'的这种返回中看到了唯一的拯救。如此，当今的哲学就是在呼唤着康德的精神，但是它也同样多地受到了英国和法国的经验主义的趋势的影响。"（海德格尔：《早期著作》，第4页）

相关，也已经在此前分析所指出的那一疑问"对本源关联的致思是否必须以狭隘意义上的批判实在论的方式进行"中有所表达。倘若基于"历史性切近"的洞见而承认康德思想也应得到更自由、更开阔的阐释空间，则"物自体"的否定性的判定（物自体，作为本体性的东西，不能被存在者层面的知识所认识）就不应成为承认康德哲学之关联问题的障碍，换言之，对海德格尔所追问的本源关联（存在之意义）而言，这意味着一种新的问题向度的开启：否定之本质应得到深化理解，否定性亦应作为本源关联的特性而得到深思，这乃是屈尔佩的"批判实在论"理应触及但还没有真正触及的境界。所谓理应触及是指，本源关联所要求的存在之区分，在义理上就要求着对存在之不性（存在对于存在者的不性）的深思，否则这种区分就不是真正的存在与存在者之区分，也正因此，屈尔佩的"批判实在论"还需要进一步得到扬弃，也就是说，对否定之本质的思考，要求对存在与存在者之区分做出更深刻的思考。毋庸多言，由于"否定""矛盾""无"等概念正是在黑格尔哲学中才首度得到了深切思考，从海德格尔的"康德阐释"中生发的这一问题，就必然会反过来——因为早期海德格尔"康德阐释"首先在问题语境（"解构性奠基"所开显的本源关联之思）上受益于早期海德格尔的"黑格尔阐释"——驱使海德格尔对黑格尔哲学做出更深刻的阐释。而当否定性或者说无之本质开始得到深思，海德格尔对"本源关联"的理解也将得到一次根本上的深化，使得他此前借助的一些思想资源遭到"扬弃"，这些扬弃工作不仅构成了海德格尔 1919 年接连讲授的三个讲座（《哲学观念与世界观问题》《现象学与先验价值哲学》《论大学的本质和学术研究》）的基本语境，而且使得一种对"源始科学"的探寻得以可能。

因此，即便从开端处来看，海德格尔最初的"康德阐释"中的两个关键问题都不可避免地指向了海德格尔的"黑格尔阐释"并与之纠缠在一起，构成了奇特的同异关系。我们在此后也会看到，这种纠缠和争执将一直贯穿海德格尔思想道路上的"康德阐释"和"黑格尔阐释"，构成了他所谓的"十字路口式的问题"（参见本书第十二章）。对这种现象之深层根据的勘测将是我们此后工作的一个重要主题，这里暂且按下不论。

眼下之要务是对上述两个关键问题做出简要分析，并由此转入对海德格尔"黑格尔阐释"之开端进程的考察。由于第一个问题的复杂性，我们需要以主题方式对其展开详细考察；对第二个问题的回答关乎海德格尔"黑格尔阐释"的深远指向，故将在第三节的考察工作中一并进行。

第二节　变化中的关键因素：历史性切近

在此前对"基础问题与历史性"的主题探讨中，我们已经从义理层面分析指出，海德格尔对历史性的理解来源于他的"解构性奠基"思想，正是通过"解构性奠基"，海德格尔得以把历史性思为本源关联即"人与存在之关联"。因此，对于海德格尔而言，沉思着本源关联的思想或接近这种沉思的思想——由于本源关联的唯一性和共通性——就处于历史性的彼此切近中。进而言之，海德格尔"康德阐释"上述变化的实质就可解释为：当1914年的海德格尔承认康德思想和历史上其他的"本质性思想"处于历史性的切近中，他事实上就承认了，康德思想也以某种方式归属于对"人与存在之关联"的沉思。

　　"历史性切近"之洞见因而乃是早期海德格尔"康德阐释"之变化的关键因素。这种洞见不仅是海德格尔的历史之思的一个重要表现形态，而且也是"解构性奠基"思想的一个直接成果。因为从《早期著作》的文本脉络来看，海德格尔在1912年"实在性论文"对"批判实在论"的阐释中就已经启动了这一洞见："希腊哲学的思想方式是通过一种批判实在论而得到定向的；新柏拉图主义者们以及中世纪和近代的哲学家们也都是以实在论的方式进行思考的。尽管对于实在物的规定可以找到丰富的变式，但还是有一致性统治着对超主观性东西的设定。"① 正是这种"一致性"构成了对"批判实在论"之疑难问题展开探讨的"历史基础"。② 鉴于前已揭示的"批判实在论"在海德格尔视野中的实质含义和深远指向，这里对所谓的"一致性"和"历史基础"的确认就不是一个随意之举，而是标识着海德格尔对本质性思想之"历史性切近"的洞见业已出现。也正因此，在这篇论文的结尾处，海德格尔从"历史性切近"之洞见而来打通了现代哲学与古代哲学的研究路径，表明了他对个人未来学术研究的筹划与立场："屈尔佩把远离正道而陷入迷途的认识论给重新置立于它真正的任务面前了。亚里士多德—经院主义哲学一向就是以实在论的方式思考的，新的认识论运动将不会让这种哲学消失于视域之外；我们必须对这种哲学展开积极的促进性的研究工

---

① 参见海德格尔：《早期著作》，第2页。
② 参见海德格尔：《早期著作》，第2页。

作。"① 按此前分析，正是这一筹划指向并通向了海德格尔此后的博士论文和教授资格论文的思路，"历史性切近"的洞见也因而会在这一进程中日趋成熟，最终促发海德格尔对"历史"乃至"时间"之本质的最初沉思。

但这里显然存在着一个疑难问题需要得到澄清：1912 年的《现代哲学中的实在性问题》中就已经出现了历史性切近之洞见，而历史性切近之洞见又是"解构性奠基"的一个直接成果，那么又如何解释前已论及的早期海德格尔"康德阐释"的肇始与变化？

更明确地说，这个疑难问题是：按海德格尔在他的 1915 年简历尤其是 1922 年简历中的回顾，"解构性奠基"思想早在 1910 年、最迟在 1911 年就已经发端了（因为这是导致他在 1911 年告别天主教神学院的关键因素），但海德格尔为何在 1912 年还坚持认为康德哲学不属于批判实在论，而只是到了 1914 年才承认康德哲学也属于批判实在论？

对此问题的回答是：1912 年的"实在性论文"的确是"解构性奠基"思想的成果，这篇论文标志着海德格尔思想"基础问题"的启动，而且其中已经闪现着历史性切近之洞见。一个易于想见的因素是，海德格尔的这种思想还不成熟，还有待在道路进程中逐渐成熟，但更重要的原因却是，早期海德格尔的"康德阐释"和"黑格尔阐释"虽然彼此切近，但仍处在不同的层面上。从整体来看，早期海德格尔的"黑格尔阐释"是一种非常奇特的、相当早熟的阐释，它已经预示了海德格尔此后德国古典哲学之整体评判的关键机制（极

---

① 海德格尔：《早期著作》，第 19 页。

限性之思），海德格尔此时对"解构性奠基"的思考根本地关系于他对黑格尔哲学而非康德哲学的理解（参见本章第三节）。从对洛采哲学之"双重任务"的理解而来，早期海德格尔对黑格尔哲学的阐释从一开始就是在以非常奇特的方式，尝试一种对形而上学之极限性（二重性的极限位置）的预先思考，也正是这一点使得这种阐释显得相当早熟，而早期海德格尔的"康德阐释"还没有径直达到这种层面，因此出现了其特有的从肇始到变化的进程，这种进程的具体表现就是历史性切近之洞见的兴起与成熟。

对于这一洞见的形成和效应，海德格尔在同时期文本中留下了较为丰富的证词，但却一直没有引起研究者的足够重视。按照这些证词的内在逻辑结构，"历史性切近"洞见源出于"解构性奠基"思想，并且导致了海德格尔"对历史之反感的摧毁"。

我们在前文中已经指出，从中学时代起，除了哲学，海德格尔也对数学和物理学深感兴趣①，这曾经导致海德格尔对历史没有什么好感，按他自己的说法即"对数学的偏爱滋生了我对历史的反感"②。这种局面在他进入大学后开始发生变化，因为对思想历史的重视、对"历史性切近"的洞见已经呈现在1912年论文《现代哲学中的实在性问题》中。在1913年博士论文《心理学主义中的判断理论》的"前言"中，海德格尔也有明确的交代："我始终要感谢枢密顾问李凯尔特教授先生，我对现代逻辑疑难问题的观看和领会要归功于他。我也要感谢我那些尊敬的数学老师和物理老师，他们教

---

① GA 16, S. 37.
② GA 16, S. 39.

给我的东西容我在以后的研究中显示；同样我也要彰显枢密顾问芬克教授先生 ① 对我的影响，他以一种最热心的帮助在我这个非历史的数学家身上唤醒了对历史的热爱和理解。"②

　　在1915年为提交教授资格论文而作的简历中，海德格尔更详细地写道："我的下述工作，对费希特和黑格尔的研究，对李凯尔特《自然科学的概念构成之界限》一书的深入钻研，对狄尔泰的种种研究，尤其是我所听过的枢密顾问芬克先生的讲座课和研讨练习课，共同导致了这一后果：我身上的那种对历史的反感——它是由于我对数学的偏爱而滋生的——被彻底地摧毁了。"③ 在海德格尔1922年为去哥廷根求职而给米什寄去的一份简历中，我们看到，即便此时与芬克的关系早已破裂 ④，海德格尔也还是承认："就历史研究的具体任务领域和其方法而言，我是通过芬克探讨中世纪历史和

---

　　① 　海因里希·芬克(1855—1938)，天主教教会史学家，中世纪历史学家，研究重点是晚期中世纪史和前期宗教改革史，长期执教于弗莱堡大学。根据德国学者的考证，海德格尔听过的芬克课程包括："文艺复兴时代"(1911年夏季学期、1913年夏季学期)、"宗教改革的原因"(1913/1914年冬季学期)。参见登克尔等编：《海德格尔与其思想的开端》，第5—7页。但是按照海德格尔在1913年博士论文简历中的说法，"自1911年起，我主要听哲学、数学和自然科学的课，在最后一个学期也听了历史课"(GA 16, S. 32)，他指的也许是1912年或1913年芬克的课程。

　　② 　参见海德格尔：《早期著作》，第74页。

　　③ 　GA 16, S. 38–39.

　　④ 　从同时期与友人的通信(例如与芬克学生恩斯特·拉斯科夫斯基的通信)来看，这一事件对海德格尔造成很大打击。再加上其他种种因素的共同影响(例如被迫接受天主教资助所受到的屈辱感和妻子是新教教徒等因素)，海德格尔愈发加强了告别天主教体系的决心并在1919年正式宣布其决定(Ibid., S. 106–107，事实上，当海德格尔1911年2月被迫中断神学院学习并于冬天在自然科学—数学系注册时，他对天主教体系的态度就已经开始改变了，另可参见《海德格尔与其思想的开端》中译本，第179页以下)，他与芬克等人的关系遂彻底破裂。

文艺复兴历史的讲座课和练习课而得到引导的。在这条道路上，狄尔泰的那些精神史作品开始为我所熟悉。"①

结合先前的考察和这里的文本证词，我们可以看出，对早期海德格尔而言，并非其对历史之反感的摧毁导致了历史性切近之洞见的兴起，毋宁是，历史性切近之洞见使得对历史之反感的摧毁得以可能。

倘若说"历史性切近之洞见"对博士论文的影响还不易看出的话，它对于教授资格论文的影响就非常触目了。海德格尔在 1915 年简历中也以另一种方式道说了历史性切近之洞见的支配性作用，因为正是这一洞见支配着他的博士论文和教授资格论文的运思格局："逻辑学，直到今天，仍是我最感兴趣的哲学学科。同时我也获得了对康德以来的新近哲学的一种正确的理解，而这种哲学，我发现在经院哲学的研究文献中它获得的关注太少，没有得到充分的重视。我在哲学上的基本信念始终是亚里士多德—经院主义哲学的基本信念。随着时间推移，我渐渐看出，在亚里士多德—经院主义哲学中沉落着的那种思想财富，必定允许有并且要求有对它的一种更富勃勃生机的运用和利用。因此，在我的博士论文《心理学主义中的判断理论》中，我就试图着眼于逻辑学和认识论的中心问题，在对现代逻辑学和亚里士多德—经院主义的基础判断的同时定向中，为更进一步的研究寻求一种基础。……如此就形成了我对邓·司各脱的范畴学说和意谓理论的研究。此研究在我心中同时引致了这样一个计划，即按照现代的现象学，同时在对各个中世纪

---

① 　GA 16, S. 42.

思想家的历史学定位的重视下，对中世纪的逻辑学和心理学进行一种全面的阐述。"①

综上所述，历史性切近之洞见不仅是早期海德格尔"康德阐释"之变化的关键因素，而且也是早期海德格尔"黑格尔阐释"（以教授资格论文为代表）的关键因素。更明确地说，"历史性切近"之洞见就是海德格尔的"德国古典哲学阐释"之所以成为一种"整体评判"的关键因素。②

第三节　海德格尔"黑格尔阐释"
的启动与指向

在 1912 年的《现代哲学中的实在性问题》中，海德格尔在批评康德哲学没有真正的实在性问题时，也曾经附带批评了黑格尔哲学："在康德之后紧接着出现的哲学——它伴随着黑格尔的过度夸张的观念论而登峰造极——愈发地远离了实在性，远离了对实在性之设定和规定的理解，这一事实是相当清楚了。伴随着黑格尔哲学的衰落，具体科学都坚决地从这种哲学的监护中摆脱了出来，并且威胁着要把这种哲学完全给镇压（人们只需关注一下在实证主义中哲学的那种尴尬处境和不自主的任务），这时，人们就在'回到康德

---

① 　GA 16, S. 38–39.
② 　后期海德格尔的"存在之终极学"思想乃是"整体评判"的理论总结，它与早期海德格尔的"历史性切近"构成了一种深刻呼应，共同见证了"整体评判"之为"整体评判"的关键机制。参见本书第十二章第三节。

去'的这种返回中看到了唯一的拯救。"①

　　而在 1914—1916 年的教授资格论文中（教授资格论文作于 1914—1915 年间，并且在 1916 年出版前补充了有重要意义的"结论"部分），海德格尔对黑格尔哲学的看法有明显不同，黑格尔哲学不仅构成了教授资格论文的指导精神②，而且构成了教授资格论文的致力方向。③ 考虑到教授资格论文乃是"基础问题"的正式启动，此时海德格尔的"黑格尔阐释"已具有非常重要的意义。

　　看上去，早期海德格尔的"黑格尔阐释"也发生了一种与他同时期的"康德阐释"相类似的变化。其实不然。在这一时期，海德格尔的"康德阐释"的确发生了一种重要变化，但他的"黑格尔阐释"事实上并不是一种变化，而是他在双重向度上对黑格尔哲学的两种表态，而且这两种表态构成了海德格尔对德国古典哲学之极限性的最初思考尝试。

　　按照此前第二章对"解构性奠基"的考察，我们可以看出，通过布莱格和天主教图宾根学派的指引，海德格尔从其本己思想启程之际就对黑格尔哲学有了深刻洞见，或者说，他对黑格尔哲学的理

　　① 海德格尔：《早期著作》，第 4 页。
　　② 海德格尔把黑格尔的一句话即"就哲学的内在本质而言，既无先驱者也无后至者"当作整部论文的主导箴言。参见海德格尔：《早期著作》，第 201 页。
　　③ 海德格尔以这样一段话作为教授资格论文的全文结语："活生生之精神的哲学，真切之爱的哲学，崇敬着的神之热忱的哲学，对于它们的最普遍的基准点这里只能略加暗示，特别是当我们考虑到，一种从它们的基本倾向中导出的范畴理论所面临的任务是如此艰巨时，我们更是只能如此选择。这一任务的艰巨性体现在：这种范畴理论要进行一种原则性的争辩，其对手则是在幅度、深度、体验之丰富性以及概念塑形上都至为强大的一种历史世界观体系，这一体系此前所有基本的哲学问题主旨都扬弃于自身中了；也就是说，要同黑格尔展开一场原则性的争辩。"参见海德格尔：《早期著作》，第 503 页。

解（黑格尔哲学的要义是"解构性奠基"，事关对"神学—哲学"的转化机制）是海德格尔思想启程的关键因素之一，这种理解在海德格尔1912年的"实在性论文"中就潜藏着，支配着海德格尔对"批判实在论"之远景的理解。因此这篇论文中对黑格尔的上述批评并不是着眼于"解构性奠基"，亦即不是批评黑格尔哲学未触及本源关联之思，而是另一种向度的批评。

　　要看清这一复杂现象并非易事，因为海德格尔只是在1919年夏季学期讲座《现象学与先验价值哲学》（以下简称《价值哲学》）中才给出了一种事后的充分解释，这种解释反向照亮了海德格尔1910年以来的道路，而且构成了对海德格尔这段历程中本己思想机制的一种总结。但考虑到这种解释与海德格尔的"费希特阐释"关系非常密切，我们将把对它尤其是对其问题语境的详细探讨后置到本书的费希特章节中，这里只做概略的预先勾勒。

　　在《价值哲学》中，海德格尔以复杂的笔触暗示德国观念论的"历史意识"具有双面性，一方面，它本身代表着"解构性奠基"思想的成形，另一方面，它也间接导致了"自然主义"的统治地位。按海德格尔的分析，历史意识首先是对启蒙的反对，因为启蒙以普遍一般性为原则，忽视了个体的意义，"不是将作为历史事件之统一的个人看作个体，而是看作种属的个例、看作历史的原子"；康德基于其批判实在论立场已经对此有所反思，并由此"处于启蒙和德国观念论的交界处"。但决定性的拐点却是赫尔德，正是赫尔德"首先认识到每个民族、每个时代、每个历史现象本身都有其独立的本己价值……朝向个别的、在质的方面本源性的作用中心和作用关联的目光觉醒了，本己性范畴变得充满了意义"，受赫尔德影响，施莱格尔、施莱尔马赫等人继续推进了对个体性意义的思考，后者尤其对黑格尔产生了深远影响，"施莱尔马赫第一次看到了共同体和共同体生活的本己存在和本己价值，以及基督教共同意识的本己之处，他发现了源始基督教，并以一种决定性的方式影响了青年黑格尔关于宗教史的作品，而且间接地影响了黑格尔那完全特别的哲学体系，在其中，德意志运动的诸决定性观念汇聚顶点"。从对个体化原则的重视而来，德国观念论构成了对启蒙最融贯和最深刻的完成，在某种程度上做出了对启蒙的克服，"一切哲学问题机制的重心都移置到意识之中、主体性之中、先验统觉的、理论理性的、实践理性的以及判断力的自我之中了，这种移置推动了费希特和谢林的自我形而上学。在其个体化的多样性和特性中的历史现在是从主体的创造性的本原行动（Tathandlung）而来被看到的——人格的自身价值。历史的发展乃是意识和精神之历史的发展。精神之发展的源初步伐应在这些历史自身中被发现。精神之发展动机和发展阶段（现象学）的理念和理性之历史辩证法的理念觉醒了。黑格尔的所谓的泛逻辑主义（Panlogismus）① 源出于历史意识，而绝非是对理论之物的单纯且彻底的理论化活动的一种后果。在历史意识的这种哲学发展之外还有经验性的历史学研究的进一步扩建，以及语文学、比较语言学、批判教会史、大众心理学和民族学的建立"。海德格尔进而暗示，黑格尔的精神历史之思考推动了经验性的历史学研究，并且通过诸多历史学家的努力，"经验的统治获得了优先

---

① "泛逻辑主义"，又译为"泛理论"，系人们对黑格尔哲学的一种命名，意指世界应被理解为理性（逻各斯）的实现。——引按

性……哲学上的观念关联和基本建构的解释力消退了"，最终以间接方式导致自然主义的兴起。[①]

这一解释意味着，黑格尔的哲学体系和哲学学说植根于历史意识，亦即植根于解构性奠基之思。但它的效果却通过自然主义的统治地位而"导致了对精神的绝对物化，将一切存在都还原为有形的、物质性的、事物性的事件，还原为物质和力，拒斥一切根本性的思索"，实即导致了对存在论差异的遗忘。在这个关键处，海德格尔指出，正是洛采通过其"有效性"之思完成了决定性的传承工作，一方面洛采辨识出了德国观念论真正伟大的财富（解构性奠基），另一方面对自然主义做出了原则性的克服，按海德格尔的原话即"洛采通过其对作为价值问题的中心哲学问题的解释，亦即通过在一种目的论语境中对此问题的最终阐释，取得了对自然主义的克服，并同时赢得了对德国观念论之倾向的有所变化的继续推进。……在这当中，洛采在 19 世纪中的精神史位置同时得到了最简明扼要的表达：保持与德国观念论的连续性和与德国观念论的关联，同时对思辨观念论予以批判性的弯转"[②]。也正是通过对洛采之"中间位置"和双重贡献的承认，海德格尔做出了对黑格尔哲学的双重阐释：黑格尔哲学一方面通过其历史意识中的真正财富（解构性奠基）而逼近了人与存在之关联问题，另一方面，黑格尔的"思辨观念论"有混同理性东西和实在东西的危险，仍有可能沦陷到自然主义的统治中去。

而且只要我们回顾一下洛采哲学是如何对海德格尔思想之开

---

① 参见海德格尔：《论哲学的规定》，第 148—151 页。
② 海德格尔：《论哲学的规定》，第 153—154 页。

端和进程起到了决定性作用，我们就会明白，海德格尔以洛采哲学为界域做出的对黑格尔哲学之二重性的定位，在海德格尔思想的开端进程中就已经运作发生了。因此海德格尔 1919 年的补充阐释足以反向照亮他此前的思想道路，也正因此，我们有足够理由指出，1912 年"实在性论文"中对黑格尔的批评乃是对黑格尔的那种"过度夸张的""思辨观念论"的批评，而非对黑格尔"解构性奠基"思想的批评，而 1914 年开始撰写的教授资格论文对黑格尔哲学的高度承认则是着眼于对"解构性奠基"的高度评价。

早期海德格尔的"黑格尔阐释"因而从一开始就已经运行在一种相对早熟的路径上，换言之，这种阐释已经构成了对德国古典哲学之极限性的一种预先思考。这一点有别于早期海德格尔的"康德阐释"，因为后者并未首先就已运行在一种极限性的预先思考中，而是通过一种内在的重要变化并且随着海德格尔此后思想的不断追问才使得它也进入了对康德哲学之极限性的思考中（参见本书第六章）。

海德格尔的"黑格尔阐释"与"康德阐释"之间的关系因而是一个需要深究的问题，它一直影响到海德格尔此后展开的整体评判工作。

对早期海德格尔而言，他虽然对康德哲学讨论颇多，但在实质意义上，他还是更为青睐德国观念论（费希特、谢林、黑格尔）。这不仅是因为，海德格尔早已看出，对他产生决定性影响的洛采本人的思想深受费希特哲学的影响 [1] 并且与黑格尔哲学关联密切，弗莱

---

[1]　参见海德格尔：《论哲学的规定》，第 154 页。

堡大学教授卡尔·布莱格的推动作用也是一个重要因素，这位对海德格尔学术道路产生深远影响的教师使得海德格尔看到了黑格尔与谢林哲学的深远前景。

晚年的海德格尔曾充满感激地回顾了他早年思想道路中的重要际遇：1910—1914 年间，他"对黑格尔和谢林的兴趣日益增长"，而且还有卡尔·布莱格这位教师的关键引导，"他是图宾根思辨学派传统的最后代表，这一学派通过与黑格尔和谢林的争辩而赋予了天主教神学以重要地位与开阔远景"。[①] 海德格尔回忆道，布莱格的透彻运思的风格令他深为着迷，从布莱格那里，他"第一次了解到谢林和黑格尔对于思辨神学的重要性。就这样，存在论与思辨神学之间的那种张力便作为形而上学的构造而进入了我探求活动的视野中"[②]。珀格勒在晚年的一篇文章中也指出，正是"天主教图宾根学派向海德格尔指示了通向黑格尔的道路"[③]。

布莱格所启示的存在论与思辨神学的这一问题域具有深远意义，因为这种"之间的张力"在日后将会被海德格尔深化为"形而上学的存在论—神学机制"，这种机制将成为海德格尔对德国古典哲学尤其是黑格尔哲学和谢林哲学展开评判的重要依据；但其更直接的作用却在于，它影响了海德格尔教授资格论文的执行思路[④]：

---

① 海德格尔：《早期著作》，第 70—71 页。

② 海德格尔：《面向思的事情》，第 108 页。

③ 参见珀格勒：《海德格尔在弗莱堡神学院的路德阅读》，载于登克尔等编：《海德格尔与其思想的开端》，第 206 页。

④ 但这种影响并不是唯一的，因为海德格尔的这种对经院哲学做出当前化解释的思路也得到了李凯尔特的激励。参见 Martin Heidegger/Heinrich Rickert, *Briefe 1912–1933 und andere Dokumente*, S. 17。

深思历史性的切近，把经院哲学带到黑格尔哲学的"近处"。

　　早期海德格尔所得到的这些指引之功和激发作用，首先就汇聚到了教授资格论文中，它被包括伽达默尔在内的众多学者视为海德格尔思想的真正起点。这部论文同时也是海德格尔"黑格尔阐释"的正式开端。但一部研究经院哲学的论文何以是"黑格尔阐释"的开端？原因首先在于其极为独特的研究思路：要在"当前化"中实现"历史性思想"的彼此切近。

　　海德格尔的教授资格论文《邓·司各脱的范畴学说与意谓理论》虽然表面上的主题是对司各脱哲学的探讨，但其实质性的问题机制却指向了与黑格尔哲学的争辩。整部论文不仅是以黑格尔的箴言开篇，而且是直接以与黑格尔哲学的"争辩"之宣告结尾的：

　　　　活生生之精神的哲学，真切之爱的哲学，崇敬着的神之热忱的哲学，对于它们的最普遍的基准点这里只能略加暗示，特别是当我们考虑到，一种从它们的基本倾向中导出的范畴理论所面临的任务是如此艰巨时，我们更是只能如此选择。这一任务的艰巨性体现在：这种范畴理论要进行一种原则性的争辩，其对手则是在幅度、深度、体验之丰富性以及概念塑形上都至为强大的一种历史世界观体系，这一体系把此前所有基本的哲学问题主旨都扬弃于自身中了；也就是说，要同黑格尔展开一场原则性的争辩。①

―――――――――――

　　①　海德格尔：《早期著作》，第 503 页。

　　这一表态明确宣告了海德格尔的"黑格尔阐释"已经正式开端。相较于这一表态，教授资格论文开篇处的那个箴言——"……就哲学的内在本质而言，既无先驱者亦无后至者"①——则更精炼地揭示出了这部论文的基调：历史性切近的当前化，一切本质性的思想都处于历史性的切近中，都应在"切近着的当前中"展开一场本质性的争辩。在思想的事业中，既无先驱，亦无后至，一切都归属于思想之所用。也正因此，在这部论文中，当14世纪的司各脱主义思想与19世纪的洛采思想一道当前显现，甚至互相注释之际②，作者本人却觉得其乃自然之事：

　　　　"然而，那第一种思想行为的全部意义并非是通过对刚刚出现的内容予以对象化而就得到了穷尽；意识根本不能径直把这种内容立于自身面前，而只是通过给予它以某种位置才能做到这一点……我把第一种思想行为概括为这样一种不可区分的功效：去通过下述方式来把这些逻辑造型中的一种造型赋予被表象的内容，即，这种思想行为为了意识而对被表象的内容进行了对象化；或者说，去通过下述方式来对被表象的内容加以对象化，即这种思想行为把这些逻辑造型中的一种造型赋予了被表象内容。"

　　　　这一详细的引文是特意地引自洛采的《逻辑学》。人们可以将其看作是对司各脱那些简短命题的一种清晰化的翻译。③

---

① 海德格尔：《早期著作》，第201页。
② 海德格尔：《早期著作》，第371—373、385—386页。
③ 海德格尔：《早期著作》，第360—364页。

洛采思想显然成为这部论文得以实施其"切近之当前化"的关键。无论是从在义理层面运作着的"解构性奠基"思想来看（参见前文讨论），还是从教授资格论文的实际运作思路来看，都是如此。也就是说，这部论文事实上是通过对洛采思想的领会实现了经院哲学（以及经院哲学背后的亚里士多德哲学）与黑格尔哲学的切近。通过这种领会，通过解构性奠基之思，海德格尔看到了本质性思想的历史性切近。由此而来，教授资格论文这一经院哲学研究之所以是"黑格尔式的"，根本地乃是因为，它是"洛采式的"，所有这些都在论文中有耐人寻味的呈现，否则我们就无法理解这一复杂现象：一部探讨司各脱的专著为何既是以洛采的有效性思想为主导思想，同时又是以黑格尔的历史精神为支配精神。

具体而言，如同此前业已指出的那样（参见本书第一章），海德格尔在教授资格论文中事实上是对洛采的"有效性"思想进行了两种向度的解读：其一，作为"区分"之思的"有效性"；其二，作为"关联"之思的"有效性"。他正是凭借这两种向度分别进行了对"范畴学说"和"意谓理论"的深化和转化：前者实质上乃是"存在之区分"问题，亦即在存在者领域的区分中趋向一种本源性的区分，即存在与存在者的区分；后者实质上乃是"存在之关联"问题，亦即作为存在之意义、存在之真理的关联。而且对后者的理解应以前者为基础，因为对本源关联的追问显然需要一种根本性的区分为前提。这不仅是这部论文思路的关键之处，即"先来探讨范畴学说并使之成为意谓理论的理解基础"①，而且将成为海德格尔后来兴起的"形式

---

① 海德格尔：《早期著作》，第 221 页。

显示"思想的关键。

　　教授资格论文因而在实质意义上开辟了"存在论差异"与"存在与人之关联"这两个问题向度。着眼于这两个向度对海德格尔整个思想道路的决定性意义，我们终于可以看清这部论文的开端性意味，即它何以不仅是海德格尔"黑格尔阐释"的开端，更是海德格尔整个"德国古典哲学阐释"的开端。

　　关于这种开端的意义，海德格尔在后来的《黑皮笔记》中曾特意写道：教授资格论文有许多缺陷，但其研究方法及精神是可取的，这是一次此前从未有人尝试过的冒险，因为这一工作事实上是将经院哲学"带到黑格尔形而上学的近处"，这种"当前化"的做法在今天可能习以为常，但在当时却极为触目，甚至被视为"奇端异说"。①当事人的这一定位，加上论文结尾处对"争辩"的宣告，确凿地指明了教授资格论文就是其"黑格尔阐释"的开端。

　　但海德格尔接着又指出，这种反常规的"奇端异说"还不是本质性的东西。因为真正本质性的东西在于下述两种思想的启程："'范畴理论'寻求的存在者之存在，即这样一种经验：存在本身始终是未被思的。'意谓理论'寻求的是语言之本质，即这样一种经验：语言威临而不是'表达'，语言乃是存在之威临和存在之真理。"②对"存在本身始终未被思"的经验乃是对存在之遗忘状态的经验，"范畴理论"因而指向了"存在论差异"。对"语言乃是存在之威临和存在之真理"的经验乃是对"存在之关联"的经验，"意谓

①　GA 97, S. 287.

②　GA 97, S. 288.

理论"因而指向了"存在与人之关联"。

这两个问题向度的启程才是决定性的,这同时也就意味着,教授资格论文不仅仅是海德格尔"黑格尔阐释"的正式开端,更是海德格尔"存在与时间"道路的最初启动。正是通过教授资格论文,通过如此规划的与黑格尔哲学的争辩,海德格尔走上了一条对"人与存在之关联"问题亦即"基础问题"予以深化追问的道路,根源于《精神现象学》而非狄尔泰哲学的"生命"概念以及此后转化而成的"此在"概念,也注定会先后成为这条道路上的关键路标,这条道路也注定会成为一条"存在与时间"之路。

至此,本章第一节所提出的那两个关键问题也就可以得到统一解答了。

问题一:从 1912 年到 1914 年,早期海德格尔的"康德阐释"发生变化的深层根据是什么?

回答是:早期海德格尔"康德阐释"的问题语境受益于早期海德格尔"黑格尔阐释"所事先开辟的问题语境,并且受到后者之引导而出现了肇始与变化的过渡进程。在这种进程中,海德格尔思想的"基础问题"正式启程,"解构性奠基"思想和"历史性切近"洞见也日益成熟,海德格尔对"批判实在论"的理解也愈发深刻,这反过来推动了早期海德格尔"黑格尔阐释"的内在深化,最终使得海德格尔对康德哲学和黑格尔哲学的阐释在 1914 年已经从此前形式上的最初萌芽转入一种"整体评判"的开端进程。

问题二:要承认这种变化的可行性,海德格尔还需要解决什么样的难题?

回答是:基础问题本身还需要得到进一步深化。这一难题具体

表现在，在 1914 年开始撰写的教授资格论文中，以各自形式得到
探讨的"存在问题"和"关联问题"如何有机地运作为一体，也就是
说，对"人与存在之关联"的沉思如何做到以"关联为本"为前提，
而不是固执于关联项。因而亟待追问的乃是关联活动之本性，为此
就必须——按海德格尔在 1916 年为教授资格论文补写的"结论"
中的表态——"在一种更为深入的对存在、价值、否定的研究中做
出原则性的规定"①。

　　换言之，"基础问题"的进一步深化要求着在存在论语境中对
"否定"之本质亦即"无"之本质展开追问。教授资格论文的结尾处
就指向了这一追问，海德格尔在后期多个文本中也反复提示，这一
追问乃是教授资格论文通向《存在与时间》的最关键点。②经过数
年的思考，尤其是通过向胡塞尔现象学的深度学习，从 1919 年的
讲座开始，海德格尔将以"形式显示"来实行这一深化工作，"存在
与时间"的道路也就由此得到了定调。

---

① 　海德格尔:《早期著作》，第 498 页注释 ①。
② 　参见 GA 66, S. 412；GA 82, S. 44, 364；GA 97, S. 287 以及海德格尔:《路
标》，第 388 页。

第四章 "存在与时间"的道路

海德格尔的"德国古典哲学阐释"源自海德格尔对"基础问题"的把握，并由此而成为一种整体评判，这种整体评判又反过来要求着对基础问题之思考的进一步深化。这种深化工作要求以适宜的方式通达基础问题之领域，按海德格尔1919年讲座《哲学观念与世界观问题》的讲法，即要找到一条真正的道路通达源始科学的领域（由于1919年讲座与海德格尔的"费希特阐释"密切相关，本书对1919年讲座思路的详细解释因而将后置到费希特章节，参见本书第七章），并为此走上了一条被命名为"存在与时间"的道路，而这条道路的思想标志就是"形式显示"。我们有充足理由说，海德格尔的"存在与时间"的道路，就是一条"形式显示"的道路。然而究竟何谓"形式显示"？"形式显示"以及它所标识的"存在与时间"之路，对于海德格尔对德国古典哲学的"整体评判"具有什么样的意义？

第一节 "形式显示"的实质含义

"形式显示"（die formale Anzeige），或译"形式指示"，又译"形式指引"，是前期海德格尔思想的重要术语。这个术语本身具有的

"关联"义，乃是海德格尔所根本看重之处，也是我们理解海德格尔这一思想的关键所在。

在 1920/1921 年冬季学期讲座《宗教现象学导论》中，为阐明思想方法，海德格尔曾专辟一章来阐释何谓"形式显示"。这一章堪称一篇专题论文，在海德格尔早期乃至整个的思想道路上具有非常重要的指示意义。

这一章系该讲座的第四章，名为"形式化与形式显示"。下分三节，分别是：一、历史之普遍意义；二、普遍化与形式化；三、形式显示。

在第一节的开端处，海德格尔首先给出了"形式显示"的定义："有这样一种意义，它对于现象学阐释变成主导性的了，对这种意义的方法上的使用，我们称之为'形式显示'。这种形式显示着的意义在自身中承载着那种东西，正是依据这种东西，诸现象才得到观看。"① 这一定义事实上是对"形式显示"之关键位置的确定。形式显示不是与诸多方法杂然共处的某种方法，而是现象学的那种决定性的方法。而何谓"意义"（Sinn）？意义乃是意谓（Bedeutung），亦即乃是"关联"（Bezug）。这是海德格尔在 1919 年战时紧急学期讲座中就已阐明的要点。② 因此，上述定义实质上是说：主导着现象学阐释的乃是这样一种意义，即作为"关联"的"意义"，亦即"关联意义"，而形式显示就是对这种"关联"的方法上的使用。所谓"方法上的使用"是指，"形式显示"如此效力于关联问题本身，即以来自生命本

---

① Martin Heidegger, *Phänomenologie des religiösen Lebens*, GA 60, Frankfurt am Main 1995, S. 55.

② 参见海德格尔：《形式显示的现象学：海德格尔早期弗莱堡文选》，第 16—19 页。

身的区分目光来应合这种自行显示的关联（即以关联性的人之存在来应合关联性的存在之显现）。在此意义上，形式显示就不是什么理论，而是自觉的生命之实行。而所谓"这种形式显示着的意义提供了诸现象得以被观看的依据"，乃是意指，这种关联活动——亦即作为"历史"的"存在"——提供了"诸现象"得以被观看的根据。

海德格尔以对哲学史的一段分析结束了第一节"'历史的'之普遍意义"的讨论。在这段分析中，海德格尔**仅仅**讨论了康德和胡塞尔的哲学工作："人们可以把对存在者的划分看作是一种**存在论的**考察。但只要存在者仅仅是**对于意识**而是**存在着的**，一种意识性的东西就应合了这种存在论的划分，在这种意识性的东西中，'诸意识方式'之关联得到了发问，存在者正是在这些意识方式中'建立起来'亦即被意识到的。这个问题是由康德提出来的；但（胡塞尔的）现象学却首次拥有了具体实施这种考察的手段。"①

从义理上讲，对存在问题的追问必然会激发对康德哲学（先验自我）和胡塞尔现象学（意向意识）之限度的批判，在 1920 年的这个讲座中，海德格尔匆匆掠过了康德，而将视线聚集在胡塞尔之位置的"二重性"上。这也就是第二节的任务。

第二节"普遍化与形式化"的主导思路就是揭示胡塞尔的二重性位置：一方面，承认胡塞尔式"区分目光"的贡献；另一方面，批评其还不是真正的区分目光。

就这种"承认"而言，海德格尔首先指出：一般化（Verallgemeinerung）的意义在迄今为止的哲学中都是有争议的，而且在胡塞尔现象学

---

① GA 60, S. 56–57.

之前一直都没有得到真正关注，是胡塞尔"首次把形式化从普遍化
（Generalisierung）中分离出来"，尽管这种区分长久以来已经在数
学上（自莱布尼茨开始）以未被言明的方式变得周知了，但却是胡
塞尔"首次实行了对它的逻辑学阐释"，他"首要地是按形式存在论
的向度并且是在对纯粹对象逻辑（普遍数学）的论证中来看这种区
分的含义的"。① 但对于海德格尔而言，这种区分还并不充分，所以
他紧接着写道："我们想要尝试着深化这种区分，并在这种深化中
尝试着去阐明形式显示的意义。"② 这事实上已经指明了"形式显示"
与"形式化"的关系。然而，首先还是要揭示胡塞尔的这种"区分"
究竟意味着什么，才能据此加以深化。

　　海德格尔因而分析道，"普遍化"是合乎种类的一般化，在其
实行中受制于某个确定的实事领域/事物领域（Sachgebiet），更直
接地说，海德格尔的意思是，普遍化是固执于存在者层面按种属关
系向上进行普遍归纳的工作。比如从红到颜色，从颜色到感性性
质，等等。但当我们说感性性质是一种本质存在（Wesen）以及本质
存在是对象（Gegenstand）时，我们不再是进行普遍化，而是进行了
"形式化"。区别之关键在于，形式化不再是固执于存在者层面的按
种属之等阶秩序进行的一般化工作。一言概之，普遍化是含有实事
的（sachhaltig），形式化则并不受制于实事性。举例来说，在"石头
是一个对象"这个命题中，"对象"这个范畴并不是从低到高按种
属关系归纳得到的。若按胡塞尔在《逻辑研究》中的讲法，"对象"

---

① GA 60, S. 57.
② GA 60, S. 57.

乃是被范畴直观到的。但海德格尔在这里并没有诉诸"范畴直观"，而是用另外的措辞来加以解释："对象"是形式化得出的，而形式化源出于"对置关联之意义本身"。①

海德格尔语境中的"Einstellung"很难译为中文，其根本意思是"适应于/迎合于/对着……的置位"，本身就表示一种关联，因而在日常语用中有"(对……的)立场，看法，观点，姿态"等义，这里勉强译为"对置"。如此，海德格尔上述断言的意思就是，**形式化源出于关联意义本身**，而不是受制于和固执于实事/事物领域。为何要加上"本身"二字？尽管海德格尔在此并未明言，但原因挑明了就是：普遍化，作为按种属之等阶秩序进行的一般化工作，事实上也是一种关联活动，但还不是本真的那种关联活动。说得再明确一些就是，普遍化还仅仅是**存在者之内的关联**，而形式化则"源出于"与存在者之关联不同的并且使存在者之关联得以可能的那种关联，亦即，源出于"存在与存在者之关联"。需要注意的是，这里的措辞仅仅是"源出于"，也就是说，形式化还并不就是那种本源关联，而只是从中派生者。

弄清这一语境，回头再去看海德格尔那些字面上的表述，我们就能理解其中蕴含的深意了："我并没有从对象中看出什么规定性（Wasbestimmtheit），毋宁说，我在某种程度上是'依寓/就着'它来看它的规定性。我必须从什么内容（Wasgehalt）那里掉转目光而仅仅去关注下述事情，即对象乃是一种被给予的、对置性地被把握的东西。**形式化因而源出于纯粹对置关联本身的关联意义**，而绝不是

①　GA 60, S. 58.

源出于'什么内容一般'（Wasgehalt überhaupt）。"①

如此,海德格尔的阐释工作就进入一个关键环节:"由此而来对置的关联规定性才能首次被看到。纯粹的对置关联（Einstellungsbezug）本身还必须被视为实行（Vollzug）,以便去理解理论性东西的本源。但哲学活动——如同我们稍后将会看到的那样——必须在其源始的对置**实行**（Einstellungs*vollzug*）中得到考察;现象学阐释与思想性的对待行为（denkmaßigem Verhalten）之间的关系也就得到了澄清。**形式性东西的本源因而在于关联意义中**。"② 我们此前早已提出但一直延宕至今的那个问题——"形式显示"的"形式"究竟是什么意思——就开始获得了澄清:在胡塞尔的"形式化"中,"形式"已经意味着"关联/关联意义",作为对此的深化,"形式显示"的"形式"同样意味着"关联/关联意义"。如此,我们就更加深入地理解了我们此前已经阐释过的海德格尔对"形式显示"的那个初步定义:"有这样一种意义,它对于现象学阐释变成主导性的了,对这种意义的方法上的使用,我们称之为'形式显示'。"③

但另一方面,既然形式显示是对形式化的"深化",那就意味着"形式化"仍有其限度。形式化虽然源出于关联意义,但"关联"（Bezug）仍有可能只是理论性的"关联",而不是真正的、实际的关联活动亦即"实行"（Vollzug）。所以"纯粹的对置关联本身还必须被视为实行",这样做乃是溯本清源,是为了去"理解理论性东西的本源"。在 1919 年讲座《哲学观念与世界观问题》中,海德格尔已

---

① GA 60, S. 58–59.

② GA 60, S. 59.

③ GA 60, S. 55.

经明确区分了"前理论性的东西"和"理论性的东西"。① 国内学者特别是孙周兴教授的研究已对此做了深入翔实的分析。② 我在这里只想在既有研究的基础上指出以下几个要点:

"前理论性的东西"与"理论性的东西"之区分的宗旨仍是指向了对"存在之盲"的破除。"前理论性的东西"事实上对应着"人与存在之关联","理论性的东西"则对应着"人与存在者之关联"。为何如此? 回答是:自笛卡尔以来,作为主体的人与存在者的关联首要地被规定为一种"认知关系",这乃是近代哲学的基本特征,即使胡塞尔的现象学也概莫能外。也正因此,在海德格尔的视野中,"人与存在者之关联"成为一种"理论性的东西"。根本说来,人与存在者之关联是"存在者之内的关联",固执于这种关联中就会蔽于存在之盲。而那种更本源的关联,必然是使作为"理论性的东西"的"人与存在者之关联"得以可能并在此意义上"先行"于之的关联,在此意义上,这种关联就被命名为"前理论性的东西"。至于"前理论性的东西"又被海德格尔分为"前世界性的东西"(源始东西)和"世界性的东西"(真正的体验世界)③,只不过是为了更清楚地揭示"存在与人之关联"的"关联结构"。海德格尔之所以又把这种源始东西称作"生命一般的基本要素"(Grundmoment des Lebens überhaupt)④,乃是深受黑格尔《精神现象学》之"生命"(Leben)概

---

① 海德格尔:《形式显示的现象学:海德格尔早期弗莱堡文选》,第16—19页。

② 孙周兴:《形式显示的现象学:海德格尔早期弗莱堡讲座研究》,载于《现代哲学》,2002年第4期,第85—95页。

③ 海德格尔:《形式显示的现象学:海德格尔早期弗莱堡文选》,第18页。

④ 海德格尔:《形式显示的现象学:海德格尔早期弗莱堡文选》,第18页。

念的影响,亦即将其看作是作为"历史本身"的"精神"①,而绝非是在运用某种"生命哲学"中的"生命"概念,这种"生命一般/生命本身"因而也不同于海德格尔自己定位于人之生存的"实际生命"(das faktische Leben)。也正是基于这一语境,1919年的海德格尔才会将"现象学的目标"定位为"对生命本身的研究"。②因此,这种源始东西(Ur-etwas),这种**前**世界性的东西,亦即这种使"世界性东西"得以可能的东西,事实上乃意味着"存在"或者说"存在之关联活动"。而"世界性的东西"又被称作"特定体验领域的基本要素",乃是意指人的生存世界,亦即"人的关联活动"。相比之下,"理论性的东西"乃是统指"人与存在者之关联",但其中又被海德格尔区分为"对象性的形式逻辑的东西"和"客体性的东西"。海德格尔特意注明,"对象性的形式逻辑的东西"乃是"起因于源始东西","客体性的东西"则是"起因于真正的体验世界"。③从这种区分就可以看出,二者虽然都是定向于认知关系的"人与存在者之关联",但前者("对象性的形式逻辑的东西")较之后者("客体性的东西")却具有独特的二重性位置,亦即,它既固执于存在之盲中,又内在蕴含转化之契机(征兆)。这事实上就是我们此前业已分析过的康德/胡塞尔的那一"路数"和他们思想的"二重性位置"。

正因为辨识出胡塞尔思想的二重性位置,海德格尔才对"形式化"做了双重向度的观照:一方面,形式化源出于纯粹对置关联本

---

① 这一点早在海德格尔1915年教授资格论文中就有深刻体现。相关研究可参见登克尔等编:《海德格尔与其思想的开端》,第287—320页。

② 海德格尔:《形式显示的现象学:海德格尔早期弗莱堡文选》,第20页。

③ 海德格尔:《形式显示的现象学:海德格尔早期弗莱堡文选》,第18页。

身的关联意义，也就是说，指向/预示了那种本源性的关联（存在与人之关联）；但另一方面，作为对象性的形式逻辑的东西，形式化仍是一种理论性的关联。要真正克服和转化这种二重性位置，也就是说，要真正超越这种位置而进入本源领域，就必须"理解理论性东西的本源"，这也就意味着，"纯粹的对置关联本身还必须被视为实行"。作为实际的、本源的关联，这种"实行"就是"形式显示"。海德格尔因此初步实现了他的既定目标，即在对"形式化"的"深化"中阐明"形式显示"之意义。

这样一来，"形式显示"中的"形式"和"形式化"中的"形式"的关系就变得更清晰了。海德格尔写道："形式化和普遍化的共同之处在于，它们皆处在'普遍'之意义中，而形式显示则无关乎普遍性。'形式显示'中的'形式'一词的含义是**更源始的**。"说得更直白点就是，这两种"形式"虽然都是关联意义，但前者更为源始，根本地意指存在与人之关联，后者虽然具有二重性位置，但究竟仍是理论性的关联意义，仍固执于人与存在者之关联，说到底仍是蔽于存在之盲。按另一角度来说就是，在胡塞尔的"形式存在论"中，人们"已经意指了一种被对象性地构成的东西。'形式**领域**'在更广阔的意义上也是一种'**实事领域**'，也是**含有实事的**（*sachhaltig*）"①，"形式化"因而仍固执于普遍性，仍是理论性的东西，与之相反，"形式显示"则与普遍性无关，"处在对置性的理论东西之外"②。

为了进一步阐明"形式化"这种关联意义何以仍局限在理论性东

---

① GA 60, S. 59.
② GA 60, S. 59.

西中，海德格尔特意用一段话分析了近现代哲学的运作机制：自人们以通常立场理解亚里士多德的那个命题（"存在［者］被多种多样地言说"）以来，把整个存在划分到诸领域中去，就一再成为哲学的任务，只是在近代才出现了这样一种思路，即追问被经验者是如何被意识性地经验的。倘若人们把这种关联性的考察把握为原则性的任务，则意识领域本身就变成了哲学研究领域（被划分之领域），并且又出现了这样一种任务，即在存在论意义上对意识领域本身做更确切的规定。只要人们通常在某种意义上把意识刻画为活动，人们就能把意识方面刻画为一种源始的、活动的方面，因为意识的那种源始的东西与建构性—源始性的东西变得同一了。由此就出现了这样一种倾向，即要在这种机制中去看到哲学的本真任务。这一任务被黑格尔坚持不懈地贯彻实行，今天则被马堡学派最为犀利地执行。①

　　虽然在此并未点胡塞尔的名，但上述分析事实上已经是对胡塞尔"**先验**现象学"立场的一种釜底抽薪式的剖析：无论多么源始性与多么纯粹的努力，但只要出发点还未曾臻于存在之区分目光，还未曾摆脱存在之盲，这种努力就还仍然没有赶上亚里士多德早已抵达的那个位置，这种努力就仍然是半途而废的。

　　如此，第二节"普遍化与形式化"的实质任务——辨识出胡塞尔思想的二重性位置——业已达成。海德格尔遂用最后几段话概括此节的表面论题，并由此引入下节主题。

　　首先，普遍化乃是整置活动之方式（Weise des Ordnens），这种整置是从低到高向一种普遍的、广泛的关联的置入，它作为秩序之

---

① GA 60, S. 60.

整置始终处理的是事物，因而始终发生在事物领域中，也就是说，始终发生在存在者领域中。①

其次，形式化并不受制于某个有待规定的对象的确定的什么（Was），它关注的不是作为对象的事物，而是"关联"，即"对象之被给予"这一关联事态：对象被规定为被把握者，即认知性关联所趋向者。"对象一般"的意义说的仅仅是：理论性的对置性关联所关涉者。这种对置性关联虽然具有多重意义，但根本上只是关乎对象领域的规定性，根本上仍是理论性的。原本说来，关联意义并不是什么整置秩序，不是什么区域，它只在下述意义上"间接地"是秩序和区域，此即它被构形（ausgeformt）为一种形式性的对象范畴，与这种对象范畴相应地就有了一个区域。在此意义上，形式化并未真正告别普遍化。②

真正的思想任务由此凸显出来。对普遍化的告别，与理论性东西的区别，对真正的区分目光的达成，因而需要一种真正的道路和方法，这就是第三节亦即最后一节"形式显示"的任务。

第二节　"形式显示"的实际任务

《宗教现象学导论》第四章堪称"形式显示"思想的专论，其最后一节又被径直冠以"形式显示"的标题，显示出作者要在这一节中毕其功于一役的意图。

---

① GA 60, S. 60.
② GA 60, S. 61.

在海德格尔看来，胡塞尔的工作，无论是形式化还是形式存在论，都仍固执于理论性东西之中，其后果只能是导致"离弃生命"（Entleben），它所设置的理论区域只能是一种"被揭离脱落的领域"。这种形式存在论的考察始终做了预先判定，是带有成见的考察。①相反，真正的思想任务应走向一种"形式东西的现象学"，这种现象学是"对形式东西本身的源始考察"，即不带成见的考察，而由于"形式"乃是关联意义，且本真的关联意义在于"实行"，故这种考察也就必然要成为"在关联意义之实行中对关联意义的阐释"。这两种定位的区别，说得再简明些就是，胡塞尔的现象学，只要其始终以认知关系奠基一切关联，就仍固执于人与存在者之关联，海德格尔所期望的现象学则要求面向那种比认知关系更本源的关联，即人与存在之关联。

至此，我们就终于回答了那两个早已提出但却具有关键意义的问题。在此总结如下：

第一个问题是：何谓"形式显示"之"形式"？

回答是："形式显示"的"形式"意味着"关联/关联意义"。

第二个问题是：何谓"现象"，何谓"现象学"？

回答是："现象"乃是"关联/关联意义之整体"。"现象学"意

---

① 海德格尔对此的解释是：从原理上讲，作为"形式的"，形式存在论并不预先判定什么，但事实上它仍做了预先判定。因为倘若我们问形式存在论是否为哲学预先判定了什么，则这个问题只有在下述情况下才有意义，即人们接受了这一论点：哲学不是对置活动（Einstellung）。鉴于"对置"与"理论性"的内在关联，上述前提也就是：承认哲学不是理论性的科学。在这种前提下，形式存在论的考察才能够是终极性的，才能对建构性的现象学的东西起规定作用。但这种意义上的"形式存在论"就不再是胡塞尔意义上的了，如此一来就反过来说明，胡塞尔的那种对对象的形式存在论式的把握事实上做了预先判定。（GA 60, S. 62.）

味着：让关联/关联意义之整体自行显示。

由此可以看出："形式显示"就是"关联/关联意义"之显示。这种意义上的"形式显示"因而乃是"现象学"最本质性的东西，是其最具决定性的东西，在"现象学"根本就是一种"方法"而非一种思想流派的意义上，我们可以直接说，形式显示就是现象学本身。

如此我们就彻底理解了第四章第一节所给出的那个"形式显示"的定义："有这样一种意义，它对于现象学阐释变成主导性的了，对这种意义的方法上的使用，我们称之为'形式显示'。这种形式显示着的意义在自身中承载着那种东西，正是依据这种东西，诸现象才得到观看。"①

意义乃是关联，"关联"与"关联意义"乃是同一事情。主导着现象学阐释的就是"关联（意义）"，但不是人与存在者之关联，而是那使人与存在者之关联得以可能的本源关联，即人与存在之关联。形式显示，作为"方法"（μέθοδος），作为"通向……的道路"，就效力于"人与存在之关联"，更确切地说，作为一种区分目光效力于这种"关联（意义）整体"的自行显示。这种"形式显示着的意义"因而就是"人与存在之关联"，这种关联（Bezug）的实行（Vollzug），亦即人与存在的这种征引牵系（Be-ziehen）的完全牵系（Voll-ziehen），就是"现象"（Phänomen）。"现象"即"关联（意义）之整体"，"现象"背后并无什么根据，这种"现象"本身就是根据活动（这里也正是通向后期海德格尔"存在之天命置送"思想的一个关键点），正是这种作为"关联（意义）之整体"的"现象"使得诸

---

　① GA 60, S. 55.

多具体的、存在者层面上的现象能够被人观看。

由此而来,"形式显示"的意义也就得到了澄清:形式显示根本地有别于普遍化和形式化,后二者只是对置性地或理论性地被激发的,在它们的实行中,实事/事物是被整置好的,只不过一个是被直接整置而另一个是被间接整置而已。相反,在形式显示中事关宏旨的却不是一种整置秩序。在形式显示中,人们避开了每一种分类,人们恰恰让一切东西都悬而未决。只是在与现象学阐释的关联中,形式显示才有意义。我们必须弄清现象学考察的方式。能做到这一点的恰恰是形式显示。形式显示具有着手进行现象学阐释(phänomenologischen Explikation)的意义。① 而所谓"阐释"(Explikation),就其拉丁词源 explicatio 的根本意义而言,乃是"展开/展现"(Auseinanderrollen)。所以"着手进行现象学阐释",就是行现象学之本事,即,让关联意义整体自行显示。换言之,形式显示效力于存在问题,效力于存在与人之关联问题。

但这还不是"形式显示"的全部意义,更确切地说,还不是"形式显示"对于这个时期的海德格尔更为直接的那种重要意义:"形式显示"指示着时间之本性,时间乃是理解存在之意义的界域。

对于这种重要意义的解释构成了第三节亦即整个第四章的收尾,但海德格尔却是以一句看似随随便便的话转接过去的:"我们要把赢得的这些成果应用到历史(das Historische)问题上去。"② 但我们细读文本后就会发现,接下来的解释绝非只是一种"应用",而毋

---

① GA 60, S. 64.
② GA 60, S. 64.

宁说是从另一向度揭示了"形式显示"的旨趣，并由此使整个问题语境首尾连贯：从"历史"问题而来要求"形式显示"，从"形式显示"而来回指"历史"问题。并且也只有对此达成深入观照，我们才能真正深入地理解六年之后兴起的那部《存在与时间》的本真动机。

在这个"形式显示专论"的收尾部分中，海德格尔写道："倘若历史被视为那种被形式显示的东西，那么就不会因此而主张把历史规定为'时间中的生成者'的那种最普遍的规定预先确定了一种最终意义。对历史之意义的形式显示着的规定既不应被称作这样一种规定，即在客观历史世界的历史结构特征中规定客观历史世界的那种规定，也不应被视为这样一种规定，即预先规定历史本身之最普遍意义的那种规定。"[1] 换言之，这番话的意思是，若以形式显示来面对历史问题，则这种对历史的形式显示着的规定就无关乎"客观化"与"普遍化"，无关乎那种理论性的"成见"，无关乎对"人与存在者之关联"的固执，而是要破除"存在之盲"，要以区分之目光发现历史之本真意义。

此前就已得到揭示的是，历史之意义乃是"人与存在之关联"，亦即"存在之意义"，但历史之意义无论如何都绕不过时间问题，反过来说，也唯有时间才能提供理解历史之意义（作为本源关联的存在之意义）的视域界限。因此，为了通达作为"人与存在之关联"而非"人与存在者之关联"的历史，时间问题应暂先地被悬而未决地理解，不固化，不落实，由此才有可能破除存在之盲，达成区分之目光。海德格尔因而接着写道："'时间性的'（zeitlich）暂先还是

---

① GA 60, S. 64–65.

在一种完全不确定的意义上被采用的，人们根本不知道，它说的是哪种时间。只要'时间性的'之意义是不确定的，人们就可能会把这种意义理解为某种未做预先判定的东西；［另一方面］人们可能会认为：只要每一种对象性都是在意识中构成的，对象性就是时间性的，并且由此人们就赢得了时间性的基本图式（Grundschema）。但是时间的这种'普遍—形式的'规定并非什么奠基，而是对时间问题的一种伪造（Fälschung）。因为这样的话就是从**理论性东西**而来为时间现象预先确定了一个**框架**。毋宁说，时间问题必须如此得到把握，正如我们在实际经验中源始地经验时间性那样——完全不顾及一切纯粹意识和一切纯粹时间。"①

时间性之意义的这种悬而未决当然也是一种"警告"和一种"防御"，其目的也仍是在于避免从"成见"而来、从理论性东西而来对时间问题做出预先判定，因此，这也就意味着，不要局限在派生关联即"人与存在者之关联"中而是要突入本源关联"人与存在之关联"中来把握时间问题，亦即，要以形式显示来理解时间性之意义。作为人与存在之关联，这种本源关联就已经活生生地"切近"着，运作在人之实际生命的经验中，在这种"切近"中已经意味着一切，它绝不是运作在那种离弃生命的普遍化的理论性的"伪造"状态中，所以对时间问题的本真把握必须如此进行，"正如我们在实际经验中源始地经验时间性那样——完全不顾及一切纯粹意识和一切纯粹时间"。

海德格尔因而接着写道："道路因而反过来了。毋宁说我们必须问：在实际经验中什么东西源始地是那时间性？在实际经验中，

---

① GA 60, S. 65.

何谓过去,现在,将来?我们的道路是从实际生命出发的,正是从实际生命而来,时间之意义被赢得了。由此,历史问题就得到了特性标示。"①

伴随着这番话,这个堪称"形式显示之专论"的第四章,乃至《宗教现象学导论》的整个导论部分,也由此正式收尾。海德格尔明确地标识出了他的"道路",这条道路要从"实际生命"出发,以此通达时间之意义并由此刻画出历史问题的特性。但若局限在文字表面,若仍固执于成见,这番表述的真正意谓就仍是难以理解的,或者说易遭误解,甚至可能会被解读为一种生命哲学乃至一种新式的主体哲学。海德格尔对其中的理解之难有清醒认识,所以他最后告诫他的听众:在接下来的正式考察中,"你们自始至终都会误解整个考察"②。③

这条从"实际生命"出发的道路究竟是什么道路?它应是一条赢获时间性并由此领会历史之本性的道路,而时间性以及时间性所效力的历史之本性皆指向了那种本源关联即人与存在之关联。这种本源关联虽是那种本源的"同一",但它的实际运作却需要一种本质性的"差异",即存在与存在者之差异。这条在"同一与差异"

---

① GA 60, S. 65.

② GA 60, S. 65.

③ 海德格尔在 1920 年冬天所预见到的这种"理解之难"在七年之后伴随着《存在与时间》的出版变成了更大规模的事实,而且注定会成为海德格尔终生都要与之抗争的那种"理解之难",以至于海德格尔会一再感叹,《存在与时间》的真正意图始终在遭遇误解,几乎从未被人真正读懂过。如在堪称"思想日记"的《黑皮笔记》中,海德格尔就曾有这样的独白:"《存在与时间》乃是很不完善的这样一种尝试:尝试着进入此在之时间性中去,以便去对那个自巴门尼德以来的存在问题进行重新发问。但对于这本书所遭遇的异议:我直到今天也还没有足够的敌人——这本书没有为我带来一个伟大的敌人。"(GA 94, S. 9.)

中运作的道路,正是"形式显示"。

作为本质性"区分"之观照并同时作为本源性"关联"之显示,"形式显示"既本质性地效力于"存在"问题,又同时本质性地效力于"时间"问题,而着眼于这种本质性的一体性,"存在与时间"这个问题以及这个"与"本身就必然会成为最值得追问的问题了。因此,在通向《存在与时间》以及由之而前行的种种向度中,始终运作着的必然是一条形式显示式的道路。在这样的道路上,把时间本身思为显示①,把时间本身思为存在之真理的最初显示②,并由此把时间理解为存在之意义得以显示的界域(开抛领域)③,乃是《存在与时间》最为关键的洞见。

第三节　"实在性"问题的深化

对"形式显示"思想的考察已经揭示出,"存在与时间"的道路是一条"基础问题"之追问在其中得以不断深化的道路。这一判断还将在本节的考察工作中得到进一步阐明。借助形式显示思想的引导,《存在与时间》对"实在性"问题展开了更为深入的讨论,这是海德格尔对其早期"批判实在论"思想(参见本书第三章第一节)的进一步深化,而且这一工作同海德格尔对舍勒的批评密不可分。

海德格尔很早就注意到马克斯·舍勒的思想④(舍勒是奥伊肯

---

① GA 73.1, S. 206.
② 海德格尔:《哲学论稿(从本有而来)》,第 456 页。
③ 海德格尔:《哲学论稿(从本有而来)》,第 475 页。
④ 海德格尔是通过舍勒 1912 年起开始发表的那些作品而认识舍勒的,(转下页)

[Rudolf Eucken, 1846—1926]的学生,而奥伊肯则是洛采的学生),海德格尔认为,舍勒从阻力现象而来的实在性解释与海德格尔自身所持有的实在性解释"最为接近"①,但仍需要对其限度展开分析,因为舍勒的实在论思想已经构成了形而上学的极限。对此的考察可以使我们看到《存在与时间》是如何使基础问题得到深化的,进而使我们看清《存在与时间》对于海德格尔整体评判思路的影响。

在《存在与时间》第 43 节中,海德格尔以"实在性作为存在论问题"为标题批判了舍勒的"阻力"思想。海德格尔所关注的"阻力"思想主要来自舍勒 1925 年的演讲《知识形式与教育》(现收入《舍勒著作集》卷九)和其 1926 年的论文集《知识形式与社会》(现编为《舍勒著作集》卷八)。在那里,舍勒关于"阻力"的基本观点可概括为:

1.阻力是意志之展现,是对谋求行为和注意力之动力因素的阻抗。认知本身是一种存在关系,而意志是比认知更本源的存在关系,正是后一种存在关系提供了根据,使得我们能够拥有作为实在者的"Dasein"(此词在舍勒语境中意为"现成存在/实在")。②

2.实在性即阻力。"诸物的实在(Realsein)首要地是在阻力中被给予我们的"③,"实在性(Realität)在各种样式的知觉和记忆中仅仅是作为那种'阻力'——这种阻力反对着动力性的—冲动性的注

(接上页)参见 Mark Michalski, *Fremdwahrnehmung und Mitsein. Zur Grundlegung der Sozialphilosophie im Denken Max Schelers und Martin Heideggers*, Bouvier Verlag, 1997, S. 20。

① Martin Heidegger, *Prolegomena zur Geschichte des Zeitbegriffs*, GA 20, Frankfurt am Main 1994, S. 293.

② Max Scheler, *Späte Schriften*, GW 9, Bern/München: Francke Verlag, 1976, S. 112.

③ Max Scheler, *Die Wissensformen und die Gesellschaft*, GW 8, Bern/München: Francke Verlag, 1980, S. 111.

意力（die dynamisch-triebhafte Aufmerksamkeit）——而被给予的"①。

3. 阻力体验中的实在性因素是"被先行给予的"，先行于一切在知觉、回忆等智性行为中被给予的对象的含义内容和本质存在，"阻力体验中的实在性因素的被给予性是知觉的条件而非后果"②。

由此显然可见，舍勒的"阻力"之思根本关乎他对"实在性"问题的思考。但海德格尔为何要对此展开批判呢？在展开进一步的解读之前，我们要首先弄清这种批判工作的语境，亦即《存在与时间》的问题语境。

从整体层面来看，海德格尔的这一批判是在一种进程中出现的：对舍勒"阻力"思想的批判效力于对"实在性"问题的批判，后一批判效力于对"存在论意义上的此在之存在"的规定，而这种规定工作就是要把"此在之存在"规定为"关切"（Sorge）③，这也就是第 43 节所隶属的第一篇第六章的主题。

所谓"关切"，指的是此在之存在的关联性，因为"此在是为存在本身而存在的存在者"④，说"此在之存在是关切"和说"此在存在于'存在与人之关联'中"或"此在之存在就是人与存在之关联"是一回事。"关切"命名了此在在生存论上的基本性质，但"追问此在在生存论上的基本性质的问题本质上有别于追问现成事物

---

① Max Scheler, *Die Wissensformen und die Gesellschaft*, GW 8, S. 138.

② Max Scheler, *Die Wissensformen und die Gesellschaft*, GW 8, S. 138.

③ "Sorge"是海德格尔前期思想中的一个关键术语，陈嘉映先生将其译为"操心"（参见《存在与时间》中译本附录一），这里尝试改为"关切"。相关理由这里只做简略陈述：在前期海德格尔思想中，"Sorge"是"存在与人之关联"问题的核心概念，将其译为"关切"可以在根本上契合这一问题语境，而且"关切"可以涵摄"操心"之义，却免除了"心"之因素对译名造成的扰乱。

④ 海德格尔：《存在与时间》，第 237 页。

的存在的问题"①,换言之,后一种以"实在性"为基调的追问充其量只是对"人与存在者之关联"这种派生关联的追问,而前一种追问——对作为"此在之存在"的"关切"的追问——则是对"人与存在之关联"这种本源关联的追问。前一种关联奠基于后一种关联,前一种追问的可能性也因而植根于后一种追问。

也正因此,海德格尔写道,"对此在之为关切的存在论阐释,以及这种阐释所赢得的东西,与始终由前存在论的存在领会通达的东西风马牛不相及,更别提由关于存在者的存在者层次上的知识所通达的东西了"②,但另一方面,"为了从已经赢获的东西出发而把目光明确地引向基础存在论问题"③,必须对现成性(实在性)问题做更深的追究,因为"从前对存在论问题的提法一直首要地在现成性(实在性、世界现实)的意义上来领会存在,而在存在论上此在之存在则始终未经规定"④,换言之,传统的以"实在性"为基准的存在论问题一直定向于派生性的"人与存在者之关联"而从未定向于本源性的"人与存在之关联"⑤,所以,这种"明确地引向基础存在论问题"的工作,有鉴于遮蔽之深重,还不能径直撇开派生关联,而必须对这种

①　海德格尔:《存在与时间》,第 226 页。
②　海德格尔:《存在与时间》,第 227 页。
③　海德格尔:《存在与时间》,第 228 页。
④　海德格尔:《存在与时间》,第 228 页。
⑤　关于这一点,海德格尔自己的解释是:"按照沉沦这种存在方式,领会首先与通常已经把自己错置到对世界的领会之中。即使我们不仅就存在者层次上的经验来谈,而且也就存在论上的领会来谈,存在之解释也首先依循世内存在者的存在制订方向。于是首先上到手头的东西的存在就被跳过去了,存在者首先被理解为现成物的联络。存在得到了实在的意义。与之相应,此在也像别的存在者一样是实在现成的。……实在的这种优越地位错置了对此在进行天然的生存论分析的道路……最终把一般关于存在的问题的提法都迫向歧途。"参见海德格尔:《存在与时间》,第 248—249 页。

锚定于"实在性"的派生关联的实质做出深刻阐释，而且，对派生关联之限度的揭示，进而由此指明派生关联奠基于本源关联，也必然有助于对本源关联之意义的阐明。海德格尔对舍勒"阻力"思想的批判就隶属于这种对"实在性"（派生关联）问题的批判解读。[①]

更具体地说，为了展开对"实在性"问题的批判，海德格尔"着眼于基础存在论"，按以下三个步骤依次进行了探讨：a."实在性作为存在之问题和外部世界的可证明性问题"；b."实在性作为存在论问题"；c."实在性与关切"。[②]对舍勒"阻力"思想的批判就构成了 b 的基本内容。

这三个步骤的划分和执行并非任意之举，而是海德格尔深思熟虑的后果，对此间意图的澄清——尤其要阐明 b（对舍勒"阻力"思想的批判）为何被置于 a 和 c 之间——将有助于我们看清海德格尔对舍勒"阻力"思想之批判的实质及其语境。

在 a 中，海德格尔首先指出主导问题乃是"实在性究竟意味着什么"，但也立即指出，从思想史来看，"只要纯存在论的提问方式和研究方法尚付阙如"[③]，这个问题即使被明确提出来，"也必然要隐没在'外部世界问题'的讨论之中"[④]。这种必然性在笛卡尔与康德以及他们所影响的哲学家的工作中得到了体现。实在性问题之所

---

① 海德格尔对"实在性"概念是明确就其关联性（人与存在者的关联）而思之的，这尤其体现在他对"在手状态"和"上手状态"这两种实在性模式的解读中。《存在与时间》中译本没有认真区分"实在性"（Realität）与"实在"（Realsein）这两个术语，译文中常有混淆，或对理解构成障碍，应予提醒。

② 海德格尔：《存在与时间》，第 249 页。

③ 海德格尔：《存在与时间》，第 249 页。

④ 海德格尔：《存在与时间》，第 249 页。

以必然对他们显现为"外部世界"之可证明性的疑难问题，根本原因在于，他们把认知看成是决定性的关系，确信这种关系奠定了一切。而在海德格尔看来，认知，作为人对存在者的交道方式，只是一种派生关联，只是"通达实在事物的一种派生途径"①，而"实在事物本质上只有作为世内存在者才可通达，通向世内存在者的一切途径在存在论上都植根于此在的基本建构，都植根于在世之存在"②，也就是说，只有通过"关切"（Sorge），通过"人与存在之关联"这种本源性的关联，世内存在者才是可通达的（人与存在者的关联才能达成）。是人与存在的本源关联使得人与存在者的派生关联（认知关系是这种派生关联的突出形式）得以可能，而非相反。因此，单纯固执于认知关系来追问"外部世界的可证明性"（这在实质上意味着，试图以派生性的东西来为本源性的东西进行奠基），必然是无意义的，也必然是无解的，最终也就必然构成了康德所谓的"哲学之耻辱"③。

对于海德格尔而言，"哲学之耻辱"不在于"外在世界之实在性"的证明一直未被完成，而在于"人们一而再再而三地期待着、尝试着这样的证明"④，"不充分的因而并不是这些证明，而是这个进行证明和渴望证明的存在者的存在方式有欠规定"⑤。这也就意味着，基于认识论来解答实在性问题的做法是没有出路的，因为认识论的做法还有其"不曾道出的前提"，认识只是一种派生关联，对这

① 海德格尔:《存在与时间》，第 250 页。
② 海德格尔:《存在与时间》，第 250 页。
③ 海德格尔:《存在与时间》，第 251 页。
④ 海德格尔:《存在与时间》，第 253 页。
⑤ 海德格尔:《存在与时间》，第 253 页。

种派生关联之深层根据的追问就必然导致"我们必须把实在性问题当作存在论问题,收回到此在的存在论分析工作中来"[1]。这也就是 b 的使命:"实在性作为存在论问题"。

在 b 中,海德格尔实施了对舍勒"阻力"思想的批判,但基于上述对 a 的分析,我们恰恰可以看出(尽管作者未曾明言),这一批判事实上也同时是对舍勒"阻力"思想的一种高度肯定:舍勒(以及他所受益的狄尔泰)的"阻力之思"乃是对传统实在性问题研究的一次巨大突破。

传统的实在性问题研究将自身局限于认知关系且不自知其局限性(派生性),而狄尔泰和舍勒的"阻力之思"的基本立场却是:实在的东西从不首先在思维和理解中被给予,而是在冲动和意志中被经验到,实在性即阻力。阻力乃是意志之展现。[2]对一种敏感的眼光而言,这事实上意味着,意志,这种有别于认知关系并且比认知关系更根本的关系活动,进入了思想的视野,并成为这种思想的基准点。无论这种新的关联究竟是不是本源性的,仅就其突破了认知关系在近代以来的单维决定性而言,已经是意义重大的一步。

在对阻力的沉思中,舍勒受益于狄尔泰,但比狄尔泰走得更远。狄尔泰还没有明确界定阻力所代表的意志关系对于认知关系的奠基性,用海德格尔的话来讲即"现象性原理不许狄尔泰进展到对意识之存在的存在论阐释"[3];舍勒则把阻力之思中的积极因素进一步深化,构建了他所谓的"唯意志论的 Dasein［实在］理论",而且还

① 海德格尔:《存在与时间》,第 257 页。
② 海德格尔:《存在与时间》,第 258—259 页。
③ 海德格尔:《存在与时间》,第 258 页。

特别指出,认识本身也不是判断活动,"认知乃是一种存在关系"①。这事实上意味着:舍勒已经明确意识到意志对于认知的奠基性,而且已经把意志这种关系定位为"本源性的"存在关系,否则他就不会把派生性的认知关系也称作一种存在关系。

　　这看上去和海德格尔对关联问题的思考已经相当接近了。但恰恰就在这里,海德格尔展开了对舍勒阻力之思的批判。

　　海德格尔的相关表述可概括如下:舍勒的阻力之思还缺乏存在论上的规定性,换言之,阻力之思还不够彻底。在存在论上,只有依据世界的展开状态,才可能获得阻力经验。阻力经验所描述的因而仅仅是世内存在者的存在,它所揭示的意志关系还不是本源关联,仍然是一种派生关联即人与存在者的关联。在此意义上,意志乃是"关切"(人与存在之关联)的一种变式,只有具有"关切"这种存在方式的存在者才能撞上阻碍者这种世内存在者。"实在性意识"本身就是一种"在世界中存在"的方式。②

　　一言概之,海德格尔认为舍勒的阻力之思虽然是对既有思路的重大突破,虽然已经预示了但还没有真正进入"人与存在之关联"这种关键领域。

　　正是这一洞见使得海德格尔对"实在性"的探讨工作从 b 又推进到 c,并在那里形成了结论,最终指向了对本源关联的凸显:所谓"实在性",无论是将其理解为"世内存在者的一般存在方式"即"上手状态和现成在手状态",还是将其理解为"纯然物之现成在手状

---

①　海德格尔:《存在与时间》,第 259 页。
②　参见海德格尔:《存在与时间》,第 259—260 页。

态意义上的存在",它都只是标识出了"人与存在者的关联",而且无论是固执于认知关系还是试图以阻力之思来克服认知关系的局限性,这种关联的派生性都还没有得到克服。所以我们必须承认,"实在性"植根于作为人与存在之关联的"关切",也就是说,**"实在性"(派生关联)奠基于"关切"(本源关联)**。[1]

由此而来,我们就对海德格尔这一批判工作的语境有了一个较为完整的观照,也同时基于这种语境而对"阻力之思"批判工作的实质有所洞见。我们可以明确指出:"存在论差异"(存在与存在者之区分)乃是这种批判工作最为核心的运作机制。是否真正克服了"存在之盲",是否真正告别了"人与存在者之关联"而突入"人与存在之关联",这是海德格尔在执行批判工作之际最为关注的核心要点。

也只有从这种"机制"和"要点"的理解而来,并且置身于海德格尔对实在性问题之追问的整体进程中,我们才能看清海德格尔对舍勒"阻力"思想之批判的复杂意味:一方面,这种批判是对阻力思想之"伟大"的揭示;另一方面,这种批判也是对阻力思想之"限度"的披露。一言概之,舍勒以"阻力之思"表现出来的批判实在论思想已经构成了形而上学的极限,而对这种实在论思想的批判,将使得一种真正的本源关联之思得以可能。

最终,"实在性"问题在《存在与时间》中的深化历程和深化成果都显示出海德格尔对"基础问题"的沉思愈发深刻,也日益稔熟于一种极限性评判,其"整体评判"思路也随之趋于成熟。但这种思路的最终成熟还需要另一个重要推力,那就是海德格尔对莱布尼茨哲学的阐释。

---

[1] 参见海德格尔:《存在与时间》,第 260 页。

第五章 整体评判思路的成熟

在通向《存在与时间》以及从《存在与时间》继续行进的道路上，伴随着"形式显示"之思和"实在性问题"之争辩的深入展开，海德格尔对"基础问题"亦即"人与存在之关联"或"存在与人之关联"问题的思考愈发成熟，《存在与时间》的挫折尤其促进了这种成熟。但海德格尔整体评判思路的真正成熟，但还需要一个重要推力，这就是海德格尔的"莱布尼茨阐释"所带来的推动力。这种阐释使得"根据问题"正式进入海德格尔视野的中心地带，并且通过对"根据之二重性"的洞见而使得"基础问题"的二重性得到最终确认："人与存在之关联"既是海德格尔思想的基础问题，也是形而上学的基础问题。在这种确认中，海德格尔"整体评判"的立场与方法也臻于成熟。下面将分三节展开，分别阐明"莱布尼茨阐释"的推动、形而上学的基础问题、立场与方法的成熟。

第一节 "莱布尼茨阐释"的推动

从整体上来看，海德格尔非常重视莱布尼茨哲学。在后期关键文本即1955/1956年的《根据律》讲座中，海德格尔强调指出，莱布尼茨思想"用一种新的方式唤醒并聚集了西方思想传统，它为根据律（作为一种最高原理）的那种要求开放了道路，由此，那种在此要求中隐蔽着的权力施展活动就开始生效了"[1]，而在这种权力施展中起支配作用的乃是"存在之天命置送"[2]，在此深远意义上，莱布尼茨"不仅仅是规定了现代逻辑到数理逻辑的发展以及现代逻辑到思维机器的发展，也不仅仅是规定了德国观念论哲学及其后继分支中的那种对主体之主体性的更为极端的阐释……莱布尼茨的思想承载着和烙印着近现代形而上学的主要倾向。在我们的沉思中，莱布尼茨这个名字并不代表着对一种过去的哲学体系的标记。这个名字命名了一种思想的当前，这种思想的力量还没有消逝，而这种当前，首先还在迎候着我们"[3]。

　　海德格尔的这种高度评价首要地来源于他从德国古典哲学整体视野中所回望到的莱布尼茨哲学的意义：康德哲学为德国观念论提供了奠基，而为之提供根本动力的乃是莱布尼茨哲学[4]，"康德之问题提法的那些决定性的视域界限只有按照莱布尼茨所给出的根据律的那种严格而完整的表达才能首次得以开启"[5]，倘若不能真切理解康德与莱布尼茨的思想关联，就会在对《纯粹理性批判》的理解上根本走偏，以至于错失康德哲学的真义[6]，进而无法理解后者所奠基的德国观念论。也就是说，在海德格尔眼中，莱布尼茨为整个德国古典哲学提供了真正的始基（开端根据）。

---

[1]　海德格尔：《根据律》，第 148 页。

[2]　海德格尔：《根据律》，第 148 页。

[3]　海德格尔：《根据律》，第 71—72 页。

[4]　GA 42, S. 156.

[5]　海德格尔：《根据律》，第 156 页。

[6]　GA 26, S. 81.

但海德格尔并非从其思想道路的开端处就看到了莱布尼茨哲学的这种深邃意义,不如说,他是在思想道路的进展中才逐渐发现了莱布尼茨哲学的深邃意义,由此才开始了对莱布尼茨哲学之本真位置的不断探讨。本节将对这一"发现"进程以及由之而来的"定位"工作展开考察,以此揭示海德格尔的"莱布尼茨阐释"在海德格尔整个"德国古典哲学阐释"中的重要地位和重要作用。

一、对莱布尼茨哲学的发现

海德格尔并非从一开始就重视莱布尼茨,毋宁说,他是从其本己思路的逐渐展开中才发现了莱布尼茨哲学的意义。

在《早期著作》(1912—1916)中,海德格尔只有一处提到莱布尼茨 ①,在 1919 年弗莱堡讲座集《论哲学的规定》中,也只有一处地方顺带提及莱布尼茨 ②;《直观与表达的现象学》(1920)③、《宗教生命现象学》(1920—1921)④ 和《存在论:实际性的解释学》(1923)⑤ 中也是同样情形。当海德格尔转赴马堡大学执教后,他的前三个马堡讲座《现象学研究导论》(1923—1924)、《亚里士多德哲学的基本概念》(1924)以及《柏拉图:智者篇》(1924—1925)都对莱布尼茨只字未提。但在 1925 年夏季学期的讲座《时间概念史导论》中,情形发生了突变,莱布尼茨哲学突然开始得到了海德格

---

①　海德格尔:《早期著作》,第 50 页。

②　GA 56/57, S. 108.

③　Martin Heidegger, *Phänomenologie der Anschauung und des Ausdrucks*, GA 59, Frankfurt am Main 1993, S. 121.

④　GA 60, S. 57.

⑤　GA 63, S. 43.

尔的关注和讨论 ①，这一势头不可阻遏地一直延续到此后接连进行的几个讲座中，此即 1925—1926 年冬季学期的《逻辑学：追问真理》（GA 21）②、1926 年夏季学期的《古代哲学的基本概念》（GA 22）③、1926—1927 年冬季学期的《从托马斯·阿奎那到康德的哲学历史》（GA 23）④ 以及 1927 年夏季学期的《现象学基本问题》（GA 24）⑤。

---

① GA 20, S. 95, 241, 244, 246, 276, 322, 323. 在这一讲座中，海德格尔想要借助莱布尼茨的思想来批判笛卡尔的广延问题，更确切地说，想要借助莱布尼茨的一个命题 "spatium est ordo coexislendi seu ordo existendi inter ea quae sunt simul"（海德格尔将其译为：空间是共同当前显现者之间的秩序，是同时并存的现成存在者之间的秩序）来论证这样一个核心论断：空间性依据于时间性，世界的世界性本质上是时间性而非空间性。特别参见该书德文版第 322 页以下（中译本《时间概念史导论》，欧东明译，北京：商务印书馆，2009 年，第 325 页以下）。对于海德格尔此时所着力思考的"此在之超越"问题，这一论断显然是极为关键的，而且将通过《逻辑学：追问真理》（GA 21）的关键性的道路构筑活动而一直通向 1928 年"莱布尼茨讲座"（GA 26）的核心论断：唯当此在之"在世界中存在"实际发生，现成存在物才有可能进入世界中并成为世内之物。在世性或世间性并不属于现成存在物的特性，而只是本源意义上的那种可能性（现成存在物自在之可能性）的先验条件。因为现成存在物可以在世界之中，也可以不在世界之中，现成存在物就其自己存在而言恰恰是在对"世界之进入"的"无需性"中呈现着自身。因此，根本而言，在世性乃是一个"时机"的问题，唯有此在实存，才有世界，才有在世性。超越着的此在作为在世界中存在者每每都实际地给予现成存在者以世界之进入的"机会"（时机），并且，从此在这方面来看，这种机会之给予仅仅存在于此在之超越活动中。一言概之，唯有作为实存者的此在才给出了世界之进入的契机（GA 26, S. 250, 251）。就海德格尔对莱布尼茨思想的整体阐释活动而言，GA 26 对此问题的思考当然要比 GA 20 更为深刻和丰富，但它之发端于 GA 20，却也是明显的。

② GA 21, S. 40, 45, 87, 118–120, 173, 203, 204, 257, 261, 296, 312, 338.

③ Martin Heidegger, *Grundbegriffe der antiken Philosophie*, GA 22, Frankfurt am Main 2004, S. 47, 105, 225, 226.

④ Martin Heidegger, *Geschichte der Philosophie von Thomas von Aquin bis Kant*, GA 23, Frankfurt am Main 2006, S. 5, 6, 11, 13, 32, 64, 106, 112, 142, 146, 157, 166–179, 181, 182, 184–188, 191, 192, 197, 199–202, 204, 207–210, 222, 230–232.

⑤ Martin Heidegger, *Die Grundprobleme der Phänomenologie*, GA 24, Frankfurt am Main 1997, S. 15, 45, 46, 104, 124, 129, 168, 178, 248, 328, 329, 426, 427.

在这一道路上，《逻辑学：追问真理》(1925—1926)起到了关键的构成作用和指引作用。虽然这个讲座的真正意义向来都被大多数研究者严重低估，但它的内在使命却非常重要，因为它要揭示和刻画的是真理问题在西方思想史上的那个独一无二的"传统"，它把亚里士多德、莱布尼茨、康德、洛采、胡塞尔作为它的核心群像，其中又以莱布尼茨和洛采为两个基准点。这个"传统"，或者说，这条追问真理之本质的"道路"，始于古希腊的亚里士多德，在近代，莱布尼茨为此做了一次决定性的传承并由此成为德国古典哲学的奠基者，洛采则被海德格尔视为德国古典哲学的最重要的传承者 ①，他的思想构成了对康德哲学和黑格尔哲学的一种奇特而重要的"和解"。而对于对海德格尔思想产生重要影响的另一个策源地，亦即胡塞尔哲学，海德格尔指出：胡塞尔受到了博尔扎诺的深刻影响，而"博尔扎诺本身是被莱布尼茨本质性地规定的；胡塞尔也同样如此，但更确切地说，胡塞尔是直接被莱布尼茨本质性地规定的，而不仅仅是通过绕道博尔扎诺才被莱布尼茨所规定"②。海德格尔进一步分析道："胡塞尔与莱布尼茨的那些关联——胡塞尔本人曾予以道出的那些关联（《逻辑研究》，第一卷，第219页以下）——较少关乎研究诸真理本身的那种理论，而更多地关乎当今哲学的另一种本质性的组成部分。"③海德格尔在这里一方面承认了胡塞尔的传

---

① 对洛采的这种定位在后来的《哲学论稿（从本有而来）》中得到了重申：洛采是对康德和德国观念论传统的保存者，同时也是对柏拉图思想的重新接纳者。参见海德格尔：《哲学论稿（从本有而来）》，第188页。

② GA 21, S. 87.

③ GA 21, S. 87.

承贡献，另一方面也在暗中批评胡塞尔并未真正觉察到他本人究竟在何种意义上受到了莱布尼茨的决定性影响。

按海德格尔的观察，这种影响并非"纯粹逻辑学观念"，而是"有效性"问题。[①]"有效性"（Geltung）是洛采在哲学史上首次明确界定的哲学概念，虽然洛采的这一"发现"具有很大效应并得到了许多称赞（比如它直接导致了"价值哲学"的兴起和热潮），但海德格尔批评人们可能仍然只是看到了表面现象而未能看清问题实质，亦即，"有效性"的价值问题层面只是一种"假相"，它实质上乃是"真理之本质"问题。[②]洛采通过"有效性"概念所思考的"真理之本质"，根本地是一种对真理的区分思想，亦即，区分理念（定律）之真理和实在物之真理，前者之真在于有效，后者之真在于实在性。前者之真无须有实在性之支撑，它的真乃是超越性的，而后者之真，当且仅当，它实在地存在，或者说，它被时空范畴所规定，具有一个实在的根据。而且，后者以前者为根据，前者为后者进行奠基。1925年的海德格尔认为，这一区分思路事实上就是莱布尼茨的思路，尽管莱布尼茨并未使用"有效性"这样的术语，但莱布尼茨通过其"判断理论"（逻辑学）和"单子论"（存在论）所构筑的二重性结构却根本地运作于这样一种区分思想中[③]，胡塞尔所承受的那种直接来自莱布尼茨的决定性的影响，就其实质而言，也正是这一思路的影响。事实上，海德格尔在1925年也已看清，康德哲学也根本地运

---

① GA 21, S. 87, 118.

② GA 21, S. 82.

③ 这种情形类似于"根据律"问题，虽然"根据律"是由莱布尼茨首次确认的，但这种思想在实质意义上早已运作在笛卡尔哲学乃至更早之前的经院哲学中。

作在这样一种二重性格局中：**"莱布尼茨已经在或许是最为犀利和最具决定性的意义上为康德拟定了这种认识概念，而我之所以提及莱布尼茨，乃是因为，莱布尼茨对胡塞尔的那种决定性的意义不仅仅是通过康德而形成的，而且也是直接对胡塞尔形成的。"**[①] 由此而论，下述事情就绝非巧合了：1925 年 12 月 10 日，在给雅斯贝尔斯的信中，海德格尔写道："最为美妙的事情是，我开始**真正热爱康德**了。"[②] 说得更明确些就是，海德格尔 1925 年对康德哲学的"发现"离不开他对莱布尼茨哲学的"发现"。

在《逻辑学：追问真理》中，为了阐明莱布尼茨的影响，海德格尔对其 1684 年的一个文本即《论认识、真理以及理念》展开了探讨。海德格尔简要讨论了莱布尼茨关于认识的四个基本规定：清楚（clara）、分明（distincta）、合适（adaequata）以及直观（intuitiva）。我们在后面会看到，这一论题将是 1928 年的"莱布尼茨讲座"（GA 26）的重要探讨对象。但在《逻辑学：追问真理》中，海德格尔对此所进行的简要讨论只是为了"以莱布尼茨为出发点"来上通下达地切入"真理本质之追问"的传统之路，这条道路下达康德、黑格尔、洛采和胡塞尔，同时，这条道路也要以回溯的方式上抵经院哲学乃至亚里士多德，因为这条道路的可能性就植根于亚里士多德的那种决定性的努力：在亚里士多德思想中就已经蕴藏着一种二重性的思想结构（海德格尔此前所进行的那些"亚里士多德阐释"[③] 正是基于

---

　　① GA 21, S. 118.

　　② Heidegger/Jaspers, *Briefwechsel 1920–1963*, S. 57.

　　③ 如 GA 61、GA 62、GA 18、GA 19 等。亚里士多德的思想结构之所以是二重性的，根本原因在于，他的那个核心术语，"ousia"，本身乃是二重性的：存在者（转下页）

对亚里士多德思想之二重性的领悟和解释才使得他的本己思想得以真正上路）。海德格尔以短短几页的篇幅对这条道路的全景进行了总结性的勾勒①，其最后所提出的问题也极具分量，因为一切之关键都在于这样两个问题：

　　　　1. 为什么真被解释为同一（Identität）？
　　　　2. 为什么真者之存在乃是有效（Gelten）？　②

　　第一个问题是逻辑学之问，第二个问题则是存在论之问。这两个问题彼此差异，但并非互相隔绝，而是共同归属于一种二重性之问，即对"关联问题"的二重性探问：对认知真理视域中的关联问题和存在真理视域中的关联问题的探讨。这两个问题的提出，无论海德格尔此后如何重新表述这种二重性，对于海德格尔思想道路而言，这都是一个重要的、历史性的事件。

　　正是基于对思想道路之历史性的深入理解，海德格尔在《逻辑学：追问真理》中迈出了两个具有关键意义的步骤：其一，他明确地确立了莱布尼茨思想的关键位置，正是通过莱布尼茨的关键传承，才使海德格尔真正打通了"亚里士多德—康德"之通道。海德格尔很早就开始关注康德哲学，但他却在很长的一段时间中并没有真正

─────────────────

（接上页）之存在。它既意指存在者之当前显现，也意指存在自身之当前显现。海德格尔在 1928 年的"莱布尼茨讲座"中对此有非常清楚的解释，参见 GA 26, S. 182-184。

　　①　海德格尔为此讲座作了一个长达 125 页的"导论"，它由一个正式"导言"和一段"开场白"构成。这段总结性的全景勾勒位于这整个导论的结尾处，当然也可以说，整个导论的职责尽在于此。参见 GA 21, S. 118。

　　②　GA 21, S. 125.

切入与康德哲学的实质性对话。"亚里士多德—康德"这条通道在1925年的打通①，对海德格尔思想的进一步发展具有深远意义②。其二，正是在此基础上，1925年，在《逻辑学：追问真理》中，海德格尔展开了对康德哲学的正式的阐释③，这一阐释直接构成了 GA 25的基础，又由于后者的推进而一直延伸到《康德与形而上学问题》（GA 3）④之中。GA 21 的编者瓦尔特·比梅尔已经清楚地看到了这一点，在该卷的"编后记"中，比梅尔指出，海德格尔在此书中"对《纯粹理性批判》的阐释揭示了时间问题对于康德的重要性。我们在这里已经看到了后来的那部著作即《康德与形而上学问题》的核心部分，这里的具体分析工作的展开甚至比后者还要更为详细"⑤。

从亚里士多德到康德，西方思想呈现着一种二重性追问的传统。对于海德格尔而言，在这个二重性追问的传统中，莱布尼茨的思想具有关键性的枢纽之位置，无论是对亚里士多德思想之"当前化"工作的进一步推进还是对康德以及德国观念论哲学的进一步深究（海德格尔同样断定，"黑格尔所有讲座的主题始终都是：逻辑学和形而上学"⑥），都需要对莱布尼茨的思想进行深入研究。也正

---

① GA 21 正文部分的两大主干篇章分别由对亚里士多德《形而上学》的阐释和对康德《纯粹理性批判》的阐释构成，这一事实再清楚不过地表明了"亚里士多德—康德"通道在海德格尔思想中的形成。特别可参见该卷编者比梅尔教授（Walter Biemel）在"编后记"中的分析。

② 可参见海德格尔在《根据律》中的相关阐释（海德格尔：《根据律》，第138—170 页）。

③ GA 21, S. 269-409.

④ 1929 年的《康德与形而上学问题》是专著而非讲座稿，但它的文本基础奠基于《逻辑学：追问真理》和《对康德〈纯粹理性批判〉的现象学阐释》。

⑤ GA 21, S. 417.

⑥ GA 28, S. 215.

是为了进一步道说和澄清莱布尼茨思想中的这种二重性结构，通过此间其他几个讲座和研讨班的准备和辅助，海德格尔才最终构思并形成了 1928 年的讲座《以莱布尼茨为起点的逻辑学的形而上学始基》①（以下简称《始基》）。

二、对莱布尼茨哲学的定位

以上是我们着眼于时间顺序对诸讲座之内在脉络的梳理和观察，这一考察工作的成果还将在下面展开的义理分析工作中得到进一步的证实，对《始基》的义理分析将从另一角度确认同一个结论：海德格尔正是在莱布尼茨哲学中发现了康德哲学和德国观念论所共同依据的那个"开端根据"，这也正是海德格尔对莱布尼茨哲学的根本定位。

《始基》是海德格尔极具创造力的马堡时期的最后一次讲座，在这个讲座中，通过对莱布尼茨的判断理论和单子论思想的深入研究，海德格尔看出：在莱布尼茨（以及德国古典哲学）那里，根据律问题乃是核心问题，根据律问题本身具有二重性。一方面，它意味着表象问题的主体性原理：通过表象活动，主体为客体提供根据，客体返回根据给主体，由此论证主体，进而达成主体性。另一方面，根据律还

---

① 这一讲座不仅承接和容纳着此前的成果，而且，正是通过它的统合提升工作，才开出了《德国观念论（费希特、谢林、黑格尔）与当前哲学问题处境》(1929)、《康德与形而上学问题》(1929)、《黑格尔的〈精神现象学〉》(1930—1931)和《谢林：〈论人类自由的本质〉》(1936)等讲座。此讲座所呈现的那种对莱布尼茨思想进行二重性阐释的努力，不仅一方面奠定了 1929 年的重要文本《形而上学是什么？》的主导问题，而且另一方面也奠定了 1929 年发表的《论根据的本质》的运思基础，而且将以之为中介一直指向 20 世纪 50 年代的《根据律》这一后期思想关键文本。正是在此意义上，海德格尔在出版《路标》单行本时把 1928 年莱布尼茨讲座的一个节选文本设置为全书第一篇文章，以彰显这个讲座的突出地位。

是超越之原理，是（神性）意志问题的超越之原理。莱布尼茨在其判断学说（真理理论）中曾把这种区分定位为"派生真理"与"本源真理"之区分。按海德格尔的解读，莱布尼茨对判断或真理问题的阐释，在其根本处，必然指向作为存在之典范的那种本真的存在者——神 ①，派生真理（认知之真理）奠基于本源真理（超越之真理），莱布尼茨对真理的二重性区分的动机就在于，从本源真理而来规定派生真理。②

真理的本性在于"同一"，但同一不是等同，而是"合适"（adaequata），这种"合适"并非简单的等同或符合，而是后者之所以可能的条件，因为对"合适"的认识乃是"对多样性之一致性的完全的理解"，亦即对"同一与差异"之关联的本真领会。③ "合适"是本源性的关联，只有依据这种本源关联，"符合"之关系才是可能的。显然，这种解读不仅奇特地应合了海德格尔在早期思想（如教授资格论文）中所思考的那种区分——"本源关联"与"派生关系"之区分 ④，而且直接通向了海德格尔探讨德国观念论的那种思

---

① GA 26, S. 85.

② GA 26, S. 59.

③ 海德格尔为此给出了这样的阐释："在合适之认识中，所认知者乃是特征要素之完全整体，即那种作为整体构成事物之事质性的东西。这种被认知者是真的东西。这种特征要素之整体乃是 possibilitas［可能性，本质根据］，即其自身使得事情之事质性得以可能的东西。事物的这种含义内容本身即是可相容的，因为只有在这种可相容性中它才能使……得以可能。……在合适认识中的被认识者是在那种关联——一种事情的那些彼此可相容的规定性的关联——中被认知的，更确切地说，事情，倘若被合适地认识，恰恰是着眼于其事质性的可相容性而被认识的。合适的认识乃是对多样性之一致性的完全的理解。"（参见 GA 26, S. 83–84）

④ 但我们应更为确切地这样说，海德格尔对莱布尼茨逻辑学的解读乃是依据某种"前见"而展开的，这种前见就是他此前早已深受其影响的洛采的"有效性"理论：对超越着的有效之真与现成着的实在之真的区分。

路——表象问题的极致通向了意志问题的支配。

然而,本源真理何以是(神圣)意志?

一方面,海德格尔指出,莱布尼茨本人曾经在不同文本中对"派生真理"有过三种方式的表述,即:1. 必然真理与偶然真理;2. 理性真理与事实真理;3. 本质真理与现成真理。① 无论怎样对它们进行界定,本源真理都超越所有这些真理之上,是所有这些真理之"本源",按经院哲学的托马斯主义,"神知"乃真理之源,是第一真理,亦即本源真理。本源真理乃是神性的真理。海德格尔就此提醒,倘若不能从经院哲学传统而来理解和认识本源真理和派生真理的这种关联(神知作为绝对知识的结构而运作,有限的人的知识应以其为标准按其来得衡量),近代哲学的基本问题就会完全向人锁闭。康德哲学的基本问题本质性地关联于莱布尼茨的判断理论②,而经院哲学的上帝理论却恰恰是打开莱布尼茨的"逻辑学"以及康德的《纯粹理性批判》乃至黑格尔的《逻辑学》之大门的关键密钥。③

另一方面,经院哲学的另一传统,与托马斯主义相对抗的司各脱主义,则把本源真理理解为"上帝自由意志",而莱布尼茨的真理理论本身却又是对托马斯主义和司各脱主义的一种意义重大的"调解"。也就是说,"神知",作为本源真理,在莱布尼茨那里同时意指"神意"(莱布尼茨是通过其特殊的"直观"理论来做出这种调解的)④,并且从义理深处来看,莱布尼茨以后一向度为重,"上帝作为

---

① GA 26, S. 62.

② GA 26, S. 62.

③ GA 26, S. 54.

④ 根据海德格尔的分析,在莱布尼茨的语境中,直观(intuitus)不是(转下页)

绝对精神并非是在某个事情发生之后才认出这个事情，否则祂在其本质中就是可变的了，并且会依赖于某种祂自身所不是的东西，从而就是有限的了。毋宁说，对于一切实际的东西，上帝有一种预知，一种先见，一种任意而自由的知（scientia libera），因为说到底，什么东西能实现以及如何实现，都取决于上帝的意志"①。

本源真理的核心处乃是意志，这是海德格尔解读莱布尼茨哲学的关键，而且无论是对莱布尼茨的"判断理论"（逻辑学）做出解释，还是对其"单子论"（存在论）加以阐释，海德格尔都把解释的最后一步推进到了意志问题，这两种解释只不过是从两个不同视向而来加以"一并"实施的②（他在 1936 年则将这种解读思路推进到其对

（接上页）一般意义上的直观，而是：1. 直接把握；2. 更确切地说，是对那在其整体性中不再能被进一步分析之物的直接把握。直观（intuitus）乃是最清晰的知识，是一般意义上的直观（Anschauung）之方式。莱布尼茨正是在 intuitus 中看到了知识之理想：与神知相似。或者说，直观（intuitus）乃是神性的，而作为对整体的直接"把握"，这种神性的直观既是"神知"，又根本地是"神意"。甚至还应看到，虽然莱布尼茨本人并不讨论这种直观是否能为人所有，但他所理解的这种直观，恰恰就是此后康德的"先验想象力"乃至胡塞尔现象学的"本质直观"的一个本质性的渊源。参见 GA 26, S. 79–82。

① GA 26, S. 55.

② 在 GA 26 中，海德格尔对莱布尼茨哲学的阐释思路可以大致归纳为这两个步骤：首先，从判断理论来证明逻辑学奠基于神意（对判断、真理的解释最终指向不可分析的作为"神之简朴"的神意），然后从另一向度入手，即要揭示出，莱布尼茨的存在论解释（单子论）指向这同一个理想目标即神意（参见 GA 26, S. 85）。海德格尔由此便可完成他在这一讲座中所预设的那个整体目标："从莱布尼茨出发来指示逻辑学的那个形而上学的开端根据。"对于此时的海德格尔而言，"逻辑学"在这里更多代表着认知之真理，"形而上学"在这里更多意指存在之真理。但需要注意的是，此时的海德格尔深受康德的影响和激励，正在构思一种"此在的形而上学"，"形而上学"这个概念因而不像此前（例如《存在与时间》）也不像此后（20 世纪 30 年代中期以后）那样是一个需被批判的对象，反倒是一个理想的目标。若能抛开这些字面上的遮掩，就能看出，海德格尔这个讲座的主导任务事实上乃是：追问认知真理之根据，向存在真理进行超越，或者说，实施从派生关系向本源关联的超越。

谢林"自由论文"的解读工作即 GA 42 中），在这种解读工作的基础上，海德格尔甚至把此在超越之所向、作为世界之基本特征的那种本真关联即"Umwillen"也归本为"意志"（Willen）。[1] 按照这种关键洞见，莱布尼茨对真理之本性的那个规定——"真理之本性乃是同一性"[2]——就成为一种二重性的规定。首先，对于本源真理而言，通过把"神知"归本为"神意"，神知的那种同一性，亦即神知之"合适"，就成为神意之"征用"，而我们对此的领会就是对神意之征用的"适用"。其次，对于派生真理而言，它们仍然要遵从这种"同一"，但按照莱布尼茨本人的规定，派生真理与本源真理的区别在于，本源真理的"同一性"是明显的，无须论证，亦即，这种同一性本身是没有根据的；派生真理的"同一性"是隐蔽的，需要论证（begründen），也就是说，需要被归置以根据（Grund）。[3] 在派生真理的视域中，一切实际存在的东西，其实存必有根据，按照通常的讲法就是"nihil fit sine causa"［没有什么东西是无缘无故而发生的］，只不过这种关联特性可以进一步区分为必然的或偶然的而已。而"一切实存的东西，其根据都应被归置"，这恰恰是莱布尼茨对"根据律"的一种经典表述：根据律乃是 principium reddendae rationis，即"应被归置的根据的原理"。

如此，派生真理必然服从根据律，在根据之提供和归置的表象论证活动中，在主体性的运作中，根据律首先构成了对近代哲学影响至为深远的主体性原理。

---

[1]　GA 26, S. 237-247.

[2]　GA 26, S. 49.

[3]　GA 26, S. 51.

　　然而，本源真理该如何在原理层面上予以定位呢？它也属于根据律吗？莱布尼茨本人对这一关键问题的表述和解释是含混多义的，在有的文本中，他坚持了亚里士多德的立场，即仍然遵奉矛盾律为第一原理，根据律因此要服从于矛盾律，但莱布尼茨有时也会让人看出他以根据律为第一原理的想法。这种含混歧义，这种两可之情形，为后人的评判和重释留下了充分空间。在这个问题上，莱布尼茨的门徒沃尔夫认为莱布尼茨的本真立场是认为矛盾律高于根据律，但这种理解却遭到了包括康德和黑格尔在内的德国哲学家的非议，在他们看来，沃尔夫并未真正理解莱布尼茨哲学的要义。正是在与沃尔夫立场的区分与告别中，自康德以来的德国古典哲学走上了一条坚决而明确的道路，一条把根据律锻造和确认为最高原理的道路。

　　从整体思路来看，海德格尔事实上继承了康德和德国观念论在根据律问题上的立场，即试图把根据律视为最高原理。然而，这究竟是如何做到的呢？海德格尔本人的思想文本提供了这样一种揭示：就莱布尼茨哲学的基本义理而言，无论是否得到实际论证，真理之本质都是同一性，同一性因而乃是"可能性"[①]；但这种"可能性"并非传统意义上的可能性了——传统哲学是通过矛盾律来思考可能性的——因为，**当根据律被提出，对可能性的传统解释就发生了倒转**[②]，或者说，当根据律作为原理而被提出之际，"可能性"之意谓已经发生剧变，它不再是传统向度中的矛盾律意义上的可能性（在这个向度中它更多意味着认知真理），而是本源性的"使可能"，在这

---

　　① GA 26, S. 49.

　　② Martin Heidegger, *Seminare: Kant-Leibniz-Schiller*, GA 84.1, Frankfurt am Main 2013, S. 408.

种剧变中，"可能性"已不再是认知之真理，而成为存在之真理，或者说，根据律已经成为存在论意义上的根据律，根据律即本源真理，这正是《始基》的最终的和最为核心的观照：根据律不仅是认知真理意义上的根据律，根据律亦是存在真理意义上的根据律，"逻辑学本身就是形而上学，只要超越问题展现了形而上学的基本主题"①。

存在真理意义上的根据律事实上道说的是存在的根据性运作，但这种根据性运作不同于存在者之间的根据性运作，因此就有必要区分"根据"与"原因"。②后者的运作特性是实在性的，即受时空范畴限定，前者的根据性运作却非实在性的运作，按照海德格尔曾经热衷的那个术语表达，可以说，这种非实在性的根据性运作乃是"有效"。如此，根据律的二重性问题事实上是对《逻辑学：追问真理》所提出的那两个问题的一种本质性的、统合性的回复。但在 1928 年，海德格尔已经开始尝试用另一种传统术语来重思这种事态，他选择的是"意志"（这一选择将一直通向他 20 世纪 30 年代的"谢林阐释"和"尼采阐释"）。这种本源性的根据性运作构成了本源性的关联，海德格尔称作"Umwillen"，这种关联不同于存在者之间的关系，但这种关联却又恰恰奠基于"意志"中，那么，这种"意志"也就不同于存在者之间呈现的某种意愿行为，而是作为存在者之存在的本源意志，亦即"超越"③；相较于这种关联，所有其他关系，如"我与他者"的关系、"我与你"的关系都只是派生的，因为人之本质存在乃是处于与存在的关联中，而不是首要地处在与"你"或"他者"

---

① GA 26, S. 281.

② GA 26, S. 136.

③ GA 26, S. 238.

的关系。① 关于这种意志，在近现代形而上学中，恰恰是"莱布尼茨首先把 subiectum［基体］思考为 ens percipiens et appetens［知觉与欲求的存在］。他在 ens［存在］的 vis［力］之特性中首次思考了存在者之存在的意志特征"②。如此，从判断理论到单子论，从逻辑学到存在论，莱布尼茨的思想结构因此显现为以意志问题为"本源根据"对认知真理进行奠基的这样一种结构，或者说，直观与同一作为真理和认识——它们乃是最广义上的逻辑学的东西——的本质特征是从神之简朴（作为真正存在者的主导性的理想）中创造出来的。③ 神之简朴（simplicitas Dei）的权力表现在，恰恰在这种理想中，绝对的简单性和全部实在的完全性统一起来了。④ 这种简朴，作为使这一情形得以可能的本源根据，事实上乃是神之意志，因为神意乃是不可分析者（indivisibilitas），是自身即根据但自身并无根据的行动，它是本源的简朴。只有神意才能使得真理的两个向度——作为同一性存在的真和作为被合适感知的真——达成统一，换言之，只有作为"神之简朴"的神意才是认知真理和存在真理的统一根据。

在海德格尔看来，莱布尼茨的"判断理论"是从认知真理出发通过揭示出认知与存在的关联而间接指向作为最终根据的神意，他的"单子论"（单子本身就是知觉和欲求的统一）也同样如此，只不过是要从存在论阐释⑤出发来直接指向作为最终根据的神意。后一

---

① GA 26, S. 241-242.

② 海德格尔：《林中路》，第 258 页。

③ GA 26, S. 85.

④ GA 26, S. 85.

⑤ 基于海德格尔的立场，可以看出，当莱布尼茨通过"单子论"把存在理解为意志活动，认为知觉（表象）与欲求是存在者的存在所具有的基本方式时，这事实上（转下页）

工作的直接性根源于这一思路的基本洞见：存在本身就是意志，也正是在这一意义上，形而上学乃是逻辑学之始基（开端根据）。因此，无论本源真理是被称作"神知"（托马斯主义）还是"神意"（司各脱主义），它都是根据问题，它也就是根据律问题，只不过要对根据律的这一向度做出适宜规定①：与作为主体性原理的根据律不同，作为意志的根据律乃是超越的根据律，是自由的根据律，而且这一"自由"，作为"根据之根据"（Grund des Grundes）②，还不仅仅是人的自由，对于莱布尼茨和康德以及德国观念论而言，它更根本地意味着上帝的自由或绝对精神的自由，而对于海德格尔而言，他所看重的并不是对术语字面意的拘泥而是其中传递出的某种思路的可能性，因此这种更根本的自由，经由他对思想传统的"转化"工作，指向了作为存在之真理的自由（20世纪40年代之后，海德格尔将以"存在之天命"来重新命名这种本源的自由，这也将构成50年代讲座《根据律》的主题）。

　　海德格尔的定位工作因而最终指向了这一洞见：通过对区分之思的继承与转化，二重性的根据律问题构成了德国古典哲学的开端根据，在此意义上，莱布尼茨为整个德国古典哲学进行了至为深刻的奠基。

（接上页）只不过是从存在论角度道说了关联活动之根源。一切都为了关联，一切都在关联之中。参见海德格尔：《谢林论人类自由的本质》，薛华译，沈阳：辽宁教育出版社，1999年，第144页。

　　①　在尚未追问根据之本质的前提下，根据问题未必就是根据律问题，反过来说，倘若需要揭示这种同一性，那就首先需要追问根据之本质，这也就意味着，要对根据律的二重性分别做出适宜规定。这一工作事实上是由康德和谢林决定性地予以推进的。

　　②　GA 26, S. 277, 283.

三、莱布尼茨之奠基工作的实质与意义

通过对判断理论和单子论的共同沉思，莱布尼茨的思想构成了德国古典哲学的"开端根据"——海德格尔在20世纪20年代形成的这一判断，一直延续到了其后期思想中。例如，在1953年的一次演讲中，海德格尔指出："莱布尼茨所思的东西，在康德和费希特那里作为理性意志（Vernunfwille）表达出来，而后者又在黑格尔和谢林那里得到了不同方式的沉思。当叔本华把他的主要著作立题为《作为意志和表象的世界》（而不是人）时，他指的是同一个东西。当尼采把存在者之原始存在（Ursein）认作权力意志时，他思考的也是同一个东西。"①

海德格尔因而反复强调，我们若要深入理解德国古典哲学特别是康德哲学，就必须首先理解莱布尼茨哲学：倘若不能真切理解康德与莱布尼茨的思想关联，就会在对《纯粹理性批判》的理解上根本走偏，以至于错失康德哲学的真意②；康德哲学为德国观念论提供了奠基，但为之提供根本动力的乃是莱布尼茨哲学③；"表面上看来，康德对'根据律'兴趣并不大，但无论在其哲思的开端还是在其哲思的终点，他都明确地探讨了'根据律'，而且实际上，'根据律'就处于他的《纯粹理性批判》的中心地位上"④；"根据律在康德思想中以一种卓越的方式起着支配作用。这恰恰就是康德很少谈

---

① 海德格尔：《演讲与论文集》，孙周兴译，北京：生活·读书·新知三联书店，2005年，第119页。

② GA 26, S. 81.

③ GA 42, S. 156.

④ 海德格尔：《路标》，第147—148页。

及根据律的原因”①;“康德之问题提法的那些决定性的视域界限只有按照莱布尼茨所给出的根据律的那种严格而完整的表达才能首次得以开启”②。

由此可见,海德格尔对莱布尼茨的“发现”和“定位”并非只是为了一个思想家进行“正名”,而根本地是因为那个思想家所开动的那个问题至关重要。而莱布尼茨之所以为整个德国古典哲学奠定那个独一无二之问题亦即根据律问题,也绝不是出于个人之不可思议的独到天赋,而仍是植根于传统之威力,植根于对传统的继承与转化:二重性的根据律问题乃是对亚里士多德之区分思想的继承与转化。而且在奠基者与被奠基者之间也绝非仅仅是单纯的立场之延续。

通过“单子论”,通过“intuitus”和“possibilitas”概念,通过所谓的“神之简朴”,莱布尼茨事实上先行思考了对于德国古典哲学至关重要的“统一性”(Einheit)之疑难。当康德对“先验统觉之综合的源始统一性”进行思考时,他是在继承莱布尼茨的问题③;当黑格尔沉思“绝对知识”时,他是在推进莱布尼茨的进路;当谢林冥思“上帝意志”时,他是在追问莱布尼茨的疑难。但这些继承工作绝非简单的传递和复制,而是必然都进行了改造和重铸:

> 但在谢林那里作为莱布尼茨哲学而出现的东西,并不是莱布尼茨体系中的随便的哪一种可以剥离出来的部分,而是通过康德与费希特而被创造性地改变了的那个莱布尼茨。我们始终

---

① 海德格尔:《根据律》,第151页。
② 海德格尔:《根据律》,第156页。
③ GA 26, S. 85.

只有在这种形式中才可以对伟大思想家们彼此之间的那种所谓的"依存性"有所理解并对他们进行探问。事实上，一切本质性的思想家始终在根本意义上道说同一种东西，这一事实的根据，不在于他们彼此取用了同样的东西，而在于他们把其原初不同的东西返回转变到本质性的东西中、返回转变到本源之中了。①

反过来说，无论这些改造工作彼此之间有何种差异，它们的同一之处都在于把莱布尼茨的根据律进行更为彻底的追问，对根据律之本源意义进行更为坚决的开动，也就是说，将根据律明确地提升和确认为第一原理。也正是在这种提升和确认中，在莱布尼茨思想和德国古典哲学中就发生了某种微妙的二重性事态，因为，自笛卡尔和莱布尼茨以来，根据律本已作为主体性原理而运作，但通过其被解读者提升为存在论视域中的第一原理——更确切地说，通过其被提升为神意视域中的第一原理——它就似乎已经暗含了能被视为非主体性原理、非存在者之真理的定位可能。对作为意志本身的根据律的洞见打开了根据律之阐释的第二重空间，或者也可以说，根据律之阐释发生了二重性分裂。

就根据律的这种二重性而言，康德对莱布尼茨的工作进行了决定性的"传承"和"重塑"，"经过笛卡尔、斯宾诺莎、莱布尼茨的准备工作，康德哲学首次实施了把存在铸型为对象性和意志的那种决定性的步伐"②，并由此为德国观念论进行了直接奠基。

---

① GA 42, S. 146.

② Martin Heidegger, *Der Satz vom Grund*, GA 10, Frankfurt am Main 1997, S. 96.

但在义理的精微之处,康德所秉持的东西并不同于德国观念论(康德的核心工作是在对二重性之区分的坚持中实现对"有限性"的持守,德国观念论则试图从"绝对"出发来克服这种二重性的表面分裂以论证作为其理论内核的"无限性"),而在德国观念论内部,黑格尔和谢林所领会的"绝对"也有差异(黑格尔所看到的关键是作为绝对知识的绝对精神 ①,而谢林所把握到的关键却是作为自由之本源的上帝自由意志)。而海德格尔对此的观察,也不同于此前的这些思想家,而且对于海德格尔而言,将有一个更为艰难的问题升起在他面前,此即:如何真正评判思想传统的限度和伟大。一方面,德国古典哲学作为思想传统已经蕴含了把根据律之二重性向度予以展开的可能性,但这种传统是否真正地、决定性地开展并澄清了这两种向度尤其是后一种向度,仍是有疑问的,也就是说,仍是一个需要与之"争辩"的基本疑难(Grundproblem)。另一方面,海德格尔在 20 世纪 20 年代后期就已经认识到,根据问题就是存在问题 ②,根据问题的二重性实即存在问题的二重性。倘若在德国古典哲学中就已经追问了根据律的二重性,则海德格尔既有的那个断言——形而上学始终遗忘了存在自身,遗忘了存在论差异——又如何得到论证和持守?

---

① 但这并不是说,黑格尔哲学只取"知识"向度,而是说,黑格尔以特有的方式统合了意志和知识这两个向度。在黑格尔那里,"绝对知识"乃是"精神之意志"(海德格尔:《演讲与论文集》,第 74 页),因为绝对知识绝对地自知,"绝对自知乃绝对精神之实际性的方式,并且作为这种方式而同时是知识和意志"(Martin Heidegger, *Hegels Phänomenologie des Geistes*, GA 32, Frankfurt am Main 1997, S. 38)。同样地,谢林哲学也并非只有意志维度而没有知识维度。毋宁说,此二人的哲学都是对那种由莱布尼茨所启动的并由康德和费希特予以深度加工的二重性向度的继承和发扬。

② GA 26, S. 203.

海德格尔尝试通过对根据律问题的不断沉思来试图克服这一难题，这将是其20世纪30、40年代的"黑格尔阐释""谢林阐释""尼采阐释"以及50年代的《根据律》讲座的工作了。但无论如何，我们已然可以确认的是，正是这种持续不断的沉思构成和推动了他对德国古典哲学的整体评判并深化了他本己的思想道路，反过来说，也正是这种纵贯性的整体评判使得前期海德格尔对莱布尼茨哲学的"发现"与"定位"具有一种独一无二的深远意义：对莱布尼茨这个德国古典哲学之奠基者的发现乃是对"根据律"问题的发现，对这个位置的定位，乃是对根据律之二重性亦即根据问题之二重性的定位，正是这种定位推动了对"基础问题之二重性"的确认。对形而上学之基础问题的追问由此正式启程，"整体评判"的思路也臻于成熟。

第二节　形而上学的基础问题

从对根据问题之二重性的定位而来，基础问题的二重性就得到了正式确认。这种确认的意义在于：一旦确认人与存在之关联不仅是海德格尔思想（以及海德格尔所理解的未来思想）的基础问题，而且也是形而上学的基础问题，这就使得海德格尔与整个形而上学的争辩领域进入一种更为明确的形态中——着眼于基础问题来揭示形而上学的隐秘渴望，阐明形而上学的伟大与限度。但另一方面，正如我们此前考察工作业已指出的那样，在早期海德格尔的康德阐释和黑格尔阐释中，在他对"历史性切近"和"解构性奠基"的沉思与实践中，对基础问题之二重性的思考事实上已经隐含在其中了（参见本书第三章）。这一从隐含未发到明确呈现的发展脉络尤其呈现在海德格尔的"黑格尔阐释"中。

在 1915 年的教授资格论文的结尾处，海德格尔就宣称他的哲思目标是要同黑格尔哲学展开一场"原则性的争辩"[①]。但这一争辩工作的具体实施方案，却是在 1930 年的"黑格尔报告"中才真正得到规划。1930 年 3 月 22 日，海德格尔在阿姆斯特丹进行了一场名为《黑格尔与形而上学疑难问题》的报告。这篇报告的主干部分源出于 1929 年的《德国观念论（费希特、谢林、黑格尔）与当前哲学问题处境》（GA 28），但按照弗朗索瓦·亚兰（François Jaran）的研究，这篇报告的特别之处体现在：正是在这篇报告中，"主导问题与基础问题"之区分才首次浮出水面。之所以谓之"首次"，是因为对这种区分的思考和表述在此前的 GA 28 中并没有看到，同样也没有呈现于此前的《形而上学的基本概念：世界—有限性—孤独》（1929/1930 年冬季学期）中，而是在该报告中，它才首次显露出来并且紧接着又呈现在 1930 年夏季学期的《论人类自由的本质——哲学导论》和 1930/1931 年冬季学期的《黑格尔的〈精神现象学〉》之中，最后又以一种有所变化的形式出现在 20 世纪 30 年代中后期的 GA 65 中并进而以后一种形式递交到此后的思想文本中。[②]

就"形而上学的主导问题"和"形而上学的基础问题"而言，前者问的是存在者本身或存在者之存在，后者则是对存在自身的发问。前者是传统，是既有历程，后者则是前者所隐藏的、更为源始的"可能性"，是需要被"争辩"、被"重取"、被"解构"的那种可能性，

---

① 海德格尔：《早期著作》，第 503 页。

② François Jaran, "Heidegger's Kantian Reading of Aristotle's Theologike Episteme", in: *The Review of Metaphysics*, Vol. 63, No. 3, 2010, p. 572.

反过来说，海德格尔指出，这种可能性之所以要被如此对待，乃是因为它从未在黑格尔的著作中，也从未在形而上学的整个历史中显现出来，因为整个形而上学所追问的仅仅是存在者本身，所以它需要被"争辩"、被"重取"、被"解构"，亦即需要一种对主导问题"什么是存在者"的重取着的发问，"这种发问把自身带回到对形而上学保持隐蔽但又对之起奠基作用的那个基础中去"。①

把主导问题带回到其"基础"中去，也就是，把主导问题带回其"根据"中去。"基础问题"之追问必然是"根据问题"之追问，亦即，"存在问题"之追问必然是"根据问题"之追问。但这一工作，由于"根据"（起跳根据）乃是隐蔽在传统中的，就必须通过与传统的"争辩"，通过对传统的"重取"与"解构"，才能真正得以实行。

在由 20 世纪 30 年代中期之后的各种"尼采讲座"汇集而成的《尼采》一书中，海德格尔指出，"西方哲学的主导问题是：存在者是什么？处理这个问题，如其被追问和被言说的那样来处理这个问题，这就是要为这个问题寻求一个答案。相反，**展开**这个问题，如其已经被提出来的那样把这个问题展开出来，这却是要更本质性地追问这个问题，在对这个问题的追问中明确地把自己置入那些关联中，也就是当在这种追问中得以实行的一切东西都被居有时自行开启出来的那些关联"②。

海德格尔在此强调了对主导问题的"处理"和对主导问题之"展开"的差异。"对主导问题的处理立即就转向对答案的寻找，转向

---

① Martin Heidegger, *Vorträge*, GA 80.1, Frankfurt am Main 2016, S. 310.
② 海德格尔:《尼采》，第 446—447 页。

其中要解决的东西。而对主导问题的展开则是某种本质上不同的东西——它是一种更为源始的追问，它放弃了对答案的寻找，但它却能更严肃和更严格地对待这种对答案的寻找，胜于任何直接的对主导问题的处理依照自身的态度所能够做到的。"① 对主导问题的"处理"受制于对答案的占有和固定，然而正因此其不再是一种"追问"，"而只能导致单纯的意见并且把这种意见固定起来"②。相反，对主导问题的"展开"则是一种对问题自身的追问，因为，"一个问题，尤其是针对存在者整体的问题，只有当它首先已经充分地被提出来时，才能够得到适当的解答。而就哲学的主导问题来说，只有当它已经得到**展开**时才被充分地提了出来。在这里，对问题的展开具有这样的效果，即：它改变这个问题，使这个主导问题本身在其非源始状态中暴露出来"③。也就是说，对"主导问题"的"展开"是在追问主导问题的那种隐蔽着的更为源始的可能性，这种对"主导问题"的展开就是对"基础问题"的追问。

如此，海德格尔进而指出，"基础问题包含和引导着主导问题，是一个更为源始的问题"④，"存在问题乃是存有之真理的问题。历史地来实行和把握，相对于哲学关于存在者的问题（主导问题），存在问题就成为**基础问题**"⑤。然而究竟何谓"基础问题"呢，海德格尔写道："基础问题：**存有如何本现**？"⑥ "主导问题"是形而上学的主导

---

① 海德格尔：《尼采》，第 447 页。
② 海德格尔：《尼采》，第 447 页。
③ 海德格尔：《尼采》，第 447 页。
④ 海德格尔：《尼采》，第 447 页。
⑤ 海德格尔：《哲学论稿（从本有而来）》，第 6 页。
⑥ 海德格尔：《哲学论稿（从本有而来）》，第 60、86 页。

问题,而"基础问题"则是对主导问题之根据的更为源始的追问。在"主导问题"与"基础问题"之间,因而并非一种错误与正确的关系,并非一种隔绝的情形,毋宁说,对基础问题的追问就是对主导问题之根据的追问。这种追问并不弃绝主导问题,反倒必须重新展开主导问题,与之进行历史性的"争辩",对其进行"重取"与"解构"。

但另一方面,对主导问题的展开必须是对传统的一种改变,换言之,从主导问题到基础问题的过渡,必然是一种克服,"历史性地来把握,这种过渡乃是对一切'形而上学'的克服,而且是第一位的和首先可能的对一切'形而上学'的克服"[1]。

但对形而上学的克服并不是一种对形而上学的简单弃绝,而是对形而上学主导问题的历史性的"争辩",是对其源始可能性的"重取",因为"一种对存在论的克服恰恰首先要求从其开端而来把存在论展开出来"[2],这样的"克服"有别于一切表面性的接受和清算,毋宁说,这样的"克服"只有作为"转化"才是可能的。就此而论,对形而上学基础问题的明确阐释内在地要求着我们阐明海德格尔对待古典哲学传统的立场与方法。

第三节　立场与方法的成熟

对思想传统的历史性争辩使得我们更为深切地理解了传统之限度和传统之中的那种幽深莫测的东西。也唯有基于以多种形态

---

[1]　海德格尔:《哲学论稿(从本有而来)》,第178页。

[2]　海德格尔:《哲学论稿(从本有而来)》,第215页。

表现出来的历史性争辩，思想者才能真正勘定自身的任务。这种自识，这种精神，贯彻了海德格尔一生，而且它事实上在海德格尔思想道路的开端处就已开始披露了：

　　若考虑到人类本性的恒定性，就能理解哲学问题为何在历史上重复发生。哲学史上很少看到如下意义上的发展——在既有之解答的基础上持续不断地推进到新的问题中去，倒不如说，在这里所能发现的主要是一种对有限的问题领域的始终富有成效的展开与运用。那种为了多少相同的一组问题而始终重新付出的努力，那种坚持到底的哲学精神的同一性，不只是使一种对哲学之"历史"的适宜的理解得以可能，而且也要求这种理解。①

　　对"历史"的适宜理解植根于对精神之"同一"的致力。这样的语句虽然是以形而上学的语句来说话，但却是对某种转化的预先思考。也正是受这样的精神所激荡，在其一生道路上，海德格尔对传统的态度始终都不能以单纯的否定或肯定来一言概之。它不是固执的据守，不是粗暴的弃绝，也不是黑格尔意义上的"扬弃"，而是"把被克服的东西转化到其曾在状态中去——即归还到开端之开端中去"②。这只是一种"返回步伐"，它不是对传统的"单纯的清除"，也不自封为"对先行事物的拯救"，而是要把看似已经逝去的

---

① 海德格尔：《早期著作》，第205页。
② Martin Heidegger, *Metaphysik und Nihilismus*, GA 67, Frankfurt am Main 1999, S. 14.

东西"提升到其本质中去",但不是提升到某种未来的更高阶段,而只是提升到过去之为过去的那种幽深本质中去,也就是说,"对自行隐蔽本身予以去蔽"。①

因此,对形而上学之本质的追问必然首要地构成海德格尔思想的本己任务。这也就意味着,海德格尔对古典哲学亦即形而上学传统的阐释工作绝非只是其作为哲学工作者的一种职业活动,而应被视为其本己思想的**那种**唯一的追问之路和展现之路。② 海德格尔对古典哲学传统的阐释并非仅仅是他所从事的若干思想阐释中的一种,而是对其一生思路而言最具决定性的**那种**阐释。而且,海德格尔对古典哲学传统的这种阐释,由于根本地归属于且构成着其思想的基础问题,因而也必然是一种整体性的阐释,也就是说,是被一种主脉思路所贯彻的阐释。进一步地说,应合于历史性争辩的本质要求,这种主脉思路的内在张力在于:既要看出形而上学的限度,又要从这种限度中追问并开显那种深深隐蔽着的可能意义。

也正因此,后期海德格尔指出,"当形而上学回答它关于存在者之为存在者的问题时,它还是从存在的未受注意的可敞开状态而来说话的。因此,存在之真理就可以说是基础(Grund),而作为哲学之树根的形而上学,就被保持着这个基础上,从中获取它的养料"③。形而上学之所以要被"克服",之所以要被"转化"到更本源的根据

---

① GA 67, S. 13–14.

② 如此我们才能理解,《路标》这部标明当事人道路进程的"自选集",何以要在如此宝贵的篇幅中接连收录《形而上学是什么?》(1929)、《〈形而上学是什么?〉后记》(1943)、《〈形而上学是什么?〉导言》(1949)这三篇文章。

③ 海德格尔:《路标》,第 431 页。

性中去，不是要"通过回到形而上学的基础，以揭示哲学的一个迄今一直被忽视了的前提，并且向哲学指明，它还没有站立在一个无可动摇的基础上"①，而仅仅是因为，形而上学在对其基础的背弃中"还继续阻挡着这样一回事情，即：存在与人的关联从这种关联本身的本质而来达乎一线光亮，一线使人归属于存在的光亮"②。

形而上学的这种阻挡作用，根源于其对存在自身的遗忘，也就是说，其始终只是表象了**存在者之存在**，最终始终只是把存在与存在者混淆在一起了，因而，"形而上学通过它对存在者的思考方式而受到指引，在它毫不自知的情况下充当了界限，对人阻挡了存在与人的那种源始的关联"③。然而这种混淆的根据，海德格尔指出，"绝不可能在于一种单纯的思想之疏忽，或一种言说之含混"④，毕竟，通过固执于存在者视角而被表象的存在者之存在，也仍是一种关联。这种关联的内在结构或结构性要素与本源关联有着奇特的对应性，这种对应性在笛卡尔的形而上学原理和胡塞尔的意向性理论中得到了淋漓尽致的表述。这种形式上的对应性（存在者之存在）和实质上的对存在的遗忘，无非挑明了这一事实：形而上学在不自觉地实行着存在之真理，或者说，本源关联在居有（征用）着形而上学。所以，这种混淆"必须被思为本有事件（Ereignis），而不能看作一种错误"⑤。

反过来说，思想的任务就在于重取形而上学的传统，通过争辩

---

① 海德格尔：《路标》，第 434 页。
② 海德格尔：《路标》，第 434 页。
③ 海德格尔：《路标》，第 436 页。
④ 海德格尔：《路标》，第 436 页。
⑤ 海德格尔：《路标》，第 436 页。

与解构，使形而上学之本质得以充分实现，由此把形而上学的隐蔽的可能性给"释放"出来，使双向的转化工作效力于唯一的事情："存在本身从其固有的真理中居有它与人的关联。"[1] 因此，"一种思及存在之真理的思想不再满足于形而上学了；但它也并不反对形而上学而思"，也就是说，"这种思想并不拔掉哲学的根。它为了这个根挖地犁土"。[2] 用另一种比喻来说，若本有之思是某种跳跃，形而上学就是这种跳跃得以起跳的根据地：

> 存在之思想如此确定地被围于关于存在者之为存在者的形而上学思想中，以至于它只能用从形而上学那里借来的棍棒来摸索着走路。形而上学既提供助力也设置障碍。不过，形而上学之所以使这种行进变得更艰难，并不是因为它是形而上学，而是因为它把自己的本质保持在不可思议之物中。然而，形而上学的这种本质——即：形而上学在有所遮蔽之际把存在之无蔽状态庇护起来，并且因此就是存在之历史的神秘——首先为存在历史性的思想的经验允诺了进入自由开敞的通道，而存在本身的真理就是作为这个自由开敞而成其本质的。[3]

最终，立场与方法的成熟乃至整体评判思路的成熟意味着，对于海德格尔而言，本有之思，作为本源关联之思，并不反对作为哲学之根的形而上学，因为，倘若形而上学也是被本源关联所"本有"（征用）

---

① 海德格尔：《路标》，第 434 页。
② 海德格尔：《路标》，第 433 页。
③ 海德格尔：《尼采》，第 1030—1031 页。

的一种努力，则形而上学的这种努力就不应也不可能被弃绝，而只能被"更为源始地居有"。通过这种更为源始的本己居有，将可以看到，形而上学对存在之真理（本源关联）并非完全没有预感先思，而只是未充分觉察。形而上学是对这种关联的某种未能充分自觉的努力。

克服形而上学的必要性因而在于，且仅仅在于：应使对本源关联的那种不充分的自觉成为充分之觉醒。这种转化的必要性引发了一种要求，对此要求的应合构成了"整体评判"乃至海德格尔整个思想道路的本己任务。

整体评判思路的成熟终于使得海德格尔可以着手大规模地实行他的德国古典哲学阐释，这种阐释既是整体的，因为它始终是以基础问题为主脉，始终是着眼于基础问题而展开的；但也是具体的，因为它必然落实在对具体思想家的定位工作上，必然植根于对具体思想家之伟大与限度的双重评估中。海德格尔对德国古典哲学的"整体评判"因而不是单纯空泛的抽象之论，也不是沉陷在细节中缺乏方向感的莽撞之举，而是具体定位与整体判断的有机的和深刻的结合。

对我们而言，接下来的工作将运行在对整体评判之具体执行的阐释中，因为只有通过对整体评判之具体执行分别考察，我们才能在细节上再次证明那个早已在义理上得到论证的根本判断：海德格尔对德国古典哲学的评判乃是一种整体评判，是以基础问题为主脉而进行的评判工作。下面的具体考察工作将分四章进行，分别考察海德格尔的康德阐释（第六章）、海德格尔的费希特阐释（第七章）、海德格尔的谢林阐释（第八章）、海德格尔的黑格尔阐释（第九章）。这些工作完成之后，我们将对海德格尔为此所做的一种理论总结即他的"存在之终极学"思想进行考察。

第六章　整体评判中
的康德哲学之定位

从此前考察成果而来，我们已经可以看出，海德格尔的"德国古典哲学阐释"的实质是：以基础问题为主脉来重新勘测德国古典哲学的伟大与限度、重新沉思德国古典哲学的意义与可能性；并且由于基础问题的贯通性，海德格尔对德国古典哲学具体思想家的阐释就不是散乱无章的，而是先行具有了一种整体性，而且也必然构成了一种整体评判。

从本章开始，我们将在整体评判的语境中来考察海德格尔对德国古典哲学几位代表性思想家的具体阐释。在整体评判和具体阐释之间存在着一种有机统一的关系。一方面，整体评判是海德格尔对德国古典哲学的具体思想阐释的问题语境和理解界域，不理解整体评判所提供的问题语境和理解界域，我们对具体阐释的研究就会失去方向与深度；另一方面，海德格尔对德国古典哲学的具体思想阐释本身就是整体评判的组成部分，对它们的考察可以进一步深化对整体评判的理解。

第一节　海德格尔"康德阐释"的基本主张

在整体评判思路逐渐成熟之后，海德格尔的"康德阐释"也愈发趋于成熟。这不仅体现在他对康德哲学愈发增益的理解深度和解释热忱中，更体现在他以"基础问题"（人与存在之关联）之语境来推进"康德阐释"的坚定举措中。海德格尔在20世纪20年代后期明确提出其"康德阐释"的基本主张（根据律处在康德哲学的中心位置上），而根据律本身则被海德格尔思为"解构性奠基"的原理，按照我们此前对"解构性奠基"的考察（参见本书第二章第二节），这事实上意味着，海德格尔对康德哲学的明确定位是：康德哲学在实质意义上是一种"批判实在论"，它以特有方式沉思着形而上学的基础问题（人与存在之关联）。

这一主张和定位虽然可追溯到早期海德格尔自1914年以来对康德哲学的"批判实在论"定位（参见本书第三章第一节），但却更为明确和坚决，而且这一主张和定位虽然在海德格尔思想此后历程中经历了一些形式上的变化，但实质上仍然是一贯的。根据律显然是所有这些情形（"明确化"和"变中之不变"）中的核心要素，因此，要对所有这些情形达成一种深切理解，关键就在于对下述问题的思考：海德格尔视野中的"根据律"究竟意味着什么？

1928年，在为胡塞尔七十寿辰纪念文集所写的《论根据的本质》一文中，海德格尔明确指出了"根据律"对于康德哲学的关键意义："表面上看来，康德对'根据律'兴趣并不大，但无论在其哲思的开端还是在其哲思的终点，他都明确地探讨了'根据律'，而且实际上，

'根据律'就处于他的《纯粹理性批判》的中心地位上。"①

　　这一观点在海德格尔的后期思想中仍然持存,而且得到了进一步的发挥,例如在20世纪50年代的《根据律》中,海德格尔强调指出,"根据律在康德思想中以一种卓越的方式起着支配作用"②,"康德之问题提法的那些决定性的视域界限只有按照莱布尼茨所给出的根据律的那种严格而完整的表达才能首次得以开启"③。

　　这一与众不同的见解构成了海德格尔"康德阐释"的基本主张,或者说,它构成了海德格尔对康德思想之机制与旨趣的核心洞见。但海德格尔的这一基本主张,"根据律是康德哲学的支配性思想",其根据是什么?

　　海德格尔要实施对其基本主张的论证,且先不论该如何筹划义理阐释格局,他首先就会遭遇一个"技术性的"难题(而且这也是康德思想的忠实读者必然会首先提出的一种质疑):如何解释康德在《纯粹理性批判》中很少谈及"根据律"这一事实?

　　1928年的海德格尔是如此化解该问题的:

　　　　根据与存在之间的联系更显示在康德的形而上学中。诚然,在康德的批判著作中,人们通常看不到一种对根据律的明确的论述;除非人们可以把对第二个类比的证明看作对这一几

---

　　① 海德格尔:《路标》,第147—148页。"哲思的开端"指康德的《对形而上学认识的基本原理的新阐释》(1755);"哲思的终点"指康德的《论一种发现,据此发现,一切新的纯粹理性批判将通过一种更老的批判而变得多余》(1790)。

　　② GA 10, S. 106.

　　③ GA 10, S. 109.

乎不可思议的缺陷的补偿。不过，康德实际上非常清楚地探讨过根据律，而且是在他的《纯粹理性批判》中的一个醒目段落（此段落的标题为"一切综合判断的最高原理"）中探讨了根据律。这一原理分析了：究竟什么东西——在康德的存在论问题提法的范围内和层面上——属于存在者之存在，即在经验中可通达的存在者之存在。康德对先验的真理做了一个事质性的定义（Realdefinition），也就是说，他通过时间、想象力与我思的统一性规定了先验真理的内在可能性。对于莱布尼茨的充足根据律，康德说，它是"对那些还要在形而上学中进行的探究的一个值得注意的指示"。这话反过来也适合于他自己的一切综合认识的最高原理，因为其中也蕴含着存在、真理与根据之本质联系的问题。于是，一个由此才能派生出来的问题就是关于先验逻辑与形式逻辑之起源关系的问题，亦即这样一种一般区分的合法性问题。①

近二十年之后，海德格尔对同一问题的解答则相当干脆："根据律在康德思想中是以一种卓越的方式起着支配作用的。这恰恰就是康德为何很少言说根据律的原因。"②海德格尔之所以有底气做出如此干脆乃至看似有逃避问题之嫌的解答，事实上是因为：一方面，对上述技术性难题的任何一种回复（无论简单还是复杂）都必然依据于解读者对康德哲学之本真旨趣的基本洞见，因而最终仍要

---

① 海德格尔：《路标》，第 160—161 页。

② GA 10, S. 106.

取决于对相关洞见的阐释是否充分；另一方面，相比于前期思想在根据律问题上的挫折（有深刻洞见，但未能获得确切实施），海德格尔在 20 世纪 50 年代的《根据律》中不仅对康德哲学的基本立场进行了更深刻的阐明，而且通过对根据律问题的思路深化与境界突破而事实性地对其本人一路走来的"康德阐释"进程做了某种总结性的定调，在幅度和深度上都给出了一种更为充分的回复。

基本主张以及由此做出的根本定位，乃是本质性的和稳定的东西，但它的这种本质性和稳定性恰恰需要一条道路才能真正得以成就，因此，对于不变者之不变性的最好证明，莫过于在历程之变化中予以深刻观照。我们的当前要务因而就是通过对海德格尔"康德阐释"的内在演变来观察其根本定位的呈现途径与演示历程。

第二节　海德格尔"康德阐释"的内在演变

在 1913 年给李凯尔特的信里，年轻的海德格尔曾写下"整个天主教哲学迄今没有一部书或一篇文章哪怕只是接近于正确地理解了康德"[①] 这样的激切之语。这种言论多少反映了海德格尔对传统"康德阐释"的不满和本己解读的自信。这种不满和自信根源于海德格尔以"解构性奠基"来转化传统哲学与神学的特有思路：最迟在 1914 年的书评论文中，海德格尔已经着眼于"历史性切近"来探索将康德哲学思为一种"批判实在论"的可能性（参见本书第三章）。

---

① 　Martin Heidegger/Heinrich Rickert, *Briefe 1912–1933 und andere Dokumente*, S. 12.

但海德格尔对这种可能性的真正实现，却是发生在海德格尔自20世纪20年代中后期到60年代的"康德阐释"中。这时的海德格尔，思路愈发成熟，也愈发坚决地以基础问题为主脉来推进对康德哲学的评判工作。在这一时期，海德格尔的"康德阐释"形成了相当多的阐释成果，其基本思路虽然是一以贯之，但仍然经历了一种内在的演变历程。

除去一些散布于其他主题研究（如《存在与时间》）中的小规模探讨，仅就直接切题的主题研究而言，《对康德〈纯粹理性批判〉的现象学阐释》（GA 25）、《康德与形而上学问题》（GA 3）、《论人类自由的本质——哲学导论》（GA 31）、《物的追问：对康德先验原理学说的探讨》（GA 41）、《康德的存在论题》这几种文本可视为海德格尔"康德阐释"的主要成果。[1]

而且，鉴于《康德与形而上学问题》（以下简称《康德书》）是对

---

[1]　当然这绝不意味着这四种文本就代表了海德格尔的康德阐释的全部幅度和深度。收录于《路标》之中的作于1961的演讲《康德的存在论题》与20世纪50年代出版的《根据律》都在很大程度上推进了相关阐释的幅度和深度。而且在我看来，同样收录于《路标》中的作于1949年的《〈形而上学是什么？〉导言》是迄今所能看到的对海德格尔"康德阐释"这一工作本身的基本旨趣和隐秘处境的最有力的道说和揭示。尽管此文并未直接探讨康德哲学，但由于该文自行揭示出了海德格尔形而上学追问的隐秘限度和这种思想并不自觉的笛卡尔式的问题处境，故它对形而上学之根据的探讨就反过来激活了我们对其康德阐释工作之根本旨趣的更深理解。相关阐释在此不能展开，而只能给出下述提醒：人们往往过于关注海德格尔所"阐释"的康德哲学之旨趣，热衷于对阐释之"暴力性"问题的追究，但人们却对下述问题或许关注得太少——海德格尔所进行的康德阐释工作这一工作本身的旨趣是什么？事实上，倘若后一问题不能得以澄清，则前一问题就始终只是徘徊在明晦不定之地带中，文本本身的丰富意义就仍然只能处于置送与扣留的两可状态之中，以至于"它继续保留着它的方式，其中包含已引起反响的和尚未引起反响的方方面面"（参见《康德与形而上学疑难》，"第二版序言"）。

GA 25 这一讲座文本的加工整理 ①，而对纯粹知性的基本原理进行深入思考以便把根据律作为"另一片光明"予以探讨的《物的追问》则堪称是对 GA 31 之思路（从康德对自由问题与因果性问题的结合工作的限度中释放出根据问题的存在之真理向度 ②）的再度奠基与推进（尽管《物的追问》在文本表述上仍然不是很明朗，显得仍是处于一个过渡阶段，但从其在结尾部分特意暗示的"前景之光明"来看海德格尔本人对根据律问题的全景幅度已然成竹在胸 ③），故论者在对海德格尔的康德阐释进程之变迁进行研究时所普遍采取的策略——以《康德书》和《物的追问》（此书常被称为"第二康德书"）相对比——事实上有着深刻的义理支撑。

在此问题上，德国学者霍佩（Hansgeorg Hoppe）的论文《论海德格尔"康德观"的变迁》曾经得到海德格尔本人在一定程度上（但

---

① 参见海德格尔：《康德与形而上学疑难》，"第一版序言"。

② 在《论人类自由的本质》中，海德格尔指出，康德把自由问题作为一种特有的因果性问题来处理体现了康德思想的限度。在康德思想中，因果性是对象之对象性的一种特征，亦即，因果性乃是（基于形而上学视域的）存在者之存在的特征。从康德思想限度往前逾越，就应看到，因果性奠基于自由。因果性问题是一种自由问题，但自由问题却不是一种因果性问题。自由是存在者之存在的可敞开性之可能性的前提（Martin Heidegger, *Vom Wesen der Menschlichen Freiheit. Einleitung in die Philosophie*, GA 31, Frankfurt am Main 1994, S. 209-303）。尽管海德格尔在此并未言明，但他对康德的批判事实上是在进行对根据之二重性的一种更为坚决的勘测：对认知之真理中的根据问题（在形而上学视域中体现为因果性的支配地位）与存在自身之真理中的根据问题（存在自身"无根据的根据性"体现为［天命］自由的本源地位）的必要区分，从前者向后者的超越乃是必要的。该书的这种未被说出的"已道说者"在《物的追问》中得到了文本和思路上的进一步推动，最终在《根据律》中得到了全面释放和澄清。

③ "因此，当我们以这种态势来阅读——从《纯粹理性批判》的第一句话开始——的时候，所有一切从一开始就已经被推入了另一种光明之中。"（GA 41, S. 245.）

显然亦有所保留）的认可。① 在这篇为海德格尔八十寿辰纪念文集所作的论文中，霍佩着重考察了《康德书》与《物的追问》这两个文本（对其他文本只是有所涉及），其结论可概括为以下几点：

1. 较之《存在与时间》中的康德观，《康德书》中的康德观发生了明显变化，亦即，《康德书》中的"康德形象"散发出前所未有的（事实上亦是无可后继的）"光芒"。

2. 但较之《康德书》，《物的追问》中的康德观又发生了一次突变，海德格尔在《物的追问》中收回、撤销了他在《康德书》中的立场。《康德书》的对焦点在于"超越问题"，而《物的追问》则把重心放到了对纯粹理性之原理体系的探讨上，且这种探讨更多地是一种"历史性的"追问。

3. 《物的追问》奠定了后期海德格尔的"康德阐释"的基调，无论是海德格尔20世纪50年代的讲座《根据律》，还是其作于60年代的论文《康德的存在论题》（收录于全集第九卷《路标》），都只是对此基调的重演，换言之，在《物的追问》之后，海德格尔的"康德阐释"是保持不变的。

4. 最终应看到，海德格尔的康德阐释每每都是被其思想旨趣和思想进程所具体规定的，海德格尔"康德阐释"的变化与海德格尔本己思想的变化是密不可分的，甚至是同一的，这种变化着的"同一"或同一着的"变化"可以在其思想主题词的下述变迁中得到凝

---

① 海德格尔在1973年为《康德书》所作的第四版序言中写道："汉斯格奥尔格·霍佩的研究……对于我先前以批判性的立场对康德所作解释中发生的变化，提供了一种富有教益的、批判性的洞见。"（Martin Heidegger, *Kant und das Problem der Metaphysik*, GA 3, Frankfurt am Main 1991, XIV. ）

练写照：从"存在与时间"变为"存在与思想"。①

　　从整体上看，霍佩的这项研究是相当出色的，其中许多观察都堪称犀利。在其时众多庸常研究的衬托下，他对海德格尔"康德阐释"的不俗见解——"康德对存在者之存在的阐释……本身也必然处于海德格尔的后期存在思想的中心位置上"②——也的确会赢得当事人的称许。然而，在笔者看来，霍佩的这项研究在某些关键问题上仍有失之于表面化的危险，以至于最终产生了一些似是而非的论点，甚至由此导致其 20 世纪 80 年代的专著《康德之综合》③ 存在一些偏颇之处。④ 这种表面化之危险的根源，或者说，霍佩这篇论文的最大问题就在于，他未看清根据律问题在海德格尔"康德阐释"进程中的关键作用。倘若不对其中的"似是而非的表面性"做出揭示，我们就很难理解，霍佩在作出如此出色的研究论文之后，为何

---

①　参见 Hansgeorg Hoppe, "Wandlungen in der Kant-Auffassung Heideggers", in: *Durchblicke: Martin Heidegger zum 80. Geburtstag*, Frankfurt am Main 1970, S. 284–317。

②　Hansgeorg Hoppe, "Wandlungen in der Kant-Auffassung Heideggers", S. 286.

③　Hansgeorg Hoppe, *Synthesis bei Kant: Das Problem der Verbindung von Vorstellungen und ihrer Gegenstandsbeziehungen in der "Kritik der reinen Vernunft"*, Berlin 1983.

④　在《康德之综合》中，霍佩首先指出，西方学界对"《纯粹理性批判》的本真旨趣究竟何在"这一问题的解读主要有两个向度：科学理论问题向度和对象关系问题向度。此书的主要努力即是想统合这两个向度。在我看来，尽管霍佩在该书开篇处就对这两个向度概念尤其是前者进行了界定和厘清，但其工作仍有含混不清的问题，有似是而非之嫌（尤其在何谓"科学"这一问题上更是如此），甚至可能由此而使得全书立论奠立在一个本身脆弱的问题之上。更多批评这里不能展开。有必要提醒的是，霍佩所谈论的这两个向度其实早在 20 世纪 20 年代的"达沃斯辩论"中就已为当事人所解析（参见海德格尔：《康德与形而上学疑难》，第 263 页以下），但霍佩显然对此有所误读。皮平对此书有另一角度的尖锐批评，参见 Robert B. Pippin, "Review of *Synthesis bei Kant*", in: *The Review of Metaphysics*, Vol. 39, No. 1, 1985, pp. 158–160。

会在其相关研究专著中有失水准。

在霍佩这篇论文所处理的文本中,《论根据的本质》和《根据律》是其论及最少的文本(都只有寥寥几句),这一现象并非偶然,否则霍佩就不会遭遇这样的尴尬:一方面坚持认为,《物的追问》之后,海德格尔的"康德阐释"从整体上看不再有变化 ①,但另一方面也不得不承认,20 世纪 60 年代的文本《康德的存在论题》所呈现出的康德观的确要比《物的追问》更清晰 ②,但却无法对其中缘由给出确切解释(对此,本研究所要揭示的是,这种清晰程度上的变化乃是受益于《根据律》的决定性贡献)。霍佩这篇论文的思路特点在于肯定《物的追问》的决定性意义,从义理层面来看,它与本研究的立论和思路事实上并不构成矛盾,因为本研究同样认为,**《物的追问》是海德格尔"康德阐释"的一个重要转折点**,但这种"转折性"却绝非只是霍佩所谓的"以对象之对象性取代了主体之主体性" ③。

霍佩的这种说法表面上看似符合事实,而且视"对象之对象性"为后期海德格尔的"康德阐释"的主导线索,这种观照也并不为错,但霍佩这种理解的"似是而非的表面性"却在于,他仅仅将这种变化理解为"海德格尔重新接受了近代自然科学视域中的康德观",而未能看出:所谓"对象之对象性"根本地是在道说根据律问题,甚至,倘若我们能切入并坚持根据律问题视野,则前期康德阐释的主导线索"主体之主体性"又何尝不是根据律问题的一种呈现呢?

由此而来,霍佩这篇论文的限度也就得到了揭示:着眼于所要

---

① Hansgeorg Hoppe, "Wandlungen in der Kant-Auffassung Heideggers", S. 312.

② Hansgeorg Hoppe, "Wandlungen in der Kant-Auffassung Heideggers", S. 314.

③ Hansgeorg Hoppe, "Wandlungen in der Kant-Auffassung Heideggers", S. 307.

揭示的思想之本真事态，它在字面表述上已经与之相当接近，但在义理上还相距甚远（但霍佩的这种"似是而非"的表面性理解只是在《康德之综合》中才充分暴露出来，在那里，霍佩暗示，海德格尔"康德阐释"的前后期变化可以被理解为：用实在论的"康德观"取代了观念论的"康德观"）。然而，从积极意义来看，霍佩论文的这种功亏一篑倒足以成为一种提醒，即我们必须更充分、更细致、更具探问精神地展开对相关文本的钻研。

为此我们需要认真观察下述文本所共同归属的那种**时间秩序**：写作《康德书》所依据的讲座文本《对康德〈纯粹理性批判〉的现象学阐释》（1927/1928 年冬季学期讲座）和写作《论根据的本质》所依据的讲座文本《以莱布尼茨为起点的逻辑学的形而上学始基》（1928 年夏季学期讲座）。并且要认真倾听《康德书》第一版序言中的那几句看似平淡的交代："本书作为'历史性'的导论会使得《存在与时间》第一部分中所处理的疑难索问更加清晰可见。作者的另一部作品《论根据的本质》进一步澄清了这一导引性的提问。"①

由此我们才能初步理解，作于 1928 年的《论根据的本质》为何能在义理上**进一步澄清了**作于 1929 年春天的《康德书》的基本旨趣——这是因为，《康德书》的思路布局并非兴起于 1929 年，它在 1927 年的冬季学期讲座中已经呈现，也正因此才能发生这样一种奇特事件：在《康德书》成书之前，它的基本旨趣已经在 1928 年夏季的"莱布尼茨讲座"和由此而来的《论根据的本质》中得到了进一步澄清。若更深切地观入，海德格尔这一看似乖谬的自我定位还

---

① 海德格尔：《康德与形而上学疑难》，"第一版序言"。

揭露了这样一种事实：在前期海德格尔思想中，海德格尔的"莱布尼茨阐释"与"康德阐释"就已处于一种极为密切的"切近"之中，如此才导致了《康德书》的不易看清的基本旨趣早已在《论根据的本质》中得到了更清晰的规定；由此而论，《论根据的本质》具有极重要的意义，它作为前期海德格尔的"莱布尼茨阐释"与"康德阐释"的汇集点乃是前期海德格尔思想的一个聚集性的界限，也因此而成为理解海德格尔思想道路之贯通性的一个关键路标。

由此我们才真切洞见到《康德书》那几句点睛之笔的更深意味：

> 当然，为了从词语所说出的东西那里获取它想要说的东西，任何的解释都一定必然地要使用强制。但这样的强制不能是浮游无羁的任意，一定有某种在先照耀着的理念的力量，推动和导引着阐释活动。唯有在这种理念的力量之下，一种解释才可能敢于冒险放肆，将自己委身于一部作品中隐藏着的内在激情，从而可以由此被置入那未曾说出的东西，被挤迫进入未曾说出的东西的道说之中。但这是一条道路，在这条道路上，引导着的理念自身以其光芒四射的力量显露出来。[①]

这种引导着海德格尔"康德阐释"之路的"先行照耀着的理念"，在《康德书》中曾被作者本人规定为"基础存在论的理念"，因为"之前对《纯粹理性批判》的解释就是由它来引导的"[②]。在《康德书》中，

---

① 海德格尔：《康德与形而上学疑难》，第 192—193 页。

② 海德格尔：《康德与形而上学疑难》，第 222 页。

海德格尔对"基础存在论"的规定是:"对此在之存在机制的揭示就是存在论。只要形而上学之可能性的根据——此在的有限性作为它的基础——应当被建基在这一揭示之上,它就叫基础存在论。从使得存在之领会成为可能的角度来说,基础存在论这一名称就在内容上将人的有限性问题作为具有决定性作用的东西涵括了进来。但是,基础存在论仅仅是此在形而上学的第一个阶段。"① 尽管这一规定比《存在与时间》中的相关界定要更加明确,并且整部《康德书》都是由此而定调并如此展开的,但恰恰由于在形而上学之限度澄清工作上的犹豫不决,海德格尔真正要用"基础存在论"所思考的东西仍未得到真正而充分的阐明。

因而,《康德书》第一版序言中的那句话——"《论根据的本质》进一步澄清了这一导引性的提问"——乃是意指,在《论根据的本质》中,以"超越"为主导词的"基础存在论"不仅必然成为该文事实上的探讨主题②,而且通过对"根据律"向度的明确,通过超越与根据的互通,经由根据之本质问题的导引,基础存在论的旨趣才首次得到了更为深刻的澄清。③ 相比之下,《康德书》的同样性质的工作(第42、43、44节)④尽管已非常有力地深化甚至升华了《存在与时间》之基础存在论思想的进路与视域,但仍显不足。

---

① 海德格尔:《康德与形而上学疑难》,第222页。译名有改动。

② 这当然也反过来解释了我们在此前曾经触及的那一问题,《论根据的本质》一文为何在获得关键洞见之后就匆忙跳过了根据律本身而以"超越"为问题域去追问根据的本质。

③ 参见《论根据的本质》的第二、三节以及作者的两处原注(海德格尔:《路标》,第158、192页作者原注)。

④ 海德格尔:《康德与形而上学疑难》,第224—233页。

导致这种差异的关键因素就是，根据问题是否得以突显。《论根据的本质》尽管仍有其限度（此时的海德格尔仍未彻底看清或至少说仍未根本阐明形而上学乃至存在论本身的"成问题性"①），但由于以二重性的"根据"问题——根据不仅意味着**形而上学中的根据**，也意味着**形而上学本身的根据**即其在存在自身之真理中的根据②——为聚焦点和指路灯，它就不可思议地达成了一种有限的伟大：不仅将自身聚集为思想者本人在此阶段之既有思路的最高限度，也同时照亮了这种思想自行超越的新的可能。并且由于"界限"所源生的超越与被超越的统一性，这种向前发送的光芒，倘若被思者本人或解读者反转呈送，也同样可以反向驱散已行道路中的晦暗迷雾，使之在新的光荣中获得一种与未来道路相统合的契机。

如此切回原来问题，则可说，引导着《康德书》的那一"先行照耀着的理念"，与其说是"基础存在论之理念"，毋宁说——像海德格尔的那一奇特表述"《论根据的本质》进一步澄清了这一导引性的提问"所暗示的那样——乃是对根据律问题（根据之二重性问题，实即存在之二重性问题）之主导性的先行领会。

----

① 参见海德格尔写在自用书上的对《论根据的本质》的自我批判。海德格尔：《路标》，第 156 页，作者边注。

② 在此即已可以多少看清，前期海德格尔何以会尝试把康德看作"我所提出的存在问题的代言人"（《康德与形而上学疑难》，"第四版序言"）：且不论"ratio"一词在西方思想道路之推进中被深邃裁定的多义性（理性，根据），仅就思想之实事形态而言，康德对理性之二重性的界定（理论理性与实践理性）的确可看作是对根据之二重性的区分（"自然"根据与本源根据），因而关于康德的形而上学奠基工作就的确存有这样一种解读可能——它乃是为了在更本真的领域中寻求形而上学之根据，"超越"乃是这一工作的关键。但只有在后文中我们才能逐步澄清，海德格尔的这种尝试性的理解事实上仍笼罩于一种极为复杂的幽明中。

第三节　康德哲学的极限性

无论前期还是后期，从实质意义上来看，海德格尔对根据律的理解都是在两种向度中展开的，与之相应的是根据律的两种表述形式，即通常表达和严格表达。按严格表达，根据律叫作"应被归置之根据的原理"①，它作为主体性原理同时也规定了对象之对象性的基本含义。按通常表达，根据律叫作"没有什么是没有根据的"，而通过一种重音的转换即"没有什么**是**没有**根据**的"，它道说了"是/存在"与"根据"的同一性，或者说，它指向了存在自身之真理：存在自身没有根据，但是根据性的，存在乃是"离开根据"（Ab-Grund）。

因此，当我们发现到，不仅《物的追问》（此书的根本目标就是要把康德阐释更加明确地导入根据律向度中去②），就连那部在明晦不定中闪烁着的《康德书》，事实上也已运行于对根据律的上述

---

① GA 10, S. 34.

② 在《物的追问》中，在这部原名为"形而上学之基本问题（Grundfragen）"的讲座文本中，对物之物性的追问收尾于对作为敞开域的那种"之间"的道说：物之为物，受行于人，但并非取决于人。"我们必然始终是在之间中活动，在人与物之间活动；只是由于我们在其中活动，这种之间才存在着；这种之间的张力并不像一根由物到人的绳子那样紧系双方，毋宁是，这种之间作为先行把握伸向物那里去，并且同样又返归于我们之后，先行把握就是向回归置"；"在康德对物的追问中，一种位于物和人之间的维度被开启了，它递向物并越过物，反呈于人并呈递于人之后"，这些结论直接地依据于根据之递归性分析（间接地指向了根据律作为存在律所指向的存在之真理维度），由此就导向了根据律问题这"另外一片光明"，并由此也反过来真正确认了根据律问题对于《纯粹理性批判》的关键意义："因此，当我们以这种态势来阅读——从《纯粹理性批判》的第一句话开始——的时候，所有一切从一开始就已经被推入了另一种光明之中。"参见 GA 41, S. 245–246。

两种向度之阐释中，但却是以海德格尔本人有所"道说"但未曾"说出"的方式运行的，我们就会抵达一种洞见：致力于勾勒思想限度的人未必就能轻易洞见和逾越其本己限度。这一洞见使得我们觉察到：当思想承受着我们并使我们至为遥远地超越自身时，我们恰恰是被思想特意地回嵌入传统之中了①，我们因而必须对与思想传统之对话的本性予以更审慎的考察。

对于根据律之严格表述的那一向度即根据之递归向度，《康德书》事实上有明确的思考。我们在此并非仅仅指的是在作为"让对象化之能力"②的知性中的对象问题的那种不容忽视的根据之递归性："通过一物去表象另一物，在这一表象过程中，如果不仅是表象活动被表象出来，而且，那在此表象活动中被表象物本身也被表象，即'被意识'的话，这样的表象活动就是一种自身关联，即与在表象活动本身中进行自身呈现的东西的关联。"③又如："持存常驻的自我实行着'让对象化'的活动，这一活动所施行的东西，不仅仅是一种'朝向—到达……上去'的关系，而且还是一种'返归—回到……中来'的关联，这样，自我就构形出那相对者。"④我们倒是想在此指出某种更为幽深的东西。

众所周知，海德格尔在《康德书》中坚持认为，就《纯粹理性批判》的本真义理而言，直观优先于思维，感性优先于知性。⑤尽管

①　GA 10, S. 66.

②　海德格尔：《康德与形而上学疑难》，第 68 页。

③　海德格尔：《康德与形而上学疑难》，第 19 页。译名有改动。

④　海德格尔：《康德与形而上学疑难》，第 19 页。有改动。

⑤　海德格尔的这一主张事实上来源于和植根于他对亚里士多德 ousia 问题的本己理解。经由 20 世纪 20 年代早期(1922—1923 年间)的一次决定性的(转下页)

这一主张引起巨大争议而且会带来辩护工作的难度，但即便在完成所谓思想转向后，海德格尔也仍然在其后期"康德阐释"如《物的追问》中坚持了这一主张。① 之所以要坚持这种主张，是由于它关系着海德格尔"康德阐释"的一个首要断定：康德通过《纯粹理性批判》所做出的重要"发现"乃是思想对直观的依赖，亦即思想对其与对象之关系的依赖。但这种"依赖性"的实质并不能由其命名

（接上页）"精神闪光"，海德格尔发见到希腊语境中的 ousia 乃意味着"持续的当前显现"，由此晓悟了"存在"与"时间"的本源交通（参见 Theodore Kisiel, *The Genesis of Heidegger's Being and Time*, University of California Press, 1993, p. 230），更视之为"希腊哲学中未曾明言的存在之意义"。从哲学史的角度来看，奠基于矛盾律之上的亚里士多德的存在问题乃是对存在之二重性的一种独特的、侧重于同一性维度的思考，但同时也为后世哲学布下了重重迷雾：存在自身存在着，存在物亦存在着，但这两种"存在着"之间的差异在亚里士多德那里并未获得真正澄清。无论如何，持续当前显现的这种"存在着"乃是希腊视域中的存在问题（存在自身与存在物之二重性真理）的决定性维度，因而相应地，"直观"必然也必须在一种真正的思想中取得首要地位。海德格尔在《康德书》中所做的图式论阐释，与其说是把康德思想海德格尔化，不如说是把康德思想亚里士多德化。然而，尽管康德哲学的核心问题的确可以说是对亚里士多德式 ousia 问题（经由中世纪经院哲学的加工与转渡，此问题在近代以来被转换为 ratio 问题即"根据，理性"问题）的深切回应与强力推进，但在存在之二重性问题上，康德更为注重差异性（在海德格尔看来，康德是希腊之后首次对这种二重性中的差异予以明确道说和论证的思想家，也正是因此，海德格尔曾经视之为同路人）的思想品性与亚里士多德注重同一性的思想特性事实上存有深层差异，倘若不谨慎对待这种差异，将会带来一种严重的双重误读，不仅误读康德（更确切地说，《康德书》对康德之定位有所高估。但这绝不意味着，海德格尔此后就贬低了康德，而且错认了自身的本己处境（此时的海德格尔并未足够清晰地觉察到），在康德与亚里士多德的思想立场之间，或者更极端地说，在根据律与矛盾律的立场之间，他本人的位置究竟何在，这是《康德书》急切冒进最终有所偏颇的根源所在，也是《物的追问》有所自觉并重新出发的关键契机。

①　霍佩对此有相当细致的剖析，参见 Hansgeorg Hoppe, "Wandlungen in der Kant-Auffassung Heideggers", S. 310。另参见海德格尔在 20 世纪 60 年代论文《康德的存在论题》中对康德语境中感性事实之重要性的分析，他在那里指出，康德对感性事实的重视，事实上关乎康德的批判实在论立场。

就可直接洞见，反倒是，为了真正洞见这种关系的实质，我们必须"把眼界放得更宽"。

就像之前遭遇的根据律问题一样，海德格尔因其对直观问题的主张会"再度"面临着一个文本上的难题，即如何解释《纯粹理性批判》对直观之探讨和对思维之探讨在文本篇幅上的巨大差别（按海德格尔的统计，《纯粹理性批判》对直观理论的探讨有 30 页或 40 页，而对思维理论的探讨则有 650 页之多）。限于篇幅，我们在此将不会对海德格尔的相关辩护①予以全面阐释和批评，而只点明下述要点即可："直观问题"与"根据律问题"在海德格尔思想中的这种处境的"相似"绝非巧合，毋宁说，这种"相似"恰恰暗示着它们源出于同一种基本立场，即康德哲学乃是一种"批判实在论"，换言之，康德哲学以其特有方式沉思着形而上学的基础问题（人与存在之关联）。

在《康德书》看来，康德的直观问题经由对纯粹综合之本质的发问而揭示了作为"先天综合知识的可能性之根据"的先验的想象力，这种想象力的"根据性"恰恰在于它能为理论理性和实践理性的区分和统一提供根据，由此康德就不可避免地发现了传统形而上学的限度，进而康德对形而上学的"奠基"工作就可被理解为对上述限度的超越，亦即对定位于知识理论的传统形而上学本身的超越。也正是基于对这一隐秘旨趣的发现，正致力于"基础存在论"的海德格尔会在康德思想中再度遭遇强烈共振，进而视之为"同路人"与"代言人"。

以《康德书》的立场来看，康德的直观问题凭借着对感性事实

---

① 特别参见海德格尔：《康德与形而上学疑难》，第 69—79 页；海德格尔：《物的追问：康德关于先验原理的学说》，赵卫国译，上海：上海译文出版社，2010 年，第 131—133 页。

之重要性的承认而指向了一种"批判实在论",亦可视为是对"超越"问题的一种重新思考。超越总有其所超越者和超越之何所往,故真正的超越活动必然具有本真的"居间性",它不仅具有"统一性"而且关乎可向上追溯的"可能性",因而当这种以追问本源根据为其特质的阐释工作从直观问题返归"先验的想象力"进而溯源到作为存在之真理的"时间性"时,这种解读就愈发逼近了前期海德格尔的思想旨趣——超越认知真理(人与存在者之关联)而转入存在之真理(人与存在之关联),同时也就必然使得这时的海德格尔会如此定位康德哲学:"康德的形而上学奠基工作追问的是存在论知识的本质统一性之内在可能性的根据。这一奠基工作所遭遇的根据就是先验的想象力。……但那源初起统合作用的东西,那似乎仅仅是中介性的先验想象力的居间能力,无非是源生性的时间。唯有借助于这种在时间中的扎根,先验想象力本身才能够成为超越之根柢。"[①] 这种阐释当然会有其困难,即如何解释康德在《纯粹理性批判》第二版中加入了"原理体系的总说明"而且取消了想象力和时间的先验优先地位,像《康德书》那样简单地称之为"康德的退缩"可能还未切中实事,甚至可能是对问题本身的逃避。事实上,只是在《物的追问》中,这一难题才得到了初步解决:恰恰就是在纯粹知性的基本原理体系中,根据律之支配地位得到了决定性的显现;但局域内的这种支配性愈是得到淋漓尽致的彰显,实行整体之超越的必要性也就愈发得到了揭示。因为根据律问题的关键意义,正是在二重结构之差异性确认的基础上所实施的"超越",从认知之真

---

① 海德格尔:《康德与形而上学疑难》,第 186—187 页。有改动。

理向存在之真理的超越（这当然可以说是海德格尔思想自其开端以来尤其是 1919 年讲座《哲学观念与世界观问题》以来的根本旨趣，但海德格尔思想真正的难题不在于对此的洞见，而在于如何以一条适宜的路径来实现这一根本旨趣）。

以上解释也就最终意味着，《康德书》的阐释进路在根本意义上是一条自觉或不自觉地依循根据律之二重意义向度而行的阐释道路。所谓"自觉"是指，与《论根据的本质》几乎同时出场的《康德书》当然明晓根据律作为主体性原理的意义，其对"让对象化"或"纯粹知识之本质统一性的内在可能性"等问题的探讨是明显依据于这一意义向度的。[①] 而所谓"不自觉"是指，《康德书》对康德思想的定位（康德之伟大与康德之限度）一方面显示出海德格尔对根据律的另一意义向度（即其作为存在律所指向的存在之真理）是早已有所观照的，否则他不会如此高调地称赞他所理解的康德哲学，也不会在某些处境中适宜地看出康德思想之限度[②]，更不会获得一种动力驱使他写下整个第四章"形而上学奠基的一次复返"并把全书命名为《康德与形而上学问题》；但另一方面，当海德格尔不能在康德对奠基工作的自我理解（区分普遍形而上学与特殊形而上学，并把奠基理解为普遍形而上学对特殊形而上学的奠基）中洞见康德思想的固有特性即康德的整个奠基工作是多么顽强地坚持于认识论立场（海德格尔在康德思想中所看到的闪光，从认知真理突入存在之真理的那种超越之闪光，在其所思进程的某个阶段中更确切的观察下——康德是用理性来统一了认

---

① 可参见海德格尔：《康德与形而上学疑难》，第 10、19、26、28、45、53、70、106、114、183、191 页。

② 参见海德格尔：《康德与形而上学疑难》，第 191、261 页。

知真理与存在真理，经由对形而上学之普遍与特殊的那种形式上的区分和实质上的统一，所谓存在真理与认知真理的本源性的区分最终还只是被统摄于形而上学之中了——看来却似乎只是一种幻象)①，甚至在还未做充分阐明的情况下就把本己的工作目标宣示为"此在之形而上学"② 时("此在之形而上学"是海德格尔"解构性奠基"思想的根本形态，但《康德书》和《存在与时间》一样，都没有致力于阐明这一思想形态背后的深刻语境)，海德格尔的解读就还运行于一种深重的迷雾中，他不仅还没有真切地看出他与康德思想的真正差异，也还没有完全发见本己思想旨趣的全部幅度，由此就使得经受了更多思想态势的(20 世纪 30 年代的)海德格尔会产生这样一种反思，《康德书》对康德之伟大性的种种定位或许有所"错估"。伴随着这种反省，在 20世纪 30 年代中期之后的海德格尔所进行的与哲学史的对话中，康德思想的位置开始逐步"回落"，但更确切地说，是逐渐返归其原本归属的那个位置，因为"回落"并非平素意义上的"坠落"，由"回落"而来所抵达的康德思想的原本态势仍然显示出其无与伦比的卓绝性：

> 在德国观念论哲学中，康德诚然是被极为光荣地逾越了，但并没有被克服。之所以没有克服，是因为康德本真的基本立

---

① 参见海德格尔：《康德与形而上学疑难》，第 7—9、193、196、210 页。

② 参见海德格尔：《康德与形而上学疑难》，第 208 页以下。但此问题之复杂性又在于，海德格尔思想中的"Dasein"又绝非一个形而上学的概念，而是运作于存在者之真理与存在之真理之间的那种二重性本身(参见 GA 88, S. 110—111)，是以海德格尔在 1937—1938 年间点评其过去的"康德阐释"时对"Dasein 的形而上学"进行了这样的辩护："'Dasein 的形而上学'这种说法具有双重含义，Da-sein 的奠基作用恰恰就是对一切'形而上学'的克服，是对迄今为止的全部哲学的克服，只要它们只是在追问存在者而没有追问存在之真理。"(GA 88, S. 119.)

场并没有被攻击到，而只是被遗弃了；甚至连遗弃它都不可能，因为它根本就没有被占领——它只是被绕过去了。康德的著作始终如一个未被征服的要塞那样矗立在一条新战线的背后，这条战线——尽管它是躁动猛烈的或者恰恰因此——已经在此后一代人的时间内陷入空虚，也就是说，这条战线无能于让一种真正有创造性的敌对方得以形成。①

正是这种卓绝性驱使我们要更深刻地理解海德格尔之"康德阐释"中的变化：所谓"回落"并非意味着海德格尔由此贬低了康德，而只是意味着海德格尔试图更加"切中实事"地理解康德：20世纪30年代之后，海德格尔取消了《康德书》中曾为康德指定的对其本己思想的"代言人"身份，他晓悟到在自身思想与康德思想之间那不容忽视的差异："《康德书》并非不能被视为《存在与时间》之导论，但《存在与时间》却并非只是对康德之问题的展开与改善。"② 这也就意味着，对康德思想意义的裁定从此要交给历史本身，更确切地说，要交付于存在之历史本身，唯有通过这种交付，不同思想立场之间的同一与差异才能得到最终的"分承"（Austrag）。对这一晓悟的推动来自对"存在历史"的领会，而就文本而言，这与他对尼采的长达十年（1935—1945）的解读工作密不可分。在1935年的《物的追问》中，我们已经初步看到作者要把康德思想置于思想历史道路之中的企图与抱负，但此时离此目标的全面达成还为时尚早，不仅因

---

① GA 41, S. 58—59.

② GA 88, S. 119.

为他对尼采的正式解读工作才刚刚开始①，而且此时他对"根据律"与"存在之历史"的内在关联还远未看清，因而只是到了20世纪40年代中期之后，当他通过"尼采阐释"和"荷尔德林阐释"已经使得"存在历史""存在之天命"问题获得了基本澄清，并且对根据律问题本身进行了全面反思之后，上述目标才得以全面达成，也正是在这一意义上，我们可以把1957年出版的《根据律》称为"第三康德书"（不仅是由于它在义理层面上对此前的"康德书"进行了"反向奠基"，而且是因为，同主题的最后的重要文本即1961年演讲《康德的存在论题》只是对《根据律》思路在更小范围内的具体勾勒而已）②。

反过来说，为了把对康德思想的定位工作交付给存在历史本身，就不能像《康德书》那样对康德的知识论立场几乎不顾，置若罔闻。恰恰是，当海德格尔真正承认并在其解释进程中吸纳了康德的知识论

① 尼采对海德格尔而言意味着形而上学之无法自身超越的"无出路状态的完成"（参见《路标》中译本，第398页以及《哲学论稿（从本有而来）》中译本，第189页），因而以之为出发点来复читай和勘测形而上学之历史性道路就具有决定性的开显意义。尽管仍困窘于形而上学之内，但尼采仍通过其内在的颠倒工作而最为切近地勾勒出形而上学的限度，或许正是因此，自认运作于形而上学的范围（Umkreis）之上的海德格尔思想在尼采那里遭遇了在他处极少发生的认同契机，以至于伽达默尔就此给出了一种令人惊诧但又的确需要予以深思的断言："由于海德格尔把探究存在的问题同时证明为探究无的问题，从而他把形而上学的开端和结尾彼此联结起来了。探究存在的问题可以从探究无的问题那里提出来，这一点就预先设定了形而上学所拒绝的无的思想。因此，使海德格尔提出存在问题并因而走向与西方形而上学相反方向的真正先驱，既不能是狄尔泰，也不能是胡塞尔，最早只能是尼采。海德格尔可能后来才意识到这一点。"（伽达默尔：《真理与方法》上卷，洪汉鼎译，上海：上海译文出版社，1999年，第331页）

② 在此演讲文本中，海德格尔力图揭示：当康德把存在规定为"置定"（Sein als Position）时，他就是在把存在定义为被置定者（存在者）的"根据"（Grund）。着眼于ousia问题本身，康德的关于作为纯粹置定的存在的论题只是存在历史的一个阶段，但却是一个使思之超拔视域得以承前启后（连接古希腊思想与黑格尔哲学）的巅峰。参见《路标》中译本，第557页以下。

立场时（这同时就意味着上述的"回落"工作），他才发现，这种曾经被他在《康德书》中所排斥的立场同样在存在之历史中有其应得的本己位置，对存之历史本身的本真应和并非只是在他的思想中才首度奏鸣，毋宁说，所有自觉与不自觉的思者都本真地承负着存在之历史的某段历程。如此，在更为本源的事态面前，那曾经居于支配性地位的对本真意义与非本真意义的区分就逐渐丧失了其关键作用 ①，这种关键作用的逐渐丧失必然会使得海德格尔的康德阐释随之发生变化。令人惊奇的是，在 1930 年的《论人类自由的本质》的结尾处，尚未完全通达对存在历史之观照的海德格尔就已多少看清了康德思想的知识论立场的顽强性与整体旨趣的复杂性 ②，进而由此多少清晰了他与康德之间的界限。③ 然而这种惊奇并非不可解，因为除了可引入同年写就的《论真理的本质》一文的关键意义来阐明此时思想正在发生的重要变化 ④，还有一个简单而直接的解释是：一旦海德格尔不再把视域局限于对《纯粹理性批判》前后两版的对比，一旦其思路从这种狭隘的对映中抽身而出，他就不难发现（或者说，就不能再规避）康德思想在更广阔文本中所呈现出的知识论立场的坚韧性，因而在《论人类自由的

---

① 严格而论，海德格尔在《康德书》中并非没有讨论康德的知识论立场，但由于《康德书》特有的解读策略（把康德的知识论立场仅仅归因于《纯粹理性批判》第二版的改动，同时提升第一版而贬斥其第二版，视第一版为康德的本真立场而视后者为非本真立场），事实上还是以一种奇特的方式忽略了康德的知识论立场。

② 当然我们也可以说，事实上《存在与时间》及其后续之作早就在为这种观照进行从其本己立场而来的预先准备了，甚至可说，对思想之历史性的诉求从一开始就是海德格尔思想的侧重点。但不能否认的事实是，由于对真理之本质的看法发生了转变，前期海德格尔与后期海德格尔对思想之历史性的看法的确是存有差异的。相关讨论这里不展开。

③ 参见 GA 31, S. 209—303。

④ 《论真理的本质》标志着海德格尔对"存在历史"之本性即"存在之自行置送/自行回隐"的思考取得了深化。

本质》中, 在这一致力于把《纯粹理性批判》和《实践理性批判》予以对照研究的讲座文本中, 通过对 "康德体系中通向自由的两条道路" 的研究, 海德格尔就逐渐看清了康德的知识论立场的内在性(Immanenz), 这突出地体现在, 康德最终是把自由问题也当作一种因果性问题来处理。① 这一发现一方面促使海德格尔要严肃对待康德的知识论立场, 另一方面则敦促着海德格尔要更为透彻地反思形而上学本身。

　　"形而上学本身是成问题的, 它本身是应被超越的", 对此的揭示, 其实是《康德书》的根本诉求。但令人感到困惑的是, 在《康德书》中, 这一根本诉求在努力地发送出几道璀璨光芒之际就被更为深重的晦暗所覆盖了。这种晦暗的确曾多少来自海德格尔其时对 "形而上学" 概念的暧昧定位, 因为倘若所要超越的领域和所要突入的领域具有同一种命名, 则这种超越工作的含混性就是不可避免甚至是无法根除的了。但海德格尔思路在《物的追问》中所发生的变化也并非如霍佩所认为的那样是对《康德书》之立场的单纯撤销, 因为若能突入更高视野(根据律问题), 就可看到, 《物的追问》虽然走在与《康德书》有所不同的追问路径上, 但殊途同归, 它们都是想通过追问而最终指向那种 "在形而上学中从未成为问题, 也不能成为问题的东西"②, 亦即指向形而上学的基础问题; 与《康德书》相比, 《物的追问》的特别之处仅仅在于, 它试图通过对物之物性(对康德而言意味着对象之对象性, 即存在者之存在)的不懈追问而力求促成对争执双方的更高 "和解", 不仅尝试把康德的知识论立

---

　　① 海德格尔对此问题的批判和对其本己立场的阐明参见我们在本节前文中业已给出的一条长注。

　　② 海德格尔:《哲学论稿(从本有而来)》, 第189页。

场回置于存在之历史中，而且以此为视域界限来尝试追问从"对象性"到"存在自身之真理"（亦即从"作为主体性原理的根据律"到"作为存在律的根据律"）的交通途径（但实质上是必须通过"跳跃"才能实现的）。然而这一努力在《物的追问》的文本中却又不能轻易发见，因为整个文本结构的有所断裂的、尚显犹豫的"实验性"（探索性）与其深层主题之追问的"坚决性"① 构成了一种难以理解的对映，并且，这种"困难性"并非只是横亘于某种解读面前，它根本地源出于思路本身仍未摆脱的某种更深的晦暗之中。

看似戛然而止的《物的追问》最终是以谜一般的语句收尾的："人应被理解为这样一种人，他始终已经越过诸物了，但这种越过之所以可能乃是由于，诸物与我们相遭遇并且它们的持存方式恰恰在于，它们把我们自身推向我们自身之后，推向我们的表面之后。在康德对物的追问中，一种位于物和人之间的维度被开启了，它递向物并越过物，反呈于人并呈递于人之后。"② 倘若不能对此间谜一般的因素予以澄清，则长期笼罩在海德格尔之"康德阐释"中的那种晦暗就始终不能得到澄清照亮。海德格尔的这一表态事实上是在道说康德的"解构性奠基"之思，并由此指出康德哲学的"批判实在论"

---

① 《物的追问》的实质性主题并非止于"物之物性"问题，而是要借着"物"之二重性把追问坚决地引向根据律的二重向度（认知之真理与存在之真理），倘若能对此有所洞见，则从文本的外在呼应中就可看出，《物的追问》之所以要把重心落在对康德的先验原理问题的探讨，事实上乃是为了扩充论证以及深化推进一个在《论根据的本质》中就早已提出的判断："康德实际上非常清楚地探讨过根据律，而且是在他的《纯粹理性批判》中的一个醒目段落（此段落的标题为'一切综合判断的最高原理'）中探讨了根据律。这一'原理'分析了：究竟什么东西——在康德的存在学问题提法的范围内和层面上——属于存在者之存在，即在经验中可通达的存在者之存在。"

② GA 41, S. 246.

立场实质上是对"人与存在之关联"的思考。但倘若我们不是从早期海德格尔的康德阐释一路走来，我们就很难理解其中的根本意谓。

在作于 20 世纪 30 年代中后期的《哲学论稿（从本有而来）》中，海德格尔对康德思想再度给予了高度肯定，认为"康德依然是唯一之人，他把自古希腊以降的存在状态（ousia）解释带入某种与'时间'的关联之中，并且因此成为存在状态与时间的联系那种隐蔽的支配作用的见证人了"[①]；但在作于 40 年代的《本有》（海德格尔自认此书对《哲学论稿》进行了一种自我批判）中，我们却读到了海德格尔对康德哲学乃至德国观念论的严厉批评："康德始终困陷在形而上学之中；这指的是：他根本没有提出存在问题。……这也完全而绝对地适用于黑格尔和谢林。"[②] 然而，在 60 年代的论文《康德的存在论题》中，康德再次赢得了海德格尔的高度称赞："如若被设定状态、对象状态表明自身为从当前显现状态而来的变化，则康德的存在论题就归属于那种在一切形而上学中始终都未曾被思的东西。"[③]

唯有从海德格尔早期的康德阐释一路走来，从海德格尔对"批判实在论"的特有理解而来，我们才能洞见到，海德格尔成熟时期的"康德阐释"的两类表述并不意味着海德格尔思想发生了内在冲突，而是海德格尔在两种向度上对康德哲学之极限性的阐释，对康德哲学之伟大（至极）的分析和对康德哲学之限度的分析并非矛盾，而是深刻地共属一体的。

---

① 海德格尔：《哲学论稿（从本有而来）》，第 266 页。"时间"曾被海德格尔思为"存在自身之真理"，故其对康德的这一评价是相当高的。

② Martin Heidegger, *Das Ereignis*, GA 71, Frankfurt am Main 2009, S. 113.

③ 海德格尔：《路标》，第 566 页。

第七章 整体评判中的费希特哲学之定位

就海德格尔对德国古典哲学的阐释而言，海德格尔对费希特哲学的探讨乍看上去并不起眼，因为其在阐释幅度和成果数量上都逊色于海德格尔对其他几位思想家（莱布尼茨、康德、黑格尔、谢林）的探讨工作。但这并不意味着海德格尔的"费希特阐释"没有重要意义。对此的预先解释如下：

首先，海德格尔知道，对其产生决定性影响的洛采哲学本身是受到了后期费希特哲学的深刻影响，因此海德格尔很早就对费希特哲学予以重视并且展开了研究，只是这种研究工作的具体进程并没有在海德格尔文本中得到充分呈现。

其次，在整体评判思路成熟之后，海德格尔的"费希特阐释"集中呈现在 1929 年夏季学期讲座《德国观念论（费希特、谢林、黑格尔）与当前哲学问题处境》中，并且构成这个讲座的基础部分。从文本内容以及海德格尔当时的感受——**"一个世界再次向我开显了"**[①]——来看，此时的"费希特阐释"在海德格尔思想道路上都具有重要意义。

---

① Heidegger/Jaspers, *Briefwechsel 1920–1963*, S. 123.

"一个世界再次向我开显了",这句话显然应成为本章考察工作的主导线索,据此应得到追问的是下述三个问题:第一,早期海德格尔通过其"费希特阐释"看到了怎样的一个世界?第二,在整体评判思路成熟后,这个世界如何"再次"向海德格尔开显了?第三,着眼于整体评判,这种"再次开显"的运作机制究竟意味着什么?本章的考察工作将据此分为三节,并且在布局上具有其特殊性,因为这里需要对早期海德格尔的"费希特阐释"做出补充论述。

第一节 对费希特哲学的最初评判

费希特哲学在海德格尔思想中的位置从一开始就显示出一种奇特性,即海德格尔承认费希特哲学的重要性,但却很少予以充分解释。

一方面,海德格尔知道洛采哲学深受费希特后期哲学的影响(洛采和其老师魏瑟都深深受益于后期费希特哲学,这种学统传承早已是学界共识),海德格尔在 1915 年的简历中也指出,他很早就开始了对费希特的研究,而且这种研究具有深远意义,因为他此时对费希特和黑格尔的研究和其他因素一道导致了海德格尔原有的对历史的反感被彻底摧毁了 ①,按照我们此前的考察,这一表态实质上意味着,这种研究使得海德格尔在基础问题的语境关联中赢取了对历史性的

---

① 海德格尔:"我的下述工作,对费希特和黑格尔的研究,对李凯尔特《自然科学的概念构成之界限》一书的深入钻研,对狄尔泰的种种研究,尤其是我所听过的枢密顾问芬克先生的讲座课和研讨练习课,共同导致了这一后果:我身上的那种对历史的反感——它是由于我对数学的偏爱而滋生的——被彻底地摧毁了。"(GA 16, S. 39.)

洞见(参见本节后文对"历史意识"与"解构性奠基"之关系的阐释)。

另一方面,迄今为止,除了这份简历中的指示,我们还看不到海德格尔在1910—1918年之间对费希特哲学的研究立场 [①](其中一个重要原因是,海德格尔在1915—1918年之间讲授的、含有德国观念论课程的最早期弗莱堡讲座文本迄今仍不可见 [②],而且它们可能全部都没有保存下来)。

就目前所能看到的资料而言,只是在1919年的两个讲座即《哲学观念与世界观问题》(以下简称《哲学观念》)和《现象学与先验价值哲学》(以下简称《价值哲学》)中,海德格尔才首次交代了他对费希特哲学的研究立场,这一交代以追补的方式阐释了海德格尔在1915年简历中对费希特之重要性的指示。对这种阐释的追踪可以帮助我们解答第一个问题,即早期海德格尔通过其"费希特阐释"看到了怎样的一个世界,而要展开这种追踪,就必须先对海德格尔1919年两个讲座的基本语境做出揭示。

《哲学观念》历来备受重视。且不论今天学者对此讲座的高度评价(例如著名海德格尔专家 T. 基谢尔就将此讲座视为《存在与时间》的策源地),其当时所产生的效应就已经构成了一种说明:通过这一讲座课,并且通过四处流传的课程笔记,青年讲师海德格尔迅

---

① 在《早期著作》中,海德格尔也只在一处地方提及费希特,并没有实质表态。参见海德格尔:《早期著作》,第461页。

② 这批最早期讲座的目录参见本书第三章首页的脚注。另外,按照理查德森整理的海德格尔课程目录(此目录曾经海德格尔亲自审核),海德格尔在1916/1917年冬季学期曾在弗莱堡大学讲授过"真理与实际性:论费希特1794年知识学"的讲座课。(参见 W. J. Richardson, *Heidegger: Through Phenomenology to Thought*, The Hague 1963, p. 663.)T. 基谢尔后来又指出,此课程实际名称是"逻辑学基础问题"。无论如何,此课程文本迄今仍不可见。

速取得了来自学生群体和专业学界的高度肯定，"他的名字就像秘密国王的传闻一样传遍整个德国"①，马堡大学也为之再次考虑聘请海德格尔为教授。②此讲座之所以受到如此高度推崇，是因为海德格尔在此讲座中有力地敞显了一个令人耳目一新又引人深思的问题语境，甚至可以说是一个划时代的问题语境。更确切地说，这个问题语境是1912年"实在性论文"已经粗略勾勒的那个被海德格尔予以本己化了的"批判实在论"语境，只不过它在1919年以更明确的任务、更清晰的轮廓和更深刻的细节呈现出来，显示出一种前所未见的大气象。

《哲学观念》在开篇处就道出了它的任务，"本讲座之任务在于对一个难题做出科学性的界定、阐明和逐阶段的解决，这个难题很快就会更加明确地和更加彻底地使那些预备性的开端语句显现为对此难题本身是不一致的，甚至是本质上陌异的"③，与之相应，此讲座的意图在于找到一条通向源始科学的道路，"有待追踪的科学观念的意义特征也包括如下内容：借助于真正方法论上的认识态度的赢获，我们超出和离开我们自己，并且必须在方法论上让自己留在那个领域里，那个对于有待奠基的科学的最本己难题来说永远格格不入的领域"④。这里所谓的"对于有待奠基的科学的最本己难题"是指对世界观与源始科学之异质性的揭示工作。

---

① G. Neske, E. Kettering (Hg.) *Antwort: Martin Heidegger im Gespräch*, S. 232–234.
② 马堡大学的那托普非常欣赏海德格尔的教授资格论文，在1917年给胡塞尔的信中就打算聘请海德格尔去马堡执教。
③ 海德格尔：《论哲学的规定》，第3页。
④ 海德格尔：《论哲学的规定》，第3页。

海德格尔本人所指出的这一任务和意图可转释为：要彰显一般哲学（世界观）与真正哲学（源始科学）的差异，但这一工作并不是对一般哲学的单纯弃绝，毋宁是必须从一般哲学（世界观）启动并且经由它来通达本真哲学（源始科学）。当本真哲学的观念得到澄清，曾经提供助力的一般哲学（世界观）所具有的"本质上的陌异性"也就得到了最终裁定，所说的任务也因而就是：我们要告别作为世界观的哲学，转入作为源始科学的哲学。

海德格尔在 1919 年这个讲座中未曾明言地使用并且贯彻了"连续律"（Gesetz der Stetigkeit / lex continui）的方法[①]，这也是康德"批判哲学"的决定性方法。"连续律"的基本表达是"自然不作飞跃"（莱布尼茨），其实质含义则是，各个阶段都是全息的，都堪称当下即是，但仍需被告别和转变，亦即仍需一条道路来实现其完全本性。受此方法的影响，在《哲学观念》的导论部分"哲学与世界观"中，我们已经可以看出讲座的构思布局，它呈现为三个层次的逐步推进：

（1）世界观是哲学内在任务。——这里事关对传统哲学的定位。按传统理解，世界观即传统哲学；或者说，世界观是一种关于世界的基本理解。在这种基本理解范围内，并且借助于这种基本理解，人类获得了关于他的个体生活和社会生活的相应的说明和解说。人类此在的意义和目的，人类作为文化的创造活动的意义和目的，便得到了揭示。[②]

（2）世界观是哲学之界限。——这里事关对新康德主义的定

[①]　在 1929 年的德国观念论讲座（GA 28）中，海德格尔对费希特知识学三条原理的逐步阐释工作仍然是未曾言明地遵循着"连续律"的要求。参见本章第二节。

[②]　海德格尔：《论哲学的规定》，第 8 页。

位。海德格尔指出新康德主义提供了"更富价值的理解",受益于洛采的"有效性"思想,新康德主义西南学派对世界观的理解做出了重大深化,已臻于传统哲学之界限,参见下文解释。

(3)世界观与作为源始科学的哲学是异质的。——这里事关对海德格尔本己思想任务的定位。按海德格尔的立场,如何从这种异质性之觉察中以适宜的方法真正转入并逗留在源始科学的领域中,"是我们真正的难题",我们的任务因而在于进行一种转化,从固执于派生关联的世界观哲学转入作为源始科学的哲学。①

在这三个层次的推进中,海德格尔对传统哲学、新康德主义以及本己思想任务都分别进行了定位,而且海德格尔坚持认为费希特对新康德主义产生了决定性影响,甚至将新康德主义的先验价值学说命名为"新费希特主义"②,**他对费希特哲学的定位和他对新康德主义的定位是内在一体的**,对我们所追踪的主题而言,问题之关键因而在于如何理解第二层次的定位。

从海德格尔的立场来看,新康德主义的价值哲学之所以构成了哲学之界限,一方面是由于这种价值哲学作为批判的实在论为哲学提供了一个科学基础,"批判性的沉思回溯到最终的价值、绝对的有效性,后者的整体性可以被带入一种被安排的系统联系中"③,在这个基础上,"一种可能的、对自身来说完全一致的、因而本身科学的世界观得以成长起来,这种世界观无非是想成为一种对人类此在和人类文化之意义的解说,其着眼点在于绝对有效的或者在人类

① 参见海德格尔:《论哲学的规定》,第 7—13 页。
② 参见海德格尔:《论哲学的规定》,第 157 页。
③ 参见海德格尔:《论哲学的规定》,第 9 页。

进化过程中作为有效规范而形成的价值体系，即真、善、美和神圣等价值的体系"①，传统哲学于是就在这样一种批判的、科学的世界观中"达到登峰造极的地步"②；另一方面，这种"界限/极限"之定位的更重要的含义在于，价值哲学所深化的世界观哲学在一种受限的意义上预示着人与存在之关联问题。但海德格尔强调，我们的任务却不在于此，而是在于指明，即便这种堪称传统哲学之极限的哲学，也仍然与我们所要转入的那种作为源始科学的哲学是异质的。因此我们还不能止步于价值哲学这种世界观哲学中，还必须更进一步，转入以"解释学直观"（形式显示）为特征的源始科学中去。

　　基于这样的方法和洞见，《哲学观念》在整体层面上因而规划了这样一条道路，一条从"第一部分：作为源始科学的哲学的观念"到"第二部分：作为前理论的源始科学的现象学"的道路。其中，对新康德主义西南学派哲学的批判，即第一部分第二章"目的论的—批判的方法的批判"构成了第一部分的主干环节。

　　正是在对"目的论的—批判的方法的批判"中，海德格尔对新康德主义乃至费希特哲学的复杂立场得到了先行披露。《哲学观念》在第一章首先提出了澄清源始科学之观念的任务并要求进入源始科学之领域的适宜方法，但通过细致考察，海德格尔看出"三条出路"（通过哲学史的出路、通过哲学家的科学精神态度的出路、归纳形而上学的出路）皆不可行③，皆不能作为适宜方法"满足源始科

---

①　参见海德格尔：《论哲学的规定》，第 10 页。

②　参见海德格尔：《论哲学的规定》，第 10 页。

③　参见海德格尔：《论哲学的规定》，第 21—32 页。

学的观念"①;在此阶段上,唯一的可能性是目的论的—批判的方法,它或许能引领我们通向源始科学②,但海德格尔对此的批判却揭示出,目的论的—批判的方法虽然较传统哲学更接近源始科学,甚至构成了对源始科学之主题的预感先思,但此方法却是"在自身中预设了它首先应当完成的东西"③或者说是"以它所要完成的工作为前提的"④,而且此方法的"循环性"特质也证明这种方法还不足以适合源始科学的要求。海德格尔对"目的论的—批判的方法"的批判因而在实质意义上构成了对秉持这种方法的思想流派之极限性的评判。而且海德格尔对其费希特研究立场的第一次正式表态就发生在对"目的论的—批判的方法"的批判中。无论是着眼于费希特与康德的思想关联还是费希特对洛采的影响抑或费希特对新康德主义的烙印,这一现象都绝非偶然。

按此前考察,海德格尔的"康德阐释"在1914年已经发生重要变化,亦即已经承认了康德哲学的"批判实在论"立场(参见本书第三章第一节),因此1919年的这种批判发生在一种日益成熟的"批判实在论"的问题语境中,此时的海德格尔因而首要地是着眼于这种问题语境来定位费希特哲学,他特意用两段话来给出这种定位,其中已经透露出一种对费希特哲学之极限性的预先思考:

一方面,海德格尔指出:"费希特推进了康德的批判思想,首次把目的论方法认作知识论的也即哲学的方法。直观与思想的形式、

---

① 参见海德格尔:《论哲学的规定》,第 32 页。
② 参见海德格尔:《论哲学的规定》,第 57 页。
③ 参见海德格尔:《论哲学的规定》,第 48 页。
④ 参见海德格尔:《论哲学的规定》,第 57 页。

知性的公理和基本定律、理性的观念，康德力图证明所有这些乃是进行认识活动的意识的可能性条件（在形而上学的和先验的演绎中）；而费希特则首次尝试根据一个统一的原则，以一种统一的和严格的方法把它们系统地推导出来，而且把它们当作为理想本身之目的所要求的必然的理性行动的体系。理性能够而且可以仅仅根据自身而得到把握；理性的规律和规范是不能从一个外在于它自身的联系中被推演出来的。自我乃是自我性的本原行动，它应当是积极活动的。它的目的是应当。在行为中，自我为自己设定一个边界，但只是为了能够再次扬弃之。应当乃是存在的基础。"①（表态 A）

表态 A 的实质含义可概括为：费希特推进了康德的批判实在论思想，亦即以特有方式逼近本源关联之思，这种特有方式实质上就是"解构性奠基"（参见本书第二章第二节），这是费希特"自我理论"和"本原行动"概念的实质意谓，只不过海德格尔此时在《哲学观念》中还没有明确阐明这一点，它将在 1929 年的德国观念论讲座（GA 28）中得到充分解释。②

另一方面，海德格尔写道："费希特固然以最激进的方式制订了目的论思想，并且力求在理性本身中寻找理性的目的，认为这个目的是在绝对的自身知识和自身审视中给出自己的，但他同时也相信，从纯粹演绎（也即对所设定界限的不断重新扬弃）的这样一种质朴而简单的原始行为中，可以推导出性质上不同的理性作用的杂多性和多样性。他的目的论方法突变为一种构成的辩证法了。费

---

① 参见海德格尔：《论哲学的规定》，第 41 页。
② 参见海德格尔：《德国观念论与当前哲学的困境》，第 70—73 页。

希特忽视了一点，即目的论方法需要一个实质性的、质料性的引线，理性的目的就在其中实现自己，理性行动本身应当在其中找到其普遍的特征。这种质料，即经验心理的联系，虽然提供出思想方式和规范的内容规定性，但并没有论证它们的有效性。它可以说只是一个动因和动力，好让人们找到它们——它们是以目的论方式得到论证的。"①（表态 B）

　　表态 B 的实质含义可概括为：然而费希特仍有其严重限度，他错误地评估了康德哲学的经验主义，还没有真正理解康德为何如此重视感性事实，也就是说，费希特虽然把握住了康德"批判实在论"的旨趣（批判实在论是一种本源关联之思），但却忽视了"批判实在论"的本质机制（按照这种机制，质料之被给予性和存在之实在性的关系需要得到深思，"存在"不能沦为参与构成绝对主体之辩证法的"存在"），费希特未能看出，"提供质料的地基设置"乃是批判实在论之"批判的—目的论方法"的本真结构环节。② 这就是海德格尔上述语句"费希特忽视了一点，即目的论方法需要一个实质性的、质料性的引线，理性的目的就在其中实现自己，理性行动本身应当在其中找到其普遍的特征"的真正意谓。这层意思也同样会在1929 年德国观念论讲座中得到更充分的阐释。③

　　总而言之，《哲学观念》中的这两种表态合作构成了早期海德格尔对费希特哲学之"极限性"的预先思考：一方面，海德格尔看出，费希特的自我理论绝非主体哲学的单纯固化，而是一种特有的"解构

---

①　参见海德格尔：《论哲学的规定》，第 41—42 页。

②　参见海德格尔：《论哲学的规定》，第 45 页。

③　参见海德格尔：《德国观念论与当前哲学的困境》，第 156—157 页。

性奠基"之思，它以更加明确的方式在旨趣层面推进了康德的"批判实在论"，表态 A 因而是对费希特哲学之"至极性"的指示；另一方面，海德格尔指出，费希特的自我理论忽视了批判实在论的本真构成机制，忽视了"质料之预先给予"的重要性，以至于"他的目的论方法突变为一种构成的辩证法"[1]，最终仍然困窘在主体性哲学的限度中不可自拔，表态 B 因而就是对费希特哲学之"限度性"的分析。

　　1919 年"费希特阐释"的这种极限性之思，一方面指向了未来进程，它预示并贯彻了海德格尔此后对德国古典哲学之整体评判的执行思路，另一方面它又堪称对海德格尔 1912—1918 年间的"康德阐释"和"黑格尔阐释"的一种总结，在后者尤其是早期海德格尔的"黑格尔阐释"中我们已经看到了这种极限性之思的萌芽（参见本书第三章第三节），但还没有看到在 1919 年讲座中如此明确的亮相。1919 年"费希特阐释"的极限性之思因而就具有一种值得关注的特殊位置。但对这种位置之特性的揭示还离不开对它所归属之领域的考察，为了阐明此间的实际情形，尤其是为了阐明海德格尔视野中费希特与洛采哲学以及新康德主义的关系，我们还需要回到 1919 年诸讲座的问题语境中做进一步澄清。

　　就《哲学观念》的问题语境来看，通过对"目的论的—批判的方法"的批判，海德格尔给出了对新康德主义乃至新康德主义背后的费希特哲学之"极限性"的双重解释：一方面要指示其伟大——这种哲学作为一种"解构性奠基"之思，已经以特有方式预感或先思了"人与存在之关联"；另一方面要揭示其限度——这种哲学归

---

　　[1]　参见海德格尔：《论哲学的规定》，第 45 页。

根结底仍是理论性的，而真正的世界体验（人与存在之关联）的运作不是理论性的，而是"解释学直观"的，亦即"形式显示"的。

《哲学观念》整个考察工作的结论因而是：理论之物是脱弃生命的东西，本身是派生的东西①，必定有一门真正的源始科学，理论之物就是从这门科学中获得其起源的。②海德格尔由此就推进到第三个层次，最终申明了本己思想的任务：我们要超出和离开我们自己通常所处的理论之物，"成功地跳入另一个世界，**或者更确切地讲，竟是首次真正进入这个世界之中**"③，并且"必须在方法论上让自己留在后一领域中"④。这"另一个世界"就是源始科学所标志的领域，亦即致力于本源关联（人与存在之关联）的领域。

从上述三个层次所构成的整体来看，海德格尔对新康德主义之极限性的思考，乃是源出于"存在之区分"（存在论差异）和"存在之关联"（解构性奠基）的问题语境。由此而来，并且结合此前考察成果（参见本书第一章和第二章），我们已经可以看出，为海德格尔启示这种问题语境的洛采哲学，乃是海德格尔对新康德主义做出极限性定位的制高点和基准点。

洛采哲学本身并不可被归为新康德主义，但新康德主义却从洛采哲学中受益甚巨。海德格尔因而就面临着一个问题：新康德主义尤其是新康德主义西南学派是否真正理解了洛采哲学的真正意义，而且洛采哲学与费希特哲学的关系又该如何理解？此问题在《哲学

---

① 参见海德格尔：《论哲学的规定》，第108页。
② 参见海德格尔：《论哲学的规定》，第109页。
③ 参见海德格尔：《论哲学的规定》，第71页。
④ 参见海德格尔：《论哲学的规定》，第3页。

观念》中并未明提，但却在《价值哲学》中被明确提出并予以解答。

战时补救学期讲座《哲学观念》作于 1919 年 1 月 25 日至 4 月 16 日，同年夏季学期讲座《价值哲学》是紧接着讲授的课程（夏季学期开始于 4 月 26 日）。二者不仅在时间上紧密连接，而且在布局上也密切相关。在某种意义上，我们可以把《价值哲学》视为《哲学观念》第一部分第二章的扩充版和详尽阐释版。如前所述，《哲学观念》的基本洞见和基本结论是：我们必须辨识出派生关联（人与存在者之关联）和本源关联（人与存在之关联）的差异性，并且必须告别派生关联以转入本源关联，但另一方面，这条转变之路又必须从派生关联中启动，没有在派生关联中的扎根，这种转化性的告别亦不可能。对派生关联的告别并不意味着对它的单纯弃绝，而是要对它进行承认着的告别。因此，虽然《哲学观念》在结尾处已经为自己指明了接下来的任务乃是进一步追问这种源始科学的真相，追问这种"解释学直观"（"形式显示"之先名）的真义，但海德格尔在接下来的第一个讲座即《价值哲学》中却是以退为进，再次努力澄清传统哲学之极限（新康德主义的先验价值哲学）与源始科学（现象学）的内在关联，而且相较于此前的工作，这一工作更加深入细致。

按学界的一般理解，新康德主义运动由两方面构成，一方面是柯亨（Hermann Cohen, 1842—1918）和那托普（Paul Natorp, 1854—1924）（马堡学派），另一方面是文德尔班及其弟子（西南学派）。[①] 海德格尔在《价值哲学》中也持有这种观察立场，"当人们

---

① Hans-Georg Gadamer, *Gesammelte Werke, Band 3, Neuere Philosophie I*, S. 395.

今天谈到新康德主义运动时，想到的首先是由柯亨和文德尔班发起的对康德哲学的两种复兴运动"①。关于这两个学派之间的关系，海德格尔的看法是：柯亨 1871 年发表的《康德的经验理论》"重新发现了先验方法"，"重新发现了康德《纯粹理性批判》的本真意义"②，对新康德主义是奠基性的，有方向指明之功，文德尔班也深受其影响③，柯亨给出了先验方法，认识奠基之"如何"的方式，文德尔班则描述了奠基之物、先天之物的"什么"在质方面的特征，"以此进一步地贯彻了柯亨的思想"④；但另一方面，海德格尔也强调，文德尔班之加入这种复兴运动，也有其"独立性"，因为"文德尔班是在洛采的直接影响下为先验方法赋予了一种新的形式"⑤，"他解释康德的动机和主旨是从洛采那里获得的"⑥，甚至洛采也只是中介，"它们最初源自费希特，**费希特的思想连同整个德国观念论尤其对洛采的早期思想产生了强烈影响。因此不难理解，为什么费希特会在先验价值哲学中扮演了决定性的角色，以至于简直可以将先验价值哲学说成是新费希特主义**"⑦。

费希特之所以产生这种影响，是由于"费希特把批判意义上的

---

① 海德格尔：《论哲学的规定》，第 157 页。

② 参见海德格尔：《论哲学的规定》，第 156 页。另参见海德格尔更早之前在教授资格论文中的表态："马堡学派的本源逻辑为正确理解康德所需要的那种开路工作做出了持久贡献。"（海德格尔：《早期著作》，第 63 页）

③ 海德格尔：《论哲学的规定》，第 155 页。

④ 海德格尔：《论哲学的规定》，第 159 页。

⑤ 海德格尔：《论哲学的规定》，第 157 页。

⑥ 海德格尔：《论哲学的规定》，第 157 页。

⑦ 海德格尔：《论哲学的规定》，第 157 页。

理论理性做了本质上是实践的解释"①，把具有优先性的实践理性视为"感知着价值的"理性。②洛采接受了这一学说，它成为"现代价值哲学发展的决定性动力"③。更具体地讲，这一学说意味着，"实践理性是优先的，理论性的、科学的思想奠基在实践性的意求真理的信念和意志中——这种学说变成了价值哲学在哲学上的基础信念，并且相应于其整个的发展进程发生了变式修改，而且在学术上得到了更精确的表达"。海德格尔紧接着写道，这种对费希特学说的"更精确的表达"，正是被洛采启动的，"洛采在其第一部《逻辑学》（1843）中极为犀利地指出：'确切无疑的是，最终的、事实上的必然性只能被归因于那种东西，即那种由于它的价值（它对道德精神而言的价值）之故而要求一种绝对的肯定并能予以承受的东西，同样确切无疑的是，这必须被视为哲学的终极目标，即：就连逻辑的形式和其法则也不能被理解为精神的单纯在事实上现成的自然必然性，而应被理解为这样一些现象，它们源出于另一种更高的根源，并且将它们的必然性在本质意义上归功于这一根源'"。④

洛采所主张的这种对"派生东西"与"本源东西"的区分（海德格尔《哲学观念》的基本思路与之有高度的同构性）以一种有所变化的方式被文德尔班所继承，后者把实践理性视为一切原则之原则⑤，并由此把康德哲学的主旨理解为"就算对理论真理也要强调

---

① 海德格尔:《论哲学的规定》，第154页。
② 海德格尔:《论哲学的规定》，第157页。
③ 海德格尔:《论哲学的规定》，第154页。
④ 海德格尔:《论哲学的规定》，第158页。
⑤ 海德格尔:《论哲学的规定》，第158页。

其价值特征"①。从海德格尔的角度来看,也正是在这一点上同时呈现出了新康德主义价值哲学的伟大与限度。

所谓伟大是指,当价值哲学认识到"就算对理论真理也要强调其价值特征",事实上已经逼近了对派生关联与本源关联之区分的洞见,或者说,已经是从对"存在论差异"的某种觉察中启动的,已经预感到或预思了一种从派生关联转入本源关联的必要性。

所谓限度是指,当价值哲学把这种本源关联仅仅理解为价值,文德尔班等人就还没有完全理解洛采"有效性"思想的真正意义与丰富可能性。仅仅把暗示着存在论差异的"有效性"(Geltung)解读为"价值",就会使得价值哲学成为一种文化哲学且固执在其中而不自知,最终使得价值哲学沦为它本应去克服的对象。

在《价值哲学》第一章中,海德格尔以复杂的笔触描绘了这一悖论性的情形:新近哲学之标志是世界观哲学,其核心概念即文化概念,文化概念有两种含义因素,其一是"历史意识",其二是"科学成就",它们会间接或直接地导致自然主义的统治地位。一方面,"历史经验的意识把握了历史世界的发展、动因、目的论构型和成就。受这一意识激励的时代在朝向现实本身,朝向真实存在的前驱作用中看到自己的生活目标。它在一切认识方式和实践形态中的支配地位一时间让所有先验哲学的幻想都失去了市场"②。另一方面,"伴随着发展历史意识——文化概念的第一个因素——的动因,同时出现了它的第二个因素:朝向经验实践生活领域内的特殊

---

① 海德格尔:《论哲学的规定》,第 160 页。
② 海德格尔:《论哲学的规定》,第 151 页。

成就的现代生活方向，广义上的技术发展。哲学思辨的死亡，形而上学建构的退却强化了经验科学、数学以及生物学的热情。……只要这个时代身陷自然主义之中，它就不会发觉任何不妥之处"①。

在海德格尔看来，由"历史意识"和"科学成就"间接或直接地导致的自然主义，实质上意味着"对精神的绝对物化，把一切存在都还原为有形的、物质性的和事物性的事件，还原为物质和力以及对每一种原则性的沉思的拒绝"②，也就是说，自然主义乃是对存在与存在者之区分的根本遗忘。

面对自然主义的统治地位，海德格尔指出，正是洛采做出了"原则性的克服"③。洛采看出自然主义对精神的绝对物化乃是一种原则性的错误，凭借着"有效性"思想，洛采"发现一个非经验的、非自然存在性的、非经验式的领域，发现一个非感性的世界，这个世界虽然拥有着一切非感性，但却避免了旧形而上学的那种糟糕的、夸张的、根本上同样是自然主义式的超感性"④。这事实上意味着觉察"存在论差异"的历史性契机出现了。这个契机被海德格尔明确地归功于洛采："下述事情奠基于精神史的处境中：一种源始的、根本的哲学问题机制很难自行释放，它所赢得的只是逐步的精神性的冲击力。那个把这种释放体验为必然之释放并试图让这种释放运作起来的哲学家，就是赫尔曼·洛采。"⑤

---

① 海德格尔：《论哲学的规定》，第 151—152 页。
② 海德格尔：《论哲学的规定》，第 152 页。
③ 海德格尔：《论哲学的规定》，第 154 页。
④ 海德格尔：《论哲学的规定》，第 153 页。
⑤ 海德格尔：《论哲学的规定》，第 152 页。

在此意义上，当价值哲学把洛采的"有效性"思想进一步地解读为价值哲学，他们就已经运作在一个去觉察"存在论差异"的历史性契机中，但当他们**仅仅**把"有效性"思想固化为价值哲学，他们就没有完全理解这种思想和这种契机的真正意义，最终只是使价值哲学成了"当代的文化哲学"①，并通过文化概念所固有的那两种含义因素（"历史意识"与"科学成就"）而使得自身成为自身本应予以克服的对象，亦即，价值哲学恰恰构成了对存在论差异之遗忘的加剧。就这种悖论性而言，对这个阶段的海德格尔而言，新康德主义的价值哲学的确堪称传统哲学之界限（极限）。就此而论，洛采哲学显然构成了海德格尔对新康德主义之极限性批判的基准点。

不仅如此，1919 年的海德格尔指出，洛采还有更为重要的功绩，在自然主义的统治中，正是洛采辨识出了德国观念论真正伟大的和急需得到传承的东西，在实质意义上给出了对德国观念论之极限性评判的基准点。

海德格尔在《价值哲学》中对此有非常复杂、不易明见的表述，其中心旨意和行文逻辑可概括为："历史意识"虽然间接地导致了自然主义，但"历史意识"本身的意义却需要与上述效果区分开来，因为"历史意识"本身代表着一种关键思想的兴起。历史意识首先是在与启蒙的对抗中出现的。启蒙以普遍一般性为原则，"启蒙首次以原则上的清晰性提出了普遍历史的观念。……启蒙历史观把一切历史事件消解在概念关联、原因与意图、概念上清晰的目标设定之中，不是将作为历史事件之统一的个人看作个体，而是看作种属的

---

① 海德格尔：《论哲学的规定》，第 145 页。

个例、看作历史的原子"；对于启蒙历史观的弊端，康德已经有所反思，并由此"处于启蒙和德国观念论的交界处"。但决定性的拐点却是赫尔德，赫尔德在哈曼的影响下"首先认识到每个民族、每个时代、每个历史现象本身都有其独立的本己价值……朝向个别的、在质的方面本源性的作用中心和作用关联的目光觉醒了，本己性范畴变得充满了意义"，受赫尔德影响，施莱格尔等人继续推进了对个体性意义的思考；施莱尔马赫也处在这一阵营中，他尤其对黑格尔产生了深远影响，"施莱尔马赫第一次看到了共同体和共同体生活的本己存在和本己价值，以及基督教共同意识的本己之处，他发现了源始基督教，并以一种决定性的方式影响了青年黑格尔关于宗教史的作品，而且间接地影响了黑格尔那完全特别的哲学体系，在其中，德意志运动的诸决定性观念汇聚顶点"。从对个体化原则的重视而来，德国观念论构成了对启蒙最融贯和最深刻的完成，"在某种程度上已经是对启蒙的克服"，"一切哲学问题机制的重心都移置到意识之中，主体性之中，先验统觉的、理论理性的、实践理性的以及判断力的自我之中了，这种移置推动了费希特和谢林的自我形而上学。在其个体化的多样性和特性中的历史现在是从主体的创造性的本原行动（Tathandlung）而来被看到的——人格的自身价值。历史的发展乃是意识和精神之历史的发展。精神之发展的源初步伐应在这些历史自身中被发现。精神之发展动机和发展阶段（现象学）的理念和理性之历史辩证法的理念觉醒了。黑格尔的所谓的泛逻辑主义源出于历史意识，而绝非是对理论之物的单纯且彻底的理论化活动的一种后果"。海德格尔进而指出，德国观念论的历史意识之思间接推动了经验性的历史学研究，并且通过诸多历史学家的努力，

"经验的统治获得了优先性……哲学上的观念关联和基本建构的解释力消退了"，最终以间接方式导致自然主义的兴起。①

海德格尔视野中的"历史意识"因而出现了本真所思与外在效果的差异。虽未明言，但按上述分析，并结合此前考察，"历史意识"的这种本真所思就是"解构性奠基"（参见本书第二章第二节）。这是德国观念论所沉积的真正财富，海德格尔认为，正是洛采真正看出了这一点，而且是在自然主义取得支配地位的时代做出了这一关键辨识。② 洛采的贡献因而就是双重的，其一，对自然主义的原则性克服（通向"存在论差异"）；其二，对德国观念论之"解构性奠基"思想的传承（通向"人与存在之关联"）。

对洛采的这一双重贡献（双重任务），海德格尔在行文措辞中予以明确承认："洛采通过其对作为价值问题的中心哲学问题的解释，亦即通过在一种目的论语境中对此问题的最终阐释，取得了对自然主义的克服，并同时赢得了对德国观念论之倾向的有所变化的继续推进。……他的这两种任务可以在他的开端性著作中找到（尤其是在《微观宇宙》中和第一批作品中）。尽管洛采在认识论问题上看得并不犀利而且他所接受的教育的自然科学基础持续地影响着他，但他仍然由于他的德意志运动之来源而对先验之先天的发问保持着开放的理解力。他从费希特那里接受过来的关于实践理性（作为"感受着价值的"理性）之优先性的学说，成为现代价值哲学之发展的决定性动机。在这当中，洛采在 19 世纪中的精神史位置同时得

---

① 参见海德格尔：《论哲学的规定》，第 148—151 页。
② 参见海德格尔：《论哲学的规定》，第 152 页。

到了最简明扼要的表达：保持与德国观念论的连续性和与德国观念论的关联，同时对思辨观念论予以批判性的弯转。"①

按这一表态，洛采的双重贡献也就决定了他在 19 世纪精神史上的特有的"中间位置"：其一，传承了德国观念论的真正财富（解构性奠基），重新激活"人与存在之关联"之思想；其二，对德国观念论的局限性予以批判，即对间接导致自然主义之统治地位的思辨观念论予以批判性的转变。

这后一点需要特别加以解释。思辨观念论以黑格尔为代表和极点，其核心主张即"思想与存在是同一的"。洛采对思辨观念论的批判受到洛采导师魏瑟和费希特之子小费希特的影响。魏瑟和小费希特从后期费希特哲学出发，创立了一种"思辨—神论"②，他们批评黑格尔的思辨观念论混同了理性东西和实在东西，主张我们应坚持后期谢林的立场即谢林对绝对观念论的批评，亦即认为我们有必要区分实在东西和理性东西。魏瑟和小费希特的这种批判立场对洛采的"有效性"思想产生了深刻影响。

所谓"对思辨观念论予以批判性的弯转"因而就是指对德国观念论（这里尤其是指早期费希特、早期谢林、黑格尔）之限度的批

---

① 海德格尔：《论哲学的规定》，第 153—154 页。

② 思辨—神论（Speculative Theism），1830 年在德国兴起的思想流派，反对黑格尔的泛神论观念论，主张恢复"个人之神"，且以对心理学主义的反对著称于哲学史，代表人物有小费希特（Immanuel Hermann Fichte）、魏瑟、乌尔里奇（Ulrici）等。魏瑟与小费希特曾长期通信交流思想，并和乌尔里奇一道在 1852 年后加入了小费希特所办杂志的编辑工作。小费希特是基于晚年费希特的思想（小费希特认为其父晚年的思想是一神论的）来反对黑格尔，并且持一概反对的立场；魏瑟也反对黑格尔的泛神论观念论，但认为黑格尔的结构整体上是好的，只是其不完善性需要避免。参见德文维基百科"Speculative Theism"词条和"Immanuel Hermann Fichte"词条。

判，此批判着力于对德国观念论的自然主义倾向的克服，实质上是对"存在论差异"之思的重新激活，并且有鉴于"存在论差异"本就是"解构性奠基"（人与存在之关联）的关键构成要素，洛采对思辨观念论的这种批判就不是一种摧毁式的克服，而是着眼于德国观念论之真正财富而使德国观念论恢复本源真相的"批判性的弯转"。

从对洛采之双重贡献（"存在论差异"与"人与存在之关联"）的辨识与承认而来，海德格尔已经看出洛采处在一种特有的"中间位置"上（这种定位贯彻了海德格尔对洛采的整体评价，参见本书第一章第二节），洛采的工作因而本身就是一种对德国观念论之极限性的批判工作，它在1919年已明显构成了海德格尔对传统哲学之极限性评判的基准点，甚至在海德格尔更早之前的"黑格尔阐释"中，我们已经看到了这种极限性评判的一种萌芽：海德格尔一方面在1912年"实在性论文"中对黑格尔哲学的限度予以批评[1]，另一方面又在1914—1916年的教授资格论文中对黑格尔哲学的伟大予以称赞。这种萌芽已经处在洛采之影响中，而且只有基于对海德格尔视野中洛采之双重贡献的分析，看似冲突的诸现象的统一性才能得到洞见。反过来说，从海德格尔1919年讲座对洛采之双重贡献的明确承认来看，早期海德格尔的那种独特的"黑格尔阐释"已足以作为事实依据证明洛采对海德格尔思想的决定性影响。

---

[1] 海德格尔："在康德之后紧接着出现的哲学——它伴随着黑格尔的过度夸张的观念论而登峰造极——愈发地远离了实在性，远离了对实在性之设定和规定的理解，这一事实是相当清楚了。伴随着黑格尔哲学的衰落，具体科学都坚决地从这种哲学的监护中摆脱了出来，并且威胁着要把这种哲学完全给镇压掉（人们只需关注一下在实证主义中哲学的那种尴尬处境和不自主的任务），这时，人们就在'回到康德去'的这种返回中看到了唯一的拯救。"（海德格尔：《早期著作》，第4页）

综上所述，按照海德格尔在《价值哲学》中对洛采之双重贡献的表态，洛采哲学不仅构成了海德格尔对新康德主义（先验价值哲学）之极限性评判的基准点，而且也构成了海德格尔对德国观念论之极限性评判的基准点。对海德格尔而言，这两个基准点之间的关系在于，洛采以其对德国观念论的批判式继承所敞显的深远意义，并没有被新康德主义（先验价值哲学）完全理解，换言之，洛采对自然主义的克服虽然是"价值问题的开端"①，但这种开端的纵深远景绝不仅限于价值哲学。由此我们就可以看清海德格尔下述断言的根本意蕴了："以有效（Gelten）一词（它在当代哲学中扮演着重要的作用）**真正所指的意思，迄今还没有被发现**。这是一个纠结不堪的难题，而之所以纠结，是因为人们自始就把它与价值现象联系在一起了。……对于有效性难题的清理来说，决定性的是使之避开价值现象。"②一言概之，洛采之意义需要予以重估。

在阐释了上述两种极限性评判的基准点之后，费希特在早期海德格尔视野中的那种特殊而复杂的位置也随之得到阐明了：1. 海德格尔在整体上是基于对洛采之双重贡献（双重任务）的辨识而实行了对包括费希特在内的德国观念论之极限性的评判；2. 但洛采的双重贡献（双重任务）又深受后期费希特之影响，这指的是，洛采对自然主义的原则性克服（区分本源东西和派生东西）受益于费希特把实践理性视为一切原则之原则的根本立场；3. 费希特的特殊位置因而最终可概括为，费希特以洛采为中介向海德格尔启示了一条从德

---

① 海德格尔：《论哲学的规定》，第 152 页。
② 海德格尔：《论哲学的规定》，第 55 页。

国观念论而来观察德国观念论之极限性的道路。[①]

从海德格尔的立场来看，只有通过这种沉思传统之极限性的道路，我们才有可能"首次跃入一个全新的世界"[②]。这一路径策略在 1919 年讲座中是被明确地实行的，在 1929 年夏季学期讲座《德国观念论（费希特、谢林、黑格尔）与当前哲学问题处境》中，海德格尔再次实行了这一路径策略，但却更为成熟而且显示出更大的气象。由此我们已可理解，海德格尔所谓的"世界之开显"和"世界再次向我开显"意味着什么。这种意义上的世界之开显，与极限性定位的实行，与本源关联领域的可通达性问题，都密不可分，因为若不对传统思想的极限性做出勘测，一种根本的转变，或者说，向本源关联领域的转入，就仍是明晦不定的甚至是悬疑的。我们由此就回答了本章开头所提出的第一个问题，早期海德格尔通过其"费希特阐释"所看到的世界，意指这样一条路径的呈现：通过对传统哲学之极限性的沉思，通向一种转变之思的本真领域。

第二节　对费希特哲学的再次评判

从上节考察工作可以看出，由于洛采哲学特有的"中间位置"，费希特哲学对于海德格尔的"德国古典哲学阐释"乃至海德格尔思想的开端机制都产生了重要而且深远的影响。然而，在 1919 年讲座对此做出解释之后，此后十年之内，除了在 1927 年夏季学期讲

---

　　① 海德格尔此后为寻求谢林哲学之定位而走上的道路与此路径类似。参见本书第八章。

　　② 参见海德格尔：《论哲学的规定》，第 71 页。

座《现象学基本问题》中略做提示，海德格尔都没有对费希特哲学做出正面阐释。只是在1929年夏季学期讲座《德国观念论（费希特、谢林、黑格尔）与当前哲学问题处境》（以下简称《问题处境》）中，海德格尔才正式对费希特哲学做出了一种再次评判，而且是对费希特哲学的一次罕见的大规模阐释。

不同于首次评判工作中的简略与克制，1929年的这次评判工作是以精心准备的语境阐释为先导的。《问题处境》的正文分为两个部分，其内容已通过各自标题得到概括：第一部分被冠名为"揭示当前的哲学基本倾向"；第二部分则被命名为"与德国观念论的争辩"，具体又分为对费希特哲学、早期谢林哲学以及黑格尔哲学的阐释，其中尤以"费希特阐释"为重，其篇幅远远超越另外两种阐释的篇幅之和。

从文本来看，第一部分和第二部分的定位都是非常明确的。第一部分的使命就在于给出整个讲座的问题语境，揭示考察工作所要依循的"问题机制"，第二部分则是要依此"问题机制"展开与德国观念论的争辩。[①]海德格尔为此写道：当前有两种哲学基本倾向，其一是人类学，其二是形而上学，前者追问"人是什么"，后者追问"存在者一般而言和整体而言是什么"。这两种倾向绝非孤立存在，海德格尔强调应去把握这两种基本倾向的内在关联，唯有如此，我们才有可能"看到费希特、黑格尔以及谢林的目标和道路"。这就是第一部分的任务。在此任务完成之后，第二部分的任务才得以成立。[②]

此讲座反复提及的"问题机制"（Problematik）有着确定含义，

---

① 参见海德格尔：《德国观念论与当前哲学的困境》，第296页。

② 参见海德格尔：《德国观念论与当前哲学的困境》，第15页。

它实指"基础问题"亦即"人与存在之关联"问题。① 从实质指向来看，构建着问题机制的第一种基本倾向是人之问题，第二种基本倾向是存在之问题，二者处于"本质性关联中"②，它们共同构成了基础问题。③ 按海德格尔的另一种更为明确的解释即："存在之领会——人之有限性；在［内在相关的两种哲学基本倾向中的］这一视向中对人进行的追问。如此就有了对问题的彻底化，不是对古代哲学的一种观点的采纳，而是一种自成一体的基础问题机制（Grundproblematik）：在对人之此在的有限性的追问中，对存在本身的追问乃是奠基性的。并非随随便便的对人和生命的追问，而是被基础问题所主导的追问。"④ 海德格尔的表态因而意味着，**要以"基础问题"为主脉与德国观念论进行争辩**。这就是《问题处境》的基本语境。海德格尔在讲座中也反复申明了这一点。⑤

在看清这一基本语境之后，讲座第二部分着重实施的"费希特阐释"的内在脉络也就昭然若揭了。在 1929 年的这个讲座中，海德格尔坚决地以"基础问题"（人与存在之关联）为主脉来阐释费希特哲学，并且力图揭示出费希特哲学的极限性。这一思路与 1919 年讲座中的思路在大体上是一致的，唯有着眼于此，我们才能走向一种根本理解，即海德格尔为何会在 1929 年有"**一个世界再次向我开显了**"⑥ 之感叹。

① 参见海德格尔：《德国观念论与当前哲学的困境》，第 296 页。
② 参见海德格尔：《德国观念论与当前哲学的困境》，第 296 页。
③ 参见海德格尔：《德国观念论与当前哲学的困境》，第 298 页。
④ 海德格尔：《德国观念论与当前哲学的困境》，第 169 页。
⑤ 海德格尔：《德国观念论与当前哲学的困境》，第 28 页。
⑥ Heidegger/Jaspers, *Briefwechsel 1920–1963*, S. 123.

　　但就规模和细节而论，海德格尔 1929 年的"费希特阐释"又远非其 1919 年的"费希特阐释"可比。1929 年的"费希特阐释"达成了令人瞩目的论述规模与思辨深度，费希特知识学的诸原理在此得到了极为详细的探讨。海德格尔由此明确了他 1929 年的"费希特阐释"的基本路径：从费希特 1794 年的《全部知识学的基础》这部著作出发获取对"问题机制"亦即"形而上学基础问题"的某种理解（海德格尔认为，**唯有 1794 年版知识学才可使人看到费希特对形而上学基础问题的思考**）①。

　　而为了在第二部分"与德国观念论的争辩"中阐明费希特哲学的历史性位置，显然有必要重申德国观念论的奠基之处即康德哲学的位置。对于二者之间的关系，海德格尔一直有着较清醒的认识："着眼于康德来看费希特那里的开端。整个德国观念论的问题机制都不是源始的，无论是就存在问题而言还是就此在之形而上学而言，都不是源始的。"② 海德格尔因而在第一部分向第二部分的过渡中重新解释了"康德对形而上学的奠基"，以此突显了康德在哲学史上的关键位置："形而上学问题就可能性而言已经存在于古代了，但并未被提出来。这是通过康德才首次发生。"③ 这种意义上的形而

---

　　①　海德格尔："恰恰是在 1794 年这个版本中，才能看到处于传统形式下的形而上学的问题机制。"（海德格尔：《德国观念论与当前哲学的困境》，第 299 页）对海德格尔的这一立场，我们还应对照参见下述事情：按照理查德森整理的海德格尔课程目录（此目录曾经海德格尔亲自审核），海德格尔在 1916/1917 年冬季学期就已讲授了一门关于费希特 1794 年知识学的讲座课（参见本章第一节注释）。费希特哲学在海德格尔思想开端进程中的作用是应该得到深思的。

　　②　海德格尔：《德国观念论与当前哲学的困境》，第 103 页。

　　③　海德格尔：《德国观念论与当前哲学的困境》，第 45—46 页。

上学问题是被康德首次提出的 [①]，它被海德格尔称作"新的巨人们与诸神的战争（Neue Gigantomachie）" [②]，实际指示着"人与存在之关联"问题；形而上学与人类学有关，甚至是回溯到这种作为哲学人类学的人类学之上了 [③]；如此，康德所首次提出的形而上学问题，实即人类学与形而上学这两大倾向的内在关联，换言之，康德的决定性贡献在于，他在哲学史上首次提出了"解构性奠基"的问题机制（"集中全力追问人之本质，并把形而上学的基础问题嵌入这个问题" [④]），亦即首次提出了形而上学视野中的"人与存在之关联"问题，虽然这一问题机制在古代就已经潜在了。

按照对康德哲学的这一定位，海德格尔对费希特哲学的勘测工作也就得到了大致定向，但细节之处仍需要进一步追究，因为费希特哲学虽然深深植根于康德哲学，但仍有其特别之处需要深思。**在此问题上，海德格尔的基本立场是：费希特所开启的德国观念论对康德首次提出的"基础问题"做出了本质性变化，而且这一点只有从费希特、谢林、黑格尔这三位哲学家的统一方面来看才能达到充分的理解。** [⑤] 要理解海德格尔这一基本立场，关键显然在于阐明所谓的"本质性变化"究竟是什么意思。按照海德格尔的上述提示以及具体文本，这种"本质性变化"事实上包含着两方面的含义："深化"和"变异"。以下将逐一分析。

---

① 海德格尔：《德国观念论与当前哲学的困境》，第 65 页。
② 海德格尔：《德国观念论与当前哲学的困境》，第 65 页。对此术语的详细解释参见本书"导论"第三节的一个脚注。
③ 海德格尔：《德国观念论与当前哲学的困境》，第 47—48 页。
④ 海德格尔：《德国观念论与当前哲学的困境》，第 49 页。
⑤ 参见海德格尔：《德国观念论与当前哲学的困境》，第 66 页。

一、关于"深化"。海德格尔认为，费希特哲学对康德哲学构成了一种深化，这种深化显现为对康德首次提出的"基础问题"的明确化，但这种"明确化"绝非轻而易举、按部就班的推进，其背后隐藏着费希特对康德哲学之宗旨的独到领会以及对康德哲学之前景的本己判断。海德格尔因而强调指出，费希特哲学不是从康德那里推演出来的东西，也不是从康德主义者的讨论中推演出来的东西，而是从康德所首次提出并先行预思的形而上学基础问题中跳跃而出的，"这种跳跃不再是未做准备的"，而是"作为知识学的形而上学的问题"。①从康德哲学到德国观念论的"本质性变化"因而意味着，费希特对"形而上学基础问题"有更明确的准备和预思，而且这种明确化本身已经是某种深化。

首先，费希特的这种深化工作体现在"体系问题"上，而要看清这一点，诚如海德格尔所提示的那样，需要从整个德国观念论的统一性来入手。海德格尔在1929年的讲座中写道，德国观念论的辩证法问题和体系问题"不是哲学之单纯形式的问题，而是指示着一种在内容上有十分明确之开端的问题机制"②。换言之，德国观念论的"体系问题"指示着"人与存在之关联"问题，而且意味着对此问题做出了较之康德哲学更为明确的思考。海德格尔在其他文本中也有类似表态："康德在'方法论'中谈到了体系。然而只是从费希特开始，体系才变得可能；黑格尔本人则给予这种可能性以最高的完满性。又因为谢林在其晚年再次出离于体系，以至于在哲学中，

---

① 参见海德格尔：《德国观念论与当前哲学的困境》，第66页。
② 海德格尔：《德国观念论与当前哲学的困境》，第65页。

没有其他人比费希特和黑格尔更配得上严格意义的体系概念。"① 正是在此意义上，费希特的深化工作被海德格尔概括为："费希特乃是一条道路，他让问题机制变得犀利了，这指的是，一种问题的可能性现在变得具体了，在这一点上它有别于在康德和其他人那里的问题可能性。"②

其次，费希特的深化工作也体现在"解构性奠基"思想的深化。对这一点的揭示和论述，构成了海德格尔对费希特知识学诸原理展开详细解释的根本动力。海德格尔力图通过大量文本分析指出，费希特知识学诸原理的根本旨趣，就是"解构性奠基"。

在 1929 年讲座第一部分的考察工作中，康德的四个问题（"我能够知道什么""我应当做什么""我可以希望什么""人是什么"），着眼于其内在的逻辑秩序（"前面三个问题都与最后一个有关"）以及海德格尔的相关分析（"所说的问题仅仅在于，集中全力追问人的本质，并把形而上学的基础问题嵌入这个问题"），它们已经被定性为康德式的"解构性奠基"之思。③

费希特哲学（以及它所开启的德国观念论哲学）也传承了对"解构性奠基"的深思，海德格尔在 1919 年讲座中就看到了这一点并做了简略讨论（参见本章第一节），与之不同，1929 年的海德格尔则力图通过对知识学诸原理的思考来更加深入地阐释这一洞见。海德格尔认为，我们所要追问的"问题机制"就隐藏在知识学中。从

---

① 参见海德格尔：《讨论班》，王志宏、石磊译，北京：商务印书馆，2018 年，第360 页。

② 海德格尔：《德国观念论与当前哲学的困境》，第 120 页。

③ 参见海德格尔：《德国观念论与当前哲学的困境》，第 48—49 页。

作为出发点的事实层面来看，这种方法显然乃是一种解构的方法，而着眼于对本源关联的通达，它也可以被称作"建构"。[①] 按照这样的方法，以"本原行动"为中枢的知识学诸原理遂显示出它们的更深意味，一言概之，海德格尔对知识学诸原理的考察乃是为了考察"解构性奠基"思想在费希特知识学中的实际运作。

费希特知识学的三个最高原理是"自我设置自己本身"（同一律）、"自我设置非我"（矛盾律）、"自我在自身中设置一个可分割的非我以与一个可分割的自我相对立"（根据律）。海德格尔的考察工作也是分别对这三个最高原理所标示的三个界域来逐阶展开，而且是未曾言明地按照"连续律"来执行这一工作（关于"连续律"的实质含义，参见本章第一节对1919年讲座的分析。这一事实不仅揭示了1929年讲座与1919讲座的呼应关系，而且指示着海德格尔视野中费希特哲学与康德哲学的内在联系）。

在对**第一个原理"自我设置自己本身"**（绝对无条件的原理）的考察中，海德格尔指出，费希特知识学在此所要表达的是："自我是作为本原行动的自我性（＝形式），亦即绝对主体（＝内容）。"[②] 但"绝对主体"又是什么意思？海德格尔提醒读者，这里才是问题之关键，他也正是在这里与传统阐释分道扬镳。对费希特哲学的传统阐释在这个问题上有两种基本看法，要么是认为绝对主体等于上帝，要么是主张绝对主体等于经验性主体的最终条件。海德格尔指责这两种具有代表性的传统阐释"都误识了真正的问题"。海德格尔紧

---

① 参见海德格尔：《德国观念论与当前哲学的困境》，第72—73页。
② 海德格尔：《德国观念论与当前哲学的困境》，第86页。

接着写道，"绝对主体"所道说的是这样一种问题："a. 条件——存在、本现、我之自我性的方式；b. 与之一道被给予的'崇高者'的方式即有限者之本现（它本现在有限性中，但却并不趋于无限者）；c. 有限性及其本现。"[1] 不难看出，a 所论述的是自我之方式亦即人之本现，b 所论述的是崇高者之方式即存在之本现，c 所论述的是关联活动本身的根本性。"绝对主体"所道说的真正问题因而乃是"自我"（人）与"崇高者"（存在）的关联之问题，是它们如何从本源关联而来并通过本己之运作而归入这种本源关联的问题。

着眼于这种关联问题的语境，"绝对主体"就是"本原行动"[2] 等表述的含义也就得到了澄清："自我以绝对的方式存在，我以绝对的方式存在。我＝自我—存在（Ich-Sein）、自我性；我＝我设置；因为我是我，也就是说，因为我是'我设置'，故我绝对地存在，即与被设置之在（Gesetztsein）亦即'存在'（das Sein）一道存在并在其中存在。"[3] 因此"绝对者本身就具有自我特征"这样的核心表述，事实上就呼应着"解构性奠基"之思，即存在应在存在者层面得到奠基并通过这种奠基而与存在者一道转入二者之间的本源关联。反过来说，海德格尔对第一个原理的若干关键解释，如"自我性是对同一性（Selbigkeit）的绝对设置"[4] "自我性就意味着，以绝对方

---

[1] 海德格尔：《德国观念论与当前哲学的困境》，第 87 页。

[2] 海德格尔：《德国观念论与当前哲学的困境》，第 86 页。

[3] 海德格尔：《德国观念论与当前哲学的困境》，第 90 页。

[4] 海德格尔：《德国观念论与当前哲学的困境》，第 90 页。"Selbigkeit""同一性"，实指"存在"。此书中译本一概将其误译为"自身性"，并与"Selbstheit"（自身性）不做区分，应予提醒。

式设置自己本身＝将同一性（Selbigkeit）本身设置为自我”① “存在是在自我中被设置的，在自我之外便一无所是”② “属于自我—存在的是：同一性（Selbigkeit）”③ 等等，都是在道说人与存在的关联问题，都是在“解构性奠基”的问题机制中运作的。海德格尔在第一原理问题上的立场因而可概括为：费希特知识学的第一个原理已经是对“解构性奠基”的一种表达。

关于**第二个原理“自我设置非我”**（形式上无条件、内容上有条件的原理），海德格尔指出，探讨第二个原理的方法和探讨第一个原理的方法“具有同样特征，即从一种事实出发，开抛到本原行动（在其本质中的自我性）中去”④，这事实上已经对第二个原理做出了同样的定性：它也是对“解构性奠基”的一种表达。但第二个原理与第一个原理的差异仍需得到强调，不仅是由于第二个原理中的本原行动“在意义上更为广阔”⑤，更是由于，第二个原理绝非从第一个原理中推导出来的。⑥ 这种非推导性暗示着第二个原理具有同等重要的地位：对“非我”的阐述指向了对“存在”的定位，“自我设置非我”更加明确地表述了“解构性奠基”的一个关键环节——存在应在存在者层面得到奠基。

第三个原理是“自我在自身中设置一个可分割的非我以与一个可分割的自我相对立”（形式上有条件、内容上无条件的原理），无

---

① 海德格尔：《德国观念论与当前哲学的困境》，第 93 页。
② 海德格尔：《德国观念论与当前哲学的困境》，第 89 页。
③ 海德格尔：《德国观念论与当前哲学的困境》，第 91 页。
④ 参见海德格尔：《德国观念论与当前哲学的困境》，第 91—92 页。
⑤ 参见海德格尔：《德国观念论与当前哲学的困境》，第 92 页。
⑥ 参见海德格尔：《德国观念论与当前哲学的困境》，第 92—96 页。

论费希特还是海德格尔都认为这是三个原理中最重要的一个原理。费希特自己在《全部知识学的基础》中写道："先天综合判断如何可能,如今以最普遍和最令人满意的方式得到了回答。"① 海德格尔对此的分析是:首先,"知识学所包含的只是先天综合判断",而康德的先天综合判断问题"不是别的,就是形而上学基础问题"②,因此,知识学所包含的乃是人与存在之关联问题(自我与非我之综合问题);其次,先天综合判断的可能性基于第三个原理,也就是说,康德所追问的"人与存在之关联"问题的可能性基于第三个原理,因为正是这个原理包含了另外两个原理,提供了一种根本性的综合;最终,海德格尔断定,"通过论证知识学的第三个原理,形而上学的基础问题就得到了裁定"③。反过来说,第三个原理的重要性也绝非对此前两个原理之重要性的否认,因为费希特方法的特征就在于,"它们的任何一个命题都必定包含一个综合"④,换言之,三个原理都遵循着连续律的内在要求,都已经是根本性综合(人与存在之关联)的一种表达,费希特的本质性方法(道路)因而就可确认为:遵循着连续律的解构性奠基。(海德格尔在此也提示道,"费希特的这一方法特征对于黑格尔也是本质性的"⑤,由此就把对费希特的定位拓展到了对整个德国观念论的定位。)

通过上述分析,海德格尔意在指出,费希特知识学三个最高原

---

① 转引自海德格尔:《德国观念论与当前哲学的困境》,第 128—129 页。
② 海德格尔:《德国观念论与当前哲学的困境》,第 128—129 页。
③ 参见海德格尔:《德国观念论与当前哲学的困境》,第 129 页。
④ 海德格尔:《德国观念论与当前哲学的困境》,第 130 页。
⑤ 海德格尔:《德国观念论与当前哲学的困境》,第 131 页。

理都指向了一种特有的解构性奠基之思。这种思想具有非常深远的意义，海德格尔总结道，"伴随着对知识学三个原理的呈现，我们就面临着一种此在之形而上学的开端"①。这一表态不仅确认了费希特知识学对于海德格尔思想之开端进程的重要性，而且表明了费希特之"深化"工作的实质意味：费希特比康德更明确地提升根据律的地位②，在特定层面上深化了康德的批判实在论，标志着德国观念论在康德基础上对"人与存在之关联"问题做出了更进一步的思考。

二、关于"变异"。海德格尔一方面承认费希特的知识学乃是实在论③，在特定层面上延续并深化了康德的"解构性奠基"之思，但另一方面又认为，在费希特所肇始的德国观念论中，康德首次提出的"基础问题"发生了某种偏离和变异，这种变异同样是那种"本质性变化"（费希特所开启的德国观念论对康德首次提出的"基础问题"做出了本质性变化）的构成因素之一，而且是海德格尔对费希特哲学之批判的关键着力点。在这一问题上，海德格尔的具体立场可简明地表述为：费希特以及他所开启的德国观念论并没有完全把握住并确切传承康德哲学的真正旨趣，这显示出费希特哲学乃至德国观念论的根本限度，还需要予以批判。

作为一种本质性变化，从康德哲学到德国观念论的"变异"首先表现为两种哲学立场的分歧即"有限性"与"无限性"之分歧，也正是这种分歧使得康德式的"基础问题"在德国观念论中发生了一种变

---

① 海德格尔：《德国观念论与当前哲学的困境》，第 300 页。
② 参见海德格尔：《德国观念论与当前哲学的困境》，第 129 页。
③ 参见海德格尔：《德国观念论与当前哲学的困境》，第 77、90、91、177、212、223、224、230 页。

异：从康德的有限"自我"向德国观念论的无限"绝对主体"的变异。

　　海德格尔为此写道："辩证法在德国观念论中具有统治地位，在这种统治地位中显示出的是把自我视为绝对主体的基本看法，亦即自我根本上是**以逻辑方式**被把握的，并且这意味着：这种形而上学缠紧自身使自身隔离于基础问题，一切形而上学就可能性而言都奠基在此基础问题中；隔离于对人的此在之存在的发问，正是从此问题而来并且唯有如此才能够提出对存在本身的普遍的和根本的发问；也就是说，只有基于对此在（主体）的特定视角，并且基于对存在本身（被遗忘状态）的'发问'，才能提出对存在本身的普遍的和根本的发问。"①

　　海德格尔的这一批判的实质意谓是：在自我向绝对主体之辩证法的过渡中，费希特的解构性奠基之思变成了似是而非的东西。为澄清这一实质意谓，需先阐明海德格尔所理解的真正的"解构性奠基"是怎样一种思想。

　　按海德格尔对"存在与时间"这一问题机制的解释，真正的"解构性奠基"具有这样一种二阶性结构：首先从本源关联而来理解此在之位置，然后才由此思入此在的奠基性工作——"正是从人的此在之存在问题而来并且唯有从此问题而来才能够提出对存在本身的普遍的和根本的发问"②，换言之，应在存在者层面为存在问题进行奠基，使之由此而得以降解到人与存在者之关联中去。

　　在海德格尔的这种思想中，第一阶最为重要，但却是隐秘的；

---

① 海德格尔：《德国观念论与当前哲学的困境》，第 155—157 页。有改动。
② 海德格尔：《德国观念论与当前哲学的困境》，第 156 页。有改动。

第二阶也有其不可取代的重要性，而且是显明的，但仍根本地取决于第一阶。就其整体来看，这种思想绝非主体性哲学，但倘若人们只看到或者只去关注那种显明的第二阶，则这种思想就易于被理解为一种主体性哲学。

海德格尔所理解的真正的"解构性奠基"就植根于这种二阶结构，也只有从这种二阶结构而来，我们才能理解这样一种奇特现象：一方面，自其思想上路以来，海德格尔始终致力于以"解构性奠基"这一问题机制来阐释德国古典哲学，但另一方面，他又宣称他所理解的真正的"解构性奠基"，"此前还从未有人清楚地看到并道出这一点"①。前者是宽泛的定位工作，因为其使命是通过一种争辩来释放传统思想的可能性，"不是依据其所说的东西，而是依据其想说的东西，以及在那里或许可以替其说出的、多于其事实上说过的东西来看待之的。而其所没有说出的东西，必须在这种争辩中才能显露出来"②。后者是严格的定位工作，因为其使命是在沉思未来思想的必要性，因此有必要对传统思想的限度做出严格界定，唯有如此，才能为一种必要的、本质性的转变做好准备。

海德格尔所理解的真正的"解构性奠基"因而是存在问题视域中的从存在论差异而来的本源关联问题（人与存在之关联），按他自己的表述即"只有基于对此在（主体）的特定视角，并且基于对存在本身（被遗忘状态）的'发问'，才能提出对存在本身的普遍的和根本的发问"③。

---

① Martin Heidegger/Karl Löwith, *Briefwechsel 1919–1973*, S. 150–151.
② 海德格尔：《德国观念论与当前哲学的困境》，第 377—378 页。
③ 海德格尔：《德国观念论与当前哲学的困境》，第 156 页。有改动。

　　倘若一种思想只是具有类似的奠基结构，但其中的"自我"之奠基性并不是着眼于存在问题来加以解释，甚至当"自我"在其向"绝对主体之辩证法"的突变中进一步削限了对其做出存在阐释的可能性，则这种看似具有"解构性奠基"结构的思想就具有其根深蒂固的大限，即它尚还困窘在主体性结构中不可自拔，甚至"缠紧自身使自身隔离于基础问题……隔离于对人的此在之存在的发问"[①]。但海德格尔的这一批判也绝不仅仅具有否定意义，绝非对此前肯定工作的单纯否定。因为正是"宽泛定位"和"严格定位"所构成的整体评判才使得我们真正看清这些思想的"极限性"：它们虽然具有主体性哲学之大限，但凭借其对"解构性奠基"的预感先思，它们恰恰构成了形而上学限度内的至极，对它们的逾越将成为必要，并且将意味着另一种思想的开端。

　　从康德的有限性自我到费希特（德国观念论）之绝对主体的这种"变异"，也曾在1927年夏季学期讲座《现象学基本问题》中得到过一种解说。海德格尔在那里写道："主体之主体性同义于自身意识。后者构建了现实性，该存在者之存在。因而，在对康德或笛卡尔思想的极端化把握发挥之中，德国观念论（费希特、谢林、黑格尔）在自身意识中看到了主体之本真的现实性。由此出发，以笛卡尔哲学为开端，随之就发展出了哲学的整个问题。黑格尔说：'对于精神之本性来说，最重要之点，不仅是精神自在地是什么，它现实地是什么之间的关系，而且是它自知是什么和它现实地是什么之间的关系；这一自知就是精神之现实性之基本规定，因为精神本质

────────────

①　海德格尔：《德国观念论与当前哲学的困境》，第156页。有改动。

上就是意识。'由此出发便可说明，为何德国观念论仿佛致力于通过这一特别的自身意识辩证法来探询主体与精神之存在方式，这是从自身意识出发来解释主体，这个解释在笛卡尔那里就已经预先成形，并在康德那里首次得到了明快的思考。然而，在这个解释中，Hypokeimenon［基底］、前存者（Vorliegende）意义上的 ① 主体之原初规定就被略过了；或者说，这一规定在自身意识、自行概念化把握中被辩证地扬弃了。在康德那里，这个规定已经不再是专门的存在论问题，而已成为不言自明的东西了。在黑格尔那里，在将主体阐释为自身意识，亦即阐释为自行概念化把握、阐释为概念的过程中，该规定遭到了扬弃。对黑格尔而言，实体的本质在于成为实体自身的概念。这是从自身意识出发来阐释主体性。**这个阐释的发展比以往更多阻碍了给予我们所是的存在者以原则性存在论阐释之可能。**……在人格性之存在论结构这个问题上，虽然康德比他的前人推进得更远，他还是未能明确地追问人格之存在方式。……把主体规定为自身意识，这并未就自我之存在方式说出任何东西。哪怕最极端的自身意识辩证法（就像费希特、谢林与黑格尔各自以不同的形式发展的那种辩证法）也无法解决此在生存的问题，因为这个问题根本不曾提出过。但当我们想到，康德为了澄清主体性投入了多大的精力来思考及阐释，尽管如此，（就像我们首先仅仅声称的那样）他仍未推进到此在之特殊的存在机制，那么这就指示出，对我们自身所是的那种存在者的解释显然是最不自明的，而且最易遭受那种危险，即被置入一种颠倒的界域（Horizont）中去的危险。

---

① 亦即"根据"意义上的。——引按

因此就需要对那条道路予以明确的沉思，在这条道路上，此在本身能够在存在论的意义上得到适宜的规定。"①

　　海德格尔在1927年的这一分析与他1929年的"费希特阐释"是彼此互释的，由此我们可以总结道，就康德到费希特的"本质性变化"中的"变异"因素来看，费希特的解构性奠基之思仍有其根深蒂固的限度，其突出表现是，它不能适宜地提出人的此在之存在的问题，而只是突变为构成性的辩证法。导致这种限度的一个因素，按海德格尔的上述分析，就是错认了"主体"的奠基性，没有看到，这种奠基性绝非逻辑意义上的奠基性，而是存在意义上的根据性，或者说是忽略了主体的"存在/根据"之统一性，以至于其在向辩证法的突变中进一步错失了此在之存在问题，也就是说，加剧了在康德哲学那里就已经出现的错失之倾向，因为即便是康德也"仍未推进到此在之特殊的存在机制"。而按照海德格尔1929年的那一表态，"只有基于对此在（主体）的特定视角，并且基于对存在本身（被遗忘状态）的'发问'，才能提出对存在本身的普遍的和根本的发问"②，只有满足存在论差异和本源关联这两个条件，才有真正的解构性奠基。

　　至此我们已足以看清，海德格尔1929年对费希特哲学的这一批判工作事实上是对他1919年的批判工作（"费希特的目的论方法突变为一种构成的辩证法了"，参见本章第一节）的延续和深化，这种批判的实质意义也就同样在于对费希特哲学之限度的解释。

　　通过对"深化"和"变异"的双重阐释，我们完成了对"本质性

---

① 　海德格尔：《现象学之基本问题》，第203—205页。

② 　海德格尔：《德国观念论与当前哲学的困境》，第156页。有改动。

变化"的整体解释，海德格尔对费希特哲学的"再次评判"也由此得到了深入考察。这一工作不仅揭示了海德格尔前后两种费希特阐释的一体性，展示了海德格尔所看到的德国观念论与康德哲学的同异关系，同时引出了"有限性"与"无限性"之分歧问题（此问题对于海德格尔的德国古典哲学整体评判工作具有非常重要的意义），而且为本章第三节的总结工作奠定了基础，做好了必要的准备。

第三节　费希特哲学的极限性

从海德格尔前后两种"费希特阐释"（1919年的"初次评判"和1929年的"再次评判"）的连贯性来看，海德格尔对费希特哲学的阐释从一开始就具有明确的思路：以基础问题为主脉（或至少是着眼于基础问题）来思考费希特哲学的极限性，亦即对费希特哲学的"伟大与限度"（或者说"可能性与现实性"）做出双重定位。

从宏观上来看，海德格尔的这一阐释思路事实上贯彻了其整个的德国古典哲学阐释，无论是海德格尔对莱布尼茨、康德的阐释还是其对黑格尔与谢林的阐释，都是一种极限性之思。但从具体处着眼，海德格尔对费希特哲学之极限性的思考仍有其特别之处：这种思考与一种比较（费希特哲学与康德哲学之比较）密切相关。海德格尔的"谢林阐释"和"黑格尔阐释"各自也都是一种极限性之思，而且也都会涉及德国观念论与康德哲学的比较，但其复杂程度都还不如海德格尔的"费希特阐释"。

此中的关键原因有两个：首先，海德格尔给予康德哲学以明确定位，即海德格尔坚持认为，康德首次在形而上学内部提出了"基础问题",阐发了形而上学的问题机制,而德国观念论的问题机制并非源始的,而是受益于康德哲学,因此要阐明德国观念论的问题机制,就必须以康德哲学为参照坐标系;其次,较之谢林哲学和黑格尔哲学,费希特哲学与康德哲学更为"切近",但也正是在这种切近中发生了一种影响深远的变化,否则就不会有德国观念论的启程。如何阐明这种切近中的变化,显然构成了一种艰巨的挑战,并且鉴于费希特哲学在海德格尔视野中的独特位置(这里尤其指的是费希特哲学以洛采为中介对海德格尔思想的影响,洛采对有效性与实在物之区分的洞见受益于费希特把作为"感觉着价值的理性"的实践理性置于首位的做法[①],参见本章第一节),海德格尔在其"费希特阐释"中所面临的复杂性就是其他阐释所不可比拟的。

　　正因此,海德格尔对费希特哲学之极限性的思考(无论是对费希特哲学之"至极"还是对其"大限"的思考)都与康德哲学之坐标密切相关,而且具有一种比较复杂的阐释结构。这具体表现在:

　　1.海德格尔对费希特哲学之"至极"的思考侧重于对费希特之"深化"工作的考察:费希特如何通过对知识学诸原理的思考而使康德的"解构性奠基"(批判实在论)思想得以明确,甚至通过对"根据律"(知识学第三原理)的沉思而深化了康德的"解构性奠基"思想。(参见本章第二节)

　　2.海德格尔对费希特哲学之"大限"的思考本身又具有双层向度:

　　a.首先是对费希特之"变异"工作的考察:费希特如何通过从有限之自我向绝对主体之辩证法的突变而使得康德的"解构性奠

---

① 参见海德格尔:《论哲学的规定》,第 154、157 页。

基"思想的可能性遭到削限。（参见本章第二节）

b. 在此基础上，再进一步指出，即便没有这种"变异"，康德的"解构性奠基"也仍有其根深蒂固的限度，换言之，康德哲学这一参照坐标系本身也有其极限性，着眼于向未来思想之转变的必要性，它也仍需被告别。（参见本章第二节）

如此一来，海德格尔对费希特哲学之极限性的思考就具有一种相当复杂的意蕴：一方面，德国观念论与康德哲学的争辩成了这种极限性之思的应有内容，另一方面，当海德格尔写下"伴随着对知识学三个原理的呈现，我们就面临着一种此在之形而上学的开端"①这样的语句时，海德格尔事实上间接透露出了他对费希特哲学之独特性的思考，亦即费希特哲学对于他的思想开端机制的影响。

基于这样的语境，海德格尔在 1929 年讲座中的下述表态就能获得更为深刻的理解："但形而上学问题机制的这整个的源始维度对于康德和费希特而言还是相当隐蔽的，因为对主体之存在，以及对自我本身之存在的追问，**并没有以形而上学基础问题为主线被明确而彻底地提出和树立**。另一方面，在此至少可以推想，'存在与时间'这一问题机制就像一道远方无声闪电在那里出现了！内在的必然性。"②这种得到深化的理解将反向照亮早期海德格尔"费希特阐释"的内在动机和深远指向，而且将使得海德格尔"整体评判"工作的内在脉络得到更清晰的观照，因为这里所谓的"远方无声闪电"（Wetterleuchten）将会成为海德格尔"谢林阐释"中的一个关键术语。

---

① 海德格尔：《德国观念论与当前哲学的困境》，第 300 页。

② 海德格尔：《德国观念论与当前哲学的困境》，第 209 页。有改动。

第八章　整体评判中的谢林哲学之定位

　　海德格尔对费希特哲学的阐释是紧紧围绕着《全部知识学的基础》(1794)这部著作来展开的，因为他断定，只是在这部著作中，我们才可看清形而上学问题机制在费希特哲学中的呈现，或者说，唯有 1794 年的这一版知识学著作才可使人看到费希特对形而上学基础问题的思考。[①] 海德格尔的这一做法(以代表性作品来阐释思想家的决定性的问题机制)也同样贯穿了他的"谢林阐释"与"黑格尔阐释"。就谢林哲学而言，海德格尔认为能反映出谢林哲学之决定性问题机制的作品只有一部，那就是《自由论文》。

　　1809 年春天，谢林在其《哲学著作集》第一卷中发表了《对人之自由的本质及其相关对象的哲学研究》，这是他公开发表的最后一部作品，学界通常将其简称为《自由论文》(*Freiheitsschrift*)。按谢林自己在"序言"中的表态，这部论文力求成就一种决定性的契机："是时候了，唯愿那更高的或毋宁说那真正的对立亦即必然与自由的对立显露出来，正是伴随着这种对立，哲学之最内在的中心才得到了考察。"[②]

---

　　① 海德格尔："恰恰是在 1794 年这个版本中，才能看到处于传统形式下的形而上学的问题机制。"(海德格尔:《德国观念论与当前哲学的困境》，第 299 页)

　　② F. W. J. Schelling, *Über das Wesen der menschlichen Freiheit*, Stuttgart: Reclam, 1991, S. 41–42.

换言之，《自由论文》的使命在于达成对"哲学之最内在的中心"亦即"人之自由"问题的深切考察，这不仅是他对康德《判断力批判》的积极回应，也是对黑格尔《精神现象学》的间接回复。

谢林彼时对《自由论文》的自我推许由此可见。但黑格尔在其极具影响力的哲学史课程中却对谢林的这篇论文不以为然，认为它只是一种孤零封闭的东西[①]；甚至谢林在其随后漫长的哲思道路上似乎也逐渐告别了他的这种自我评价，他所倾力构思的"世界时代哲学"显然占据了更触目的位置。这些后至的负面因素共同导致了德国学界对《自由论文》长期未予重视。

这一局面随着海德格尔1936年讲座《谢林:〈论人之自由的本质〉》（GA 42）的出现而发生重大变化。在这个讲座中，海德格尔认为《自由论文》的意义从未得到真正辨识，毋宁应看出的是，《自由论文》乃是关乎西方思想之走势的伟大作品，"是谢林最伟大的成就，同时是德国哲学最深刻的作品之一，因而也是西方哲学最深刻的作品之一"[②]。在五年之后的另一"谢林讲座"（GA 49）中，海德格尔再度阐释了《自由论文》，将之明确定位为"德国观念论之形而上学的巅峰"[③]。与此前看法相比，海德格尔的这些论断堪称转折性的，无论是否赞同这些论断，它们都深深地影响了此后学界的谢林研究尤其是《自由论文》研究。[④] 这些论断在今天早已被周知，

[①] G. W. F. Hegel, *Werke: Vorlesungen über die Geschichte der Philosophie III*, Band 20, Frankfurt: Suhrkamp, 1986, S. 453.

[②] GA 42, S. 3.

[③] M. Heidegger, *Die Metaphysik des deutschen Idealismus*, GA 49, Frankfurt: Klostermann, 1991, S. 1, 141, 154, 163.

[④] 参见 C. Brouwer, *Schellings Freiheitsschrift*, Tübingen: Mohr Siebeck, 2011, S. 4–10。

但其深层根据却始终还处于晦暗中，其根本困难在于，要阐明其中关键，需要一种全方位且纵深式的立体阐释，以笔者所见，迄今还没有一种研究真正满足这一要求。本研究将尝试着实现这一阐明工作，并为此走上了这样的追问进程：如何全面理解海德格尔对《自由论文》乃至谢林哲学的定位，《自由论文》何以堪称"西方哲学最深刻的作品之一"，如此定位的根据究竟何在？①

第一节　海德格尔对《自由论文》的接受

海德格尔对《自由论文》乃至谢林整个哲学的定位并非凭空出现，而是与其思想的进展有着莫大关联，为了全面理解这一定位，就有必要先行考察海德格尔对《自由论文》的"接受"历程。

从学生时代起，海德格尔就对谢林哲学抱有浓厚兴趣②，但其对谢林《自由论文》的研读却是迟至 1926 年才开始。其缘起要归功于雅斯贝尔斯③，他送给海德格尔一本名为《谢林哲学》的小册子，内载向来不受重视的《自由论文》。1926 年 4 月 24 日④，在给雅斯

---

　　① 限于篇幅，本章将主要依据对 GA 42 的分析来解答上述问题，海德格尔在 GA 49 中的阐释与他在 GA 42 中的阐释大体相类，只是更为谨慎。

　　② 参见海德格尔：《早期著作》，第 70—71 页。

　　③ 根据雅斯贝尔斯在《哲学自传》中的报道，当他在 1924 年着手研究谢林时，海德格尔还没有对谢林哲学给出高度评价，海德格尔那时的说法是，"谢林事实上只不过是一个文学匠"。参见 Karl Jaspers, *Philosophische Autobiographie*, München 1984, S. 96。

　　④ 1926 年 4 月 1 日，《存在与时间》先行完成部分（约 34 印张）开始进入印刷流程（Heidegger/Jaspers, *Briefwechsel 1920–1963*, S. 62），在同年夏季学期的中间，海德格尔终止了这部分的印刷，开始对文本进行大规模"改写"，这一工作一直持续到同年10 月底（Ibid., S. 67）。海德格尔对《自由论文》的阅读和理解，是否以及在多大程度上介入并影响了《存在与时间》的后期撰写，是一个有待探究的问题，特别是当（转下页）

贝尔斯的信中，海德格尔写道："对于谢林的这部小册子，我在今天也还必须再度向您明确表示感谢。相较于黑格尔，谢林在哲学上要敢于更为深远地前行，虽说他在概念上并不像黑格尔那样有秩序。《自由论文》我才刚刚读了开头。它对我而言实在太宝贵了，以至于我首次粗略浏览一下后就想熟知它了。"[①] 1927 年 9 月 27 日，海德格尔在给雅斯贝尔斯的信中又写道："自从您送给我那部谢林小册子以来，我就一直手不释卷地研读着《自由论文》。我会在即将到来的学期开设这方面的讨论课。为此我期待着您的帮助。"[②]

　　所说课程即 1927/1928 年马堡大学冬季学期高阶讨论课《谢林〈论人之自由的本质〉》。这一课程被研究者视为海德格尔对德国观念论的"第一次颇具规模的阐释"[③]。此课程总共九次课，在周三或周六进行，它们始于 1927 年 11 月底或 12 月初（第一次课的具体日期不能确定），第二次课是 1927 年 12 月 7 日，最后三次课分别在 1928 年 2 月 8 日、15 日、25 日。[④]

　　在此课程开讲之前，1927 年 11 月 8 日，海德格尔致信雅斯贝尔斯："在冬季学期开端处的扰攘中，我现在才有时间为那段日子向您表示衷心感谢。对我而言，谢林事实上变得愈发当前了，以至于我并不会完全无准备地着手研究这些艰难的事物。"[⑤]

（接上页）我们注意到该书第 58 节的"根据之不性"与《自由论文》之"Ungrund"［非根据］的近似之处，则这一发问的必要性就会显现出来。

　①　Heidegger/Jaspers, *Briefwechsel 1920–1963*, S. 62.

　②　Heidegger/Jaspers, *Briefwechsel 1920–1963*, S. 80.

　③　Hühn/Jantzen (Hg.), *Heideggers Schelling-Seminar (1927/28)*, Stuttgart: frommann-holzboog, 2011, S. 289.

　④　Hühn/Jantzen (Hg.), *Heideggers Schelling-Seminar*, S. 275–279.

　⑤　Heidegger/Jaspers, *Briefwechsel 1920–1963*, S. 83.

海德格尔为这一课程准备的东西是一份不足六页的札记，其中内容只是一些对《自由论文》的要点摘录，看不出他对《自由论文》的定位。[①] 但从学生的"课程记录"（Protokolle）来看，海德格尔已在下述层面指出了《自由论文》的伟大之处：首先，谢林在《自由论文》中的研究显示出，他的水准远远高出观念论的水准，尽管谢林本人未能成功做到持续地维持这一水准[②]；其次，《自由论文》不仅是谢林前期思想的高峰，也是其后期思想的启动之所，谢林后来的神话哲学和天启哲学的开端都在于此[③]；最后，《自由论文》的意义在于，它使我们得以理解谢林的哲学并对德国观念论本身的核心问题达成观照。[④]

从整体来看，海德格尔此时对《自由论文》的定位已经多少预示了 1936 年"谢林讲座"（GA 42）中的观察视野。但若要阐明二者之间的同异却并非易事。首先，1927/1928 年的海德格尔把整部《自由论文》的根本主题理解为谢林的这一表述即"因为每一种存在者都只有在其对立方中才能显明，爱只有在恨中才能显明，统一只有在争执中才能显明"[⑤]。但对这一根本主题的把握何以能支撑起海德格尔对《自由论文》的高度评价，从课程记录来看，海德格尔虽有若干暗示，但并没有足够清晰的解释。只是在 GA 42 中，我们才首次看清了海德格尔对《自由论文》做出高度评价的真正根据。其次，

[①]　Martin Heidegger, *Seminare: Hegel-Schelling*, GA 86, Frankfurt: Klostermann, 2011, S. 49–54.

[②]　GA 86, S. 536.

[③]　GA 86, S. 540.

[④]　GA 86, S. 541.

[⑤]　GA 86, S. 544.

在 1927/1928 年的讨论课中，**海德格尔非常重视谢林对"根据"与"实存"的区分，尤其重视他的"Ungrund"［非根据］概念，视之为理解《自由论文》的关键密钥** ①，而在 GA 42 中，后一种重视在形式上消失不见，但在实质上却扩散到整个探讨进程中。

由此可以看出，从 1926 年起，海德格尔就觉察到了《自由论文》的独特与伟大，但这种"伟大"究竟基于何处并且意味着什么，他那时还没有足够清晰的理解和阐释。他还需要更多的摸索。

因此，在 1928 年 2 月 10 日给雅斯贝尔斯的信中，海德格尔写道："眼下我每天都在康德那里获得'提高'，相较于亚里士多德，人们可以以更大的猛烈程度来深入地解释康德。我认为，康德必须完全被重新发现。这个夏季学期我将讲授《逻辑学》（即《以莱布尼茨为起点的逻辑学的形而上学始基》——引按），并且我希望，春天的时候我能够再度为一场实际的'对话'处于更好的状态中。目前，纯粹从题材上而言，我都还不足以掌握谢林的思想，因为我是一个非常缓慢的阅读者。"②

这一表态是一个足够清晰的动机解释。《自由论文》激发了或至少是强化了海德格尔对"根据问题"的深切思考（此后历程表明，他事实上看到了通过深化"根据问题"来重新追问"存在与人之关联"的可能性）③，为了更加深刻地把握《自由论文》的"关键密钥"，

---

① 参见 Hühn/Jantzen (Hg.), *Heideggers Schelling-Seminar*, S. 315–316。

② Heidegger/Jaspers, *Briefwechsel 1920–1963*, S. 86.

③ 《存在与时间》本身就已经运作在一种"根据问题"机制中，第 58 节是对此的明证，更重要的是，无论是在第一部第二篇的标题"此在与时间性"还是在全书标题"存在与时间"中，这个"与"字所指示的都不是单纯的并列关系，而是一种根据关系，即要以自送自隐的作为域化运作之根据的"时间"来规定"存在"的源始意义，（转下页）

为了"在题材上"达成对谢林思想的掌握，海德格尔的研究工作再度指向了康德和莱布尼茨，亦即要以根据律为主线重新解读康德和莱布尼茨哲学。正是在此意义上，海德格尔认为"康德必须完全被重新发现"，因为"表面上看来，康德对'根据律'兴趣并不大，但无论在其哲思的开端还是在其哲思的终点，他都明确地探讨了'根据律'，而且实际上，'根据律'就处于他的《纯粹理性批判》的中心地位上"①。而鉴于谢林与莱布尼茨的特有关系②以及康德对莱布尼茨的传承工作，莱布尼茨哲学也同样有待重新发现，亦即有必要重新思考莱布尼茨"根据律"思想的真正意义，这也就是信中所谈那个《逻辑学》讲座的内在使命。③

　　这些工作使得海德格尔对德国古典哲学的阐释和争辩进入了一个前所未有、全盘皆活的局面。这也是海德格尔思想最具创造力的一个时期。其标志性成果即《对康德〈纯粹理性批判〉的现象学阐

（接上页）但海德格尔此时的根据之思仍然存在着较多含混之处（他对"时间"所暗示的自送自隐之本性的思考并不坚决，也不明确），故这一初衷在保持为残篇的《存在与时间》中并未真正实现。海德格尔此后的思想转向，完全可以被理解为是通过对"根据问题"的深化思考而逐渐实现的，《论根据的本质》就是对此进程之启动的一种关键见证，而且从 1930 年的"黑格尔报告"（参见 GA 80.1）开始启动并在 1935 年《形而上学导论》（GA 40）中臻于成熟的对"形而上学基础问题"（自送自隐着的"人与存在之关联"）的思考，也是这种根据问题之深化历程的关键标志。

　　①　海德格尔：《路标》，第 147—148 页。

　　②　谢林在历史上首次注意到莱布尼茨命题"为何终竟都是存在着的东西而毋宁是无"的关键意义并采纳了这一命题，二人都把这个命题理解为对一切存在者之最高根据和最初存在根据的追问。海德格尔不仅在《形而上学是什么？》的结尾处重申了这一命题，而且在晚年的《根据律》讲座中再次明确指出了二人之间的特有关系：西方历史上一直缺少对"根据律"的充分探讨，在这个问题上，"与莱布尼茨的第一次对话，更确切地说，第一次形而上学的对话，是由谢林所开启的"（海德格尔：《根据律》，第 43 页）。

　　③　参见本书第五章第一节。

释》(1927/1928)、《以莱布尼茨为起点的逻辑学的形而上学始基》(1928)、《论根据的本质》(1928)、《形而上学是什么?》(1928)①、《德国观念论(费希特、谢林、黑格尔)与当前哲学问题处境》(1929)②、《论人类自由的本质——哲学导论》(1930)、《黑格尔的〈精神现象学〉》(1930/1931)。正是伴随着这种整体阐释的不断推进,海德格尔对《自由论文》的理解获得了突破,其直接成果就是 GA 42。

这种突破的取得,首先是由于,在这种以"根据律"为主线的整体阐释中,海德格尔更加深刻地理解了"根据问题",把握住了《自由论文》的关键密钥,并且,通过这种整体阐释,海德格尔得以清晰地洞见到《自由论文》的位置与意义,也更能在整体上予以明确

---

① 《形而上学是什么?》是海德格尔 1929 年弗莱堡大学教授就职讲座,但按其自述,该文与《论根据的本质》作于同时,后者作于 1928 年,翌年发表。

② 海德格尔在这一讲座中探讨了早期谢林的"自然哲学",此工作有其不易看出的内在深意,并与此后海德格尔对《自由论文》之主题的解读构成呼应,限于篇幅,这里只略做提示:在该讲座中,海德格尔"意在"指出,谢林不仅真正理解了费希特,而且较之费希特,恰恰是谢林才真正理解了那部为整个德国观念论做出深刻奠基的《判断力批判》,真正理解了其根本问题即"人之自由"问题,并通过其"自然哲学"对费希特"自我哲学"的"补充"与"对置"而呈现出"人之自由"问题的实质含义——人与存在之关联。这也就是他后来的"同一哲学"(精神与自然)的真正旨趣,并且进而构成了《自由论文》的真正主题。因此,就形而上学之"基础问题"而言(海德格尔将规定着形而上学的"基础问题"思为"人与存在之关联",参见该讲座的导论部分),海德格尔断定,在谢林处发生了一种变化,这种变化进而"共同决定了黑格尔的问题提法"。虽然谢林早期的自然哲学也有其问题,比如谢林未看出他的自然(有机主义)的整体结构事实上来自费希特的自我概念,在视野上还受到费希特的限制,但着眼于整体,海德格尔仍然可以给出这样的结论:在早期谢林自然哲学中,其最源始的东西和本质性的东西始终已经潜在地存在了,但还尚未自由而已。(参见 GA 28, S. 183-194。)就此而论,海德格尔的这一讲座事实上就是阐述这一主题:德国观念论是如何在康德的奠基作用下,并通过费希特的准备工作,最后经由谢林和黑格尔而推动形而上学内部对"基础问题"(人与存在之关联)的极限式追问的。此讲座因而就完全可以(和同一时期的其他文本一道)被视为他日后对《自由论文》展开全面探讨的一种准备。

界定 ①；但更根本的原因却在于，在此期间，在对"根据问题"的不懈追问中，海德格尔愈发深刻地洞见到"根据问题"即"存在问题"：根据的根据性运作即"存在之自行置送"，而且"根据之不性"（即Ungrund 或 Abgrund 之意谓）乃是"存在之不性"亦即"存在之自行回隐"。这种洞见的达成标志着其思想发生了一种"转向"：一种对"自行置送/自行回隐"之一体性做出**成熟思考**的思想已然兴起，此即后来所谓的"本有之思"。

　　没有海德格尔这一阶段对根据问题的着力追问，这种"转向"是不可思议的，但另一方面，当这种"转向"达成之际，它就决定性地深化了海德格尔对《自由论文》的理解视域。甚至可以说，若不能理解这种"转向"的实质意义，就无法明见到海德格尔对《自由论文》之定位的深层根据。

第二节　海德格尔思想之转向与
谢林哲学之定位

　　从 1928 年起，海德格尔思想逐渐发生了一种"转向"，这种转向耗时将近十年，其开端标志是《论根据的本质》（1928）和《形而上学是什么？》（1928），更为著名的标志是《论真理的本质》（1930）、《形而上学导论》（1935）以及《艺术作品的本源》（1935/1936），完成标志则是《哲学论稿》（1936—1938）。这种转向并不意味着海德格尔以一种正确的思想取代了前期的错误思想，也不意味着，他在

――――――――――――

①　GA 42, S. 281.

后期放弃了前期思想的基本立场，而不如说，后期思想试图更深刻也更适宜地实现前期思想的伟大初衷。

这种转向的实质是，海德格尔试图以一种域化性的"区分之思/本有之思"克服和转化前期的"存在论差异"思想。这两种思想的宗旨是同一的，都是对"人与存在之关联"的致力。但"存在论差异"之所以需要被克服，是因为其难以摆脱"先验因素"或者说"线性之思"的纠缠——这种差异易于被表象为"存在"与"存在者"这样两种现成东西之间的一种现成关系，由此就根本违背了"存在论差异"思想所效力的那一伟大初衷（本真地去思考与现成存在者有别的、生发性的存在自身，并由此而真正思入存在与人的关联）。《存在与时间》不能完篇的挫折说到底就是这种差异之思的挫折，"存在论差异"变成了一种突然断绝、不可前行的"林中路"。

海德格尔思想的转向因而就是对这条林中路的反向回行，即回到存在论差异的起源处（存在之遗忘状态），并且通过对"根据之本性"的沉思，将存在之遗忘状态根本地把握为"存在的自行回隐"而非人之理性的某种疏忽。对"存在之自行置送/自行回隐"（这一事态先是被海德格尔命名为"存在历史"，更晚时候则被命名为"存在之天命置送"）①的沉思由此成为海德格尔思想转向的实质内容，正是凭借这种自送自隐的一体性，海德格尔思想的基础问题即"存在与人之关联"问题获得了根本深化：存在不是现成的，人也不是现成的，而是都来自关联活动的成就，这种关联活动本身同样也非

---

① 海德格尔：《根据律》，第128、137页。

现成，而是自行置送/自行回隐的一体流行。这也就是他的"本有之思"的核心意谓。

以《存在与时间》为代表的前期思想固然也是在着力阐明"存在与人之关联"，但事实上（特别是由于其残篇性质）却将重音落在了人上面，与之相比，海德格尔的这种转向之思的特性在于：它突出强调了"存在历史/存在之天命置送"对于人的支配性，或者说，凸显了人对存在之真理的归属。也正是在这种重音的转换中，海德格尔形成了对"存在历史"之转向的沉思，亦即对"第一开端"与"另一开端"的沉思。

"第一开端"是西方哲学的开端，亦即哲学在希腊人那里的开端。这一开端的标志性事件是希腊人把 aletheia 经验为存在之无蔽状态。在海德格尔看来，前苏格拉底的开端性思想家虽然用 aletheia 命名了存在的无蔽状态，但却不能把 aletheia 思为存在自身的敞显（Lichtung），更谈不上思之为存在的自行置送/自行回隐。这种对存在自身的遗忘随着形而上学的启程而变得愈发严重：aletheia 变得愈发单维化，变成了作为正确性的真理，存在则变成了存在者之存在状态，最终成为最普遍的、不可定义的和自明的概念。这种遗忘因而导致了形而上学虽然在形式上区分了存在与存在者，但在实质上所思考的只是存在者之真理。

但这并非人之理智的缺陷和疏忽，而是存在之天命使然，换言之，人之所以遗忘存在自身，只是由于存在在自行置送中自行回隐。基于这种洞见，海德格尔思考了"第一开端"的终结和向"另一开端"的转入：从形而上学的内在趋势来看，由于形而上学内在要求着日益强化存在者之认知的确定性，存在之遗忘必趋于极端状态，这就是形而上学的终结，但终结同时意味着，新的开端由此得以可能甚至变得必要，此即"另一开端"，它将以对存在自身之真理（存在与人之关联）的致思为基本任务——把存在之遗忘状态经验为存在之自行回隐，由此"跃入存有之真理中，使得存有本身为人之存在建基"①。

　　之所以谓之"另一开端"（海德格尔偶尔也称之为"第二开端"），一个根本因素在于，它绝非可由"第一开端"推演而得，而是必须经由与"第一开端"的深刻争辩，甚至要为此"回归到第一开端中"②，"促使第一开端达到其历史的真理"③。为此就必须要深刻地"经验"第一开端，并且"重取"第一开端，以便达成从第一开端到另一开端的过渡与转化。这一工作因而就离不开对哲学传统的重新阐释。

　　一言概之，这里所谓的"转向"有两层含义，分别指"海德格尔思想的转向"和"存在历史的转向"。而海德格尔思想转向的实质成果就是：海德格尔通过其本己思想的转向同时也展开了对存在历史之转向的沉思。在后一种天命性的、绝非人所完成的转向中发生了第一开端向另一开端的转化。第一开端所思考的是存在者之真理（人与存在者之关联），另一开端所思考的是存在自身之真理（人与存在之关联）。也正是基于这两种转向的内在关联，海德格尔把本己思想的基础问题（人与存在之关联）也同时视为西方思想的基础问题。

　　但这与海德格尔的"谢林阐释"有何关系呢？

　　回答是：伴随着本己思想之"转向"的实行，伴随着对存在历史之"转向"的沉思，海德格尔愈发认识到对哲学传统进行重新阐

---

①　海德格尔：《哲学论稿（从本有而来）》，第 191 页。

②　海德格尔：《哲学论稿（从本有而来）》，第 193 页。

③　海德格尔：《哲学论稿（从本有而来）》，第 194 页。

释的必要性和意义，而且他对《自由论文》的探讨也发生了重要变化，即开始尝试从"存在历史"的视野来勘测《自由论文》的基本位置。这种尝试的具体实行就构成了 GA 42。

更明确地说，海德格尔之所以在 GA 42 中对《自由论文》做出独特定位，实是因为他认为《自由论文》事关第一开端之终结和向另一开端的过渡，正是基于这种深沉宏阔的视野，它才被定位为西方哲学最深刻的作品之一。

因此，在 GA 42 的开篇处，海德格尔援引了尼采的诗句："谁若要将来宣告甚多，就缄默甚多于自身之中。谁若要将来点燃闪电，就必须长期是云。"并且指出，**谢林的《自由论文》就是那些十分稀有的、预示着新开端的作品中的一种，正是在这些作品中，一种"将来要点燃闪电"的云开始形成**。"这种云还飘悬在我们上空，"海德格尔提醒道，"我们后来者必须只把这一点当作最切近的职责，即要指向和指示这种云。这就是我们阐释这部《自由论文》时所应达成的东西。"①

这一表态明确宣告了海德格尔对《自由论文》的定位，即《自由论文》乃是关乎西方思想之走势的伟大作品，在第一开端之终结中预示了另一开端的到来。这种定位的实质是，海德格尔把《自由论文》视为形而上学内部对"基础问题"（存在与人之关联）展开追问的一次极限尝试。这种极限性体现在，基础问题使形而上学得以成其所是，但却是形而上学的隐秘根据，并不在形而上学中直接显现，甚至形而上学在实质意义上始终就遗忘了存在自身，因此，当极少

---

① GA 42, S. 6.

数思想家以不可思议的方式发动了对基础问题的探基式追问时，他们的思想就触及甚至构成了形而上学的极限。《自由论文》就是对此的一种关键见证。

　　而在 GA 42 的结尾处，海德格尔又从另一角度指明了《自由论文》的深远意义：《自由论文》的伟大和挫折是一体的，后者突出地表现在，谢林跌回到了变得僵硬的西方思想传统中，而没有创造性地予以改变。这种挫折凸显的是一些在西方哲学的开端处就已被确定而且无法从这种开端而来得到克服的困难。但对于我们而言，这种挫折却极为重要，因为它恰恰意味着，"一种通过第一开端的第二开端变得必要了，但这仅仅是在对第一开端的完全转变中才是可能的，而绝不是通过一种单纯的对第一开端的留滞而变得可能"①。

　　一言概之，海德格尔对《自由论文》的定位是，它标示着第一开端所能臻于的极限，通过对此极限的确认，克服与转化第一开端的必要性，转向与跃入另一开端的必然性，就同时变得显明了。在此意义上，《自由论文》就堪称西方哲学最深刻的作品之一。

　　但这仅仅是整体轮廓上的勾勒，接下来还需考察一下，海德格尔在具体环节上是如何论证其定位的。从前述解释中可以看出，"极限"乃是这一定位的关键，而要论证这一定位，海德格尔就需要从两方面着手：其一，指明谢林思想在《自由论文》中达成了传统哲学之至极；其二，指出这种臻于至极的思想再也无法前行，具有其根深蒂固的大限。而当这一极限得到真正觉察，谢林思想的那种指向未来的意义就会对后来者变得愈发清晰。

---

①　GA 42, S. 279.

第三节 谢林哲学的极限性

海德格尔把《自由论文》视为形而上学内部对"基础问题"(存在与人之关联)① 展开追问的一次极限尝试。这种极限性体现在,形

---

① 海德格尔语境中的"形而上学之基础问题",不是指形而上学在其内部所形成的某个"基础问题",而是指整个形而上学奠基于其上的那个基础问题,即深刻规定着形而上学本身的"基础问题",这种规定性是如此具有决定性,以至于形而上学往往无能探及这一基础问题甚至遗忘了这一基础问题。此基础问题即"存在与人之关联",在 20 世纪30 年代的思想转向之后,基于"存在历史"的语境,尤其是基于"存在之遗忘状态乃是存在之自行回隐"这一关键洞见,海德格尔打通了此问题的前后两种向度,不仅将此问题思为他本己思想乃至未来思想的基础问题,也同时思之为形而上学的基础问题,按海德格尔后期的讲法,它也被称作"存在之天命置送"。海德格尔对这种意义上的"形而上学基础问题"的讨论首次出现在 1930 年的阿姆斯特丹"黑格尔报告"中(收录于 GA 80.1),后又在《黑格尔的〈精神现象学〉》(1930/1931 年, GA 32)和《形而上学导论》(1935 年, GA 40)中逐渐深化,尤以后者之阐释为突出成就。也正因此,海德格尔在《存在与时间》第七版序言中曾指出,要真正理解此书所要追问的那个运作于人与存在之关联中的"存在问题",可参见《形而上学导论》。另参见《〈形而上学是什么?〉导言》(1949)中对笛卡尔树喻的讨论:形而上学只知其为哲学之根,但从不问这个树根又建基于何处,"为了坚持在这个比喻中,我们问:哲学之树的根在何种地基中获得其支撑? 树根以及通过树根的整棵树,是从什么基础中获得其养料和力量的呢? 隐藏在地基中的何种要素贯彻支配着对树起承载作用和滋养作用的树根? 形而上学之本质存在于什么当中并在哪里活动?从其基础来看,什么是形而上学? 根本来讲究竟什么是形而上学?"(海德格尔:《路标》,第 433 页)"当形而上学回答它关于存在者之为存在者的问题时,它还是从存在的未受注意的可敞开状态而来说话的。因此,存在之真理就可以说是基础,而作为哲学之树根的形而上学,就被保持在这个基础上,从中获取它的养料"(同上书,第 434 页),"**'存在本身'就是在其真理中的存在**,这种真理归属于存在,也就是说,'存在'消失到这种真理中去了"(同上书,第 434 页注释 ①)——所谓"存在"消失到这种真理中去了,而且加上引号,是指旧日的还受形而上学视野限制的"存在"。整句话的意思因而可解读为:自1928 年的转向以来,通过存在问题与根据问题的打通,存在问题不再像《存在与时间》那样需要以时间为根据(界域),而是存在本身即自送自隐,因此,存在本身即在其真理中的存在。也正是因此,"时间"虽然是存在之真理的先名,但转向之思以来却逐渐(转下页)

而上学在实质意义上遗忘了存在自身，但它又不可思议地通过极少数思想家发动了对"存在与人之关联"的探基式追问，《自由论文》就是这样的作品。

然而，要对这一奇特而佯谬的情形达成理解是极其困难的，海德格尔是以提醒道，"迄今还没有一种哲学能够准备好这样的条件，使我们能对谢林《自由论文》有充分的，亦即创造性地克服的理解，就连谢林自己的哲学也做不到这一点"①，有鉴于此，"我们必须下定决心，以另样的目光去阅读一切伟大的哲学，尤其是谢林的《自由论文》"②。

这种"另样的目光"要求我们不能拘泥于表面文字和既有成见，而要在思想之所说中去发见那深深隐匿的、尚未被道出的思之可能性，海德格尔因而把他对《自由论文》的"研究策略"表述为"唯当我们把握了那种使《自由论文》超离于自身之外的东西，我们才真正进入谢林《自由论文》的领域并真正衡量这一领域"③，并且还引用了谢林的原话来作为整个阐释工作的"指导原则"："倘若人们想要尊重一位哲学家，那么就必须在他还没有进展到结果的地方、在他的基础思想中理解他……亦即要在他由此出发的思想中理解他。"④

什么是谢林由之出发的思想？按照上述"研究策略"和"指导原则"，海德格尔指出，谢林哲学的根本问题就是德国古典哲学乃至整个近代哲学的决定性难题——"体系与自由"⑤，这一决定性难

（接上页）退隐了，同时这意味着，《存在与时间》的构思的确不能按原计划进行了。

① GA 42, S. 17–18.

② GA 42, S. 284.

③ GA 42, S. 18.

④ GA 42, S. 14.

⑤ GA 42, S. 70.

题只是在《自由论文》中才开始得到了解决;谢林的"决定性的哲学"就呈现在《自由论文》中①,而《自由论文》所倾力思考的那个中心点,那个只是在"自由与必然"之对立中才得到考察的"哲学最内在的中心点"②,就是"人之自由"。③

而何谓人之自由?令海德格尔为之激赏的是,《自由论文》从一开始就没有把自由当作人的属性,而是把人视为自由的所有物。自由并非个别东西,而是"作为整体之本质根据","作为一种整体哲学的新根据"而得到思考和展开的。④

从中遂有这样一种深意呈报出来:"人之本质奠基于自由中。但这种自由本身乃是一种凌越于一切人之存在的、对真正之存在本身的规定。"⑤有鉴于此,"自由乃是比人本身更本质性和更强大的东西,自由不是人之意志的附加物和装饰品,而是真正之存在的本质,亦即存在者整体之根据的本质"⑥。由此可见,这种意义上的自由问题实质上乃是存在问题,亦即根据问题,而人之自由问题,也就在根本意义上是一个着眼于同一性之本质的存在论问题,亦即存在与人之关联问题。

海德格尔因而断定,谢林在《自由论文》中的研究"在开端处并且依照其开端就被驱迫着超越于人、超越自由而进入对存在一般之本质的追问中,它们立即就处于追问存在之本质的那个问题域中

---

① GA 42, S. 12.

② F. W. J. Schelling, *Über das Wesen der menschlichen Freiheit*, S. 41–42.

③ GA 42, S. 281.

④ GA 42, S. 21.

⑤ GA 42, S. 15.

⑥ GA 42, S. 15.

了", 这是《自由论文》的伟大之处, 也是《自由论文》之完整标题何以有 "及其相关对象" 之语的深意所在。[①]

　　尽管海德格尔始终断言形而上学遗忘了 "存在自身", 但基于对 "存在之本性" 的领悟 (存在之回隐不是单纯的隐匿, 而是一体性的置送/回隐), 所以在他看来, "存在与人之关联" 总以某种方式在形而上学历史中被置送出来和显现出来了, 得到了先行思考, 或至少是被预感到了。这事实上就是《存在与时间》曾经构思但一直未写出的 "第二部分" 的本真筹划: "以时间性之问题机制为主线对存在论历史做出的一种现象学解构的基本特征。"[②] 因为《存在与时间》中的 "时间" 就是自送自隐着的存在之真理的 "最初显示" (die erste Anzeige)[③], 亦即对 "本有" 的先行命名。在某种意义上, 海德格尔的 "黑格尔讲座" (GA 32) 和 "谢林讲座" (GA 42) 都可视为《存在与时间》"第二部分" 的变式呈现。也正是基于这种理解, 海德格尔恰恰要在对《自由论文》的阐释中注明, 他的本己之路, 倾力追问 "人与存在之关联" 的《存在与时间》之路, 仅仅 "是 '一条' 道路, 而不是 '那条' 在哲学中从未有过的道路"[④]。

　　从这种问题语境而来, 我们就更能理解海德格尔对《自由论文》的解读旨趣, 与此同时, 他对《自由论文》的基本定位也在实质层面得到了澄清:《自由论文》所追问的 "人之自由" 的实质即 "人与存在之关联", 这是《自由论文》的根本意旨, 也是谢林由之出发 (但

[①]　GA 42, S. 15-16.

[②]　GA 2, S. 53.

[③]　参见海德格尔:《哲学论稿 (从本有而来)》, 第 456 页。

[④]　GA 42, S. 111.

未能够彻底实现）的基础思想。海德格尔对《自由论文》之"极限"
（至极与大限）的双重论证就是根据这一基本定位而展开的。

对《自由论文》之"至极"的指明，海德格尔是从对《自由论文》
之"自由"概念的阐释和对《自由论文》之内在"结构"的解析这两
方面着手的，意在通过指出《自由论文》事实上思考了形而上学本
身所依据的那个"基础问题"（存在与人之关联）而证明其构成了形
而上学之"至极"。关于自由概念之阐释，前文已述。这里主要考
察其对《自由论文》之内在结构的解析工作。

按照海德格尔的划分与解读，《自由论文》（除"序言"外）分
为"导论"和"正文"两大部分。导论部分旨在阐明一种自由体系
的可能性：自由问题是体系问题，自由是体系的中心点，体系即"自
由之体系"①。正文部分旨在论述一种自由体系的实际性：恶之形
而上学为"自由之体系"提供了奠基。②

自由与体系，通常被认为是不相容的，因为人们往往认为自由
排斥"论证"（根据之提供），而体系处处要求论证之关联。但在谢
林语境中，此二者的相容性是不容置疑的：自由是"存在本身的一
种基本规定"③，是"存在者整体之根据的本质"④，自由问题是"存
在问题"并在此意义上是"根据问题"；体系则是"对在其存在状态
中的存在者的适置构造的知识性的适置"⑤，或者说，"体系乃是对
人在存在者中之定位的全新论证之方式"⑥，体系问题也显然就是

---

① GA 42, S. 36.
② GA 42, S. 181.
③ GA 42, S. 36.
④ GA 42, S. 15.
⑤ GA 42, S. 50.
⑥ GA 42, S. 50.

根据问题。① 此二者因而是通过"根据问题"而相容贯通的，并且，基于对自由的上述定位，自由就不是体系所包含的诸多概念中的一个，而应认为，"自由乃是体系的那些支配性的中心点中的一个。体系本身乃是自由之体系"②。

谢林以特有的方式把体系与自由的统一性问题理解为泛神论与自由的统一性问题，并且看出，泛神论与体系的统一性的基础（并因而是自由之体系的可能性的基础）是一个存在论的基础，是对"存在"和作为存在之基本规定的"同一性"的充分理解，即对"存在之关联"的理解。海德格尔就此点评道，"我们因此就看出了《自由论文》的真正形而上学意义上的成就：对一种源始的存在概念的论证。用谢林的话即：对一种更源始系词中的绝对同一性的更源始的论证"③，并且在后来加上的"作者边注"中写道："但这是在近代的主体性形而上学中显现出来的。谢林在这里向前推进到了最远处。"④ 这意味着，《自由论文》在形而上学内部构成了对"存在与人之关联"的极限式探问。

《自由论文》的导论部分所阐明的"自由之体系"，因而在实质意义上指向了对"存在与人之关联"的沉思。但这一沉思要切实运作起来，还需要"恶之形而上学"的奠基工作，因为追问"自由之体系"之实际性的问题，就是"恶之可能性问题和恶之现实性问题"⑤。

---

① GA 42, S. 53.

② GA 42, S. 36.

③ GA 42, S. 147.

④ GA 42, S. 147.

⑤ GA 86, S. 190.

这就是《自由论文》正文部分的根本任务。

《自由论文》的正文部分植根于谢林的基本洞见"自由乃是致善和致恶的能力",按照海德格尔的观察,此部分在形而上学意义上阐述了两种"最重要的东西",其一是对"永恒精神之绝对同一性的生成活动"的论述(即谢林以"恶之内在可能性"形式展开的论述)①,其二是对"个体之生成活动"的论述(即谢林以"恶之现实性方式"形式展开的论述)②。③这两个环节在实质意义上构成了对"存在"和"人"的分别阐述,通过它们的合力,对恶的追问才最终成为"指向最内在中心的、对人之自由本身的本质阐述"④,而正文部分也正是依据这种"本质阐述"并凭借着这种细致的"环节分析"而对一种可能的"自由之体系"进行了奠基,使之变得实际,进而使得一种在形而上学内部的对"存在与人之关联"的沉思切实运作起来。

海德格尔因此就完成了对《自由论文》之"至极"的指明:一方面,形而上学的根本特征就在于,它遗忘了"存在自身"而始终只是在致力于存在者之真理,因此无能于在根本意义上沉思"存在与人之关联";另一方面,处在形而上学内部的《自由论文》恰恰又在某种程度上构成了对"存在与人之关联"的沉思,甚至通过对"Ungrund"[非根据]的思考而在一定程度上先行思考了"存在与人之关联"的本性——自行置送/自行回隐。⑤我们由此可说,《自

---

① F. W. J. Schelling, *Über das Wesen der menschlichen Freiheit*, S. 69–88.

② F. W. J. Schelling, *Über das Wesen der menschlichen Freiheit*, S. 88–113.

③ GA 42, S. 229.

④ GA 42, S. 274.

⑤ GA 42, S. 217–220, 224, 229, 232, 240.

由论文》堪称形而上学之"至极"。

对《自由论文》之"大限"的指明，是紧随着上述工作而展开并且与之密切相关的。从原理上讲，对至极的指明就已经多少解释了其何以为大限。但海德格尔还试图对此做出更深切的解释。《自由论文》的大限首先表现在："存在之适置的诸要素，即根据与实存以及其统一性，不仅愈发变得不可统一，而且甚至被如此辽远地驱散，以至于谢林跌回到了变得僵硬的西方思想传统中，而没有创造性地予以改变。"[①]

所谓"存在之适置"（Seynsfuge），乃是体系问题[②]，即自由之体系问题，亦即存在与人之关联，用谢林的术语来讲即"根据与实存的统一"[③]，亦即"人之自由"[④]。换言之，上述表态可转释为：《自由论文》没有真正达成"存在与人之关联"之诸要素的统一。谢林在对"存在与人之关联"这一问题有所洞见并做了某种程度的切实沉思之后，再也无法前行，无法真正实现这种关联的统一性，而是跌落到变得僵硬的西方思想传统中。

为指明这一点，海德格尔做了一个具体的文本分析。在《自由论文》的收尾处，谢林写道："在神性的理智中存在着一种体系，但神本身不是什么体系，而是一种生命。"[⑤]海德格尔对此分析道："在这里，体系仅仅是被分派给存在适置、实存的一个要素。同时一种

---

① GA 42, S. 279.

② GA 86, S. 190.

③ GA 42, S. 279–280.

④ GA 42, S. 271.

⑤ F. W. J. Schelling, *Über das Wesen der menschlichen Freiheit*, S. 118.

更高的统一性被确立了并被称作'生命'。……谢林的语言用法在
这里是一种'论战性的'语言用法，与观念论的那种理解（把绝对者
理解为理智）相比，它在这里恰恰意味着这一点，即理智之意志仅
仅存在于与根据之意志的对反性之中。但倘若体系只存在于理智
中，根据和对反性本身就作为体系的他者而始终被排除在体系之外
了，但体系——着眼于存在者整体——也就不再是体系了。这就是
困难所在。这种困难在谢林后来对哲学整体的致力中愈发鲜明地
凸显出来，他也正是由于这一困难而失败了。"①

更确切地说，谢林的这一失败的根由是："在《自由论文》这一
阶段上，谢林尚未完全看清的是，尚未在整个影响范围中弄明白的
是：恰恰是把存在之适置设定为根据与实存之统一性的做法使得一
种作为体系的存在之适置变得不可能。"②

海德格尔的意思是，若以存在历史之思来返照形而上学③，可
以看出谢林的"体系"之思事实上是在试图思考"存在与人之关
联"④，但谢林思想在关键处遭遇了界限，使得这种尝试不能真正实
现。所说的关键处是：首先，谢林一方面试图以体系来思整体性的
"存在与人之关联"，另一方面又把体系归诸于神之理智，但如此一
来，排除了根据的这种体系也就不是作为关联之整体的体系了；其
次，得到恰当解释的"根据与实存之统一性"的确可以看作对"存
在与人之关联"的某种表述，但谢林最终只是把"根据与实存"理

---

① GA 42, S. 278–279.

② GA 42, S. 279.

③ GA 42, S. 109.

④ GA 42, S. 284.

解为存在者之存在层面的存在适置（存在结构）——这事实上是受制于并跌回到仅仅致力于（形而上学意义上的）存在之结构分析的"本质与实存"这一传统思路中去了——而没有将其真正理解为存在与人之关联。

《自由论文》之"大限"的根本意谓如此就得到了说明。不仅如此，海德格尔还从另一层面勾勒了《自由论文》的"大限"。

在海德格尔看来，《自由论文》的结尾处 ① 显示出，在体系问题上，谢林最终所相信的是，"只要真正统一者的统一性即绝对者的统一性被正确理解了，体系问题亦即存在者整体的统一性问题就被拯救了"②。谢林所思考的这种"绝对者的统一性"还早于根据与实存之二分性，也因而不是共属者的统一性，而是"绝对无差异"。谢林有时也将其命名为"源初根据"或"非根据" ③。谢林的"绝对无差异"并非黑格尔所理解的那样不堪，而应被真切地理解为这样一种源始的统一性："共属一体者本身甚至应该是源出于这种源始的统一性的。……能被判归给这种源始统一性的独一无二的谓词，乃是无谓词性。绝对无差异是这种意义上的无，即每一种存在之断言在它面前都什么也不是。" ④

谢林似乎是想以此来克服他在"根据与实存"问题上面临的困难。而海德格尔对这种"绝对无差异"思想的点评则是："即便在这里谢林也没有看到一种本质性步伐的必要性。" ⑤ 这一措辞耐人寻

---

① F. W. J. Schelling, *Über das Wesen der menschlichen Freiheit*, S. 126–138.

② GA 42, S. 279.

③ GA 42, S. 213.

④ GA 42, S. 280.

⑤ GA 42, S. 280.

味。所谓"即便在这里"，事实上以某种方式承认了，这种作为"源始统一性"的"绝对无差异"已经接近了"关联为本"的存在关联之思。但也正是在这里，《自由论文》遭遇了再也无法前行的大限，看不出迈出"一种本质性步伐的必要性"。迈出这种"本质性步伐"，海德格尔暗示道，就可通达这一洞见："倘若存在事实上不能言说绝对者，那么其中就存在着这样一种情形，即一切存在之本质都是有限性，并且只有有限地生存着的东西才有那种特权和痛苦，即去仁立在存在本身之中并去经验作为存在者的真实者。"① 换言之，"绝对无差异"之思再往前迈出一个本质步骤，就可以通达对"存在之有限性"和"人之有限性"的关键洞见，正是这两种有限性才能使"存在与人之关联"的内在机制得到真正成就：存在是有限的，存在需用人；人是有限的，人需用存在。然而，受制于形而上学传统的《自由论文》终究无法迈出这关键的一步，无法真切思入存在之有限性。这同样也就是《自由论文》之大限。

　　但着眼于宏观远景，这种大限仍然具有深远意义。海德格尔指出：谢林在《自由论文》之后"长期缄默"的思想道路仍根本地受制于《自由论文》，因为《自由论文》不仅意味着谢林思想的巅峰也同时意味着谢林思想的巨大挫折；甚至谢林之后的那个独一无二的本质性的思想家，尼采，也在其真正的作品即《权力意志》中遭遇了根本挫折，而且是出于同样的根据。但是最伟大思想家的这两次巨大挫折并非什么否定性的东西，相反，它们恰恰标识出他们乃是预示着另一开端的思想家，"这种挫折是一种完全不同的东西之升临

---

①　GA 42, S. 280.

的标志，是标示着一种新开端的远方无声闪电"①。

最终，通过上述两种向度的考察，海德格尔对《自由论文》的定位与根据就得到了完整揭示。与此同时，对于海德格尔思想本身，对于这种以"转入另一开端"为本己任务的思想而言，《自由论文》的意义也就变得愈发清晰了。

1936 年 5 月 16 日，在"谢林讲座"（GA 42）业已启动之际，海德格尔在给雅斯贝尔斯的信中写道："现在我又处在日常工作中了——始终只是在做阐释；这一次仅仅讲解谢林的《自由论文》，它就像我十五年前的'亚里士多德阐释'那样，让我费尽了心力。"②当事人的这一表态意味深长。鉴于海德格尔十五年前亦即 1921 年的"亚里士多德阐释"（GA 61）的关键性——它标志着《存在与时间》之路的正式启程，1936 年"谢林讲座"的意义也就得到了暗示：它同样构成了海德格尔思想道路的一个重要"关口"。

这一"关口"的意义主要呈现在下述事情中③：《自由论文》之"极限"乃是一种独特的挫折，"这种挫折凸显的是这样一些困难，它们在西方哲学的开端处就已经被确定了，而且不可以从这种开端而来得到克服"④。但也正因此，《自由论文》的重要意义也就同时得到了确认："一种通过第一开端的第二开端由此变得必要了，但这仅仅是

---

① GA 42, S. 5.

② Heidegger/Jaspers, *Briefwechsel 1920–1963*, S. 161.

③ 这一"关口"的重要性同时也表现为，GA 42 构成了海德格尔与纳粹主义的告别之标志。"为哲学之尊严而暗自斗争"（Heidegger/Jaspers, *Briefwechsel 1920–1963*, S. 162）以及"精神，而非政治，才是命运。但精神之本质乃是自由"（GA 42, S. 3），成为这一"告别"的实质诉求。

④ GA 42, S. 279.

在对第一开端的完全转变中才是可能的，而绝不是通过一种单纯的对第一开端的留滞而变得可能。"① 正是《自由论文》的"极限"使海德格尔看清了，必须对西方思想的第一开端予以断联性的转化，而不能单纯地予以延承接续。因此，对于海德格尔而言，"这种挫折是一种完全不同的东西之升临的标志，是标示着一种全新开端的远方无声闪电"，并且"谁若真正知晓这种挫折的根据并认知着掌握和克服这种根据，谁就必然成为西方哲学之全新开端的奠基者"。②

与 GA 42 同年开始创作的《哲学论稿》（GA 65），就是海德格尔掌握和克服上述"挫折之根据"以思入"另一开端"的根本尝试。作为公开讲座的 GA 42 与作为私密文本的 GA 65 因而构成了深刻的表里呼应关系。后者的重要性，无论我们对它的认识深化到何种程度，推进到何种地步，始终构成了对前者之重要性的回指见证。③

在此意义上，着眼于《自由论文》的极限性和预示性，海德格尔对《自由论文》的定位和根据也就得到了根本阐明。《自由论文》运作于已说与未说之间，摹写着西方思想的来路与走势，堪称"西方哲学最深刻的作品之一"，并且，它和包括《存在与时间》在内的一切最深刻的思想作品一样，都进入了一种奇特的命运合奏之中：在界限之力的护佑下，它们往往是由于其"失败"而取得了其不可思议的"成功"。这种作品的深意，因而就还始终未被穷尽，而对这种作品的"保存"，就始终还是当下乃至未来之思想的任务。

---

① GA 42, S. 279.

② GA 42, S. 5.

③ 德国学者珀格勒教授在给薛华先生的信中也指出，GA 42 "虽然属于一种讲座稿，但在海德格尔的思想及其发展中却是重要的"。参见海德格尔：《谢林论人类自由的本质》，"译者后记"，第 333 页。

第九章　整体评判中的
黑格尔哲学之定位

　　通过此前的考察工作我们已经看到，海德格尔在具体实行其"整体评判"工作时，在他的"康德阐释""费希特阐释"以及"谢林阐释"中都坚持了这样一种做法，即要以思想家的一部代表性著作来阐发相关思想的决定性问题机制，海德格尔的"黑格尔阐释"也不例外。他为此选定的著作就是黑格尔的《精神现象学》。

　　海德格尔非常重视《精神现象学》，也对之做过多次阐释，其中篇幅最大、最"完整"的是其 1930/1931 年冬季学期讲座《黑格尔的〈精神现象学〉》（GA 32）。[①] 这里所谓的"完整"并非形式意义上的，因为海德格尔始终没有通篇阐释过《精神现象学》，即使在篇幅最大的 GA 32 中，他也只是讲解了《精神现象学》的"意识"和"自身意识"这两部分[②]，更确切地说，只讲到"自身意识"第四章开头

---

　　① 　海德格尔还在 1942/1943 年间对《精神现象学》的"导论"进行过详细阐释，其成果以不同形式分别收录在全集第 5 卷《林中路》和第 68 卷《黑格尔》中。全集第 86 卷《研讨班：黑格尔与谢林》也收录了海德格尔在 20 世纪 40 年代初对《精神现象学》"序言"和"导论"的几个阐释文本。此外，海德格尔在 30 年代中期也有两个阐释《精神现象学》的课程，但其文本未被纳入既有全集框架，何时面世尚不可知。限于篇幅，**本研究将主要依据 GA 32 来展开探讨。**

　　② 　在 GA 32 中，为了径直阐释实质事情，海德格尔在形式上跳过了（转下页）

的那个晦涩难懂的"导言"①，此后内容（包括著名的主奴辩证法）都一概略去了。即便如此，GA 32 仍然堪称海德格尔对《精神现象学》的一次"完整"阐释，这种非同寻常的"完整性理解"植根于海德格尔对《精神现象学》的独特研究策略，按他的说法即，之所以只讲到"自身意识"，乃是由于全书的主旨和难题至此已得到真正阐明，此后已是高屋建瓴，一马平川，再无哲学理解上的困难。② 换言之，在海德格尔看来，在对"自身意识"的解读工作中，《精神现象学》最根本的问题已经得到阐释，这种阐释达成了一种实质意义上的"完整"，已无须再在形式上做添足之事。

　　但对于后至的观察者而言，上述立场显然立即就会激发起这样一些问题：在海德格尔的视野中，《精神现象学》最根本的问题是什么？"自身意识"又意味着什么？对它的解读何以能够阐明根本问题？这种阐释工作的旨趣何在，它又通向何处？

第一节　对《精神现象学》之主旨的理解

　　众所周知，《精神现象学》在结构上由"序言""导论""意识"

（接上页）《精神现象学》的"序言"和"导论"，但并非没有论及，而且为他此后展开的相应阐释奠定了基础。黑格尔的"Selbstbewußtsein"通常被译为"自我意识"，本研究之所以选择"自身意识"译名，主要是基于这一考虑："自身意识"本就涵摄了"自我意识"之义，但反过来看，"自我意识"之译名却难以传达从"自然意识"到"实在知识"之自释进程中至关重要的"自身"之义。关于本章的引用，在我的译文与既有中译本区别较大时我将引用原作，而且将尽量引用读者更易获得的"理论著作版"《黑格尔著作集》，必要情况下也将引用"历史考证版"《黑格尔全集》。

　　① G. W. F. Hegel, *Werke. Band 3. Phänomenologie des Geistes*, S. 137-145.
　　② 参见 GA 32, S. 189。

"自身意识""理性""精神""宗教""绝对知识"这几个环节构成。作为正文第二部分，"自身意识"在今天备受关注而且往往是凭借其中的"主奴辩证法"而著称于世，但在海德格尔之前，在1930/1931年之前，如此强调"自身意识"这一环节的决定性意义、将之视为《精神现象学》之"主旨"的解读者几乎没有，而且这种解读与《精神现象学》的文本布局似乎也有不协调之处。

因此，在对海德格尔的立场展开探讨之前，有必要简略考察一下黑格尔的自我理解以及西方学界在1930/1931年以前对《精神现象学》之主旨的代表性看法。而之所以要以这个时间点作为界标，乃是基于两点考虑：其一，这种指向一种对照的考察工作需要这样的界标，它可以使我们更加深刻地观察海德格尔"精神现象学阐释"的兴起背景及其纵深意义；其二，海德格尔在阐释《精神现象学》时对"自身意识"的高度强调对此后学者产生了深远影响，对此可参见伽达默尔、维尔纳·马克思（Werner Marx）、欧根·芬克等人的相关阐释 ①，对1930/1931年之后相关研究的考察已经不可能撇开海德格尔阐释工作的效应史，但对此的细分和深究已经超出了本章的主题和任务。

按照这个时间点，我们对"既有理解"的考察将分为两部分，首先考察黑格尔本人的自我理解，其次考察学界在1930/1931年之前的相关理解。

---

① 伽达默尔：《伽达默尔论黑格尔》，张志伟译，北京：光明日报出版社，1992年。维尔纳·马克思：《黑格尔的〈精神现象学〉——"序言"和"导论"中对其理念的规定》，谢永康译，北京：人民出版社，2015年。欧根·芬克：《黑格尔〈精神现象学〉的现象学阐释》，贾红雨等译，上海：上海书店出版社，2011年。

黑格尔本人对《精神现象学》主旨的理解事实上已蕴含在书名的变迁史中。此书的初始名称是《科学体系。第一部分：意识经验的科学》，后改为《科学体系。第一部分：精神现象学的科学》，正式出版时又改为《科学体系。第一部分：精神现象学》，只是在1832 年作为《黑格尔全集》第二卷出版时，它才被编者依照后期黑格尔的意图和他去世之前的一个指示 ① 改为今天通行的书名即《精神现象学》。这四个名称构成了两类，第一类由前三个名称构成，第四个名称自成一类。这两类名称似乎指示出了黑格尔在不同阶段对《精神现象学》之主旨的不同理解。

从第一类名称来看，黑格尔对《精神现象学》的初始定位是非常明确的。首先，"意识"在广义上被黑格尔理解为"知识"，二者可以相互阐释，"经验"则被其理解为"意识对其自身所施行的辩证运动" ②，这种运动的本性在于，"意识之经验的序列自行提升为科学之进程" ③，并且鉴于"这条通向科学的道路本身就已经是科学了" ④，这种意义上的"意识"也就是"精神"，意识之经验的科学也就是精神之现象学，而精神现象学就是要呈现相对知识向绝对知识的转变过程，或者说，就是要呈现绝对知识的自身证明过程。其次，精神现象学效力于"科学体系"，并且是它的"第一部分"。所谓"科学体系"即作为整体的绝对知识，而这个"第一部分"，实指"基

---

① G. W. F. Hegel, *Gesammelte Werke, Band 21, Wissenschaft der Logik I-1 (1832)*, Felix Meiner Verlag, 1985, S. 9.

② G. W. F. Hegel, *Werke. Band 3. Phänomenologie des Geistes*, S. 78.

③ G. W. F. Hegel, *Werke. Band 3. Phänomenologie des Geistes*, S. 79.

④ G. W. F. Hegel, *Werke. Band 3. Phänomenologie des Geistes*, S. 80.

础"。因此，这一定位最终可以转释为：精神现象学是作为整体的绝对知识的基础。也正是基于这一定位，黑格尔在 1807 年自拟的书讯中把《精神现象学》之主旨概括为："这卷书呈现了那种**变成着的知识**（das *werdende Wissen*）。精神现象学应当取代对'知识之奠基'（die Begründung des Wissens）的诸多心理学解释或抽象探讨。它从一个视角而来考察科学之**准备**，它也由此而是一种新的、有趣的科学，并且是哲学的第一科学。"① 在 1812 年的《逻辑学》"序言"中，黑格尔虽然没有对此书冠以"科学体系·第二部分"这样的主标题，但他却借此再次申明了《精神现象学》的主旨：《精神现象学》的工作是要把意识呈现出来，意识是显现着的精神，但又是一种相对知识。然而这种相对知识必然会在一条道路上成为绝对知识，它的这种推进运动仅仅是依赖于纯粹本质性的本性，正是这些纯粹本质性才构成了逻辑学的内容。逻辑学因而构成了精神现象学的第一续篇。② 换言之，对精神之现象学道路的呈现，同时就是对制约着这种"推进运动"之纯粹本质性之本性的沉思，在此意义上，精神现象学的根本旨趣就指向了对绝对知识之本性的沉思③，也正因此，精神现象学才堪称"科学体系"之始基，它的任务就在于"导入体系"。④

但从第二类名称来看，黑格尔后来又在形式上取消了"科学体

---

① G. W. F. Hegel, *Werke. Band 3. Phänomenologie des Geistes*, S. 593.

② 参见 G. W. F. Hegel, *Werke. Band 5. Wissenschaft der Logik I*, Suhrkamp Verlag, 1969, S. 17–18。

③ G. W. F. Hegel, *Werke. Band 3. Phänomenologie des Geistes*, S. 81.

④ 参见 G. W. F. Hegel, *Gesammelte Werke, Band 9, Phänomenologie des Geistes*, Felix Meiner Verlag, 1980, S. 457, 463。

系。第一部分"这一称号，似乎由此取消了对《精神现象学》的科学体系之始基的定位。这一举措耐人寻味。在黑格尔 1807 年的规划中，《精神现象学》是科学体系的第一部分，第二部分则包含逻辑学、自然科学、精神科学。[①] 但在 1817 年完成的"哲学全书体系"（由逻辑学、自然哲学、精神哲学三个部分构成）中，精神现象学已经失去了体系之始基的位置，甚至在"精神哲学"的"主观精神"中就包含着一种"现象学"。[②] 如何理解黑格尔的这一做法，学界历来有争议 [③]，但人们也大都承认，这一书名的变迁实际上反映了黑格尔体系观念的一种变化：按 1807 年的体系规划，为通向绝对知识之体系，黑格尔认为还需要一个基础的启始之功用，而按照 1817 年的那个臻于完成的体系规划，这个基础已经不再被需要。

但这种从"需要"到"不需要"的变化又意味着什么呢？意味着黑格尔对《精神现象学》的定位和对其主旨的理解前后冲突吗？我认为，基于对上述两种情形的回顾，我们恰恰应以一种超越性的目光看出，黑格尔对《精神现象学》的定位事实上是前后统一的：由于它是科学体系之始基，它才在 1807 年的体系规划中被如此需要；同样，它之所以在 1817 年的体系规划中被略去，也仍是因为它是科学体系之始基，被略去恰恰证明它还是始基，亦即，它是对体

① G. W. F. Hegel, *Werke. Band 3. Phänomenologie des Geistes*, S. 593.

② G. W. F. Hegel, *Gesammelte Werke, Band 13, Enzyklopaedie der philosophischen Wissenschaften im Grundrisse (1817)*, Felix Meiner Verlag, 2000, S. 194–223.

③ 《哲学科学百科全书纲要（1817）》的编者基于对黑格尔纽伦堡教学生涯（1808—1816）的分析给出了一种解释，可以参考 G. W. F. Hegel, *Gesammelte Werke, Band 13, Enzyklopaedie der philosophischen Wissenschaften im Grundrisse (1817)*, S. 622–623。

系具有启始之功用的基础，但却不是这个体系能够借以绝对地开始的那个"开端"。而基于这种定位在实质意义上的前后统一，我们也就有足够理由认为，黑格尔对《精神现象学》之主旨的自我理解也**在实质意义**上是统一的：《精神现象学》指向了对绝对知识之本性的沉思。

但另一方面，这种沉思究竟意味着什么？是否并不仅仅是体系之导引，而是对黑格尔整个哲学之主旨的先行刻画甚至是独一无二的刻画？当事人并未对这种复杂而微妙的情形做出决定性的自我澄清（按珀格勒的说法即，后期黑格尔一方面知道无法在体系中给精神现象学安排一个适宜位置，但另一方面也没有明确远离它 ①，他没有对《精神现象学》的意义给出过明确规定）②，加上那两类名称的先后存在，尤其是后者在形式上对前者的取代，就使得学界对《精神现象学》之主旨的理解遭到不同程度的干扰，这种干扰甚至参与构成了《精神现象学》的效应史本身，并且由于"哲学全书体系"的完成性与影响力，以及整个黑格尔主义哲学在 19 世纪后期到 20 世纪初期的严重衰颓，最终就导致了《精神现象学》在相当长的一段时期内都不受学界重视。

按照珀格勒的研究，19 世纪黑格尔学派的绝大多数人都对《精神现象学》持消极态度，例如米什莱（K. L. Michelet）认为《精神现象学》属于黑格尔的发展历程，但不属于体系，不属于黑格尔的本

---

① Otto Pöggeler, "Zur Deutung der Phänomenologie des Geistes", in: *Hegel-Studien*, Band 1, 1961, S. 257.

② Otto Pöggeler, "Zur Deutung der Phänomenologie des Geistes", in: *Hegel-Studien*, Band 1, 1961, S. 261.

真成就，甚至其纪念黑格尔百年诞辰的名作《驳不倒的世界哲人黑格尔》(1870)对《精神现象学》就根本置之不顾了；罗森克兰茨(K. Rosenkranz)则把《精神现象学》定位为黑格尔直到 1807 年的一种体系危机，其核心论据在于，精神现象学无法被归置到体系内部去，而且以不适宜的方式把体系之要素(意识)给先行扩展开来了。少数持肯定态度的人如迦布勒(G. A. Gabler)也只是认为《精神现象学》构成了体系的一种"入门"，构成了一种"主观开端"。[①]

在黑格尔学派外部，情况也大致相同。这突出地体现在当时极具影响力的哲学史视野中。文德尔班在《哲学史教程》(1908)中虽然指出黑格尔哲学所有发展进程的相互交错"都在《精神现象学》中用晦涩难懂的语言和神秘的暗示性的深奥哲思呈现了出来"，但也仍然认为其旨趣定向于"使人们最好地找到进入'理性体系'的入门路径"。[②] 弗兰德的《哲学史》(1919)也坚持认为《精神现象学》是体系之入门，但同时也是精神哲学的一部分。[③] 梯利的《西方哲学史》(1914)在相关环节则干脆只谈《精神哲学》，对《精神现象学》只字未提。在所有这些观察者中，马克思乃是例外，但载有其深刻断言("精神现象学是黑格尔哲学的真正诞生地和秘密")的《1844 年经济学哲学手稿》也只是在 1932 年才首次正式发表。

[①] Otto Pöggeler, "Zur Deutung der Phänomenologie des Geistes", in: *Hegel-Studien*, Band 1, 1961, S. 257–259.

[②] W. Windelband, *Lehrbuch der Geschichte der Philosophie*, 3. Auflage, J. C. B. Mohr, 1908, S. 505.

[③] Karl Vorländer, *Geschichte der Philosophie*, Band II, 5. Auflage, Leipzig 1919, S. 310.

　　因此,综上来看,当海德格尔在 1930/1931 年冬季学期阐释《精神现象学》时,他所面临的既有研究局面是相当惨淡的,而且尽管出于种种因素特别是受狄尔泰工作的影响,德国学界自 20 世纪 20 年代起开始了黑格尔体系哲学的复兴思潮,但在《精神现象学》的研究上也仍然没有起色。也正因此,当海德格尔在此课程中向学生指定参考文献时,他仅仅提到了一个令哲学史家们都感到极其陌生的人名:"每个人,按照其判断能力和内在的哲学确信,从快速增长的黑格尔研究文献中去什么都读或什么都不读,这都随他的便。为了阐释《精神现象学》,特别且唯一一应予关注的乃是中学教师普尔普斯(Wilhelm Purpus)的研究著作:……《论黑格尔的意识辩证法》(柏林,1908)。"① 普尔普斯 ② 这部书的副标题是"一部对《精神现象学》予以赏识的论稿",这种逆势而动的姿态显得相当触目,与海德格尔这个"黑格尔讲座"(GA 32)的旨趣有合辙之态。

　　但海德格尔的青眼有加显然还有别的理由,他在课程中向学生解释道,普尔普斯的研究极其细致且极其朴实,而且是在那个当人们在哲学上认真对待黑格尔就还会被嘲笑的时代里做出的。其研究布局之特点在于,把黑格尔所有其他著作和演讲录中与《精神现象学》的若干篇章 ③ 相呼应的平行文本聚集起来,做到从黑格尔

---

　　①　GA 32, S. 58.

　　②　按照其博士论文所附简历,普尔普斯 1869 年生于美国俄亥俄州克里夫兰,在德国完成中学教育和大学教育,主修古典语文学,1899 年以论文《波菲利对动物灵魂的看法》在德国埃尔朗根大学获哲学博士学位,先后在格林斯塔特和施韦因富特等地担任高中教师。此后生平信息不详。

　　③　普尔普斯的这部著作只探讨了《精神现象学》的"感性确定性"与"知觉"这两部分。

自身出发来阐释黑格尔。但这种做法也要极为小心，海德格尔警告道，尤其是当我们要去思考《精神现象学》的**本真筹划**时，这种做法就显然有限了，并且从黑格尔自己的作品而来对黑格尔加以阐释并不就能保证让那个封闭的问题机制鲜活起来。另一方面，海德格尔也指出，他的这一限制和警告并不是想要削减普尔普斯这一研究的分量，尤其考虑到 20 世纪 30 年代初的哲学教授和讲师们还在不怎么费力地搞出一套又一套的对黑格尔整个哲学的"光闪闪的"整体阐述之际，普尔普斯的这个专心致力于"赏识"《精神现象学》的研究就应值得重视。①

由此而来，海德格尔自己的研究立场也就获得了先行披露：我们要重视黑格尔的文本本身，但更要以内在之超越的姿态重新解释《精神现象学》，不能仅仅固执于文本表面，而是要释放并沉思其中未被思考的可能性。也正因此，海德格尔不满于仅仅用后期体系来框定《精神现象学》之意旨的做法，而是强调要深究《精神现象学》的"本真筹划"，指出我们不能仅仅停留在"体系之导入"层面的理解，以至于即便是黑格尔的自我理解，海德格尔也要与之展开一场历史性的争辩。

海德格尔的这种"争辩"，并不是对黑格尔思想的贬斥性评判，"并不意味着去否定它，而是要**真正理解着**肯定它的伟大"②，这种争辩事实上恰恰"重取"了黑格尔的基本立场——"《精神现象学》指向了对绝对知识之本性的沉思"——并由此激活了一种进一步

---

① 参见 GA 32, S. 58–59。

② GA 32, S. 212.

的、黑格尔本人都未予以澄清的追问：这种对绝对知识之本性的沉思究竟意味着什么？也正是在这一追问中，海德格尔明确了"自身意识"在《精神现象学》中的决定性意义。

但在对此做出详尽阐述之前，为了对这一追问有更深刻的把握，我们有必要先来看一下海德格尔是如何走向这一追问的，他是为何而问的，亦即要在具体语境中揭示出这种"精神现象学阐释"的基本意图。

1930/1931 年的"黑格尔讲座"（GA 32）并非破空袭来，而是有其深远历程。在 1915 年的教授资格论文的结尾处，海德格尔就宣称他的哲思目标是要同黑格尔哲学展开一场"原则性的争辩"[①]。但这一争辩工作的具体实施方案，却是在 1930 年的"黑格尔报告"中才真正得到规划。1930 年 3 月 22 日，海德格尔在阿姆斯特丹做了名为《黑格尔与形而上学疑难问题》的报告。这篇报告不仅直接导致了 GA 32 的形成，而且间接影响了同年秋天的演讲《论真理的本质》。在这篇非常重要的报告中，海德格尔指出：

> 倘若黑格尔的形而上学显示出西方形而上学的完成，那么，我们如何能够依然谈论一种形而上学的疑难问题？……但是形而上学仍然是一个可能的疑难问题，也就是说：与黑格尔的争辩变得必要了，虽然黑格尔的形而上学的确是完成；特别地，假如那种在黑格尔那里臻于其完成的东西，本身并不是**源始的**东西，并且，假如那种臻于其终结的形而上学乃是这样一

---

① 海德格尔：《早期著作》，第 503 页。

种形而上学，在其中，基础问题并未呈现出来，那么，与黑格尔的争辩就更为必要了。①

这里的"形而上学之疑难问题"特指"基础问题"。② 正是在这个报告中，海德格尔首次提出了形而上学的"基础问题"与"主导问题"的区分。这一区分对其此后的存在历史阐释影响至为深远。主导问题问的是"什么是存在者"，在实质上追问的是"存在者之为存在者"亦即"存在者之存在"③；基础问题则是对作为存在者之基础的存在自身的发问，即"什么是存在之为存在"④，并且由于这种彻底之发问向发问者的反冲而在实质意义上成为"存在与人之关联"问题。⑤ 主导问题贯彻呈现于形而上学之中，但基础问题却是以决定着形而上学整体的方式支配着形而上学，也正因此，基础问题往往不会在形而上学之中呈现出来。主导问题显然隶属于形而上学，而基础问题，虽然也冠之以"形而上学的"，但并不隶属于形而上学，而是表示其所追问的乃形而上学的隐秘根据（在此意义上它也就是思想之基础问题，海德格尔是以后来又把"基础问题"之内容表述为"存有如何本现"⑥）。因此，基础问题是一个比主导问题更源始并决定着主导问题的问题，但基础问题也不能自成其是，而是需要主导问题的显现并隐匿在这种显现中。因此，为了追问这种更为源

---

① GA 80.1, S. 297.
② GA 80.1, S. 313.
③ GA 80.1, S. 299.
④ GA 80.1, S. 301.
⑤ 参见 GA 80.1, S. 301–302。
⑥ 海德格尔：《哲学论稿（从本有而来）》，第 83、86 页。

始的基础问题，就需要与主导问题之显现的历史展开争辩，尤其是要与作为这种显现历史之完成的黑格尔哲学展开争辩。换言之，海德格尔与黑格尔哲学的争辩，最终乃是为了通向基础问题并展开对它的追问，这才是其真正旨趣。然而这种争辩的运作机制又是怎样的呢？海德格尔在同一篇报告中接着分析道：

> 倘若黑格尔的形而上学是西方形而上学之完成，那么朝着在其中起作用的古代肇端和近代动机的方向**继续前行**就变得不可能了。唯一能做的就是对传统的主导问题——"什么是存在者？"——进行**重取**（*Wiederholung*），但却要这样做，即这种发问把自身带回到对形而上学保持隐蔽但又对之起奠基作用的那个基础中去，也就是说，使得对存在之本质和其本质根据的那种具体追问得到加工呈现并真正发生。基础问题的这种展现出来的问题机制植根于那种通过《存在与时间》之标题而得到显示的问题机制中。①

作为西方形而上学的完成，以"实体即主体"标示自身的黑格尔哲学必然蕴含着某种极限性的东西。这种"极限性"意味着，黑格尔哲学一方面因其深刻性而以不可思议的方式触探到形而上学的隐秘基础，在此意义上构成形而上学之"终极"，另一方面它又始终无法突破形而上学本身，具有根深蒂固的"限度"。因此，与黑格尔哲学的争辩就不能是对其中古代肇端（实体问题）与近代动机（主

---

① GA 80.1, S. 310.

体问题）的进一步推进，因为着眼于其完成性这种推进也已经不再可能，而只能是以返转姿态对贯彻黑格尔哲学乃至整个形而上学的那个主导问题即"什么是存在者"予以"重取"，加以重新把握与重新激活，亦即要在对主导问题之提法与答案的"展开着的克服"中走向那个自行隐蔽的基础问题。而这个"基础问题"，就是《存在与时间》所倾力致思的那个基础问题："人与存在之关联。"①

也正是 1930 年 3 月"黑格尔报告"中的这些关键洞见才使得海德格尔对其一年前的就职演讲《形而上学是什么？》的主旨有了更深刻的把握，这鲜明地呈现在他 1930 年 6 月为《形而上学是什么？》日译本（东京理想社）撰写的"前言"中：

> 作者相信他已然看清，把西方形而上学传统的主导问题"什么是存在者？"更为源始地加工呈现为那个承受着并引导着西方形而上学的基础问题"什么是存在？"，正是哲学的当下任务。由此同时被发问的是：存在之敞开状态的那种内在的可能性和必要性奠基于何处？
>
> 在对这一基础问题的效力中，眼下的这一演讲试图去指明**无**归属于**作为存在的存在**之本质这一事实，并且要指明前者如何归属于后者。由此，存在根本地表明自身乃是有限性。但是人，作为一种必须且能够言说"存在"（ist）的存在者，由此就揭示出了他的有限性的那个最深的根据。因此，问向人的此在之本质的那个问题——对它进行追问的方式和向度正如它在

---

① 参见 GA 80.1, S. 301-302。

《存在与时间》中被展开的那样——就变成了对形而上学之问题机制的奠基。①

　　这番表述通过两段话分别重申了上述"黑格尔报告"的两个基本洞见：其一，当下的任务乃是要重取主导问题以去追问基础问题，其二，这个基础问题就是"存在与人之关联"。海德格尔此时为自己定下的任务已经明确呈现出来。

　　而对于这一"当下任务"的迫切实行，就是 1930/1931 年冬季学期讲座《黑格尔的〈精神现象学〉》。1930 年 9 月 20 日，在给布洛赫曼的信中，海德格尔写道，冬季学期刚刚开始，此前整个暑假的"大部分时间都被用于撰写冬季学期的讲座稿——一种与黑格尔《精神现象学》的阐释性的争辩。我将如何挺过这场斗争，我还不知道；但无论如何它都是一个学习本质性东西的机会"②。这里的措辞，"一个学习本质性东西的机会"，明白无误地表明了 GA 32 的定位：它不是对一种旧规的简单因循，而是对一种新任务的辛苦致力。

　　但这种新任务（通过与黑格尔的争辩重取主导问题以通向基础问题），为何特别指向了对《精神现象学》的阐释而不是对《逻辑学》或其他著作的阐释？在"黑格尔报告"中，海德格尔已经指出，黑格尔形而上学的基本特征就在于，"黑格尔的形而上学是'逻辑学'

---

①　　GA 16, S. 66.

②　　Martin Heidegger/Elisabeth Blochmann, *Briefwechsel 1918–1969*, Marbach am Neckar 1990, S. 38.

并且恰恰作为逻辑学而是西方形而上学的完成"①,"但黑格尔并不像他的同时代人那样始终按部就班地行事(参见《精神现象学》'序言'),毋宁说,他敢于冒着风险去做伟大的东西并且一直做到让伟大事物臻于宏伟之实现"②,也正是基于这种判断以及对《精神现象学》与《逻辑学》之亲缘关系的理解,海德格尔必然会首要地关注《精神现象学》的"本真筹划",因为在这种筹划中黑格尔已经冒着风险去行伟大之事了,他并不会按部就班地在作为"第一续篇"的《逻辑学》中才首度行此伟大之事——按这个"黑格尔报告"中的原话即,"黑格尔在《精神现象学》中就已经实行了向哲学之绝对维度的上升并已经在《精神现象学》中赢得了对哲学之绝对维度的确保"③。

至此,所有这些关键文献,作为一种共同指示,已然使我们看清了海德格尔是如何走向"精神现象学阐释"并且是为何而问的,1930/1931年的"黑格尔讲座"(GA 32)并不是一种偶然出现的课程设置,而是其思想道路上的重要任务和关键路标,其中贯彻着一种坚定的、意义深远的问题导向。唯有基于这样的洞见,我们才能在 GA 32 之文本的复杂阐述中看清其根本旨意与最终诉求。

第二节　自身意识与基础问题

如前所述,GA 32 只阐释了《精神现象学》的"意识"和"自身意识"这两部分文本,而且对后者也只是解读了其开头的几页文字。

---

①　GA 80.1, S. 285–286.

②　GA 80.1, S. 297.

③　GA 80.1, S. 313.

但其阐释工作却非常细致，限于篇幅，本章的任务不在于重述其具体细节，而是要提纲挈领地勾勒其中要点，呈现海德格尔对《精神现象学》之主旨的整体阐释。

在 GA 32 的"导论"中，海德格尔首先通过分析指出了精神现象学在"科学体系"中具有一种"双重位置"：它以某种方式是体系的始基，同时也是体系内的"精神哲学"中的一个从属部分。但海德格尔强调，精神现象学的这种双重位置并不意味着黑格尔没有搞清楚精神现象学及其功用，毋宁说，这种双重位置乃是从体系中自发形成的。他于是紧接着提出了三个提纲挈领的问题：1. 精神现象学的这种双重位置是如何被体系性地论证的？ 2. 黑格尔在他的地基上究竟能在多大程度上做出这种论证？ 3. 哲学的何种基础性问题在精神现象学的这种双重位置中得到了显示？海德格尔声称，这些问题是不可逃避的，在对精神现象学的整个阐释工作的语境中，它们是必须要加以追问的，它们关乎精神现象学的首要特征和本质维度。①

这三个问题构成了 GA 32 的内在主线，同时也构成了我们追踪其主旨阐释工作的根本依据，因为从中不难看出，最后一个问题乃是全部三个问题的重音所在，此即在《精神现象学》的二重位置中显示出了哲学的何种基础问题？这意味着，仅仅依据 GA 32 的文本也能看出，海德格尔对《精神现象学》主旨的阐释从一开始就已经定向于"基础问题"，但同时我们要注意到，对第三个问题的追问也不能径直展开而独成其是，而必须通过对前两个问题的耐心展开，

---

① 参见 GA 32, S. 12–13。

这不仅是先前就已明确提出的那个"当下任务"即"重取主导问题以通向基础问题"的具体要求,而且是由于在对前两个问题的既有理解中可能充斥着种种遮蔽。

要适宜地理解这种"双重位置",关键在于弄清黑格尔所谓的"体系"究竟意味着什么。海德格尔为此分析道:在黑格尔的语境中,"体系"乃存在之关联问题,这是黑格尔在其 1801 年论文《费希特与谢林哲学体系之差异》中就已明确指出的。一切有限者都在其多样性中关联于作为无限者的绝对者,因此才出现了科学之体系的需要,体系问题来源于关联问题。从另一角度讲,科学之体系即绝对知识,绝对知识乃是自身意识意义上的知识,是通过自身意识而实现的对绝对者的认知,因此,体系问题根本乃是存在之关联。甚至可以说,没有看出体系之"关联"含义的黑格尔解释都是没有意义的。[①]

因此,精神现象学的"双重位置"事实上植根于存在之关联问题,哲学的基础问题可以由此而得到显示。但双重位置的表面形态却易于遮蔽这一真相。海德格尔于是分析并驳斥了三种对《精神现象学》之意旨的误解,指出精神现象学不是胡塞尔意义上的现象学,也不是哲学立场的类型学,更不是一种哲学导论(即从所谓的感性的自然意识向一种真正思辨的哲学知识的转变)。[②] 然而《精神现象学》的意旨究竟是什么?基于对体系之根本意义的理解,海德格尔写下了这样的语句,并且暗示这就是他提前做出的最终回

[①] 参见 GA 32, S. 23–24。

[②] 参见 GA 32, S. 40–42。

答："《精神现象学》是**从西方哲学的主导问题和基础问题而来被要求的**并且被德国观念论（绝非任意地）迫入某个向度中去的**理性（*ratio-logos*）的绝对的自身呈现**，黑格尔是在**绝对精神**中发现了这种理性的本质与现实。"[1] 海德格尔在此处文字中所做的着重处理，明确地回指了他阐释《精神现象学》的基本意图。也正是基于这种理解视域，海德格尔认为那种把《精神现象学》当作科学体系之"导论"的做法根本没有衡量出这部著作的真正位置。毋宁是，海德格尔认为，我们应该把《精神现象学》和《逻辑学》看成是同一种东西的两种呈现[2]，更确切地说，我们应从形而上学所固有的"存在一神学"机制出发来理解《精神现象学》与作为"真正科学"的《逻辑学》之关系，并以此来观察易于被精神现象学之"二重性位置"所遮蔽的真相：作为"存在学"的《精神现象学》并不低于也不高于作为"神学"的《逻辑学》，《精神现象学》并非只是通向《逻辑学》的导论，也绝非《精神哲学》的一个隶属环节。一言概之，我们应该重视《精神现象学》的"本真筹划"，应该就《精神现象学》的道路本身，着眼于西方哲学的主导问题和基础问题，来阐释其真正主旨。

在为进入正文而作的"预备性考察"的结尾处，海德格尔再次申明了这一主旨理解，并且有更充分的讲解："黑格尔的《精神现象学》是从西方哲学的主导问题和基础问题而来被要求的理性之自身呈现，这种理性在德国观念论中被认作是绝对的并且被黑格尔解释

---

①　GA 32, S. 42.

②　GA 32, S. 145.

为精神。但古代哲学的主导问题是'**什么是存在者?**'。我们首先可以把这个主导问题转变为基础问题的预先形式:**什么是存在?**"① 所谓问题的预先形式(Vorform),是指该问题的一种先行的、简单的形式,为了阐明其完整含义,海德格尔紧接着指出,他所使用的"存在"(Sein)概念和通常用法一样,具有双重含义,既是在"是什么"意义上使用的,也是在"如何是/存在"意义上使用的。② 其言外之意是,这一基础问题也可以被表述为"存在如何[向人]显现"。如此一来,道说"精神(绝对者/理性)之自身呈现"的《精神现象学》,本身就提供了这样一种可能性——以"基础问题"(存在与人之关联)为路向来阐释《精神现象学》之主旨。

但要真正实现这种可能性,海德格尔还需要迈出两个关键步骤。

其一,他必须阐明术语上的同异。黑格尔的"存在"(Sein)概念看上去迥异于海德格尔的"存在"(Sein)概念。海德格尔的"存在"概念运作在一种二重性中:存在既不是无,又是无本身之枢机。③ 而《精神现象学》中的"存在者"和"存在",海德格尔承认,它们在术语层面上事实上意味着"现存者"(Vorhandene)和"现存性"(Vorhandenheit)④,如此,则海德格尔"精神现象学阐释"的基本意图和根本思路——在《精神现象学》中重取"主导问题"以通向"基础问题"(人与存在之关联)——还能成立吗? 这个问题不可回避而且至关重要,对此,海德格尔在 GA 32 的"预备性考察"中进行

---

①　GA 32, S. 59.

②　GA 32, S. 59.

③　参见 GA 32, S. 59。

④　GA 32, S. 59.

了两个层面的分析：

　　一方面，海德格尔指出，黑格尔在这种受限的意义上使用"存在"这个概念，不是偶然词语选择的任意，也不是自造术语的固执，毋宁说，"这当中存在着的已然是对存在之**实事性的**问题的一种**回答**（eine *Antwort* auf das *sachliche* Problem des Seins），正如古代对此问题所曾展开的探讨那样"①。所谓的这种"受限的意义"事实上是指，黑格尔把"存在者"和"存在"理解为"现成者"和"现成性"，而这种"现成者"又意味着，它乃是片面地仅仅按照对立活动这方面而被表象的东西，由于没有顾及表象活动和表象者，亦即由于缺乏"主体性"（主体—关系—客体）的基本结构要素，它还不是真正的真实者与实在者，相应地，作为"现成性"的"存在"，对于黑格尔而言，也就是那种还不真实的实在性。

　　但所谓的"存在之实事性的问题"是什么？这种"回答"又意味着什么？海德格尔在此非常克制地未予明言，但着眼于 GA 32 正文中的详尽解释与全书语境，他的意思也并不含混，我们将其转释如下：黑格尔把"存在"理解为"还不真实的实在性"，并非某种对存在之意义的贬低之举，而应视为其对存在之丰富本性的一种沉思，更确切地说，他的这种理解凸显了存在之本性中的"自行隐匿"："还不真实的实在性"，实指"存在自行隐匿"。所谓"存在之实事性的问题"就是对以"自行呈现与自行隐匿"为一体的存在之本性的追问，因此，海德格尔声称，"这当中存在着的已然是对存在之**实事性的**问题的一种**回答**"，正如希腊人曾经就"A-letheia"［无－蔽］所致思的

---

① 　GA 32, S. 59–60.

那样。就此而论，海德格尔"精神现象学阐释"的基本思路就仍然是可行的，这一点还将在下一层面的分析中得到进一步澄清。

另一方面，海德格尔紧接着指出，就他的立场而言，"当我们在尽可能大的广度中使用'存在'和'存在者'这些语词时，我们并不是把问题机制向后回拧到古代的问题提法上去，由此就算完事，或由此使古代的问题提法拓展为今日之物。毋宁说，这当中存在着的事情是：对存在者的追问，存在者之追问的方式，即它如何作为问题而涌现，如何必然作为问题而涌现并且如何还必然通过黑格尔而臻于扬弃——这个问题的历史获得了更新，亦即必然被**更源始地**带到运动中了。不是为了改善某种东西，不是为了一种偏爱而尊崇古代，也不是因为这作为一种可能的事务恰好落到我头上了，而是出于我们此在本身的必要性，正是在我们的此在中，存在之问题的那种历史才是**现实性**（*Wirklichkeit*）"①。海德格尔之所以在有明显术语差异的情况下仍然在对黑格尔的阐释中坚持使用"存在"和"存在者"这些术语，关键是考虑到了一种更根本的事实，"存在者是什么"这一问题的历史正是在黑格尔这里"获得了更新"，"必然被**更源始地**带到运动中了"。这番表态也由此重申了他的"精神现象学阐释"的基本意图：在对黑格尔的阐释中，事关宏旨的乃是通过重取"主导问题"（存在者是什么/人与存在者之关联）来通向更源始的"基础问题"（存在是什么［如何显现］/人与存在之关联）。

概而言之，海德格尔承认"存在"概念在他那里和在黑格尔

---

① GA 32, S. 60.

那里是有差异的，但这种差异是一种活生生的、源自存在历史的差异，不是僵死之物的差别，应在更为本源的"同一"中去敞显这种差异的生命力与建构性。① 并且还应看到，即便在外在的术语形态上，黑格尔仍有大致对应于海德格尔"存在"概念的术语，此即"实际性/现实性"（Wirklichkeit），甚至还包括"绝对者"（das Absolute）、"精神"、"绝对精神"等这样一些彼此互释同时又应合了存在之丰富本性的概念。也正是基于上述理解，海德格尔才认为我们可以用一种"和解"的方式（在承认中告别并且在告别中承认）来对待思想术语之差异，以"基础问题"为路向，重释《精神现象学》之主旨。最终，也正是这一步骤为下一步骤开辟了极为深远的运作空间。

其二，海德格尔敏锐地看出，在《精神现象学》中，那种可以通向"基础问题"（存在与人之关联）的关键沉思，自行隐蔽在黑格尔的那个显著命题中："自身意识乃是精神之概念。"② 这句话很少会被研究者忽视，但海德格尔却首度从中读出了深邃意蕴。他提醒我们，黑格尔语境中的"概念"并非通常含义，亦即不是在传统逻辑学的意义上对某物之一般的简单表象，而是意指"那种真理，那种生发为其本土形式的真理，是那种形式，在这种形式中知识绝对地臻于其自身"③，"概念是理性在知识之本质性形态的那种被扬弃了的历史中的绝对的自我把握"④，换言之，概念乃是本质，是本质

---

① 参见 GA 32, S. 60。
② G. W. F. Hegel, *Werke. Band 3. Phänomenologie des Geistes*, S. 145.
③ GA 32, S. 186.
④ GA 32, S. 186–187.

显现之路，是某种东西在其中得以达到其本身的显现，"自身意识是精神之概念"因而就意味着精神在自身意识中本质性地显现并由此得以把握其自身。也正是在这一意义上，黑格尔的这个措辞以及它的变式"精神之本质是自身意识"或"存在之无限性是自身意识"构成了海德格尔阐释《精神现象学》之主旨的主导线索。[①] 按照这一主导线索，海德格尔所要阐明的《精神现象学》之主旨就是："绝对者"，亦即"精神"，亦即"存在"，乃是在人的自身意识中本质显现着的。

　　然而，何谓"自身意识"（Selbstbewußtsein）？"精神"何以能在自身意识中本质显现并如此臻于自身？要理解这一点，需要深刻理解黑格尔语境中的"意识"。一方面，如前所述，黑格尔区分了"意识"的广义与狭义，并把广义上的"意识"理解为"知识"，另一方面，黑格尔也对知识有明确的区分，即分为相对知识和绝对知识，相对知识会陷入和被囚禁在它所知道的东西中，黑格尔把这样的知识称为狭义上的"意识"（Bewußtsein）。[②] 但意识的这种特征，这种对所知者的执持，对存在者之表象的固执，本身就蕴含了一种自行释离以返归自身的可能性和必要性。黑格尔在这里直接取用了康德的成果，因为后者的"哥白尼式革命"事实上就是对这种"自释性"的阐释与论证。因此，对于黑格尔而言，"意识相较于事物，本就有一种自释性"，或者说，"在相对知识的本质中存在着一种自释的

---

　　① 不仅 GA 32 的工作是如此展开，海德格尔后来阐析《精神现象学》之"导论"的《黑格尔的经验概念》一文也仍是按照这一主线进行主旨阐释的，而且比 GA 32 做得更为出色。

　　② GA 32, S. 21.

可能性"。① 而所谓"自身意识"，就是对意识的这种可能性的实现：
"在事物中开显着的意识，一旦它知其自身，它就以某种方式释离
了那些事物——**作为**意识，它自知着成了那种东西，我们相应地将
其称作**自身意识**。"②

　　从义理上讲，所谓绝对知识，就是对相对知识之本性（自释性）
的完全实现，是"纯粹未被束缚的知识、纯粹释离的知识、绝对的
知识"③，这同时也就意味着，它在臻于自身中才完全把握自身。而
自身意识，它实质上是这条道路——自释于对对象（存在者）的依
赖而返归自身并由此转入与精神（存在）之关联——的关键转折点。
就此而论，绝对知识与自身意识具有一种深刻的同构性：它们都是
在返归自身中才得以成其本质。这也正是黑格尔得以道说"自身意
识乃是精神之概念"的关键因素之一；但二者还并不等同，海德格
尔进一步提醒道：自身意识认知着自释于意识并且意识在它那方面
也认知了一种相对知识，自身意识虽然不单纯地系执于在意识中被
意识到的东西，但却系执于作为其所意识者的意识，所以"自身意
识尽管是自释着的，但还是相对的，因而也就不是绝对知识"。

　　着眼于这种同构性和这种差异性，自身意识与绝对知识的关系
就需要得到更加深刻的理解：绝对知识是纯粹的、真正的知识，是
科学。科学之为科学就在于它绝对地认知，它认知绝对者。④ 黑格
尔在《精神现象学》的"导论"中曾对极为微妙又至关重要的"显现"

---

①　GA 32, S. 22.
②　GA 32, S. 22.
③　GA 32, S. 23.
④　GA 32, S. 24.

之二重性做出了解说："显现"已然就是本质 ①，但"显现"还需要一条道路 ②（能否理解这种二重性，决定着我们能否真正理解《精神现象学》），根据这种解说，可以说，自身意识（以及这一关键转折点在双重方向标识出的所有形态）已经是绝对知识，但又还不是绝对知识。这种"已经是"又"还不是"的双重定位撕扯出了一种自行运作的空间，构成了一条自释着的道路，一条"呈现那种变成着的知识" ③ 的道路。正是在这样的道路上，绝对者才臻于对自身的意识（知识），自身意识因而乃是绝对者（精神）的本质显现之路的"枢机"。

更明确地说，这种"枢机"表现在，一方面，精神（存在）在自身意识的这种自释性的历史中臻于显现 ④，自身意识作为"精神之概念"构成了意识之路的转折点，正是在这一关键"转折点"上，意识才经验到何谓"精神"，才得以"从感性之此岸的多彩显像中走出并且出离于超感性之彼岸的空洞黑夜，庄严步入当前之精神性的白昼 ⑤。另一方面，《精神现象学》的一个极为重要的区分即对"显现"（Erscheinung）与"呈现"（Darstellung）的区分。尽管二者在根本上是统一的，但前者仍更多地侧重于"精神的自行显现"，后者则更多侧重于"对精神之显现的呈现工作"即人的"参赞/协助"（Zutun）。精神之显现不能独成其是，必须在人的呈现工作中才能成其本质，因此，说到底，《精神现象学》在整体上是在追踪这条"呈现"之路

---

① 参见 G. W. F. Hegel, *Werke. Band 3. Phänomenologie des Geistes*, S. 80。

② 参见 G. W. F. Hegel, *Werke. Band 3. Phänomenologie des Geistes*, S. 71。

③ G. W. F. Hegel, *Werke. Band 3. Phänomenologie des Geistes*, S. 593.

④ GA 32, S. 188.

⑤ G. W. F. Hegel, *Werke. Band 3. Phänomenologie des Geistes*, S. 145.

（它"呈现那种变成着的知识"①），它也必然要从人的自然意识出发并在进程中使得其本性取得支配地位，但作为关键转折点的自身意识仍非现成之物，而是要经历一条"自释的"（absolvent）意识之路才能抵达，亦即只有通过一条从"自然意识"倒转为"实在知识"的道路、一条"当下即是"但又"自行离释"的道路，才能抵达，它因而是通过"绝对的"（absolute）意识之历史而形成的②，在此意义上，人的自身意识就是绝对者（存在）的本质显现之路，呈现之路即显现之路。这两个方面作为一个统一体共同宣示了海德格尔视野中的《精神现象学》的主旨：对绝对知识之本性的沉思以特有方式指向了对"人与存在之关联"的沉思。

无论是从义理进路还是从篇章布局来看，《精神现象学》的"目标"都无可置疑地是"绝对知识"③，而在自身意识这里，绝对知识的成全之路就已经得到了勘定④，也正是基于这一理解，海德格尔认为，在阐释了"自身意识"的实质意义后，《精神现象学》的主旨和难题已经得到阐明，此后已再无哲学理解上的困难，阐释工作可以到此为止。按他的说法即"自身意识"构成了全书的关键转折，"在这一转折之后，这部著作就仿佛运作在那种特有的、持续地从其自身而来汲取出的清晰性中，并且从此就失去了一切中心性的哲学上的困难"⑤。

---

① G. W. F. Hegel, *Werke. Band 3. Phänomenologie des Geistes*, S. 593.
② GA 32, S. 188.
③ GA 32, S. 50.
④ 参见 GA 32, S. 187。
⑤ GA 32, S. 189.

不仅如此，海德格尔还为他的这种适可而止的解读策略提供了进一步的解释：一方面，"伴随着自身意识，真理本身才首度在家，才首度在其根据和基础之上"①，因此，作为意识之真理，作为决定性的转折，自身意识乃是绝对者之本质显现，构成了《精神现象学》的真正开端，而"开端的正当性不能通过终点来证明，因为终点本身恰恰是开端"②；另一方面，这一"开端"也就是从意识到自身意识的"过渡"，这种过渡不仅是意识向其本质的"回行"③，而且更应视为一种"倒转"，即从"自然意识"倒转为作为"实在知识"之一种的"自身意识"，即从对存在者的固执（自然意识）倒转为与存在的关联（实在知识）。自身意识之所以是"精神之概念"，之所以可按某种方式指向"人与存在之关联"，正因为它乃是一种转化之路，或者说，是一条自释之路或"断－联"之路（**断**离于派生关联而转入本源关**联**）：释离于对存在者的依赖而返归自身并由此转入与存在的本源关联。一言概之，"正是自身意识的这种自释的历史才使得精神达乎显现"④。而这条道路，黑格尔也曾以"经验"（它在黑格尔那里道说着"存在者之存在"）来予以命名，正是在这一意义上，"精神现象学"本就是"意识之经验的科学"。因此，海德格尔最终可以断定，"在根本上事关宏旨的乃是转化，即把［固执于存在者之表象的］知识转化为认知者的那种绝对的自立性，获得在自身中开放的精神之现实"⑤，并且如此挑明"自身意识"的决定性意义："倘若

① GA 32, S. 187.
② GA 32, S. 215.
③ GA 32, S. 194.
④ GA 32, S. 188.
⑤ GA 32, S. 197.

人们不理解在这种过渡中的整个发问活动的位置变化，则人们就完全没有理解《精神现象学》这本书。"①

第三节　黑格尔哲学的极限性

　　基于上述路径并着眼于"基础问题"，海德格尔对"自身意识"的意义遂有了极为特别的理解，"事关宏旨的不是作为反思地可知之物的自身意识（Selbst-*bewußt*-sein）［自身—识知—存在］，而是作为一种相对于存在（对意识而言现成存在着的诸对象的存在）的更高之现实性的自身意识（*Selbst*-bewußt-*sein*）［**自身**—识知—**存在**］"②，因此，"自身意识按照其本质拥有一种'双重化的对象'，这是在这种意义上讲的：1. 自我把自身设置为与另一种个别之物相对的个别之物；2. 自我把这种双重化回取到自身中去并由此在自身中敞显了一种与绝对者本身的关联"③。一言概之，"自身意识的本质是依照［自我与绝对者的］'彼此相与之在'的主线建构起来的"④，作为自释之路和"断－联"⑤之路，自身意识通向了人与存在之关联。这就是海德格尔所看到的《精神现象学》的真正主旨。

　　海德格尔因而断定黑格尔在形而上学视域内的存在之关联问

---

　　①　GA 32, S. 197.

　　②　GA 32, S. 196.

　　③　GA 32, S. 199.

　　④　GA 32, S. 199.

　　⑤　所谓"断－联"（Unter-brechung），不是对关联的单纯断绝，而是意指：断离于派生关联而返归自身，并由此转入本源关联，亦即，这种"断"本身就效力于一种本质性的"联"。

题上做出了统合性的卓绝贡献：在黑格尔这里，"西方哲学的存在问题的那些决定性的开端和问题向度缓慢地汇聚为一"，存在的问题机制从古代的"存在—神—逻辑学"转变为近代笛卡尔以来的"自我—逻辑学"，最终在黑格尔这里实现古今交融，汇聚为"存在—神—自我—逻各斯"，亦即在黑格尔这里最终以某种方式指向了"人与存在（神）之关联（逻各斯）"。① 也正因此，海德格尔宣称在黑格尔的这一思想中出现的是一种"新的或者说真正的、绝对的存在概念"②，这种以关联机制为根本的存在概念被黑格尔命名为"生命"③，并且以"外化"（近乎海德格尔所思的"自行置送"）与"内化"（近乎海德格尔所思的"自行回隐"）之统一为其本性。④

但在这里，海德格尔的阐释意图似乎变得扑朔迷离了，因为看上去，《精神现象学》所行走的道路就仿佛是《存在与时间》的那条道路。那么，海德格尔的工作仅仅是为了自我辩护吗？仅仅是为了证明《存在与时间》之道路的必要性和合理性，因为在黑格尔那里就业已运作着这样一种道路？但事实上，就像此前对两种"存在"概念的对照阐释那样，海德格尔一直清晰地觉察着两种立场的差异，他始终是在追问差异着的"同一"而非简单化的"等同"，因此明确拒绝了这种过于外在的比对。

一方面，海德格尔指出，在黑格尔那里，"存在（无限性）也是时间之本质"，而在他这里，"时间乃是存在的源始本质"，而且

---

① 参见 GA 32, S. 183。
② GA 32, S. 205.
③ GA 32, S. 206.
④ 参见 GA 32, S. 207。

"这些都不是可以简单地以反题方式彼此互相利用的论题，毋宁说，'本质'在这里每每都意味着根本不同的东西，这恰恰是因为存在被不同地理解了"①，所以那种通过某种相似性就认为在黑格尔那里就已经道说了"存在与时间"之问题的看法是肤浅可笑的；另一方面，海德格尔予以对照地指出，"对于这种行为而言，恰恰在那里，在我们事实上首次并且唯一一次遇到'存在与时间'的问题机制闪亮的地方，也就是说在康德那里，人们却**并不**想予以观照，而是反倒却谈论起我这边的一种任意的穿凿附会的解释"②。

上述情形耐人寻味。因为如前所述，"存在与时间"的问题机制就是后来被称为"基础问题"的"人与存在之关联"，而且 GA 32 的阐释工作也就是按照"基础问题"的路向来重释"自身意识"，但在极为接近之处，海德格尔却恰恰否认了《精神现象学》的这种问题机制与他本己问题机制的等同。深入观之，这一举措具有下述两种意味。

其一，海德格尔所思的"人与存在之关联"问题机制植根于"有限性"：存在是有限的，人亦是有限的，二者彼此需用，这种需用即根本关联。也正因此，在存在之关联问题上，海德格尔曾经独一无二地把同样立足于有限性之思的康德视为"同路人"（参见《康德书》）。而黑格尔在形而上学内部所触及的"人与存在之关联"问题机制则是植根于"无限性"。着眼于这种差异，海德格尔宣称，对主导问题和基础问题的追问最终指向了与黑格尔的一种"最初的和最终的争辩"，即关乎存在之有限性和无限性的争辩，"我们在**存**

---

① 　GA 32, S. 211.
② 　GA 32, S. 212.

在问题（作为哲学之主导问题和基础问题）中寻求这种争辩的十字路口"①，在黑格尔那里，"存在是无限性"意味着"存在具有思辨命题中的定律性的基本含义"②，而在海德格尔这里，"存在是有限性"意味着"存在是绽出性时间的界域"③。因此，海德格尔自认其"对存在的解释不仅在内容上有别于黑格尔，而且这种解释的基本定位——定位于逻各斯和时间——也迥异于黑格尔"，尽管如此，"与黑格尔的争辩不仅在实事性和历史性的意义上是必要的，同时也是富有生机的，因为对黑格尔而言，存在之无限性绝非什么形式原则，而是从存在者整体的基本经验中生长起来的，而且也保持着与西方哲学之真正传统的那种内在的联结"。④

海德格尔清醒地知道，黑格尔的"无限性"具有非常深邃的含义，并非"有限性"的单纯对立面，因此 GA 32 所最终导致的这种"有限性与无限性的争辩"并不是为了立场之分和高低之分，而是具有"实事性"和"历史性"双重意义。所谓"实事性的意义"在于，它促使我们思考这样一个更为艰难的问题：基于有限性的"人与存在之关联"和基于无限性的"人与存在之关联"究竟该如何分别得到适宜理解。所谓"历史性的意义"在于：这种疑难问题促使我们去重新审视黑格尔与康德的思想关联。对于海德格尔而言，倘若康德的"纯粹理性批判"已被证明是一条"自释之路"或"断联之路"（参见《康德书》的阐释工作），而黑格尔的"精神现象学"也在 GA

---

① GA 32, S. 106.
② GA 32, S. 145.
③ GA 32, S. 145.
④ GA 32, S. 106.

32 中得到了几乎同一种模式的证明（"自身意识"的"转折性"，亦即所谓从派生关联向本源关联的转入，实质上意味着从"理论哲学"向"实践哲学"的转入），那么二者之间的思想关联就需要得到进一步追问（黑格尔哲学是否是对康德先验哲学的一种深化推进，康德在自由问题上的基本立场是否就没有被克服而只是得到了证实，这些都还需要在更深远的问题域中展开追问），而且鉴于康德与黑格尔之位置的关键性，这种追问还必将构成对形而上学"主导问题与基础问题"之追问的反向深化。在 GA 32 中，由于这种追问之路刚刚启程，海德格尔还不能对这些问题做出解答，它们还需在此后的路径推进中得到逐渐澄清。

其二，从我们此前分析过的那个重要的"黑格尔报告"（1930）来看，海德格尔对黑格尔的阐释从一开始就是要致力于"与黑格尔的争辩"[①]，而不是为了在黑格尔哲学中验证本己思路的合理性，而且这种争辩乃是为了"把发问活动带回到对形而上学保持隐蔽但又对之起奠基作用的那个基础中去"[②]，海德格尔在这种争辩中的立场因而是二重性的，即一方面承认《精神现象学》以特有方式触及了"人与存在之关联"这一基础问题，但另一方面仍要指出其具有传统形而上学之限度，即黑格尔始终还处在主体性哲学之中，尽管它对这种"主体性"之思已进行了极大扩展。就此而论，海德格尔也有理由拒绝上述那种外在的对照。

而如果我们不固执于外在的比对而去沉思那种同一着的差异，

---

① 　GA 80.1, S. 297.

② 　GA 80.1, S. 310.

我们就可以洞见到，"自身意识"之思标志着黑格尔在《精神现象学》中业已触及形而上学的基础问题，而着眼于基础问题之本性（它乃是形而上学的隐秘根据），这种触及恰恰标志着黑格尔哲学构成了形而上学的极限。因此，最终说来，海德格尔这种阐释工作的旨趣就在于对黑格尔哲学之极限性的指明："黑格尔的那个决定性的步骤在于，他把那些伴随着古典的开端而被先行规定的基本主题——逻辑学的、自我论的、神学的主题——给发展到它们特有的本质形态中去了。这个新的存在概念乃是那个处在其极致的和完全的完成中的古老的和古典的存在概念。……精神现象学之科学恰恰是绝对存在论亦即'存在—逻辑学'本身的基础存在论。精神现象学乃是对一种存在论的可能之论证的最终阶段。"[1] 而且唯当我们从西方哲学的整体而来如此统观黑格尔的问题机制亦即"人与存在（神）之关联（逻各斯）"，"我们才能获得一个基础去真正理解黑格尔"，亦即真正理解，"黑格尔之位置乃是西方哲学之完成"[2]，而这种完成又是对另一种开端的预示。

这种对"黑格尔哲学之极限性"的理解，乃是 1930/1931 年的这个"黑格尔讲座"（GA 32）最富远景的成果之一。虽然对于海德格尔当时的思路而言，它更多地蕴藏为伏笔，但它却将在海德格尔随后（自 1932 年起）启动的对"第一开端"与"另一开端"的沉思中焕发勃勃生机：正是由于黑格尔哲学（以及康德、费希特、谢林哲学）虽然预示了甚至触及了但还不能真正通达"人与存在之关联"，它

---

　① 　GA 32, S. 204.

　② 　GA 32, S. 183.

们构成了形而上学之"极限"，从"第一开端"而来转入"另一开端"的必要性才得到真正彰显并激励着此后一系列的步伐。

这就是 GA 32 对《精神现象学》之阐释的最为深远的路向，"存在历史之思"和"本有之思"正由此而逐渐兴起。但由于这种阐释性争辩的复杂性（对思想之所说与思想之未说的共同激发，对思想之伟大与思想之限度的共同承认），这种路向本身在 GA 32 中是非常难以辨识的，以至于我们对 GA 32 的意义还始终处于一种低估中。但无论如何，这种难以辨识必然激励了当事人的自我注释以及后至之诠释者的任务。

也正因此，在 1937/1938 年的重要文本《道路回顾》中，海德格尔把 GA 32 定位为"自《存在与时间》以来"对于"理解［基础］问题之展现""最为重要的"诸讲座之开端①，并且称包括它在内的这些 20 世纪 30 年代讲座"始终是视域前景"，但又"全都归属于在《从本有而来》之筹划中被命名为'传递'的那种任务的地带"②，也就是说，在其明确所说中隐秘着通向未来深远之境的未说者。一种指向后至者之"保存"工作的寄望遂如此形成："或许以后有人会成功地做到，从这种秘而不宣的基本运动而来，去对那秘而不宣的东西加以经验，并由此而来把那明确道说的东西置入其界限中。"③

---

① GA 66, S. 422.
② GA 66, S. 421.
③ GA 66, S. 421.

第十章 整体评判的理论总结 I：
存在之终极学的概念释义

在完成了前面几章的考察工作之后，基于我们的观察立场，我们已经可以给出这样一种理论总结：从整体评判的具体执行思路来看，海德格尔始终是以基础问题（人与存在之关联）为主脉来追问德国古典哲学（莱布尼茨哲学、康德哲学、费希特哲学、谢林哲学、黑格尔哲学）的极限性。由于存在本身的被遗忘状态，形而上学难以对其基础问题（人与存在之关联）达成明确的追问，但极少数思想家在形而上学内部却以各自特有的方式，在自身固有的限度之内，启动了对这一基础问题的预感先思。着眼于形而上学的命运，这些思想家堪称极限性的思想家。海德格尔对德国古典哲学的整体评判因而可被总结为这样一种追问活动：对极限性的二重因素（至极与大限）和极限性的临界位置（再向前迈出一种本质性的步骤就将通向新的开端）的追问。

海德格尔自己也对"整体评判"做出了一种理论总结，形成了一种特有的思想表述，它被海德格尔命名为"存在之终极学"（Eschatologie des Seins）。之所以会形成这种理论总结，是因为在完成了以极限性评判为标志的整体评判之后，显然还有必要追问，

这种极限性之评判的根据又是什么？或者说，是什么使得我们对德国古典哲学之极限性的评判得以可能？正是受此问题的持续激励，海德格尔最终形成了一种名为"存在之终极学"的思想，这种思想致力于从整体上沉思形而上学的极限性以及这种极限性之根据，进而对西方思想从第一开端向另一开端的转向机制展开思考。

"存在之终极学"虽然是理论总结，虽然指示了对德国古典哲学予以极限性评判的深层根据，但这种思想本身仍需要得到解释，因为无论就其概念、内涵还是旨趣来看，它都显得非常奇特，读者难以对之有一目了然的理解。即便在以深奥晦涩著称的海德格尔思想术语群中，"存在之终极学"也是一种非常奇特的措辞，"Eschatologie des Seins"的"Eschatologie"来自神学术语但又不是神学术语，而是被海德格尔赋予了更深邃的意谓。

在此问题上，本研究的立场可以预先宣示为："存在之终极学"以"解构性奠基"的方式构成了对"神学—哲学"的转化，呼应了海德格尔思想的开端机制，实现了对"基础问题"（人与存在之关联）的深化。海德格尔的"存在之终极学"因而不仅是海德格尔对德国古典哲学之整体评判的理论总结，更可视为海德格尔对自身一生思想的理论总结，但它本身仍需要通过解读者的充分阐释才有可能得到确切理解。

尤其考虑到海德格尔阐发"存在之终极学"思想的相关重要文本只是近年来才首次公开发表，这种思想此前一直没有得到足够的关注和探讨，因此我们就有必要对后期海德格尔的这一关键思想和理论总结展开多层面的充分探讨，具体而言，我们将围绕海德格尔"存在之终极学"的概念释义、基本内容以及根本旨趣来展开分别探讨,因为这三个层面呼应着"存在之终极学"的三个关键问题。

第一节　存在之终极学的三个关键问题

海德格尔的文本有这样一个特点:他对重要术语的透彻阐述往往不会反复发生,也就是说,一旦他对某个重要术语进行了决定性的阐析,他就不会在其他文本中再重复一遍这样的工作,而是往往直接加以运用或者径直予以深化,这也就常常给读者造成很大的障碍。因此,要深入理解海德格尔思想中的某些重要术语,寻找到"适宜的"文本乃是研究工作之始基。

"存在之终极学"这个术语就属于上述情形。它如"飞来奇峰"般耸立在海德格尔后期思想中,其意义虽然被海德格尔特别强调,但含义颇为费解,且长期以来,除了收录在《林中路》中的《阿那克西曼德之箴言》,我们所能看到的相关文本极为稀少,因而向来是海德格尔研究中的一个理解难点甚至是盲点。

2013年出版的全集第73卷《论本有之思》和2015年出版的全集第97卷《注释 I—V》则改变了上述局面。这两部书提供了对"存在之终极学"更丰富也更深刻的阐述,使我们有机会对此术语达成一种更全面的理解。《论本有之思》全书接近1500页,写作时间自20世纪30年代中期直至海德格尔去世前,是海德格尔后期阐述"本有之思"的重要作品。《黑皮笔记》是海德格尔自1930年起直到70年代的思想日记。《注释 I—V》是其中第四卷,是海德格尔1942—1948年间对本己思想的丰富细致的"注释"。正是在这两部作品中,"存在之终极学"得到了详细阐述,为我们的研究工作提供了巨大推动。

何谓"存在之终极学"？在全集第 73 卷和第 97 卷出版之前，在很长的一段时期内，我们只是在《林中路》（首版于 1950 年）的《阿那克西曼德之箴言》一文中看到了相关阐释：

> 决定着阿那克西曼德之箴言的那个古代，属于傍晚疆域之早期的早先（die Frühe der Frühzeit des Abend-Landes）。但如果这个早先的东西（das Frühe）赶上超过了一切晚近的东西，甚至最早先的东西还赶上超过并且是最辽远地赶上超过了最晚近的东西，则情形又如何呢？那样的话，天命置送之早先的往昔（das Einst der Frühe des Geschickes）就会作为往昔而臻于终极者（ἔσχατον），亦即走向迄今一直被掩蔽的存在之天命置送的那种分离（zum Abschied des bislang verhüllten Geschickens des Seins）。存在者之存在聚集（λέγεσθαι, λόγος）自身入于存在之天命置送的终极者之中。迄今为止的存在之本质沉没在它尚还被掩蔽的真理之下。存在之历史聚集自身入于这种分离。**入于这种分离的聚集，作为对存在迄今为止之本质的极端者（ἔσχατον）的聚集（λόγος），乃是存在之终极学（Eschatologie）。存在本身作为天命置送性的东西，本身就是终极学的。**
>
> 　但我们并不把存在之终极学这个名称中的 Eschatologie 一词理解为一种神学或哲学学科的名称。**我们是在那种相应的意义中——精神现象学应在这种意义中被存在历史性地思考——来思考存在之终极学的。精神现象学本身构成了存在之终极学的一个阶段，**因为作为无条件的求意志之意志的绝对

主体性,存在聚集自身入于它迄今为止的、为形而上学所烙印
之本质的那种终极中了。

> **如果我们从存在之终极学而来运思,那我们有朝一日就必
> 须在将来的将来之物中期待早先的往昔之物(das Einstige der
> Frühe im Einstigen des Kommenden erwarten)**[①]**,并且今天必
> 须学会,由此而来思考这种将来／往昔之物**(das Einstige)。[②]

　　这三段文字的语意非常晦涩,而且其主要意图似乎也不在于正
面阐述"存在之终极学"思想,而仿佛只是被用来支援《阿那克西曼
德之箴言》一文的思路进程,即要以此指明对古老思想进行"存在
历史性思考"的必要性:阿那克西曼德之箴言并非一种单纯逝去的
过时之物,而毋宁是一种有待深思的将来之物。但事实上,读者仍
能从中看出"存在之终极学"这一术语被海德格尔所赋予的重要定
位以及其所透露出的重要消息,甚至有可能看出《阿那克西曼德之
箴言》一文——这篇奇特地大谈特谈"用"(Brauch)的文章——的
整体基调都被"存在之终极学"这一措辞给奠定了。[③]但究竟该如
何理解这种定位和这些消息,显然还需要进一步的阐释和追问。可

----

　　① 德文中的 einstig(Einst)兼有"过去"和"将来"这两重意思。海德格尔在后期
文本如第 73 卷和第 97 卷中多次强调过此词同时兼具的这两重意思。——引按

　　② 海德格尔:《林中路》,孙周兴译,上海:上海译文出版社,2008 年,第 297 页。
有改动。(以下引用《林中路》中译本均为 2008 年版。)

　　③ 参见该文的结尾之语:"那么,究竟还有救吗? 当而且仅当有危险时,才有救。
当存在本身入于其终极,并且那种从存在本身而来的被遗忘状态倒转过来时,才有危险。
而如果存在在其本质中需用着人之本质呢? 如果人之本质静息于存在之真理的思想中,
那又如何呢? 那么,思想就必须在存在之谜上去作诗。思想把所思之早先带到有待思
想的东西的切近中。"(海德格尔:《林中路》,第 341—342 页)

以清楚地看出，上述阐释的这三段话含有三个核心语句（参见笔者在上述引文中用黑体字标识的三处语句），它们共同构成了一个有机整体，言简意赅地刻画出了海德格尔"存在之终极学"的基本形态。我们按其中之关节将其分解为这样三个关键问题：

第一，何谓"存在本身就是终极学的"？

第二，"精神现象学"何以是"存在之终极学"的一个阶段？

第三，"存在之终极学"究竟意味着什么？

这三个关键问题事实上就是"存在之终极学"的"概念释义""内容揭示""旨趣定位"这三重向度，正是这三重向度共同构成了海德格尔对"整体评判"的理论总结。因此，无论是就内在义理而言，还是从文本依据出发，对"存在之终极学"的整体阐释工作都应在这三重向度上展开。但在逐步展开相应考察之前，我们还是需要先解释一下何谓"Eschatologie"以及相关译名的裁定理由。

传统意义上的"Eschatologie"系神学的教义理论，通常被译为"末世论"，海德格尔自己也曾在《宗教生命现象学》（1920/1921）[①]、《沉思》（1938/1939）[②]、《德国观念论的形而上学》（1942）[③] 这几个文本中使用过这个术语，它在那里只是代表着"末世论"这种神学学科。

末世论意义上的"Eschatologie"作为教义理论起源甚早，但这个词最早却是由路德宗神学家卡洛夫（Abraham Calov）在 17 世纪首次使用，它在字面上由 ἐσχατος［终极者］和 λογία［学］构成，顾名思义，它乃是"关于终极事物的理论"。神学家们普遍

[①]　GA 60, S. 115, 143, 144, 146, 149, 151, 153, 156.

[②]　GA 66, S. 245.

[③]　GA 49, S. 10, 144.

指出，这当中不仅有"终结"，同时也含有"目的"，神学意义上的"Eschatologie"［末世论］因而关乎"那种应从神而来被期待的Telos，也就是人、人类以及世界的终结同时即其目的"①，或者更确切地说，这种"Eschatologie"所要阐述的是神之王国的来临和人类历史的转变和超越。德国《瓦里希词典》因而把此词的神学含义解释为"Lehre vom Weltende und vom Anbruch einer neuen Welt"［关于世界之终结和一个新世界之开端的理论］。由此可见，即便是神学语境中的"Eschatologie"也不是一个简单的"末世论"之译名所能完全对应的，因为"终结，同时又是开端"，这乃是神学意义上的"Eschatologie"最核心的意谓。

与之相对，除了《林中路》上述引文，海德格尔在《黑皮笔记》中也反复声明，在"存在之终极学"（die Eschatologie des Seins）这个名称中，"Eschatologie"一词不应在传统意义上被思考，毋宁说，它应得到一种转化："存在之终极学"的这种"Eschatologie"只在构词上与神学有关，而"存在之终极学"所道说的东西，与一切神学和哲学都是陌异的。② 按他对这个词的释义，"存在迄今为止之本质的极端者（ἔσχατον）的聚集（λόγος），乃是存在之 Eschatologie"③，这显然是从字面意来加以考虑的，有鉴于此，我们将把"Eschatologie des Seins"直译为"存在之终极学"。

但另一方面我们需要看到，当海德格尔使用"存在之终极学"一

① Joachim Ritter (Hg.), *Historisches Wörterbuch der Philosophie*, Band 2, Basel 1972, S. 740.

② GA 97, S. 408–409.

③ 海德格尔:《林中路》, 第 297 页。

词时，虽然他宣称自己不是在传统意义上使用"Eschatologie"，但他显然并未完全割裂和放弃这个传统术语的上述核心意谓，否则他没有必要使用这个负担极其沉重的词语。事实上，海德格尔的思想方法从来都不是对传统的简单弃绝，而毋宁说是对传统的某种承受着的转化，他的"存在本身作为天命置送性的东西，本身就是终极学的"这种讲法仍是植根于这样一种洞见：终结，同时乃是开端。只不过，这种观照不是从宗教之"神意"而来的，而是来自"存之天命置送"。对此的进一步解释就需要我们展开对第一个关键问题的深切探讨。

但在这一探讨工作展开之前，有必要先回顾一下西方学者对同一问题的既有研究。德国学者维尔纳·马克思在其代表作《海德格尔与传统》[①]中敏锐地觉察到了"存在之终极学"在海德格尔思想中的重要意义并做出了深刻独到的分析：

> 对于我们所提出的海德格尔是否思考了存在和本质的一种变化的那一问题而言，重要的是突显这种存在历史的结构。海德格尔总是一再地追问：在何种程度上，"某种通行的东西""贯穿于那从开端直至其完成的存在之天命置送中"。存在之历史有一个"开端"和一个"完成"。从开端直至完成的这整个关联（Zusammenhang）被他命名为"存在之终极学"。他如此

---

① 维尔纳·马克思的这本书出版于1961年，虽然此后面世的大量文献处于其研究视野之外，但这并不妨碍他的研究深度，因为其在写作时已经看到了后期海德格尔至关重要的几部作品如《何谓思想》（1954）、《根据律》（1957）、《同一与差异》（1957），当然也包括此前的《林中路》（1950）。此书现已有中译本：维尔纳·马克思：《海德格尔与传统》，朱松峰、张瑞臣译，上海：上海人民出版社，2012年。为统一行文措辞，相关引文仍从德文版译出。

写道："存在本身作为天命置送性的东西，本身就是终极学的。"

对于"存在之终极学"的这种理解，在《阿那克西曼德之箴言》这篇论文中存在着这样一种注解："决定着阿那克西曼德之箴言的那个古代……本身就是终极学的。"

这种"终极学"不可以在这个词的传统意义上被理解，因为传统的 eschaton［终极］是对 ousia［在场］——被思为 telos［目的］的 ousia——之运动的表达。在 ousia 中，终结已经被置放在开端中了，并且还必须把自身向自身展开，就此而言，这种自身展开具有一种圆圈之结构。黑格尔的思想进程在这个传统的意义上是终极学的，因为它是这样一种向自身的回返，在其中，开端已经被终结先行建构，但是还必须把自身向着这种终结去展开，必须在这个意义上"完成"自身。这种向自身返回着的运动——它辩证地构成着诸多圆圈——走向了这样一种终结，这种终结回返盘绕到其开端中去了。

由于对海德格尔而言，这种终极学的模型即实体（Substanz）被看作是"被克服了的"，所以已经不可想象海德格尔会在这种传统的意义上去理解"存在的终极学"。但相对于传统的理解，那决定性的区分（Unterschied）却在于：对他而言，"开端"、存在之创建（die Stiftung des Seins）、存在之开启（Seineröffnung）乃是那个伟大的时代而绝非"原始的时代"（primitive Zeit），这个伟大的时代规定了全部后续的发展。然而这种发展并不是什么目的论式的发展——目的论式的发展导向了一种"执行"，一种增益着的发展，在这种意义上导向了对预先确定之终点的一种完成（Voll-endung）——相反，这种发展毋宁说乃是一种"终结"（Ver-endung）。西方的存在之经验的那个伟大的开端在一种"分离"（Abschied）的意义上走向了"终极"，这种分离意味着"沉没"（Untergang）。早先之伟大本质的"极端者"乃是那种沉没，在这种沉没中，不仅第一开端的那些基本特征"掩蔽"在它们的真理中，而且就连存在者之敞开状态也伪装起来了。

这种"存在之终极学"因而就很少是一种在自身中循环着的和自行完成着的运动，同样地，它也很少在传统的——在场学的意义上显示出一种"同一性"（Selbigkeit）。但是，倘若海德格尔在这种发展中根本没有看到什么"通行的东西"和"同一的东西"，则他就不能言说一种"终极学"了。这种"同一的东西"（Selbige），如此这般地贯穿在存在之天命置送中，即，它赋予了在一种"开端"和一种"完成"之间的一种关联，但这种"同一的东西"并非黑格尔的"好的无限性"的那种无时间的亦即无历史的思想运动，而是那种"存在—神学的"方式，在这种方式中，"存在"已经在其不同的冲制印记中通过"形而上学的诸时代"而自行置送给诸经验和思想了。但形而上学的这种"存在—神学的"方式，就它那方面而言，是依据于第一开端之存在的那些基本特征的，因此人们也必须说，正是这第一开端之存在以某"种"（Art）同一性为"开端"和"终结"的那种关联提供了根据。

存在历史的结构因而是以第一开端之存在的一"种"同一性为根据的。海德格尔自己迄今为止还没有论述过第一开端之存在的这种基本特征，虽然他曾指出过，"开端已经隐蔽地包含了终结"，"在分离中，存在迄今为止的本质沉没到其尚还被掩蔽的真理中去了"。①

维尔纳·马克思的上述论述和阐释可以被提炼和转述为这样几个要点：

第一，"存在之终极学"关乎"存在历史"，更确切地说，前者承载着、呈现着后者的内在结构。

第二，"存在之终极学"中的终极学不是传统意义上的终极学，不是"一种在自身中循环着的和自行完成着的运动"，也没有呈现出传统意义上的"永恒同一的"那种同一性。

第三，但作为"存在历史"的贯彻性的关联，"存在之终极学"仍然具有一种同一性，否则这种终极学或者说这种关联本身就无从谈起。这种同一性源自那在"存在之天命置送"中贯彻通行的"同一者"，正是这种"同一者"使得"开端与终结的那种关联"得以可能，亦即使得"存在之终极学"得以可能。

第四，这种"同一者"乃是那种"存在—神学的"方式，在这种方式中，"存在"已经在其不同的冲制印记中通过"形而上学的诸时代"而自行置送给诸经验和思想了。这就是作为存在历史之结构的"存在之终极学"的根据之所在。

他的这一考察目光犀利，多有令人赞叹之处。但我想要指出的是，这些考察成果中仍有一些值得商榷的东西和应予进一步追问的东西：

首先，仅就其对"存在之终极学"的阐释来看，维尔纳·马克

---

① Werner Marx, *Heidegger und die Tradition*, Stuttgart 1961, S. 167–169.

思过于强调海德格尔思想与传统思想在这个问题上的差异性，而未能以更为超越的立场来发见二者之间的同一性。倘若不能觉察到这种同一性，则海德格尔本人所谓的"精神现象学是存在之终极学的一个阶段"[①] 又该如何来理解呢？

其次，海德格尔提出"存在之终极学"，固然是与"存在历史"等问题相关，但未必是为了探寻和确定"存在历史"的同一性，或者说，"存在之终极学"的意义或许并非仅仅是为了呈现"存在历史"的结构。

再次，当维尔纳·马克思指出那种决定性的"同一者"乃是"存在—神学的"方式，他想要道说的东西已经接近于我们此前就"解构性奠基"所分析的东西（参见本书第二章第二节"'神学—哲学'的转化机制：解构性奠基"）。但"存在—神学的方式"这一种说法仍然没有完全到位，按我的看法，把这种"同一者"解释为"存在之天命置送"活动本身，应是更好的做法。因为海德格尔在其文本中反复指出，"同一者"乃是以关联为本的存在本身。

最后，经过我们的这种"再解释"，现在已经可以看出，维尔纳·马克思事实上只是回答了前述三个关键问题中的第一个，即"何谓'存在本身是终极学的'"。虽然看上去他似乎也回答了"存在之终极学究竟意味着什么"这一问题，但我们后面的工作将会揭示出，由于他没有回应第二个问题，他也就没有对第三个问题真正做出回答。

如前所述，这三个关键问题乃是"存在之终极学"内在蕴含的问题结构，因为它事实上就是"存在之终极学"的概念释义、内容揭

---

① 海德格尔：《林中路》，第 297 页。

示以及旨趣定位这三个向度的问题，也唯有澄清这三个关键问题，才能真正阐明"存在之终极学"何以堪当海德格尔对德国古典哲学之整体评判乃至自身思想的理论总结。

第二节　存在之终极学的概念表述

收录于《林中路》的《阿那克西曼德之箴言》是一篇奇特的论文，它的奇特性不仅在于其深奥晦涩的思想表述，更在于其谜一般的"来源"。对于前者，数十年来的《林中路》的读者都多少有所感受，而对于后者，直到全集第 78 卷《阿那克西曼德之箴言》(2010)出版时，人们才有所知晓。

在为《林中路》撰写的"说明"中，海德格尔对《阿那克西曼德之箴言》一文有这样的注明："此文摘自作者 1946 年所写的一篇论文。"[①]长期以来，人们认为海德格尔所指的这篇"论文"就是那部具有同一名称、将作为全集第 78 卷出版的文稿。但直到编者英格博格·舒施勒(Ingeborg Schüßler)从马尔巴赫的德语文学档案馆得到这部文稿、开始进行第 78 卷的编辑工作时，她才逐渐发现这部厚达数百页的文稿并非《阿那克西曼德之箴言》一文的来源，经过详细考证，她断定这部文稿不可能是 1946 年的产物，而认为它很有可能是作于 1942 年夏天或秋天的一部未宣讲的"讲座稿"。[②]这不仅解答了我们的一个疑惑，即为何在全集第 78 卷中竟然找不到

---

① 海德格尔:《林中路》，第 345 页。

② 具体而翔实的考证工作请参见全集第 78 卷的"编者后记"。

一处对"存在之终极学"的论述，而且也指明了这样一个实情，即《阿那克西曼德之箴言》一文的真正来源，迄今仍然是未知的。

但另一方面，在新近出版的全集第 73 卷和第 97 卷中，我们发现了大量的对"存在之终极学"的阐述：第 97 卷中的阐述最多，总共有 23 页篇幅，这些文本作于 1946—1948 年间。第 73 卷的第二部分中有 10 页篇幅的阐述，这些文本至少作于 20 世纪 50 年代中期之后的若干年中（因为在这些文本之前的正文中已经出现了对 50 年代中期的一些作品的指示）。[①]

从这两方面来看，前述海德格尔的那一说明——首次公开道说"存在之终极学"的《阿那克西曼德之箴言》一文"摘自作者 1946 年所写的一篇论文"——仍是真实可信的[②]，虽然该文所据之原本迄今仍然未知。反过来讲，由于写作时期的接近，我们就完全可以用第 97 卷乃至第 73 卷的相关阐释来对《阿那克西曼德之箴言》一文所引出的疑难问题进行疏解，并且可以综合所有这些阐述来给出对"存在之终极学"思想的整体扫描与轮廓界定。

按照既有规划，我们在此将首先追问第一个关键问题：

何谓"存在本身就是终极学的"？

如前所述，这一问题事实上就是"存在之终极学"的概念释义

---

①　这同时意味着，虽然海德格尔生前只在《林中路》中公开道说了"存在之终极学"，但这种思想显然并非昙花一现，而是一直作为一条具有深远意义的"暗流"运作在海德格尔后期思想中。

②　在迄今出版的"黑皮笔记"系列中，时间跨度为 1931 年至 1941 年的全集第 94、95、96 卷中都没有出现"存在之终极学"的措辞，全集第 97 卷中也只是从第三部分（1946/1947）起并接着在第四部分（1947/1948）中出现了这一措辞。由此可见 1946 年应该是"存在之终极学"作为术语正式形成的年份。这也就间接证明了海德格尔说法的可信性。

问题，因为问题之关键就在于，这里的"终极学"究竟是什么意思。在《阿那克西曼德之箴言》一文中，海德格尔通过对词语的独特"解构"，已经释放出了一种解释："存在之历史聚集自身入于这种分离。入于这种分离的聚集，作为对存在迄今为止之本质的极端者（ἔσχατον）的聚集（λόγος），乃是存在之终极学（Eschatologie）。"但这种解释事实上仍需解释，为了阐明其意，我们不妨先看一下他在全集第 73 卷和第 97 卷中给出的释义，然后再集中予以阐析。

　　在上述两种思想札记或思想日记性质的文本中，对于"存在之终极学"这一名称的含义，海德格尔给出了如下几种解释：

　　1."从那种转向——从非开端性的遗忘状态转到本真的遗忘状态中去的那种转向——而来的遗忘状态之转入（die Einkehr der Vergessenheit），就是存在（Seyn）①之终极学。"②

　　2."存在之终极学，居有（ereignet）在遗忘状态之转向中，作为区分之本有聚集着入乎分离的差异，亦即，聚集着需用之最终者（终极）。存在，这种分离到区–分（Unter-Schied）中去的差异，在它的终极学中，在对分离（终极者）——入乎通向需用的本隐之开端的分离（终极者）——的聚集中，要求着思想以回思于遗忘状态方式的献祭牺牲。"③

---

　　①　海德格尔在这一时期的文本中有时使用"Sein"，有时使用其古体写法"Seyn"。虽然海德格尔有时对"Seyn"赋予了异于前者的含义，但为了行文论述方便，并且考虑到，无论是"Sein"还是"Seyn"都是需要被"转化"（verwunden）到作为关联活动的"本有"中去的，而且 20 世纪 50 年代以后的海德格尔基本上已经放弃了这种做法，不再区分"Seyn"和"Sein"，所以我在引文中将把二者仍统一译为"存在"。

　　②　GA 97, S. 283.

　　③　GA 97, S. 284.

3. "**存在之终极学**是区-分(Unter-schied)之遗忘状态的本有事件；本有在需用的纯朴中保持着区-分。存在之终极学居有为转向的突兀；这种转向乃遗忘状态本身的转近(Ankehr)；是对处于完成了的荒芜化中的那种造作(Machenschaft)的断-联(Unter-brechung)。"①

4. "**存在之终极学**——倘若存在作为存在乃是本有，并且倘若本有是遗忘状态之本有，则这种终极学真正说来就是遗忘状态的终极学(die Eschatologie der Vergessenheit)。这个表达中的第二格具有特别的性质，它说的是，遗忘状态**本有**性地(*ereignis*haft)聚集，更确切地说，遗忘状态在其完全的本质中**本有**性地聚集为在本真的和非本真的遗忘状态之间的那种转向，Λόγος[聚集着的一]，亦即遗忘状态自身的诸终极(Eschata)乃是：往昔(Einst)，早先由之而生的那种往昔，以及将来(Einst)，晚近向之行去的那种将来。遗忘状态把这种 Einst[往昔/将来]居有为同一者，并把这种同一者居有为它之谜告②的纯朴(die Einfalt ihres Ratsals)。"③

5. "**存在之终极学**是这种聚集，即把区分之终极聚集到需用中去。存在之终极学乃是本有中的本隐(die Enteignis im Ereignis)——存在

---

①　GA 97, S. 290.

②　海德格尔把 Rat[劝告]和 Rätsel[谜语]的本源命名为 Ratsal，以之兼取 raten[猜测；劝告]的两层意思。Ratsal 乃是作为存在之天命置送的道说，这种本质性的道说是从存在之真理(自行置送着的自行回隐)而来的对人之本质的劝告，但人却往往无法猜测到它，它由此而呈现为存在之谜。我们勉强将其译为"谜告"，取"谜"(自行隐蔽)与"劝告"(自行置送)的双重意味。存在对人之本质的这种"谜告"在根本意义上是存在对人的"需用"，故后期海德格尔多有"需用之谜告"(Ratsal des Brauchs)之说法。这里"它之谜告"中的"它"指"遗忘状态自身"，即本真的遗忘状态，亦即存在之真理，亦即"本有"。

③　GA 97, S. 293.

之被夺离(Entwindung)到本有中去：存在。"①

6."存在之终极学是从存在而来被思的，因为它是从存在之真理亦即从存在之遗忘状态而来被经验的，它并不是走向了最终事物，毋宁说，它本身乃是区分中的分离之物。"②

7."存在之终极学乃是存在之天命置送。"③

从这几种释义中可以看出，海德格尔对"存在之终极学"之含义的解释依据于这样几个关键词：遗忘状态(Vergessenheit)、本有(Ereignis)、区分(Unterschied)、需用(Brauch)、本隐(Enteignis)、转向(Kehre)、转入(Einkehr)、天命置送(Geschick)。其中显然又以"遗忘状态"与"本有"最为核心。也正是这些词语使得后期海德格尔的文本显得迷雾重重，极难理解，若不对这些词语的含义做出必要的解释，我们的思想阐释工作就会空具形式而毫无意义。因此，我们唯有努力地澄清这两个最核心的关键词，同时以之为中枢一并照亮其他几个关键词含义的晦暗之处，我们才能阐明为何"存在之终极学真正说来乃是遗忘状态的终极学"，由此决定性地推进我们对第一个关键问题的解答，并为对后两个关键问题的解答奠定基础。

第三节　存在之终极学的含义分析

何谓"遗忘状态"？按《瓦里希词典》的词源分析，动词"vergessen"［遗忘］在中古高地德语中的词源是"vergezzen"，其前缀"ver"意

---

① GA 97, S. 391.

② GA 97, S. 391.

③ Martin Heidegger, *Zum Ereignis-Denken*, GA 73.2, Frankfurt am Main 2013, S. 1176.

指一种趋于反面的倒转，词干部分则意指"得到，保持"（英语的"get"与之同源），故此词源的基本含义就是"从（精神性的）所有者中失去"。由此可见，德语"遗忘"一词的本意中就蕴含着：拥有之剥夺，一种反转，一种转变。

在全集第 73 卷中，海德格尔也注意到了这一词源问题，但他有所克制地未朝上述有利于他的向度展开，而只是指出，在本有的意义上，遗忘状态首先是"积极的"①。这种积极性植根于"存在之遗忘状态"的双重意义：一方面，我们持续遗忘了存在；另一方面，存在遗忘了我们。②

按海德格尔自己的解释，存在之遗忘状态乃是他在思想道路上的一个纵贯性的"基本经验"：一方面，历史上的我们始终只是在探讨存在者之存在，而从未真正去思考存在自身；另一方面，存在的这种遗忘状态也绝非人之疏忽，而是存在之自行隐蔽。从其思想历程来看，这一基本经验先后经历了下述三个关键节点：

在《黑皮笔记》（GA 97）中，海德格尔对他的教授资格论文《邓·司各脱的范畴学说与意谓理论》（1915）给出了很高评价③，认为他对亚里士多德形而上学的致思努力④已在其中以隐蔽的方式启

---

① GA 73.2, S. 1168.

② GA 73.2, S. 1169.

③ 海德格尔自己回顾道：教授资格论文的"意谓理论"探讨的是语言之本质，"范畴学说"探讨的是存在之本质，存在之道说（die Sage des Seins）已经伏置为在他思想最初经验之上的那种本真之黑暗并且从此不再离开，这一点，对于海德格尔而言，乃是那还未被看清的思想之恩典；因为很快就从所有这一切中生长出了对存在之遗忘状态的经验，对"存在与时间"的思考正是由此而被带到道路上的。（GA 97, S. 287.）

④ 在 1972 年为《早期著作》单行本所撰写的"前言"中，海德格尔重述了他 20 世纪 50 年代的一种观点：他早期的对亚里士多德思想的致思努力支配着通达（转下页）

探基与启思

程，而且指出，这种范畴学说寻求着存在者之存在，而这同时就是对下述事态的一种"经验"，即，存在本身始终未被思的。^① 这就具体地指明了他在另一种回顾中所说的东西：对 Ἀλήθεια［去蔽］之本质的洞见大约发生于 1919/1920 年，但对存在之遗忘状态的经验还要先行于对去蔽之本质的洞见。^②

　　这种经验在 1921 年得到一次重大深化，并一路呈递到《存在与时间》的准备和创作进程中（1921—1926）："自从《存在与时间》的准备工作（1921）^③ 以来，我思想的基本经验就是这样一种经验，即存在本身始终保持在被遗忘状态中，并且这种'始终保持'是以某种方式为存在本身所特有的，而人之未加思索只是后果"^④；"那种力图在《存在与时间》中首次道出自身，而以先验的问题方式必然在某种程度上还说着形而上学的语言的经验就是：尽管在整个形而上学中存在者之存在已经被思考和被把捉了，从而存在者之真理也得到了揭示，但在存在之一切显示中的存在之真理本身从未达乎语言而表达出来，而始终是被遗忘的。因此，《存在与时间》的基本经验乃是存在之被遗忘状态"^⑤。换言之，《存在与时间》的伟大与限度，全在于一件事情：它"力图""首次道出"这一业已运作多年的"基本经验"，但却未能充分成功。

（接上页）《存在与时间》的那条道路。参见 Martin Heidegger, *Frühe Schriften*, GA 1, Frankfurt am Main 1978, S. 55—56。

　　① GA 97, S. 288.

　　② GA 97, S. 294.

　　③ 海德格尔在此主要指的是 1920/1921 年冬季学期讲座《宗教现象学导论》和 1921/1922 年冬季学期讲座《对亚里士多德的现象学阐释》。——引按

　　④ GA 97, S. 22.

　　⑤ 海德格尔：《面向思的事情》，第 41—42 页。

在全集第 73 卷收录的一则名为"存在问题：我之思想的林中路"的笔记中，海德格尔又给出了对第三个关键节点的交代。海德格尔写道，从 1922 年到 1926 年，他一直着眼于存在之遗忘状态而关注着存在问题的必要性，但直到 1936 年 ①，他才首次把存在之遗忘状态思为对本隐（Enteignis）的暗示并**因而**思之为对本有（Ereignis）的暗示。换言之，把遗忘状态思为本有中的本隐（Vergessenheit als Enteignis im Ereignis），这是他此前所不能思及的。②

由此可以看出，对于海德格尔而言，存在之被遗忘，不是人类理性的一种疏忽与错误，毋宁说，我们之遗忘存在，其根源在于，存在遗忘着我们，更确切地说，存在自行遗忘。存在的这种"遗忘"，或者说，存在的这种"离弃"，在根本意义上是存在的"自行隐蔽"。存在在自行置送中自行回隐。

存在的这种本质性运作，自 20 世纪 30 年代中期起被海德格尔命名为"本有"（Ereignis）③，在 40 年代之后的文本中又被称作"存在之天命置送"（das Geschick des Seins）。④ 这种本质性运作并非

---

① 海德格尔于 1936 年开始创作《哲学论稿（从本有而来）》（GA 65）。

② GA 73.2, S. 1275.

③ 参见海德格尔的这一解释："本有不仅是置送，而且它作为置送毋宁说就是回隐。"（海德格尔：《面向思的事情》，第 40 页，有改动）

④ 海德格尔本人对于"存在之天命置送"与"本有"之同一性的思考，可参见 GA 73.2, S. 943 以及《同一与差异》（商务印书馆 2014 年版）第 113 页。此外，在 1970 年 11 月 21 日致伽达默尔的信中，海德格尔写道："但是，那个'真正'有待去思的'Ereignis'说的完全是别的东西，它首先可以从那个现在正变得陈旧的'存在之天命置送'这一措辞而来得到规定、从'集置'而来得到规定。"（Riccardo Dottori, *Die Reflexion des Wirklichen: Zwischen Hegels absoluter Dialektik und der Philosophie der Endlichkeit von M. Heidegger und H.G. Gadamer*, S. 429.）

存在的一种属性，毋宁说，存在之为存在，就在于它是这种本质性运作，它效法于这种运作的本质性。这种本质性运作，或者说，"存在之本质的本现"，亦即"本有"，根本上乃是一种"关联活动"①，即存在与人的关联活动：存在征用于人并需要人，人适用于存在并需要存在。具有决定性意义的，始终是作为本有的"关联活动"本身，亦即那种"用"（Brauch）本身。这种关联并非存在和人的一种外在的、附加的关系，倘若如此认识，则我们就仍还处于表象之思中。要洞彻其中实情，还需要思想的一种转化（Verwindung）。存在和人因而都需要被"转化"到这种本源性的关联活动中去。存在的这种转化状态，海德格尔用打叉的存在来予以表示②，人的这种转化状态，则被海德格尔命名为"Da-sein"。

正是基于对"关联为本"的洞见，海德格尔语境中的"本有"因而绝非某种"超存在"，而应被理解为"用之本有"（das Ereignis des Brauchs）③，考虑到这种"用"之运作（存在的造化之功与人的参赞之功的共属一体）中的实情——存在使用（征用）人，存在需要人，人适用于存在，人亦需要存在——我们可以把这种"用"（Brauch）根本地称作"需用"，把"用之本有"本质性地称作"需用之本有"。这种"需用"烙印着存在之本性和人之本性，故这种需用本身亦是自行置送／自行回隐的。在存在与人的关联亦即"四重一体"中，正是这种"需用"在自送自隐地起着支配作用，所以它乃是那使种种"用"各成其用但本身却不可被利用的"大用"，故"那唯一不可用的，

---

① GA 73.2, S. 960.

② GA 97, S. 218.

③ GA 97, S. 236, 255, 256, 259.

从未为了一个目的而可利用的东西，乃是需用"①，所以需用乃是存在之本质，是存在所效法的本性，亦即自送自隐着的本有。

我们因此可以看清，"需用之本有"这一措辞中的第二格并不意指作为存在之本质的"本有"隶属于"需用"，不如说，它是为了凸显"本有"的深邃意味，正如"Er-eignis der Ver-Hältnisses"［关系之本有］② 这种措辞的用法一样；它因而仅仅意味着：本有乃是需用，需用是本有的关键含义③；这种关键性体现在，倘若不从需用来道说本有，亦即，倘若不从"自送自隐性的存在与人之关联"来道说本有，这种道说就是不充分的，这条道路甚至是不可能的④，而存在之终极学，作为"从本有之转向而来的本有之思"，在根本意义上，乃是"需用之道说"⑤，也就是说，较之本有之思，需用之思更能凸显存在之终极学的特性（因为倘若不从"需用"维度思考，就无法理喻遗忘状态之转向，也就谈不上存在之终极学）。因此海德格尔必然要用"作为需用的本有"（das Ereignis als Brauch）⑥ 这样的措辞来切合实情。

我们还可从另一层面澄清上述问题，因为海德格尔对"本有"的

---

① GA 97, S. 269.

② GA 73.2, S. 960.

③ 德文动词"brauchen"在日常语用中有"使用"之义，同时还有"需要"之义，海德格尔常常会就此揭示出"存在之关联"问题的向度："存在之有限性：存在本身需要着此在。存在本现为需用亦即本有。"（GA 73.2, S. 942.）

④ 参见海德格尔对其 1962 年演讲《时间与存在》的自我批评："此演讲之所以始终是不充分的，因为它试图后置和撇开（zurückstellen）那种需用，那种归属于本有性（Eignis）并且一道命名着此－在（Da-sein）的需用。这条道路——不可能；因此本有是在一种被撕扯掉的形态中被带向语言的。"（海德格尔：《面向思的事情》，第 123 页）

⑤ GA 97, S. 329.

⑥ GA 73.2, S. 942, 960.

命名初衷无疑会指示出该词在海德格尔语境中的基础含义。最新出版的《黑皮笔记》(GA 97)就为此给出了一种难得的交代,海德格尔写道:《存在与时间》所欲道说的基本事情是,此在作为被抛置者归属于作为抛置者的存在。存在之关联问题事实上已经贯彻了《存在与时间》。存在自身的这种抛置着的、时间化着的本质,被命名为"本有"。于是,这种在《存在与时间》中按照不同阶段的清晰性被先行思考的存在之本质,就于1936年夏天——在做了两年的预备工作之后——在《哲学论稿》中得到了首次道说。[1] 按照这一自承,并结合其他文本的分析,我们可以把"本有"一词的多层含义简要分析如下:

(1)存在之本质(本现)

(2)关联活动(存在与人之共属)

(3)需用(本有/本隐)

(4)存在之天命置送(自行置送着的自行回隐)

从此前的分析可以看出,这几层含义显然并非互相隔离,毋宁说是互相贯通地共同构成了唯一的主线:本有是对存在之本质(存在之真理)的命名(1),它的实质内涵是存在与人的关联活动(2),这种关联活动的特性在于它是自行置送着的自行回隐亦即存在之天命置送(4),而要达成对这种特性的发现,关键一步就是取得这样一种洞察:"本有"乃是"本隐"亦即"需用"(3)。

然而,这关键的一步,这种对"本有中的本隐"的洞见,不仅对"本有之思"的整体布局是决定性的,而且也正是在那个关键的第三节点中所发生的决定性的事情。由此我们看到,海德格尔对"存

---

[1]　GA 97, S. 176–177.

在之遗忘状态"的沉思与他对"本有"的沉思构成了思想的"同一事情"：存在之遗忘状态的二重性与本有之二重性（作为需用的本有/本有中的本隐）处于一种同律共振之中。

对于这一事情，通过上面的工作，我们已经对其"既成形态"做了分析，即对相关思想的内核与格局做了解释。我们接下来的工作是要对其"运作机制"进行追问，以此完成对"存在之遗忘状态"和"本有"这两个中枢术语的阐释，进而最终实现"存在之终极学"的释义工作。

海德格尔在《论本有之思》中回顾道，他在 1936 年才首次把"存在之遗忘状态"思为对"本隐"（Enteignis）的暗示并因而思之为对"本有"（Ereignis）的暗示①，我们要问，这种"暗示"是怎么构成的？这一事情本身意味着什么？

对于这一问题，在同一文本中，海德格尔给出了这样的提示："从存在之遗忘状态而来觉醒到存在之遗忘状态本身中去，乃是觉醒到作为本隐之本有的本有中去……"②关于这一提示的寓意，他在若干年后又通过另一则笔记做出了解释："（本有的）第一种馈赠是，从遗忘状态中觉醒，作为对这种遗忘状态本身的洞见：自行隐蔽活动自行显示为本有中的本隐。"③在其生命最后阶段（20 世纪 70年代）的一份表述极为素朴的笔记中，海德格尔又给出了更为清楚的阐析："日益加强的存在之遗忘状态是有双重含义的：作为对存

---

① 　GA 73.2, S. 1275.

② 　GA 73.2, S. 1275.

③ 　GA 73.2, S. 1355.

在问题的遮蔽；作为存在自身的回隐（作为拒绝的本有）。"[1]

海德格尔在这里区分了"存在之遗忘状态"和"存在之遗忘状态本身"，或者说，他区分了"存在之遗忘状态"的两种含义。它们的区分在于，是否从"本有"（自行置送着的自行回隐／作为"本隐之本有"的本有）的角度来予以思考，在这一意义上，它们也就分别是上一节中1和4中所谓的"非开端性的／非本真的遗忘状态"和"本真的遗忘状态"。理解了这一点，我们也就能理解为何海德格尔说，在本有的意义上，遗忘状态首先是"积极的"。

需要从中觉醒的"存在之遗忘状态"乃是形而上学的历史，我们作为形而上学的历史生物始终遗忘了存在自身，如此形成了"对存在问题的遮蔽"。但这种遗忘并非人之理智的疏忽错漏，而是根源于存在的自行遗忘，亦即"存在自身的回隐（作为拒绝的本有）"。由此可见，把"遗忘"思为"隐蔽"，思为"回隐"（Entzug），乃是"遗忘状态"之所以构成对"本隐"的暗示并因而构成对"本有"之暗示的一个关键要素。

按海德格尔自己的点评，他在《存在与时间》中所要道说的"存在之遗忘状态"乃是古希腊意义上的遗忘状态，亦即隐蔽状态和自行隐蔽（Verborgenheit und Sichverbergen）。[2]《存在与时间》中也的确有文本能够证明海德格尔所言非虚，例如第7节中的这段文字："现象学的现象概念是如何与通俗的现象概念相区分的呢？现象学要'让看'的东西是什么？必须在一种非同寻常的意义上被命名为

---

① GA 73.2, S. 1482.

② 海德格尔:《面向思的事情》，第42页。

'现象'的那种东西是什么？什么东西从其本质来看是一种**明确的**揭示活动的**必然**主题？显然是这样一种东西⋯⋯这种东西本质性地归属于那首先与通常显现着的东西，虽说是以这样一种方式，即，它构成了后者的意义和根据。"① 并且在第44节中，他又再度强调了古希腊意义上的"遗忘"乃是"隐蔽"。② 但需要在这里看清楚的是，虽然我们现在可以确认，《存在与时间》的确以某种方式预先思考了后期海德格尔的思想主题，但对这一情形的确认，更多地是要归功于后期海德格尔对其思想主题更坚决的追踪与呈现。海德格尔虽然在《存在与时间》中已经把"遗忘"思为"遮蔽"，但"尚未把遗忘思为存在（Anwesen［当前显现］）之保持（Wahrnis）的隐蔽"③，亦即没有将其思为"本有中的本隐"，换言之，海德格尔在《存在与时间》中固然已经把"存在之遗忘"思为"存在之遮蔽"，但还并未把这种遗忘状态思为"存在之**自行**遮蔽"，还未在存在自身之真理的意义上来思考这种遗忘状态。这一工作事实上是通过《形而上学是什么？》（1929）对"存在之无"的思考而得到决定性推动的④，并通过《论真理的本质》（1930）以及《黑格尔的〈精神现象学〉》（1930/1931）而

---

① GA 2, S. 47.

② GA 2, S. 290–291.

③ GA 73.2, S. 1275.

④ 海德格尔曾如此分析此讲座的意义："我对无的追问起于存在之真理的问题，与上面［关于虚无主义以及其克服］所讲的一切毫无共同之处。无既非否定的也不是一个'目标'，而不如说，它是存在本身的本质性颤动，因而比任何存在者更具存在性。⋯⋯存在自身中的那种无化着的东西——正是它才真正地把我们解置（ent-setzt）到存在及其真理中去了——［需要被］经验为最隐蔽的赠送（Geschenk）。"（海德格尔：《哲学论稿（从本有而来）》，第280—281页）存在之无，作为"隐蔽"的"赠送"，就是作为"自行置送着的自行回隐"的"本有"的先声。

得到进一步深化和拓展，并通过 20 世纪 30 年代中前期的一些预备工作，最终在 1936 年开始撰写的《哲学论稿》中首次道出自身。

由此可见，海德格尔"存在之遗忘状态"思想的深化进程就是其"本有"思想的兴起历程，二者是同一事情。而一旦海德格尔把追问重心移至存在自身之真理，把存在之遗忘状态思为存在之自行隐蔽，那么，他就必然要直面这样一个问题：非本真的遗忘状态（人遗忘存在）和本真的遗忘状态（存在自行遗忘／自行回隐）之间是什么关系？回答只能是：需用。前者为后者所需用。人愈是以自认充足的理由遗忘了存在，他就愈发深刻地参赞了存在之真理，即存在的自行遗忘。人对存在的遗忘不是一种错误，而根本上是一种本有事件，是存在需用着人对存在的遗忘来实现存在的自行遗忘。洞见到这种"需用"，也就至为深刻地洞见到存在之本质，亦即洞见到作为"自行置送／自行回隐"的存在之本质——"本有"。"真正的本有之特征"就隐藏在"分离性的本隐"中①，因此，"遗忘状态"构成了对"本隐"（Enteignis）的暗示并**因而**构成了对"本有"（Ereignis）的暗示。

反过来说，由于这当中事实上发生着一种"转向"（不是所谓的"海德格尔思想的转向"，而是存在在自行置送与自行回隐之际的自行转向），故对这种运作机制的深思就必然要求着对此"转向"的深思，即要深切思考从"非本真的遗忘状态"到"本真的遗忘状态"的那种"转向"（Kehre），并进而要求实行对这种"转向"的"转入"（Einkehr）。"Einkehr"是对既有转向的承认和承受，是为了居有转向而对转向的投宿，故带有返回性质，我们只能勉强将其译为"转

---

① GA 97, S. 331.

入"。这种"转入"因而是本有性的，"对本己领域（Eigentum）^① 之
真正的本有是对遗忘状态之转向——转到需用之纯朴中去的那种
转向——的转入"^②。通过这种转向之转入，通过这种同一着的差异，
就达成了对"区–分"（Unter-schied）的洞见。

　　在后期海德格尔语境中，"区分"一词被用来思考比"存在论差
异"更为本源的事情，"差异始终还是那有待澄清的东西。然而伴随
着日益增加的清晰性很快就显示出来的是，区分本身乃是那进行澄
清的东西，是那允予清晰和存在之真理的东西"^③。在此意义上，区
分并非存在与人的"之间"，而是在作为存在的存在中^④，或者说，区
分乃是存在的自行分裂（Zerklüftung），即存在之自行二重化：自行
置送／自行回隐；存在即这种自行区分本身。正是这种自行区分才
使存在与存在者的区分得以可能。但"区分"不是完全的差异和彻
底的分离，毋宁说它是同一着的差异和聚集着的分离。在此意义上，
作为存在之自行二重化，区分就是本隐^⑤，就是需用，亦即"作为需
用的分离之素朴"^⑥，就是作为存在之"本质"的本有。^⑦ 海德格尔因
而指出，"区–分本身乃是存在（作为遗忘状态之转向的本有）之意
义上的存在本身"^⑧，区分因而就是作为本有的存在自身，就是存在

---

　　① "Eigentum"在日常德语中意为"所有物，财产"，但海德格尔对此词的使用别
有用意，相关解释可参见 GA 73.2, S. 1046。

　　② GA 97, S. 284.

　　③ GA 97, S. 501.

　　④ GA 73.2, S. 1047.

　　⑤ GA 73.2, S. 1177.

　　⑥ GA 73.2, S. 1045.

　　⑦ GA 94, S. 215.

　　⑧ GA 97, S. 501.

自身之真理,亦即"存在与人之关联"①,也因而相应地有"区分之遗忘状态"。同样地,"存在论差异"在形而上学历史中所遭遇的遗忘状态,根本上来讲,也只是"区分"之遗忘状态的本有(需用)事件。②一言概之,后期海德格尔所思考的"区分",作为"需用之本有"③,作为"自行置送/自行回隐"的统一,乃是对"存在论差异"和"存在与人之关联"这两个关键问题向度的更为本源、更为一体的道说。

因此,当海德格尔说,"区分之遗忘状态变成了本有。在本有中居有着存在之终极学"④,其真正意味就不难理解了:"这种终极学本身是从遗忘状态中来的,是从遗忘状态的转向中来的。"⑤并且,**当我们如此完成对上述关键词含义的必要解释之际,"存在之终极学"的含义也就昭然若揭了:**

1.存在之终极学是对存在的那种本质性转向(从非开端性的遗忘状态转到本真的遗忘状态中去的那种转向)的道说。

2.存在之终极学居有发生在存在之遗忘状态的转向中,存在之终极学是区分之本有事件。

3.存在之终极学是区分之遗忘状态的本有事件。存在之终极学是遗忘状态本身(存在自身之真理)的转近,是对造作(非本真的存在之真理)的断联(转化),是存在者之真理转化到存在自身之真理中去的那种转向。

---

① GA 97, S. 292.

② GA 73.2, S. 1049.

③ GA 97, S. 303; GA 73.2, S. 1197.

④ GA 97, S. 288.

⑤ GA 73.2, S. 1176.

4. 存在之终极学本质上即遗忘状态的终极学，即存在之真理的终极学，更确切地说，是对存在自身之转向（自行置送着的自行回隐）的道说。

5. 存在之终极学是对终极者的本质性的聚集，即把区分之终极聚集到需用中去。存在之终极学指示着需用问题。存在之终极学是本有中的本隐。

6. 存在之终极学是从存在而来被思的，因为它是从存在之真理亦即从存在之遗忘状态而来被经验的。

7. 存在之终极学乃是存在之天命置送，存在之终极学是对作为关联活动的存在之本质特性的道说。

基于上述分析，海德格尔对"存在之终极学"的概念释义还可进一步"转述"为这样三个基本主张：

一、既有向度（第一开端）的彻底穷尽就意味着新向度（另一开端）的开启，终极学作为终极之聚集本身就意味着一种转向，存在之终极学因而道说的是"存在历史的基本动向"亦即存在的那种本质性转向：从非本真的遗忘状态转入本真的遗忘状态中，亦即，从存在者之真理转入存在自身之真理。

二、存在之终极学是从存在而来被思的，因为它是从存在之真理即本真遗忘状态而来被经验的。本真的遗忘状态意味着存在在自行置送中自行回隐，是存在之转向的根源，在此意义上，存在之终极学即遗忘状态的终极学。

三、存在之终极学是对终极者的本质性的聚集，即把区分之终极聚集到需用中去。**存在之终极学指示着需用问题亦即"人与存在之关联"**。存在之终极学是本有中的本隐，它道说着自行置送与自行回隐的一体性，也因而就是命名着这种一体性的"存在之天命置送"。

若对这三个基本主张再进行提炼，**我们就得出了"存在之终极学"的基本含义**：存在之终极学乃是对存在之自行"转向"的道说。存在之本性，作为自行置送着的自行回隐，就是这种"转向"之源。**存在之终极学因而乃是对存在之本性的道说。在此意义上，存在在自身中就是终极学的**。

存在之本性全都本现于"存在之终极学"中。"存在之终极学"聚集着对作为显隐一体性的存在之真理的至为深刻的道说。存在作为"入乎区分的本隐之本有"，本身就是转向性的，是区分性的，是"终极学的"①；存在本身（Seyn）即"区分"，甚至"Seyn只是区分的先行名称"。②存在之本性即"自行置送／自行回隐"。也正是由于这种本性，"存在作为存在之存在就是：从需用之本有而来的存在自身的终极学"③。

"存在之终极学"因而不是什么神学意义上的术语，而是一个彻底的存在之思的词语，海德格尔因而指出："存在之终极学"与神学只还有这样一种关联，即只在"新词创制"上与神学有关，也就是说仅仅是取用了这个词的字面表达形式而赋予了全新含义，"存在之终极学"所道说的东西，与一切神学和哲学都是陌异的。"终极学"这个名称，应纯粹从作为需用之本有的存在而来得到思考，区分之遗忘状态在其中本有性地本现着。只要我们成功地以这种

---

①　GA 73.2, S. 1177.

②　GA 97, S. 119.

③　GA 97, S. 309.

方式思考了"终极学"这个名称，思想就已经回思了存在。[①]

　　如此我们就完成了对"存在之终极学"的概念释义，解答了第一个关键问题，**由此考察了海德格尔对"整体评判"的第一种理论总结，即对存在历史的追问为何要以极限性评判的形式展开**，它事实上揭示了海德格尔对德国古典哲学之终极性定位的深层根据。但迄今的工作毕竟还只是开始，因为即使在这里，也还有两个问题向度敞开着。其一，既然"存在之终极学"（Eschatologie des Seins）的根本含义乃是得到深化的"本有之思"[②]，它之所思与迄今所有的哲学和神学都是陌异的，那么为何还要采用"Eschatologie"这个历史负担极其沉重的术语？其二，"存在之终极学"这种思想从存在之本性（自行置送／自行回隐）而来思考存在之天命性的转向，或者说，在存在之天命的维度思考"终结即开端"，它也因而必然是一种历史性之思。这样一来，这种思想的内容和这种思想的意义就必须予以追问了，而首先就要追问的是，这种思想与历史上早已至为深刻地思考过"终结即开端"的黑格尔哲学究竟是什么关系？"精神现象学"何以被海德格尔称作"存在之终极学"的一个阶段？

　　要想澄清这些问题向度，就必须展开对第二个关键问题——"精神现象学"为何是"存在之终极学"中的一个阶段——的追问，通过对"存在之终极学"之内容的展现来揭示出其更加深邃而广阔的意蕴。

---

① GA 97, S. 408–409.

② GA 97, S. 329.

第十一章　整体评判的理论总结 II：
存在之终极学的基本内容

在《林中路》收录的《阿那克西曼德之箴言》(1946)一文中，海德格尔首次公开表达了他的"存在之终极学"(die Eschatologie des Seyns)思想，这一表述由三个核心语句构成：

第一，"存在本身作为天命置送性的东西，在自身中就是终极学的"；第二，"精神现象学本身构成了存在之终极学的一个阶段"；第三，"如果我们从存在之终极学而来运思，那我们有朝一日就必须在将来的将来之物中期待早先的往昔之物"。①

这三个核心语句事实上构成了"存在之终极学"的"释义""内容"以及"意义"这三重向度。**海德格尔也正是按照这三个向度实施了他对"整体评判"的理论总结工作。**依照这三重向度进行考察，我们就获得了与之相宜的三个关键问题：首先，为何"存在在自身中就是终极学的"？其次，"精神现象学"何以是"存在之终极学"的一个阶段？最后，"存在之终极学"究竟意味着什么？

就第一个问题而言，海德格尔指出他所思考的"终极学"(Eschatologie)迥异于传统神学含义，只是在构词上取用了其名号；

---

① 海德格尔：《林中路》，第297页。有改动。

它意味着"终极者"之"聚集"，极端之彻底完成就意味着新开端之启程，这种性质的聚集就是一种内在的"转向"，从第一开端（存在者之真理）转入另一开端（存在之真理）。存在之本性，作为自行置送着的自行回隐，就是这种"转向"之源。存在之终极学因而乃是对存在之本性的道说。在此意义上，存在在自身中就是终极学的。海德格尔对形而上学（尤其是德国古典哲学）之终极性的考察因而就具有深刻的历史性意味，而绝非单纯的贬斥性批评。对第一个问题的回答因而事实上构成了"整体评判"第一种理论总结，它揭示了海德格尔对德国古典哲学之终极性定位的深层根据。

但这一揭示工作迄今仍还停留在形式上，尚需在内容上予以充实，我们因而需要展开对第二个关键问题的追问：精神现象学何以是存在之终极学的一个阶段？其余阶段是什么？精神现象学又何以堪作代表？

第一节 存在之终极学的三个代表性阶段

精神现象学何以是存在之终极学的一个阶段？这一问题关涉着"存在之终极学"的具体内容。因为第二个核心语句显然具有双重意味，要求我们对相关内容展开深究：

其一，精神现象学是存在之终极学的"一个"阶段，这同时也就意味着，还存在着其他阶段。那么所有这些阶段的整体，亦即存在之终极学的内容，究竟是怎样的情形？

其二，既然存在之终极学有若干阶段，为何又要单独挑出"精神现象学"来作为代表予以指明？精神现象学究竟有何种独特性？

　　在《林中路》中，海德格尔高度凝练地提示了这些问题但并未展开阐释，只是在 2013 年出版的《论本有之思》（GA 73）和 2015年出版的第四部《黑皮笔记》（GA 97）中，我们才首次看到了海德格尔对上述问题的不懈追问和深邃思考。

　　海德格尔指出，作为存在之天命置送的"存在之终极学"（Die Eschatologie des Seyns）具有三种方式（阶段）[①]，**第一种是"实际（者）之单子学"**（Die Monadologie des Wirklichen），**第二种是"精神之现象学"**（Die Phänomenologie des Geistes），**第三种是"意志之动物学"**（Die Zoologie des Willens）。这三种方式乃是"存在如何自行置送到存在者本身中去"以及"存在如何自行回取到存在中去"的方式。[②] 在第五部《黑皮笔记》（GA 98）中，海德格尔曾经如此分析存在历史："存在之历史：在场者之去蔽学，被造者之考古学；实际者之单子学；对象物之观念学；绝对者之现象学，意志之动物学；存在之终极学。"[③] 与这里的三种方式（阶段）之分析并不冲突，因为那里论述的是存在历史的分阶，是比存在之终极学更广阔的领域（古希腊哲学—中世纪哲学—近代哲学）。

　　关于存在之终极学的这三个方式（阶段），海德格尔曾在一个图表中给出了进一步的提示：

　　关于第一种方式，海德格尔注明其关键词是"一"（Ἕν）和"运作／实现"（ἐνέργεια）。Ἕν 与"单子"相应，与"实际"相应的是

---

　　① 海德格尔在对"存在之终极学"的阐述中把"阶段"和"方式"当作同义语使用：呈现方式即阶段。

　　② GA 97, S. 335.

　　③ GA 98, S. 87.

ἐνέργεια，它的内涵乃是"作品—技艺"（ἔργον-τέχνη）。

关于第二种方式，海德格尔用"表象和再现中的显现"来注释"现象"，用"主体性（自身意识）"来注释"精神"，用"理念之理念"（die Idee der Ideen）来标识其整体内涵。

关于第三种方式，海德格尔用"生命（自然）"（ζωή［φύσις］）和"拥有逻各斯的动物"来注释"动物"，用"权力意志"来注释"意志"，用"被确定的动物：超人"来标识其整体内涵。

正如海德格尔在 1930/1931 年讲座《黑格尔的〈精神现象学〉》中强调指出的那样——谁若以为"精神现象学"只是黑格尔的一部著作的名称，谁就根本没有读懂这本书——这里的这三种方式也并非仅仅特指莱布尼茨、黑格尔以及尼采这三位哲学家的三种哲学思想，毋宁说，它们是存在之天命置送在形而上学终结阶段的三种本质呈现方式。我们不可以仅仅以历史学的方式把这些表象为一种进程 ①，而应深思其本质上的共属一体性。

它们之间的内在关联被更确切地阐释为："这些方式的每一种方式都贯彻本现着存在之天命置送。前三种方式交替地共属一体。" ② 存在之终极学乃是这三种方式的本质整体，三种方式是存在终极学的三种本质性的阶段。正是基于这种"共属一体"的语境，海德格尔在《黑皮笔记》中对这三种方式展开了考察，同时也给我们带来了种种疑难：

一方面，海德格尔写道，"实际之单子学"真正说来是从转向

---

① GA 97, S. 284.

② GA 97, S. 335.

而来居有发生的，但它作为第一种方式始终已经是存在之终极学的三种方式的隐蔽本质。① 但并没有对此予以进一步的解释。

另一方面，海德格尔指出，从存在之终极学思来，"精神之现象学乃是存在之真理的'历史'的一个主要特征，'精神'在这里已经是从努斯、神、自身意识之主体性以及理性而来被间接促成的并且因为始终不可经验而始终未被思的去蔽（Ἀλήθεια）"②；"存在之终极学并不与精神现象学相对立……精神现象学以某种本质性的方式、在某种本质性的阶段中是存在之终极学，也就是说，精神现象学实现为遗忘状态的一种本有事件"③。这些提示同样非常难以理解。

但最难理解的恐怕是第三种方式即"意志之动物学"的意义和作用，海德格尔为此做出了这样的阐述："同一者本有性地'是'区分。等同者是同一者的怒火。相同者的永恒轮回是对同一者之突兀转入的极端的遗忘。权力意志是对需用之本有的极端的遗忘。这里的这种遗忘是那非开端性的、非本真的遗忘。"④ "在变得公开的相同者之永恒轮回中不显眼地居有发生了同一者的突兀转入：区分之遗忘状态变成了本有。在本有中居有发生了存在之终极学。"⑤

这当中的理解难点可以被归类为这样三种：

一、如何理解这里的"意志之动物学"？它为何位居第三种方

---

① GA 97, S. 335.
② GA 97, S. 290.
③ GA 97, S. 283.
④ GA 97, S. 254–255.
⑤ GA 97, S. 288.

式亦即存在之终极学的最后一个阶段？它的这种"最后"究竟意味着什么？

二、海德格尔一方面承认这些方式（阶段）之间存在着前后秩序，另一方面又认为这些方式之间的关系不是一种发展进程，而是一种共属一体的关系。如何理解这种看似矛盾的解释？

三、海德格尔一方面突显了三种方式（阶段）的共属一体性，但另一方面又格外强调了第二种方式"精神现象学"的无与伦比的重要性和独特性，如何理解他的这种阐释策略和意图？

唯有克服了这三个难点，我们才能对"存在之终极学"的基本内容给出清晰阐明，进而理解"整体评判"与存在之终极学的内在关联，亦即理解这一难题：**存在之终极学何以是海德格尔对"整体评判"的理论总结**？

第二节　三个代表性阶段的内在关系

我们首先来解决第一个难点。这样做是因为，意志之动物学与精神之现象学有极为密切的关联，"意志之动物学"事实上乃是对"精神之现象学"的反向论证，对它的阐释将会更易于照亮整个问题语境。

第三种方式是存在之终极学的最后一个阶段。关于这一点，海德格尔有明确解释："黑格尔的《精神现象学》（1807）是存在之终极学的倒数第二个阶段；尼采的《查拉图斯特拉如是说》（1883/1884）是最后一个阶段。"① "意志之动物学"在著作层面对应着尼采的《查

---

① GA 97, S. 410.

拉图斯特拉如是说》，亦即对应着尼采的两大基本理论："权力意志"和"相同者的永恒轮回"。"超人"是这两种理论的聚集形态 ①，但在存在历史的视域中，它却还意味着更多的东西。"超人完全还是人，"海德格尔写道，"超人是这种生物——此生物已经把自身整置到对存在者的表象着的制造活动中去了——意义上的最终之人。" ② 并且，"由于唯有超人——作为形而上学之完成的人——才是最终之人，由于这种暴动到最高处的生物对于'生命'而言乃是权力意志本身，入乎本有的那种转向就转化了'人'这种生物。……从人到超人的那种过渡乃是存在自身的震动，存在由此崩溃到那业已完成了的主体性中去了" ③。换言之，"超人"意味着对迄今以来的人之本质（**理性**动物）的一种转置，亦即把理性反转倒置到作为权力意志的动物性之下，这种理论因而乃是"意志的动物学"，它标识着主体性的完成。

但何谓"主体性"？"Subjekt"［主体］原本并非特指人，其原初名称 subiectum［基体］本是指每一个存在者之所是：被放置或抛置在下面的东西，已经从自身而来放在眼前或者说前存着的东西。而人之所以被视为 subiectum（Subjekt），仅仅是因为，自近代以来，那真正持续的和实际的东西被唯一地判归给了人，人被视为那个唯一的基底性的东西，一切东西的出现和消失都以人为根据，更确切地说，都以人的表象活动为根据。表象活动因而不再是单纯的对存在者的觉知，而是变成了裁决存在者之存在状态的"法庭"。表象

---

① 海德格尔：《尼采》，第 922、933、935 页。
② GA 97, S. 409.
③ GA 97, S. 384.

活动所裁决的存在者之存在状态就是"主体性"。主体性因而并非
是单纯的主观性，也与唯我论无关，它的本质性含义是且仅仅是：
存在者之存在在于表象活动中。所谓"存在状态是主体性"和"存
在状态是对象性"，说的是一回事。而作为人的理性活动，表象活
动的这种基础性同时也就意味着，只是自近代以来，人才被真正规
定为理性生物，只是自近代以来，理性才获得了它完全的形而上学
的地位，成为人的本质规定。①

　　理性的这种无条件者的地位恰恰揭露了超人之本质的形而上学
本源。② 也就是说，若无理性变成无条件者，也就没有对其进行转置
的"超人"，二者事实上共属一体。③ 也只有依照这个地位，我们才
可以衡量出，在前述那种"回取"（转置）——把理性回取到其对动
物性的服务效力中——中究竟发生了什么。④ 理性之变成无条件者，
是主体性的完成，而超人，作为"人类的一个极其明确的形态"和"最
纯粹的权力意志的最高形态"⑤，其对这种无条件者的"转置"，同样
是主体性的完成，这一变化历程正是近代哲学从开端到黑格尔与尼
采的历程，**黑格尔与尼采的哲学以不同向度标志着主体性之完成**。

　　但主体性的这种完成在其开端处就已经被规定了。在主体性
进程的开端处，海德格尔首先讨论的是莱布尼茨而不是笛卡尔⑥，

---

① 　海德格尔：《尼采》，第 925—929、1067—1070 页。
② 　海德格尔：《尼采》，第 925 页。
③ 　海德格尔：《尼采》，第 831—832 页。
④ 　海德格尔：《尼采》，第 925 页。
⑤ 　海德格尔：《尼采》，第 677 页。
⑥ 　但这并不意味着海德格尔不承认笛卡尔的开端性作用，参见海德格尔：《尼
采》，第 662—663 页。

其理由是，主体性的两大基本要素即"认知"与"意志"只是在莱布尼茨的"单子学"中才首次被统一起来。对于"主体性"而言，这两大基本要素的统合具有决定性意义：一方面，从历史效应看，它们将一直通向黑格尔所理解的主体性之关键即"理性"（**理性**动物）和尼采所理解的主体性之关键即"动物性"（理性**动物**），由此通向主体性的最终完成；另一方面，就义理而言，唯有通过这两种要素的统合，"主体性"的真正内涵才能得到本质塑形。人之主体地位固然是通过笛卡尔而得到奠定的，但"主体性"并非就是"主体"，主体性乃是对近代历史范围内出现的两个本身共属一体的本质规定——"人作为主体（基体）把自身设置和保障为存在者整体的关联中心"以及"存在者整体的存在状态被把握为可制造和可说明之物的被表象状态"①——的统一命名，是"人与存在之关联"的近代式的呈现。莱布尼茨的开端性作用因而体现在，通过发现表象（认知）与欲求（意志）的统一，看出表象活动**在自身中即是**欲求活动，最终洞见到"一切照面之物和活动之物都要从表象活动本身而来规定其存在状态"，由此本质地界定了"主体性"的内涵：**存在者之存在在于表象活动中**。莱布尼茨对"单子"的思考，实质上就是对"一"（monas）亦即主体性两大基本要素之"统一性"的思考，近代形而上学的"全然的开端"也正因此而被达到了。如此就可理解，为何"存在之终极学"的第一种方式不是笛卡尔的哲学原理，而是莱布尼茨的单子学②；并且先前那句费解之言即"第一种方式始终已经是存

---

① 海德格尔：《尼采》，第 662 页。

② 在主体性问题上，笛卡尔只是给出了这种可能，但却是莱布尼茨才首次确切实行了这种可能性。参见海德格尔：《尼采》，第 1073 页。

在之终极学的三种方式的隐蔽本质”的真正意谓，也由此变得昭然若揭了。

　　从莱布尼茨所揭示出的“主体性”的本质规定来看，主体性的本质自发地并且必然要趋于“无条件的主体性”，亦即，从莱布尼茨那里通向“黑格尔”与“尼采”的道路乃是一条必然之路。在黑格尔那里，作为欲求性的表象活动，理性在自身中同时也是意志。理性的无条件的主体性是一种有意的自身认识。这意味着，理性乃是绝对精神。作为绝对精神，理性是实际（者）的绝对实际性，是存在者之存在。理性在自行欲求着的表象活动的所有的、对于理性而言乃是本质性的阶段中把自身带向了显现，这样，理性本身就只以被理性所支配的存在的方式存在着。“现象学”，在黑格尔的意义上，就是存在“把自身带向概念”，是无条件的自身显现。“现象学”在这里意指这样一种方式，即无条件的主体性作为无条件的、自行显现着的表象活动（思想）本身如何是一切存在者之存在的那种方式。在这一意义上，就连黑格尔的《逻辑学》也属于“现象学”。主体性的无条件化就在黑格尔这里达成了，主体性臻于完成。①

　　海德格尔在此想要指出的是，理性在自身中就是意志，这是近代的那个“全然开端”所规定的事情，虽然这一规定也影响和制约着黑格尔乃至尼采，但黑格尔的“精神现象学”的侧重点却是作为表象（理念）的理性，是这种作为绝对精神的理性决定着存在者之存在状态。如前所述，主体性问题，作为近代式的“人与存在之关联”问题，必然包含着对人之本质的阐释并由此同时指向了存在问题，

---

① 海德格尔：《尼采》，第930页。

黑格尔的主体性问题之关键因而可以在这一形式中表达出来：**理性**动物。人作为自然生物，效力于理性，是被理性亦即存在者之存在本身所需用的。主体性在黑格尔这里所实现的完成因而乃是存在者之存在状态的完成，也就是对"基础问题"亦即"人与存在之关联"的形而上学式的完成。

　　但这样一来，对主体性之完成的翻转式的"再完成"就变得可能了，**因为黑格尔的完成工作——对"关联"予以绝对化，但却把重心置于存在（存在者之存在）——本身就给另一种可能性打开了空间，即：对"关联"予以绝对化，但却把重心置于人**。这也就是尼采的工作。海德格尔因而写道："唯当理性以此方式形而上学地展开为无条件的主体性，并且因此展开为存在者之存在，这时候，把以往的理性优先地位颠倒为动物性优先地位的做法本身，才能够成为一种无条件的颠倒，也就是一种虚无主义式的颠倒。"[①] 这也就是说，唯当主体性无条件地显现为"**理性**动物"，一种无条件的颠倒即"理性**动物**"才能达成："这种对无条件理性的形而上学优先地位（它规定着存在）所做的虚无主义的否定——而不是对理性的完全排除——乃是一种肯定，也就是把身体的无条件作用肯定为一切世界解释的命令地位。"[②] 这个在否定中进行肯定的生物就是超人，"超人是在 animalitas［动物性］的赋权作用中的极端 rationalitas［理性］；它是在野蛮性中完成自己的理性动物"[③]；作为理性**动物**，超人以另一种方式标志着主体性之完成，"基体之主体性，与自我方

① 海德格尔：《尼采》，第 931 页。

② 海德格尔：《尼采》，第 931 页。

③ 海德格尔：《尼采》，第 661 页。

面的个体化毫不相干的基体之主体性，完成于一切生命的可计算性和可设置性，完成于动物性之理性中——超人就在这种动物性中找到了自己的本质。当一种假象已经固定下来，仿佛诸主体已经为了某种蔓延着的效力状态（理性对动物性的效力）而消失了，这时候，便达到了主体性的极端"①。

作为主体性的极端与完成，这种"动物学"的主词乃是"意志"。意志本质上是权力意志②，在"动物学"中发生的那种虚无主义式的颠倒，也就是"把表象的优先地位颠倒为作为权力意志的意志的优先地位"，在这种颠倒中，"意志才达到在主体性之本质中的无条件之支配地位"，意志不再仅仅是对表象性的理性而言的自身立法，"而是对意志自身的纯粹的自身立法"，无条件的主体性的本质"唯在意志的这样一种有所颠倒的赋权作用中才达到它的完成"。③

如此我们就弄清了何谓"意志之动物学"，并由此返观照亮了存在之终极学前两个阶段的问题语境，进而可以看出，**贯穿三个阶段的整个的问题语境都是"基础问题"（人与存在之关联），是此问题在近代哲学中的变式呈现**。但在解答了第一个难点之际，同时也就出现了这一问题：究竟该如何理解这三个阶段之间的内在关系？

海德格尔一方面承认这些方式（阶段）之间存在着前后秩序，另一方面又认为这些方式之间的关系不是一种发展进程，如何理解这种看似矛盾的观点？这三种方式之间的关系究竟是何种关系？

从文本来看，海德格尔明确指出过，"精神之现象学"是存在

①　海德格尔：《尼采》，第665页。
②　海德格尔：《尼采》，第703页。
③　海德格尔：《尼采》，第932页。

之终极学的倒数第二个阶段，"意志之动物学"是最后一个阶段①；从义理来看，三者之间也存在着某种秩序："实际之单子学"为主体性之本质进行了界定（主体性乃是理性和意志的共同构成，意指存在在于表象活动中，近代式的"基础问题"亦即"人与存在之关联"由此确立），"精神之现象学"构成了主体性之完成（主体性完成于存在者之存在的无条件化，亦即精神的绝对化），"意志之动物学"则以翻转方式构成了对主体性之完成的再完成（把**理性**动物转置为理性**动物**）。以通常观点来看，这似乎就构成了一种发展关系。

但海德格尔却又反复提醒这不是常识意义上的发展进程："倘若我们把所有这些只是历史学地表象为一种进程，我们就还没有归属于近代并且没有处在回思之本有事件中。我们虽然理解了一切，但我们什么也没有思考。"② 也就是说，它们表面上的前后顺序只是从不同层面、不同角度对同一个"统一本质"的呈现活动的见证，而非某种从低到高的发展进程。

若做更具体的观察，海德格尔的这一立场体现在：

一方面，海德格尔指出，对于存在之终极学的这三种方式（阶段）而言，**莱布尼茨**的"开端"不是单纯的"开始"，不是在其开始之后就被逾越了的一个端点，毋宁说，第一种方式不仅是开端，而且全程支配着其所开端者，存在之终极学的隐蔽本质始终已经被保存在第一种方式之中。在此意义上，三者之间的关系并不能被历史学地表象为一种从低到高的发展进程。同样地，**黑格尔**哲学虽然从某种

①　GA 97, S. 410.
②　GA 97, S. 284.

角度来看不是最终方式，但它和莱布尼茨哲学一样，都具有无与伦比的重要性："在存在之终极学的意义上切近地思来，'现象学'和'单子学'都起源于存在之早先（Einst）；因为'现象'本现在自然（Physis）中，'单子'本现在一（Ἕν）中亦即本现在逻各斯中；'-学'（-logie）本现在去蔽中和逻各斯中。这种情形证明了，**黑格尔与莱布尼茨，虽然没有经验到存在之遗忘状态的本现着的东西，但却是按照存在之天命置送来思考的**，亦即是从区分之荒芜化而来思考；证明他们乃是思者。"①

另一方面，由于第三种方式是对第二种方式的"倒置"，它更容易被常识视为一种单纯的前后秩序和发展关系，故海德格尔必然也要着力于此，对第二种方式和第三种方式之间的关系做出更多阐释。

例如，在 1940 年的"尼采讲座"中，在指出黑格尔的"理性的无条件主体性"与尼采的"权力意志的无条件主体性"的差异之后，海德格尔又紧接着阐明了二者的统一性："人之本质每每都是以一种各不相同的角色进入到无条件主体性的这两种形态的每一种中去的。贯穿形而上学历史，人的本质普遍被确定为 animal rationale［理性动物］。在黑格尔形而上学中，一种在思辨辩证法意义上被理解的 rationalitas［理性］成为对主体性来说决定性的东西；而在尼采形而上学中，animalitas［动物性］成为主导线索。就它们的本质历史性的统一性来看，正是两者把理性和动物性带向无条件的有效性。"②对这种统一性的洞见使得我们不可把二者之间的关系简单地

---

① GA 97, S. 291.
② 海德格尔：《尼采》，第 831 页。

理解为一种发展进程的关系，而应促使我们看出其中隐藏着的关键因素："超人是在动物性的赋权作用中的极端理性；它是在野蛮性中完成自己的理性动物。"[①] 通过这种关键因素（无条件的主体性，无论是在"精神之现象学"中还是在"意志之动物学"中，都是以"理性动物"为呈现形式的对"人与存在之关联"的绝对化），我们最终看清，**黑格尔形而上学与尼采形而上学都属于终极性的形而上学形式**："形而上学的终结意味着形而上学的本质可能性已经完全发挥出来的历史性瞬间。这些可能性当中的最后一种必定是这样一种形而上学形式，在其中，形而上学的本质被颠倒了。在黑格尔和尼采的形而上学中，这样一种颠倒不仅现实地，而且有意识地——但却以各各不同的方式——得到了完成。"[②]

虽然尼采形而上学是对黑格尔形而上学的一种翻转，但从存在历史的视野来看，这种翻转只不过是对"主体性之完成"的加强论证，在此意义上，黑格尔与尼采共同标志着近代形而上学之完成的本质[③]，海德格尔因而明确地指出，"近代的**形而上学之形式**在黑格尔和尼采那里达到了其完成了的形态——**看上去彼此相反的他们乃是同一者**"[④]；换言之，正是作为主体性的绝对实际性使得"精神"与"意志"归属于同一者。[⑤]

无论黑格尔式的还是尼采式的"主体性之完成"在根本意义上

---

① 海德格尔：《尼采》，第 661 页。

② 海德格尔：《尼采》，第 832 页。

③ 海德格尔：《尼采》，第 1108 页。

④ Martin Heidegger, *Überlegungen VII – XI*, GA 95, Frankfurt: Vittorio Klostermann, 2014, S. 310.

⑤ GA 73.2, S. 1105.

都是依据于同一基础，即莱布尼茨所确立的近代式的"人与存在之关联"，都是在尝试把这种"关联"无条件化亦即绝对化，用近代哲学的术语来讲，就是要去效力于**主体性**的"体系"之本质。[①] 但他们的区别在于，黑格尔是通过把重心移置到"存在"（存在者之存在状态）上面来实行这种无条件化，由此构成了绝对体系——黑格尔式的做法因而是这种意义上的"精神之现象学"："绝对主体性在其绝对的自行显现中显现为持久者之实际性。"[②] 而尼采则是在黑格尔的绝对化工作的基础上实施了虚无主义式的颠倒，即通过把重心反转倒置到"人"上面来实行这种无条件化，由此构成了对绝对体系的否定式的论证，以至于他的工作虽然看上去是反体系的，但仍以一种本质性的方式效力于体系——尼采式的做法因而是"意志之动物学"。

因此，在关联问题的视角中，存在之终极学的第二种方式与第三种方式，固然存在着前后顺序，但却不是一种发展关系。而这种"关联"，亦即这种"体系性"，根本说来乃是"统一性"，是"一"（"Ev)，亦即"实际之单子学"所追思的关键。由此可见，存在之终极学的三种方式之间的关系都不是一种发展关系，而是一种"共属一体性"。一言概之，它们之间虽然彼此交替，但却根本地共属一体。唯当我们理解了这一语境，《黑皮笔记》中的那句业已被引用过的话，才可得到真切的倾听："这些方式的每一种方式都贯彻本现着存在之天命置送。前三种方式交替地共属一体。"[③]

---

① 海德格尔：《尼采》，第 1097—1098、1107—1108 页。

② GA 73.2, S. 1105.

③ GA 97, S. 335.

　　如此我们就解答了第二个理解难点。但同样地，第三个难点事实上已经在上述工作中呈现出来了，此即既然存在之终极学的三种方式不是发展进程之关系，而是彼此共属一体，海德格尔为何又特别重视第二种方式，给予"精神之现象学"以独特地位，也就是说，为何在《林中路》中仅仅用"精神之现象学"来作为存在之终极学的代表性方式（阶段）？对第三个难点的解答将使存在之终极学与"整体评判"的特有关系得到进一步澄清。

第三节　　存在之终极学的双重定位

　　海德格尔在整体上始终强调了存在之终极学三种方式（阶段）的统一性，但又在一些文本中对第二种方式即"精神现象学"进行了特别强调。这种特别强调意味着什么？本节的考察工作将会揭示出，在"精神之现象学"与"存在之终极学"的特有呼应中，存在着"整体评判"与自身定位（海德格尔对德国古典哲学的整体评判与海德格尔对自身思想的定位）的特有关系，**对这种特有关系的分析将进一步澄清，"存在之终极学"何以是海德格尔对"整体评判"乃至自身思想的理论总结。**

　　为执行这种考察，我们将先检视相关文本，凸显问题，然后再对此加以阐释。

　　首先触目的一处文本就是《林中路》中收录的《阿那克西曼德之箴言》。在这篇有独特意义的论文中（海德格尔生前只是在这篇论文中才把"存在之终极学"思想公之于众），关于存在之终极学的"内容"，海德格尔仅仅提到了"精神现象学"："我们是在那种相应的意义中——精神现象学应在这种意义中被存在历史性地思考——来思考存在之终极学的。精神现象学本身构成了存在之终极学的一个阶段，因为作为无条件的求意志之意志的绝对主体性，存在聚集自身入于它迄今为止的、为形而上学所烙印之本质的那种终极中了。"① 海德格尔显然在这里是把"精神现象学"视为"存在之终极学"的代表性阶段，重视之意不言而喻。

同样的重视也触目地呈现在《黑皮笔记》中：

> 在"区分"中，存在之转化被聚集到存在之真理的位置性［地方］的道说中去了，被聚集到存在之真理的位置性中去了。"精神之现象学"乃是终结。存在之位置学［拓扑学］乃是开端。这里事关宏旨的不是黑格尔，不是海德格尔，不是这两个人的关系。存在之位置性乃是区分。②

> 精神之现象学或许可以被经验为存在之终极学的一个历史性时代（Epoche）。去思考这一点，或许将对它的时代而言变得必需。相反，从如此被思考的精神之现象学中或许可以展现出一种指示，这个指示或许会把存在之终极学带到那种有待思的东西的领域中去。然而，我们必须提防这样一种观念，存在之终极学太容易被这种观念视为一种仅仅更加广泛的、应包含着精神之现象学的领域。存在之终极学命名的是存在之真理的本质的一种完全不同的维度。③

---

① 海德格尔：《林中路》，第 297 页。
② GA 97, S. 202.
③ GA 97, S. 409.

　　从非开端性的遗忘状态之转向而来转入本真的遗忘状态
中去的遗忘状态之转入，乃是存在之终极学。存在之终极学并
不与精神之现象学相对立，仿佛这里说的竟是哲学的理论环节
或立场似的。精神之现象学在某种本质性的方式和阶段中是
存在之终极学，也就是说，精神之现象学实现为遗忘状态的一
种本有事件。始终有待思考的是：在存在之终极学中的精神之
现象学；在遗忘状态之本有中的存在之终极学。①

　　从这些表态来看，**"精神现象学"拥有极为特殊的地位**，也就
是说，相较于其他两种方式，**精神之现象学**处在与**存在之终极学**
的独一无二的切近中：一方面，"精神之现象学只有从存在之终极
学而来才能被存在历史性地思考"②，另一方面，"存在之终极学回
应了精神之现象学"③，"从如此被思考的精神之现象学中或许可以
展现出一种指示，这个指示或许会把存在之终极学带到那种有待
思的东西的领域中去"④，亦即带到对存在之真理的位置性［地方］
（Ortschaft）的追问中去。这种切近关系因而意味着，"精神之现象
学乃是终结。存在之位置学乃是开端"，而"存在之终极学乃是存
在者之存在的位置学。位置乃是终极者"⑤，正是在这种切近中，精
神现象学才堪称以某种本质性的方式是存在之终极学，也正因为这

---

① 　GA 97, S. 283.
② 　GA 97, S. 424.
③ 　GA 97, S. 271.
④ 　GA 97, S. 409.
⑤ 　GA 73.2, S. 1179.

种本质性，它不是存在之终极学的一个阶段，而是存在之终极学的
那个阶段。最终，对于思想的任务而言，"始终有待思考的东西"
就被定位为："在存在之终极学中的精神之现象学；在遗忘状态之
本有中的存在之终极学。"①

这种定位使问题变得更加棘手和触目，我们不得不问，"精神
之现象学"与"存在之终极学"的这种独特的切近关系究竟该如何
理解？它是否意味着对前述三种方式之"共属一体性"的否定？

回答是否定的。

一方面，这种独特的切近关系与三种方式之共属性并不冲突，
毋宁说它恰恰指示着共属性并因而归属于这种共属性。

另一方面，这种共属性也并不构成对精神现象学之独特性的否
定，后者并未湮没在前者之中，而是恰恰需要格外警醒的追问。

对于问题的这两个层面，我们将通过对海德格尔下述文字的分
析来做进一步的阐释："同一者之突兀转入回应了相同者之永恒轮
回。存在之终极学回应了精神之现象学。回应（Antworten）乃是突
兀地本有性的应合（Entsprechen），这种应合把需用之本有中的谜
告（Ratsal）之到达的要求带到了语言中。相同者之永恒轮回和'精
神之现象学'——乃是本有自身的突兀，并且居有着超越中的荒芜
化之造作的完成。"②

表面上看来，海德格尔的这段文字似乎是把精神之现象学与存
在之终极学的切近关系进一步极端化了，仿佛使之成为一种排他性

---

① GA 97, S. 283.
② GA 97, S. 271.

的切近关系。但是，按海德格尔自己在另一处对应文本中对相关术语之广义的解释①，这里的"存在之终极学"和"同一者之突兀转入"都是在狭义上命名的，它们都是用来特指海德格尔自己的思想努力而非意指广义上的存在之真理的维度。所以这里才有"同一者之突兀转入回应了相同者之永恒轮回"（海德格尔——尼采）以及"存在之终极学回应了精神之现象学"（海德格尔——黑格尔）的说法。也就是说，存在之终极学与精神之现象学的这种切近关系并非排他性的，并非对三种方式之共属一体性的否定。

但无论如何，精神现象学的独特定位仍是一个触目的事实。不可回避的问题是，为何仅仅用"精神之现象学"而不是别的方式来对应狭义的"存在之终极学"？要阐明这一点，需要更加深入地思考形而上学与本有之思的关系。

存在之真理，作为"天命置送性转入的素朴者"，并非与思想传统相隔绝，毋宁说它恰恰"静息于未被道出者的古老东西之中"②，恰恰已经在历史上通过思者的努力而形诸思想传统的已说与未说之中。作为表象之思想的形而上学与作为回思之思想的本有之思并非矛盾对立者，不如说，后者的任务恰恰是，去倾听在前者之已说中隐秘运作的那种东西，即那未被道出者的古老东西，通过这种倾听去最终洞见到，形而上学与本有之思不是"一个普遍者的两种类型"，而是"存在之天命置送中的同一者"。③

形而上学对"基础问题"的预感先思在存在之终极学的三种方

---

① GA 97, S. 283.

② GA 73.2, S. 921.

③ GA 97, S. 369.

式中臻于极致，但这三种方式却是本有性的应合。存在之终极学，作为本有之思，已非形而上学所能局限，但却仍然与形而上学是"存在之天命置送的同一者"。深思这种同一性，我们会发现存在之终极学事实上具有双重意蕴。它不仅仅是对"实际之单子学""精神之现象学""意志之动物学"这三种方式（阶段）之本质整体的命名，并在此意义上意指"存在之天命置送"本身；此外，它也是存在历史的一种思想形态，它和形而上学中的三种本质性形态一道是"存在之天命置送中的同一者"，也就是说，它也是对存在之真理之要求的一种应合，也是在历史中呈现出来的一种具体的道说形态，并且，如同前三者分别是莱布尼茨、黑格尔、尼采为思想本身所确立的思想路标，"存在之终极学"也是一位历史性的思者为思想本身所确立的思想路标，但这个思想路标却不是前三者的简单推演，而是一种批判着的承认，一种断裂着的关联，亦即，一种"断－联"。①

说得更明确些就是，**"存在之终极学"在海德格尔语境中具有这样两种意蕴**：其一，它是对作为"显隐一体性"（自行置送/自行回隐）的存在之真理的整体命名，这种真理必然在历史上有所显现，必然在历史中有其痕迹，在此意义上并在终极学的本意（终极者之聚集）上，它就拥有形而上学之趋于终极的三个决定性的阶段；其二，它是海德格尔本人所奉献的典范性的思想学说，它代表着这位思者对思想之实事（存在自行置送/自行回隐）的思想努力和道说成就，而这位思者也正是凭此而立身于与其他历史性思者的关联中。

因此，当海德格尔对"精神现象学"做出独特定位使之处于与

---

① GA 97, S. 290.

"存在之终极学"的独一无二的切近中时，他更多地是在使用"存在之终极学"的第二种意蕴。但第二种意蕴并非隔绝于第一种意蕴，而是源出其中，因为真正的思者必然都是在历史性地思考，"历史性的人思考着，并且当他本真地思考，也就是说，只要他本身是天命置送的本己领域，他就是在历史性地思考。他回思地思念来源和未来以及在其迎面相遇中的此二者"①；思者之思，在根本意义上，只是被需用之思，只是被存在之真理所需用者②；而且一个人愈是走近他之所思，这种所思就愈少地归属于这个人。③因此，当海德格尔写下"'**精神之现象学'乃是终结。存在之位置学**［**亦即存在之终极学**］**乃是开端**"这样的话之际，他也必然要在后面注明："这里事关宏旨的不是黑格尔，不是海德格尔，不是这两个人的关系。"④

同样地，当海德格尔写下"在哲学之后是终极学（但不是紧随而至）。存在之终极学乃是存在者之存在的位置学"⑤这样的话的时候，他也是在更多地运用"存在之终极学"的第二重意蕴，亦即把存在之终极学视为一种历史性的思想形态，也只有在这种意蕴中才谈得上先后之分。反过来说，也正是由于"存在之终极学"运作于与存在者之真理完全不同的存在之真理中，那种先后之分才得以可

---

① Martin Heidegger, *Nietzsches Metaphysik*, GA 50, Frankfurt: Vittorio Klostermann, 1990, S. 149.

② 正是基于这种观照，海德格尔才会指出：一位哲学教师写成一本书并冠之以《精神现象学》的名称这件事和精神现象学之本源是两个根本不同的但又相互关联着的"事件"。（GA 86, S. 310–311.）

③ GA 97, S. 256.

④ GA 97, S. 202.

⑤ GA 73.2, S. 1179.

能。海德格尔因而需要表明，存在之终极学的三种方式所命名的东西，"在存在历史的意义上，处于遗忘状态之终极学即存在之终极学的那种转入之前，但这只是在这一方面而言的，即，它们归属于非本真的遗忘状态之突兀"①。

"实际之单子学""精神之现象学""意志之动物学"都是形而上学趋于终结阶段（亦即近代西方哲学）中的历史性思想形态，尽管处于存在的遗忘状态中，但仍以被需用的方式构成了对存在真理之要求的"本有性的应合"，这些应合虽然共属一体，但在道说形态上必然有所差异。而在道说形态上与"存在之终极学"最为接近的，正是"精神之现象学"。因为，一方面，在希腊传统中，存在就已被思为精神（努斯），这一思路更是在黑格尔哲学中发扬光大；另一方面，存在之终极学是对存在之历史的思考，而最接近这种历史性思考的仍是黑格尔的精神现象学："'精神之现象学'表明自身——从存在之终极学思来——乃是从自然（φύσις）而来的存在之真理的'历史'的一个主要特征；在这里，'精神'已然是那个从努斯、神、自身意识之主体性、理性而来被居间促成的并且因始终不可经验而始终未被思的Ἀλήθεια［去蔽］。"② 但反过来说，要在纷繁的因承脉络中看清这一位置，并非易事，而是必须以一种存在之区分的目光才能做到，"精神之现象学只有从存在之终极学而来才能被存在历史性地思考"③。

精神之现象学的独特性就植根于此："精神之现象学作为（存在

---

① GA 97, S. 293.

② GA 97, S. 290.

③ GA 97, S. 424.

者之真理的）‘历史’乃是形而上学之本质和形而上学之本源的分承（Austrag）。"① 它以被需用的方式本有性地处在与存在之终极学（存在之真理）的切近之中。如此，当我们阐明了精神之现象学与存在之终极学的这种切近之后，我们就最终澄清了三个理解难点并由此完成了对本章关键问题"精神现象学何以是存在之终极学的一个阶段"的解答：**存在之终极学乃是海德格尔对"整体评判"乃至自身思想的理论总结**。

由此而来，我们最终看清了存在之终极学更为广阔的意蕴：它不仅意味着显隐一体性的存在之真理，不仅是对存在自身之转向的道说，更是对存在历史之运作机制的阐明。这一阐明同时指出了传统思想（形而上学）与海德格尔本己思想（本有之思）的奇特关联。后者并非对前者的简单弃绝，而是断联性的转化；前者当中已经蕴含了后者的关键因素，但却需要一种区分性的目光才能予以看清。对此的观察无疑将促使我们更为深切地思考传统与当前之间的微妙，而这种微妙正是一切本质性思想得以启程的关键。

---

① GA 86, S. 312.

第十二章　整体评判的理论总结 III：
存在之终极学的根本意味

　　"存在之终极学"虽然是海德格尔对贯彻其一生的"整体评判"乃至其自身思想的理论总结，但海德格尔生前只是在《林中路》中才间接透露了这一思想，他大量的相关论述长期以来都不为人所知，以至于"存在之终极学"一直没有得到应有的关注。近年来，随着后期海德格尔思想文本的不断公布，海德格尔的"存在之终极学"思想得到了愈发充分的展现，例如在《论本有之思》（GA 73，2013 年出版）、第四部《黑皮笔记》（GA 97，2015 年出版）、第五部《黑皮笔记》（GA 98，2018 年出版）、第六部《黑皮笔记》（GA 99，2019 年出版）中，海德格尔持续地、大规模地阐释了"存在之终极学"思想，这种重视程度足可证明"存在之终极学"在后期海德格尔思想中的重要性。

　　从这些阐释的内在结构来看，"存在之终极学"可以按照下述三个关键问题来予以澄清：

　　首先，为何"存在在自身中就是终极学的"？（含义）

　　其次，"精神现象学"何以是"存在之终极学"的一个阶段？（内容）

　　最后，"存在之终极学"究竟意味着什么？（意义）

通过第十章的考察工作，我们回答了第一个关键问题。存在之终极学是对存在的本质性转向（从非开端性的遗忘状态转到本真的遗忘状态中去的那种转向）的道说，是从本有之转向而来的本有之思，一言概之，存在之终极学乃是存在之天命置送，是对作为关联活动的存在之本质特性的道说。在此意义上，存在乃是有限的，存在本身就是转向性的，是区别性的，是"终极学的"。"存在之终极学"因而不是什么神学意义上的术语，而是一个彻底的存在之思的词语，"终极学"这个名称，应纯粹从作为征用之本有的存在而来得到思考。

通过第十一章的考察工作，我们回答了第二个关键问题。通过对"精神现象学何以是存在之终极学的一个阶段"的解答，我们阐释了存在之终极学的三个代表性阶段以及它们的内在关系，由此解释了存在之终极学的双重定位，即它何以是海德格尔对"整体评判"乃至自身思想的理论总结。

但作为对含义和内容的解释，这些回答还需要在意义层面予以深化，我们因而需要展开对第三个关键问题的追问："存在之终极学"究竟意味着什么？亦即，"存在之终极学"的根本旨趣是什么？着眼于前述考察成果，此问题可进一步明确为：**存在之终极学，作为海德格尔对"整体评判"和自身思想的理论总结，究竟意味着什么？**

接下来我们将通过下述三种阐释来阐明存在之终极学的根本意味：

首先，存在之终极学标志着后期海德格尔对"基础问题"之追问的深化；

其次，存在之终极学代表着海德格尔对其"整体评判"中的一个关键难题的解决，亦即，对康德哲学和黑格尔哲学之争执（有限性与无限性之争执）的解决；

最后，存在之终极学是海德格尔对传统哲学与未来思想之统一性的深思成果。

第一节　对基础问题之追问路径的深化

本书此前对"整体评判"的考察（第六章至第九章）已经揭示出，对形而上学之终极性（康德哲学之终极性、费希特哲学之终极性、谢林哲学之终极性、黑格尔哲学之终极性）的探讨工作全都贯彻着"基础问题"之追问。但在那里，对终极性进行探问的深层根据并未得到专门探讨。对这种深层根据的探讨是在存在之终极学中实现的。无论是就其"概念释义"还是"基本内容"来看，存在之终极学都是在追问形而上学之终极性的深层根据。仅就此而论，存在之终极学就意味着后期海德格尔思想对"基础问题"（人与存在之关联）之追问的深化，这反过来也说明了，存在之终极学，作为海德格尔对"整体评判"和自身思想的理论总结，究竟意味着什么。

作为存在之真理，存在之终极学乃是"非本真的存在之遗忘状态"的终结和"本真的存在之遗忘状态"的开端，是前者向后者的转入，是"真正值得思的东西"[①]，是思想之任务。这是"存在之终极学"的根本意义之所在。但这一点还需要更确切的揭示和解释。

存在之终极学虽然具有"精神现象学"等三种方式与阶段，但它不应被理解为一种更加广泛的、包含着它们的领域，毋宁说，

---

①　GA 97, S. 424.

存在之终极学命名的是"存在之真理的本质的一种完全不同的维度"①。这一维度的"完全不同"在于它跳离了主客体关系的逼仄，跳出了主体性问题的限度，从派生性的存在者之真理中溯源到本源性的存在之真理中去，也就是说，从非本真的存在与人之关联（主体性）回返转入本真的存在与人之关联（存在之天命置送）。

　　存在之终极学的意义因而不仅仅在于存在自身之真理，它还必然关涉着对人之本质的省思，"思考着存在之终极学，我们就思入了对人的另一种本质的准备，即，人乃是会死者。关于必死性的通常观念还根本没有探入那种本质——正是这种本质使会死者得以彰显出众——的向度中去"②。"会死者"之所谓，不是在某种生存哲学意义上对人之本质的界定，而是在本有之思中对人与存在之关联的省思："人与存在的关系——倘若它根本是一致的——只应被如此思考，即这种关系在存在之中如此本现着：人乃'是'存在，人在存在中居有着存在的保护。作为这种人，他乃是会死者。"③死亡是人之终极，但死亡并非仅是生命的结束，毋宁说，"死亡是遗忘状态本身"④，"在死亡中掩蔽着本有之本现"⑤，"本有乃是把人居有到死亡之邻近中去的那种居有活动。在本有中因而本现着被居有者（当前显现者）与作为去本（当前显现）的本有的那种二重性"⑥，通过向死而生，人被居有到存在之遗忘状态的邻近中，人因而能够得天独

①　GA 97, S. 409.
②　GA 97, S. 409.
③　GA 97, S. 292.
④　GA 97, S. 293.
⑤　GA 97, S. 289.
⑥　GA 97, S. 291.

厚地领悟显隐之玄机，不仅能领悟当前显现者与当前显现的差异，更能由此领悟当前显现与自行回隐的一体性。在此意义上，人乃存在论差异之动物①，而且唯有人"持续地居住在区别的中心中"②，也唯有人"能够居住在离别之中心的邻近中"③，因此，作为无的临时占位者，作为离别性的当前显现者，人的这种本质应合着存在之本质——作为去本的本有，作为自行回隐着的自行置送的本有。人之终极（有限性）与存在之终极（有限性）因而共属一体，终极的这种聚集就是"存在之终极学"。**存在之终极学因而根本道说的是人与存在之关联**，但不是对这种关联进行一种带有先验主义色彩的论述（参见本书第四章对《存在与时间》之挫折的分析），而是从"本有"而来思考这种关联④，亦即从"存在之天命置送"而来思考这种关联，在此意义上，存在之终极学构成了"基础问题"之追问的深化，其深化路径就是对"有限性"的不懈追问。也正是在这一路径上，海德格尔对德国古典哲学之整体评判的一个决定性难题得到了解决。

第二节　对整体评判之关键难题的解答

在对德国古典哲学的整体评判中，海德格尔从一开始就面临着这样一个难题，即究竟该如何确切评估并深思康德哲学和黑格尔哲

---

① 参见海德格尔在《现象学之基本问题》中对"存在论差异"与生存之关系的表述。海德格尔：《现象学之基本问题》，第 437 页。

② GA 97, S. 343.

③ GA 97, S. 384.

④ GA 97, S. 292.

学的复杂关系，海德格尔自己把这个问题命名为"十字路口式的"问题，它事实上是"有限性"（康德哲学）和"无限性"（黑格尔哲学）之争执的问题。由于黑格尔哲学在很大程度上代表着德国观念论的立场，因此这个问题也就是康德哲学与德国观念论之争执的问题，是海德格尔对德国古典哲学展开"整体评判"时必须解答的一个关键难题。

更具体地说，对海德格尔的"整体评判"而言，**这个问题的难度首先体现在**：海德格尔从"历史性切近"之洞见出发（参见本书第三章），以"基础问题"为主脉，分别阐释康德哲学和黑格尔哲学的深意（参见本书第三章、第六章、第九章），着力揭示康德哲学的极限性和黑格尔哲学的极限性。海德格尔的这一评判工作因而贯彻着一种"大同"的整体基调。但问题在于，康德哲学与黑格尔哲学（德国观念论）的差异和争执，尤其是有限性之思与无限性之思的争执，又是不容忽视的事实，海德格尔并不能忽视这一点，他必须直接面对这一事实，并把这种差异和争执有机融入他的整体评判中去，使之成为一种"求同存异"的整体评判，否则这种整体评判将缺乏真正的生命，而且将背离历史。

其次，这个问题的难度体现在：海德格尔本人的思想立场明显倾向于有限性之思，对他而言，不仅人是有限的，就连存在也是有限的，正是这种双重的有限性才使得"关联为本"亦即"人与存在之关联"的根本性得到见证，并使得这一"基础问题"保持了它内在的源始性。海德格尔因此对以有限性之思著称的康德哲学极为倚重，甚至视康德为本己思想的"同路人"与"代言人"（参见《康德与形而上学问题》）。但另一方面，黑格尔哲学在海德格尔思想中也占据着至关重要的位置，无论是早期海德格尔的"解构性奠基"之思（参见本书第三章）还是后期海德格尔的"存在之终极学"（参见第十一章对存在之终极学"基本内容"的讨论），都足以见证黑格尔哲学在海德格尔思想中的那种无与伦比的重要性。但如此一来，这两种至关重要的哲学遗产就使得海德格尔对德国古典哲学的"整体评判"面临着一个难题，此即：**处在彼此争执中的康德哲学（有限性之思）和黑格尔哲学（无限性之思）如何能够对同一种考察工作（海德格尔以基础问题为主脉的整体评判工作）同时都具有无与伦比的重要性？**

无论是从哪一层面来看，此问题的难度都非同小可。它足以堪称海德格尔"整体评判"的关键难题，海德格尔也从其思想道路启程之初就对此难题有所觉察（参见本书第三章），后来甚至将之命名为"十字路口式的问题"，言外之意，这是他为之踌躇犹豫但也必须做出决断的根本难题。而要解决此难题，关键就在于，如何使得两种存在重要差异的伟大思想在一个更深刻的基础上得到统一沉思，亦即，如何使得有限性与无限性之争执在一个更深刻的基础上得到调解。

由于费希特在哲学史上的特殊位置（他既是"最伟大的康德主义者"，同时又是德国观念论的原则创立者）以及费希特通过洛采而对海德格尔思想间接产生的重要影响，费希特哲学事实上成为这种调解工作的重要参照坐标。我们看到，海德格尔在其 1919 年讲座的早期"费希特阐释"中就已经尝试进行了对有限性与无限性之争执的调解工作。其对调解工作更为成熟的思考则出现在 1929 年的"德国观念论讲座"中，而海德格尔成熟时期的"费希特阐释"也正是出现在这一讲座中，这一现象并非巧合，海德格尔对调解工作的持续深化与他的"费希特阐释"有着非常深刻的内在关联（参见本书第七章）。

就海德格尔这一调解工作的重要成果而言，1929年讲座中的一则札记应该得到足够重视，因为从中透露出的是海德格尔对有限性与无限性之争执难题的一种趋于成熟的应对策略，这种策略对海德格尔此后以"存在之终极学"形式展开的理论总结工作有着支配性的作用：

> 当康德第一个提出了形而上学的疑难问题，并在这个问题上被迫进入某些观察中去，却没有穷尽此问题整个的影响范围，那么［就其所影响的后继思想而言］，在其各自与康德的关系中，在其对康德的理解中，每每都必须得到裁定的是，后批判的德国观念论形而上学和今天的努力在多大程度上是在问题机制之根源处运作的。【A】
>
> 并且当黑格尔最为彻底地论证了并规定了观念论的问题机制（绝对观念论），那么在他面对康德的立场中同时就有与我们立场的最尖锐的对置（Gegenstellung）。【B】
>
> 但这种对置并不是一种"康德理解"的问题，而是一种实事性问题本身的问题，并且只有这样才有可能使得共同基础变得更为清晰：康德那里的某种中心性的东西以同样方式得到了把握，并且这种东西恰恰是道路分歧之处。【C】
>
> 令人惊奇的是，这种东西从来都没有产生影响，尽管它就在那里。但倘若我们没有**事先亲自予以把握**，无论那里有多少

关键因素，我们都会略去不读。【D】①

　　这份有重要意义且单独成篇的札记由四段话构成，需要分别解释，为阐述方便我们分别以 ABCD 来加以标识。

　　关于 A。所谓康德"第一个提出了形而上学的疑难问题"，实际是指康德首次在形而上学内部以其特有方式提出了形而上学的基础问题，这是自 1914 年确认康德哲学的"批判实在论"立场以来（参见本书第三章第一节），海德格尔一贯秉持的基本主张（后期海德格尔对此的表态可参见其 60 年代论文《康德的存在论题》）。②在海德格尔看来，康德虽然以特有方式首次提出了形而上学的基础问题，甚至"康德哲学的本质性东西就是对形而上学的奠基"③，但"对形而上学本身的这一奠基在康德那里并不明显"④，康德的努力本身也有其内在界限⑤，而且他也未穷尽基础问题的诸多变式和其整个的影响范围，因此还有必要深究这一"影响范围"中的诸思想的意义尤其是德国观念论和当今思想的意义，但这一"深究"工作有着明确的定向，即要定向于基础问题，追问"后批判的德国观念论形而上学和今天的努力在多大程度上是在问题机制之根源处运作的"。⑥一言概之，A 意味着，海德格尔对有限性与无限性之争

---

　　①　海德格尔：《德国观念论与当前哲学的困境》，第 323 页。有改动。

　　②　海德格尔：《德国观念论与当前哲学的困境》，第 45—46 页。

　　③　海德格尔：《德国观念论与当前哲学的困境》，第 46 页。有改动。

　　④　海德格尔：《德国观念论与当前哲学的困境》，第 46 页。有改动。

　　⑤　海德格尔：《德国观念论与当前哲学的困境》，第 46 页。

　　⑥　在 1929 年的讲座中，海德格尔也从他的"费希特阐释"出发总结了这一被"历史性切近"所烙印的解读策略："不要带着这样的想法来阅读费希特——以及每一个哲学

执的调解工作是有其根本基调的，即要始终着眼于基础问题来裁决这种争执。

关于 B。海德格尔思想的基础问题是"人与存在之关联"，它同时也是形而上学的基础问题（参见本书第五章）。这种关联之思植根于有限性（人之有限性和存在之有限性），就此而论，在有限性（康德）与无限性（黑格尔）之争执中，海德格尔的立场（"有限性越是源始，越是有限，就越是本质性的。但并非这种看法：越是无限，就愈真"①）更接近于康德的有限性之思，因此上述札记中会有这样的表态："当黑格尔最为彻底地论证了并规定了观念论的问题机制（绝对观念论），那么在他面对康德的立场中同时就有与我们立场的最尖锐的对置。"一言概之，B 意味着，海德格尔的调解工作并非一种外在的、单纯居间折中的处理，而是一种内在的、在接近于康德的位置上对有限性与无限性之争执的调解，这事实上使得调解工作变得愈发复杂，因为它还必须阐明海德格尔的有限性之思与康德的有限性之思的同异关系，它处理的因而就是康德的有限性之思、海德格尔的有限性之思、黑格尔的无限性之思这三种思想之间的争执。

家；去期待某种稀奇古怪的东西，甚至去期待那种作为流派和学派的内部事务和秘密学说而传播开来的东西。而是相反：始终要回溯到少数几个简单问题的基本冲力上去，并在其各自阐述的各自必要性中来把握他们。这种阐述，只要它是真诚的，它恰恰就绝不是偶然的；但尽管如此，它的必要性也**始终还是相对的**——这是在一种远远高于每一种科学技术之所是的更高意义上而言的。一切哲思活动的积极因素恰恰在于，面对着它所理解的东西，它在自身中赢得了并保持着内在的自由，并且与它的方式即它所运用的手段和所经行的路径保持着区别。"海德格尔：《德国观念论与当前哲学的困境》，第309—310 页。有改动。

　　①　海德格尔：《德国观念论与当前哲学的困境》，第 59—60 页。有改动。

关于 C。在前两种表态的基础上，这段话进一步申明了海德格尔对待此难题的立场。着眼于基础问题，有限性与无限性之争执具有重要的、积极的意义：唯有通过这种争执，才能使得康德的有限性之思和黑格尔的无限性之思的"共同基础"亦即形而上学的基础问题变得更为清晰，进而使得形而上学思想与海德格尔思想的"共同基础"亦即二重性的"基础问题"（形而上学的基础问题/海德格尔思想的基础问题）变得更为清晰。并且海德格尔同时强调，唯有把握了这种共同基础，三种思想道路的分歧才能得到真正观照。一言概之，C 意味着，海德格尔对有限性与无限性之争执问题的裁决最终就是一种定调于基础问题的、秉持同一与差异之辩证原则的调解工作。

关于 D。最后这段话分析了基础问题的隐蔽性，指出了争执之调解工作的难度之所在，并对整个调解工作提出了要求，即始终要着眼于基础问题来实行调解，从另一角度呼应了 A 之所论，由此重申和确认了调解工作的思路策略。

海德格尔在 1929 年"德国观念论讲座"中提出的这一调解策略，最终可高度概括为两句话：应基于有限性来降解无限性，但不是取消之，而是使无限性转入作为其核心的有限性之真理中去，亦即转入那种基于有限性的本源关联中去；这种降解并非对无限性之思的贬斥，毋宁是使有限性之思和无限性之思的各自意义得到了分承。①

由此我们才能理解海德格尔相关表述的深邃意味："只要人们

---

① 海德格尔："康德与黑格尔的伟大之处恰恰在于他们两个人都是不可替代的。"参见海德格尔：《德国观念论与当前哲学的困境》，第 261 页。

能够表明，存在本身的内在可能性建基于无，那么存在概念就是对有限性的最源始的证明，并且对世界的每一种理解都必须从有限性出发。……当我从有限性跃入无限性，并且驻留在中心处，而且了解了变成（Werden）［变成乃是存在与无的共属一体］，此运动在某种程度上就在螺旋中进入了中心，以至于整个圆圈最终如此这般得到了完成。一切因而都在自身中变得显明了。但人们无法通过练习就粗浅学会这一视角，而是只有在一种漫长的对黑格尔的钻研中才能掌握这一视角。"① 也就是说，黑格尔的无限性之思还需要通过对"变成"的洞见而被降解转入有限性之真理中去。

毋庸多言，这一策略显然是对贯彻海德格尔终生思路的那一关键原则即"解构性奠基"（参见本书第二章第二节）的化用。② 它也贯彻支配了"整体评判"的理论总结即"存在之终极学"的思路。

存在之终极学，就其含义来看，它是对"终极"亦即"极限"的研究，本身立足于有限性，是对存在之有限性和人之有限性的彻底沉思（参见本书第十章），但就其内容来看，它的突出标志却是黑格尔的"精神现象学"（参见本书第十一章），这一耐人寻味的事实意味着，**海德格尔在"存在之终极学"中完成了对争执难题之调解策略的决定性实行**：基于有限性来化解无限性，但不是取消之，而是

---

① 海德格尔：《德国观念论与当前哲学的困境》，第 413—414 页。有改动。

② 由此我们才可以理解 1929 年"德国观念论讲座"之篇章布局的深意，即其中的"费希特阐释"何以较之另外两种阐释在篇幅和深度上都占据了压倒性优势，因为，正是通过这一阐释，海德格尔才继 1919 年夏季学期讲座《现象学与先验价值哲学》之后再次阐明了作为德国观念论之真正财富的"解构性奠基"之思（参见本书第七章），这对于他此时的谢林阐释和黑格尔阐释具有重要的指导意义，并深刻地影响了他在此讲座中提出的对争执难题（有限性和无限性之争执）的调解策略。

使无限性转入作为其核心的有限性之真理中去，亦即转入基于有限性的本源关联（人与存在之关联）中去。整体评判的关键难题因而在存在之终极学中得到了最终解决。

第三节　对传统哲学与未来思想之 统一性的沉思

　　在海德格尔生前出版的作品中，"存在之终极学"虽然只在《林中路》的《阿那克西曼德之箴言》中出现过，但我们却不应以此低估这一思想的意义与分量。作为"整体评判"的理论总结，作为"基础问题"之追问的深化成果，可以说，存在之终极学乃是海德格尔思想道路在终点处呈现出的本质形态（在新近出版的几部后期海德格尔著作中，例如全集第 73、97、98、99 卷，"存在之终极学"得到了大规模的阐述，使得这一思想愈发引起国际学界的重视）。

　　就存在之终极学的内容而论，就归属于它的那三个本质性阶段来看，无论是着眼于对莱布尼茨思想的定位，还是与黑格尔哲学的争辩，抑或对尼采哲学的阐释，存在之终极学都是海德格尔思想道路上至关重要的思想努力。而且按照存在之终极学的狭义解释①，存在之终极学也是海德格尔在思想史上标识自身的那个坐标点，正如实际者之单子论之于莱布尼茨，精神之现象学之于黑格尔，意志之动物学之于尼采。但如此一来，就出现了不同坐标点之间的同异

---

　　①　我们在此前研究中已经阐明，"存在之终极学"这个名称具有双重意蕴，广义上，它意指存在之真理，狭义上，它意指海德格尔本己的思想努力。

问题，这当中尤其突出的是"精神之现象学"与"存在之终极学"的关系，这种关系的复杂性我们在上一章中刚刚解读过，但还未在意义层面予以进一步阐发。

相较于内容层面的解读，意义层面的解读将指示出更辽阔的视域。从种种方面来看，海德格尔的思想之路都堪称一条与黑格尔的争辩之路（1915/1916 年教授资格论文—1930 年阿姆斯特丹报告—1930/1931 年精神现象学讲座—《同一与差异》），存在之终极学与精神现象学的那种奇特的切近关系就是"争辩"（Auseinandersetzung），而存在之终极学的意义不仅聚集在这种"争辩"中并在其中得到了明确，而且反过来映照出了这种"争辩"的本真旨趣：

> 黑格尔的精神现象学让存在者——ύποκείμενον［基体］——作为再现的基体（subjectum der repraesentatio）进入主体性的绝对性中，并且让显现者的显现活动之整体在其中聚集起来。因此在这里也盛行着到场、公开、显现以及事情本身——甚至是故意地作为那绝对地被知晓的东西而盛行。
>
> 因此看上去，似乎 Άλήθεια［去蔽/真理］在这里被纯粹地和完美地展现了，然而事实却并非如此；毋宁说，一切都被设置到 idea［相］中去了，都被托付给主体性了。因此就出现了最后的那个巨大的假象，即希腊人的存在天命是一个预备阶段，在这个阶段中间接者被思为抽的东西，并且只是在现在，抽象的东西才是（作为确信被带向）真理。因此就形成了这样一种巨大的危险，即那向着开端的、离基性的、存在历史性的

突兀被遮蔽了，并且人们试图借助于外在的和字面上的一致来学会存在历史性的思想，也试图借助于黑格尔的形而上学来习得存在历史性的思想。但这样的话，真正值得思的东西就完全被阻断了：存在之遗忘状态（Seinsvergessenheit）转到区别之遗忘状态（进入完好者中去的开朗 [Verheyterung]）中去的那种转向。

精神现象学只有从存在之终极学而来才能被存在历史性地思考。①

上述表态意味着，存在之终极学与传统哲学具有深刻的统一性，对此的沉思是存在历史性的沉思，但对这种统一性的沉思必须基于对存在之真理（本源关联）的思考，否则单单"试图借助于外在的和字面上的一致来学会存在历史性的思想，也试图借助于黑格尔的形而上学来习得存在历史性的思想"是无济于事的。这一立场也反过来解释了，整体评判为何要以基础问题为主脉。

"存在之终极学"在根本处道说的是人与存在之关联，堪称海德格尔思想之决定性的和贯彻性的形态，亦可视为海德格尔在思想史中为自身确立的路标，存在之终极学因而必然具有了第二重含义（狭义），由此也就有了与其他路标特别是与"精神现象学"的争辩之问题。正是通过这种争辩，"存在之终极学"的意义最终得到了明确解释：它标识出了思想之本真任务，但这一任务却因其丰富性和深邃性而幽深难解，而更多地被扣留在未道说状态中。海德格

---

① 　GA 97, S. 424.

尔自识到这一点，"思之道说沉默着；它道说着，但什么也没说出。回思之道说使存在之终极学沉默。这种道说把需用之本有带向语言"①，在此意义上，存在之终极学等待着未来时代的读者。②

因此，作为对德国古典哲学之整体评判的理论总结，同时作为对未来思想之任务的规划沉思，存在之终极学最终就意味着对传统哲学与未来思想之统一性的沉思，这种沉思并不忽视二者之间的差异，但却致力于对差异中的同一做出历史性的思考。存在之终极学因而就与海德格尔思想开端处的"历史性切近"之洞见构成了深刻呼应③，使得海德格尔思想与德国古典哲学的内在关联愈发耐人寻味，并且愈发让人深思一种思想阐释的根本目标。

思想不应被孤置为客观研究对象，而应被返置于生生不息的思想之路中，这是一切思想阐释的根本目标。这也是海德格尔在去世前几天为其《全集》主导箴言"道路，而非著作"做注解时所要传递的最后信息：

> 《全集》应以多种多样的方式揭示出一种"在路上"，这种"在路上"运作于一种道路域中。这种道路域归属于具有多种意义的存在问题的那种自行变化着的发问活动。全集应以这样的方式来进行引导：去接受问题、去随之一道发问，而且首先就要更具探问精神地发问。更具探问精神地发问，这叫做，实施返回步伐。……《全集》所关乎的乃是对那种争辩的唤

---

① GA 97, S. 303.

② 参见 GA 97, S. 346。

③ 参见本书第三章。

醒，去对思想之实事的问题予以争辩，而无关乎对作者意见的告知，也无关乎对作者立场的表明，并且也与那种做法无关，即，把作者观点编排到其他的可按历史学方式得到确定的哲学观点之序列中去。这类做法当然在任何时代都是可能的（尤其是在这个信息时代），但是，对于要准备一种探问着的通道以通向思想之事情的那种工作而言，上述做法毫无意义。……《全集》卷帙之繁多只不过是证明了"存在问题"的持存着的可疑可问性。并且为自检和反省给出了多种多样的动机。在《全集》中所积聚的那种努力，就它那方面而言，始终只是那个愈发遥远地避开我们的开端："无蔽"的那种自持着的抑制——的一种微弱的反响。"无蔽"在某种方式上是显明的，并且始终是被经验了的；但它所特有的东西在开端中却始终必然是未被思的，这一事态把一种特有的克制托付给了一切后至的思想。①

　　向着开端的返回步伐和向着未来的争辩步骤，使得一种致力于可疑可问性的思想阐释变得愈发具有生发性，而通过生发性的思想阐释，思想之路上的行走会变得愈发真切，依路而行的痕迹终将变成道路本身："此种思想道路殷殷期待，直到某个时候有思想者来行走。流俗的、最广意义上技术性的表象始终意愿一味前行，吞噬一切，而具有指引作用的道路偶尔会开放出对一座独一无二之山脉（Ge-birg）的展望。"②

---

　　① 海德格尔：《早期著作》，第533—534页。
　　② 海德格尔：《演讲与论文集》，第2页。德语有"Gebirge"（山脉）一词，本义为"山（Berge）之聚集"或"山之全体"（Gesamtheit von Bergen）。"Ge-birg"是海德格尔

在《全集》第 102 卷亦即最后一部《黑皮笔记》中，海德格尔写道："哲学家之历史学的博物馆——以及当前显现之天命的山脉（Das Museum der Historie der Philosophen—und das Ge-Birg des Geschicks von Anwesen）。"[1] 这一措辞显然意在凸显表象之思所看到景象（哲学家之历史学的博物馆）和本真之思所看到景象（当前显现之天命的山脉）的根本区别，事实上与《演讲与论文集》"前言"的上述区分（"流俗的、最广意义上技术性的表象始终意愿一味前行，吞噬一切，而具有指引作用的道路偶尔会开放出对一座独一无二之山脉的展望"）构成了深刻呼应。

最终我们可以看清，作为思想阐释之道路远景的"一座独一无二之山脉"不是可能事物的终点，而是生生不息的"召唤着的解蔽之神秘的最高山脉（聚集着的庇护）"[2]，亦即显隐一体的存在之天命。而当一种思想阐释进入对存在之天命的观照，这就是对它之真切性的最高肯定。

生造的词语，有语义双关之考虑，即兼取"山脉"和"庇护（Bergen）之聚集"之义。按他自己在 20 世纪 50 年代文本《命运》中的明确注解，"Ge-birg"的根本意思是"聚集着的庇护"（das versammelnde Bergen）。参见海德格尔：《演讲与论文集》，第 289 页。

[1]　Martin Heidegger, *Vorläufiges I–IV (Schwarze Hefte 1963–1970)*, GA 102, Frankfurt am Main 2022, S. 80.

[2]　参见海德格尔：《演讲与论文集》，第 289 页。

结　　语

　　海德格尔以"基础问题"为主脉展开的对德国古典哲学的整体评判，是海德格尔从传统思想中汲取资源——从传统思想的可疑可问性中提炼出"人与存在之关联"这一决定性问题模式——并由此对传统思想进行创造性转化的一种思想实践，它不仅使得海德格尔自己的思想道路得以生成并持续推进，而且使得德国古典哲学的现实意义与未来图景焕然一新。虽然这种整体评判不可避免地具有其内在限度甚至带有思想家个人的成见与偏见（例如海德格尔对叔本华哲学意义的完全无视），但其根本洞见，对于我们今天的思想阐释工作，仍具有重要借鉴意义：对思想传统的继承而言，单纯的延续复制是无济于事的，必须以创造性的转化才有可能达成真正的继承，因为所有真正值得继承的思想传统，其本身就是创造性活动的成果。

　　本书的研究工作指向了两种具有深远意义的前景。

　　首先，通过对"整体评判"的研究，海德格尔思想的界限得到了一种整体界定，海德格尔思想与德国古典哲学的内在关联得到了深切思考，这可以为具体向度上的海德格尔思想研究奠定基础和提供动力，并为德国古典哲学研究的深化开辟新的路径；

　　其次，通过对"整体评判"之主脉亦即"基础问题"的追踪考察，海德格尔思想的真正根据得到了一种清晰揭示，这可以为未来的真正富有创造力的东西方思想对话做好一种准备，因为从本研究的基本洞见而来，我们必然会走向这一问题：以"人与存在之关联"为基础问题的西方思想（传统形而上学、海德格尔思想）和以"天人之际"为根本问题的中国古典思想究竟是怎样一种关系，二者能否在一种本质性对话中开创出一种更深远、更辽阔的思想形态？

对这些前景的实际勘测已非本研究之任务，但可以断言的是，这些前景的实现必将返证并深化本研究的意义。

参考文献

一、海德格尔著作

1. *Heidegger Gesamtausgabe*，德文版《海德格尔全集》，共 102 卷，克罗斯特曼出版社（Vittorio Klostermann）。
2. 《海德格尔文集》(30 卷)，孙周兴、王庆节主编，商务印书馆。
3. 海德格尔其他著作的中译本，靳希平、赵卫国、张柯、庄振华等译，商务印书馆、西北大学出版社、南京大学出版社等。

二、德国古典哲学著作

1. 康德：《纯粹理性批判》，邓晓芒译，人民出版社 2004 年版。
2. 康德：《实践理性批判》，邓晓芒译，人民出版社 2003 年版。
3. 康德：《判断力批判》，邓晓芒译，人民出版社 2002 年版。
4. 《康德著作全集》，李秋零主编，中国人民大学出版社 2007 年版。
5. 费希特：《全部知识学的基础》，王玖兴译，商务印书馆 1986 年版。
6. 谢林：《对人类自由的本质及其相关对象的哲学研究》，邓安庆译，商务印书馆 2008 年版。
7. 谢林：《先验唯心论体系》，梁志学、石泉译，商务印书馆 1981 年版。
8. 黑格尔：《精神现象学》，贺麟、王玖兴译，商务印书馆 1981 年版。
9. 黑格尔：《逻辑学》，梁志学译，商务印书馆 2002 年版。

三、研究著作

A. 西文研究著作：

1. Christian Beyer, *Von Bolzano zu Husserl: Eine Untersuchung über den*

Ursprung der phänomenologischen Bedeutungslehre, Kluwer Academic
Publishers, 1996.

2. Christopher E. Macann, *Critical Heidegger*, Taylor & Francis, 1996.

3. D. A. Hyland, J. P. Manoussakis, *Heidegger and the Greeks: Interpretive Essays*, Indiana University Press, 2006.

4. F. - W. von Herrmann, *Wege ins Ereignis: Zu Heideggers Beiträgen zur Philosophie*, Frankfurt am Main: Vittorio Klostermann, 1994.

5. Helmuth Vetter (Hrsg.), *Heidegger und das Mittelalter*, Europäischer Verlag der Wissenschaften: Frankfurt am Main, 1999.

6. H-G. Gadamer, *Neuere Philosophie. I. Hegel. Husserl. Heidegger*, Gesammelte Werke. Bd. 3, Tübingen: Mohr, 1987.

7. Hugo Otto, *Martin Heidegger: Unterwegs zur seiner Biographie*, Frankfurt am Main: Campus, 1988.

8. J. A. Barash, *Martin Heidegger and the Problem of Historical Meaning*, Fordham University Press, 2003.

9. J. T. Stapleton, *Husserl and Heidegger: The Question of a Phenomenological Beginning*, SUNY Press, 1983.

10. Jean Beaufret, *Dialogue with Heidegger*, trans. Mark Sinclair, Indiana University Press, 2006.

11. John D. Caputo, *Heidegger and Aquinas: An Essay on Overcoming Metaphysics*, Fordham University Press, 1982.

12. Otto Pöggeler (Hrsg.), *Heidegger: Perspektiven zur Deutung seines Werks*, Königstein: Athenaum Verlag, 1984.

13. Otto Pöggeler, *Heidegger und die hermeneutische Philosophie*, Freiburg: Alber, 1983.

14. P. L. Coriando, *"Herkunft aber bleibt stets Zukunft": Martin Heidegger und die Gottesfrage*, Frankfurt am Main: Vittorio Klostermann, 1998.

15. R. Cristin, G. Parks, *Heidegger and Leibniz: Reason and the Path*, Springer, 1998.

16. R.Tallis, *A Conversation with Martin Heidegger*, PALGRAVE, 2002.

17. Seu-Kyou Lee, *Existenz und Ereignis*, Königshausen & Neumann, 2001.

18. Ted Sadler, *Heidegger and Aristotle: The Question of Being*, The Athlone Press, 1996.

19. Theodore Kisiel, *The Genesis of Heidegger's Being and Time*, Berkeley: University of California Press, 1993.

20. Werner Beierwaltes, *Identität und Differenz*, Frankfurt am Main: Vittorio Klostermann, 1980.

21. William McNeill, *The Glance of the Eye: Heidegger, Aristotle, and the Ends of Theory*, SUNY Press, 1999.

B. 中文研究著作（含译作）：

1. 比梅尔：《海德格尔》，刘鑫、刘英译，商务印书馆 1996 年版。

2. 陈嘉映：《海德格尔哲学概论》，生活·读书·新知三联书店 1995 年版。

3. 靳希平：《海德格尔早期思想研究》，上海人民出版社 1995 年版。

4. 柯小刚：《海德格尔与黑格尔时间思想比较研究》，同济大学出版社 2004 年版。

5. 科克尔曼斯：《海德格尔的〈存在与时间〉》，陈小文等译，商务印书馆 1996 年版。

6. 刘小枫选编：《海德格尔与有限性思想》，华夏出版社 2007 年版。

7. 倪梁康：《现象学的始基》，广东人民出版社 2004 年版。

8. 彭富春：《无之无化：论海德格尔思想道路的核心问题》，上海三联书店 2000 年版。

9. 孙冠臣：《海德格尔的康德解释研究》，中国社会科学出版社 2008 年版。

10. 孙周兴：《说不可说之神秘》，上海三联书店 1994 年版。

11. 王恒：《时间性：自身与他者》，江苏人民出版社 2008 年版。

12. 张祥龙：《海德格尔思想与中国天道》，生活·读书·新知三联书店 2007 年版。

13. 张祥龙：《海德格尔传》，商务印书馆 2007 年版。

14. 萨弗兰斯基:《海德格尔传:来自德国的大师》,靳希平译,商务印书馆 1999 年版。

15. 张汝伦:《二十世纪德国哲学》,人民出版社 2008 年版。

16. 张汝伦:《〈存在与时间〉释义》,上海人民出版社 2012 年版。

17. 维尔纳·马克思:《海德格尔与传统》,朱松峰、张瑞臣译,上海人民出版社 2012 年版。

后　记

　　本书系国家社科基金"海德格尔对德国古典哲学的整体评判研究"（项目编号 14XZX014）的结项成果，正式撰写时间为 2014—2019 年。项目结项鉴定为优秀。

　　成果原字数约 35 万字，整理出版时删减了约 4 万字。

　　本书记录了作者自 2009 年博士毕业以来最为核心的思想努力。研究初衷已在本书导论中有所交代，即要在海德格尔繁多复杂的"德国古典哲学阐释"中清理出一条主脉道路，使得进一步的研究和争辩得以可能。

　　本书引文部分尽量引用了原典著作的中译本，但因为本书写作时间较长，写作过程中，一些著作的中译本尚未出版，故某些引文并未援引新出的相关中译本，读者可自行参考相关中译本。

张　柯

2021 年于贵阳

《现象学研究丛书》书目